Oser la bienveillance

Lytta Basset

Oser la bienveillance

Albin Michel

Introduction

D'où je parle

La préhistoire de ce livre est longue. Au temps de mes études universitaires, d'abord en philosophie, puis en théologie, j'étais hantée par la question de la culpabilité, de la faute et du péché. Non contente d'en avoir fait l'objet de mon mémoire de maîtrise en philosophie, j'ai de nouveau pris la culpabilité pour sujet de thèse de doctorat en théologie. Mais au bout d'une année de recherches, et ayant parallèlement entamé une démarche psychothérapeutique, j'ai été confrontée à un blocage intérieur… définitif : incapacité intellectuelle, psychologique et spirituelle de faire un pas de plus dans cette direction. La nausée. L'overdose. Et l'effondrement dans l'abîme du mal que je ne savais pas le moins du monde avoir subi dans ma tendre enfance.

Exit pour longtemps, des décennies à vrai dire, la préoccupation lancinante du mal *commis*. Je ne l'ai pas choisi. Cela s'est imposé à moi par la violente irruption et invasion du mal jadis souffert, jusque-là resté cadenassé au plus profond de moi à mon insu : la faute ou le péché n'étaient pas d'actualité, ne pouvaient être que *seconds* par rapport à un tel raz de marée archaïque. Et l'hypertrophique culpabilité elle-même me renvoyait régulièrement dans l'océan de souffrance : cela seul était réel. De cela seul il me fallait émerger. Entreprise vitale, essentielle, prioritaire et en même temps titanesque, qui allait me mobiliser une quinzaine d'années jusqu'à ce que je puisse simplement commencer à sortir la tête de l'eau.

Alors, peu à peu, il m'est apparu que la question du péché, de la faute, du mal commis était toujours posée *prématurément*. Incapable d'aller là-dedans, trop occupée corps-âme-esprit-pensée à « m'en sortir », j'avais pris l'habitude de penser : « Ça doit parler aux autres mais moi je n'en suis pas (encore) là. » Or, très souvent et encore récemment, à l'issue de conférences sur les blessures et le processus de guérison-libération-pardon, on m'interpellait avec plus ou moins de véhémence : « Vous oubliez le mal commis. Pourquoi n'en parlez-vous pas ? On est quand même toujours, au moins un peu, responsable de ce qui arrive. » J'avais beau répondre que ce n'était pas le sujet de mon exposé, que ce serait mettre la charrue avant les bœufs, que nous ne sommes pas responsables des agressions et destructions dont nous sommes l'objet, j'avais l'impression que la personne ne pouvait pas entendre autre chose que le discours habituel : seul comptait le péché, il n'y avait pas de place pour le mal injustement subi.

Comme beaucoup d'autres, dans et hors de l'Église, je me suis sentie de plus en plus mal à l'aise avec l'enseignement chrétien traditionnel. Longtemps j'ai pratiqué ma restriction mentale : « Ça ne marche pas pour moi mais je suis un cas particulier », d'où mon sentiment chronique de « ne pas en faire partie ». Je souffrais terriblement de me sentir coupée des autres et du Tout-Autre… sans parvenir à m'en sentir coupable ; ce que j'entendais dans les milieux ecclésiaux et théologiques laissait croire qu'il n'y avait qu'à confesser son péché, et on recevait la grâce – la paix, la joie, la Présence comblante, consolatrice. Imposture, ai-je fini par me dire. Comme si nous avions une prise directe sur notre inconscient, comme si cela dépendait de notre seule bonne volonté ! Il était temps de faire droit à notre expérience réelle et de questionner le discours ecclésial habituel.

Une société souffrante

Autre élément qui appartient à la préhistoire de ce livre : dans les déclarations publiques comme dans les accompagnements spirituels, je suis frappée par l'image négative que les gens ont d'eux-mêmes et des humains en général. Encore plus frappée par ceci, quel que soit le pays occidental et l'Église historique (catholique ou protestante) où je prends la parole : les chrétiens vont mal ou, disons, je n'en rencontre pas beaucoup qui paraissent libres et heureux. Accablement que je ne peux mettre exclusivement sur le compte de la désertion des Églises : la « joie parfaite », celle qu'accompagne le souffle d'amour, ne dépend quand même pas du nombre de personnes qui fréquentent l'Église ! C'est beaucoup plus profond. Une jeune orthodoxe venue de Roumanie me disait, il y a quelques années, combien elle nous trouvait tristes, noyés dans la culpabilité : « C'est que nous, nous n'avons pas la doctrine du péché originel ! »

Ma réflexion a donc eu pour point de départ mon propre malaise par rapport à la question du péché et à l'image désastreuse qu'elle nous avait donnée de nous-mêmes. J'ai de plus en plus ressenti le poids du passé collectif chrétien qui est le nôtre en Occident. Il m'est apparu que, même si la génération de nos enfants ne sait guère de quoi il s'agit, ce passé continuait à imprégner nos sociétés ; sinon, d'où viendrait ce besoin récurrent de dénigrer la nature humaine ? J'ai ainsi été poussée à revisiter notre histoire commune, marquée par la doctrine du péché originel... dans le but de discerner ce qui est à changer ou à lâcher définitivement, afin que nous puissions nous réapproprier notre « liberté d'enfants de Dieu » et redécouvrir la capacité à nous reconnaître responsables de nos actes – et non plus coupables de notre nature humaine.

Parallèlement, j'ai eu envie de comprendre ce que la Bible met sous le mot « péché ». Je savais que le mot désignait exclusivement la *non-relation à l'Autre*. Mais il est devenu très clair, à la lumière de textes clés, des évangiles en particulier, qu'une telle réalité (incontestable) est toujours en lien avec une situation de détresse, de souffrance, de misère. Exactement comme dans notre expérience. Nous n'avons donc pas le droit, comme on l'a fait pendant des siècles, de l'isoler, comme si le mal subi, le malheur, l'injustice n'existaient pas – ou n'avaient rien à voir avec elle. Pas le droit non plus de l'absolutiser en nous bouchant les yeux pour éviter de voir la globalité de notre réalité. « Alors que la théologie du péché et de la culpabilité a pris l'importance que l'on sait, note avec franchise le théologien Adolphe Gesché, celle du mal-malheur est fort peu présente. [...] Incontestablement, la tradition occidentale est surtout centrée sur le mal-coupable. » Nous payons très cher, poursuit-il, d'avoir « occulté », « obscurci » le mal-malheur, le mal innocent : en prétendant qu'on est toujours châtié justement, on a délégitimé la lutte contre le mal. « C'est à ce mal immérité que, sensibilisés *culturellement et socialement* comme jamais, presque comme pour la première fois, *nous sommes le moins préparés théologiquement*[1]. »

Une doctrine toxique

Nos contemporains ont un besoin brûlant d'être valorisés pour qui ils sont. Mais si la voix qu'ils entendent n'est pas celle d'un Dieu inconditionnellement bienveillant, faut-il s'en étonner ? J'ai trouvé utile de chercher du côté de ce qui, trop longtemps, a parasité la ligne. Je veux parler de ce dogme du péché originel qui, adopté au ve siècle grâce à s. Augustin, a « plombé » l'Occident de manière ininterrompue jusqu'au xxe siècle – avec sa vision catastrophique de la nature humaine. Pourtant, objectera-t-on, ce dogme ne « prend » plus aujourd'hui, on le connaît à peine, on sait tout juste en quoi il consiste, et d'ailleurs, par la même occasion, le « péché » lui-même est passé à la trappe – le mot, en voie de disparition, n'appartient plus qu'aux seuls initiés.

C'est exact : l'ensemble de la société occidentale, devenue adulte ou en bonne voie de le devenir, comme l'avait prédit Dietrich Bonhoeffer – je parle ici de la majorité silencieuse –, ne supporte plus qu'on lui fasse la leçon, qu'on lui dicte sa conduite, encore moins une façon de penser ou de sentir. Combien de fois ai-je perçu ce mouvement de recul ou de fermeture devant un-e représentant-e de l'Église ! Séquelle d'un passé encore récent : chat échaudé craint l'eau froide. En 1985 déjà, l'historien Jean

Delumeau parlait d'une « sorte d'allergie actuelle au terme "péché", tout simplement parce que les "pécheurs" d'autrefois, dont nous sommes les descendants, avaient été continuellement agressés par un discours d'accusation[2] ».

On dira que tout cela est dépassé : ce vocabulaire ne « parle » plus ; personne ne prend plus au sérieux, ou en tout cas au tragique, l'histoire d'Adam et Ève ; et là où l'Église imposait, maintenant elle propose – l'expression « proposition de foi » est omniprésente aujourd'hui dans la littérature catholique. Fort bien, mais le problème est-il réglé ? Plusieurs questions se posent : d'abord, qu'avons-nous fait de ce passé ? Est-il vraiment intégré, donc surmonté, ou simplement amnésié, refoulé ? Ensuite, la doctrine du péché originel* a encore été défendue en 1950 par le pape Pie XII, même si, en 1993, le *Catéchisme de l'Église catholique* n'en soufflait plus mot : suffit-il de se taire à ce sujet ? Peut-on faire comme si elle n'avait pas pesé de tout son poids dans la vie des Occidentaux jusqu'à récemment et comme si personne n'en avait gardé de traces ?

Enfin, un indice est à prendre au sérieux, qui passe souvent inaperçu tant la tendance humaine constante, dans tous les domaines, est d'évacuer le passé dans l'oubli quand il est douloureux : je veux parler du pessimisme ambiant. Je ne me hâterais pas de le mettre exclusivement sur le compte des méfaits de la mondialisation, de la crise économique chronique, de l'avenir miné de la planète, etc. Il

* C'est-à-dire « une propagation du péché originel à partir du premier couple humain par voie de procréation » (P. Hünermann, « Expérience vécue du "péché originel" », in *Le péché originel…*, p. 158).

me paraît plus profond : le point commun avec le pessimisme qui a marqué les débuts de la modernité, n'est-ce pas l'image désastreuse de l'être humain ? « Au cœur de cette “mélancolie”, analyse J. Delumeau dans *Le péché et la peur*, on découvre l'amère certitude que l'homme est un grand pécheur [...] cela n'a pas fini de marquer la conscience occidentale[3] » – et j'ajouterais : même l'Occident laïque et anticlérical* !

Pessimisme également relevé outre-Atlantique par le théologien Matthew Fox : « Générateur de cynisme et d'indifférence, [il] s'explique notamment par le paradigme religieux chute/rédemption qui fonde sa théologie sur le péché originel[4]. » Quel dommage, dit-il, que l'Église n'ait pas adopté une tradition plus ancienne et bien présente dans la Bible comme dans l'histoire : la tradition selon laquelle la création est enracinée dans la bénédiction originelle de Dieu sur le cosmos, l'ensemble des créatures vivantes et les humains. Celle-ci nous aurait entraînés sur des chemins de créativité, de transformation sociale en vue de la justice et de la joie. L'heure est venue, selon cet auteur très écouté, de renoncer au modèle dualiste et patriarcal qui a prévalu en Occident jusqu'ici, le conduisant souvent au désespoir.

Voilà pourquoi je demande instamment aux lecteurs de ne pas fermer ce livre dès le premier chapitre au motif que ces « vieilles histoires » ne les concerneraient

* A. Gaudel (col. 598) évoque ainsi la conception augustinienne désespérante de la « nature corrompue » : « Cette tendance inspirera longtemps la théologie augustinienne ; luthériens, baïanistes et jansénistes prétendront être les interprètes authentiques de cette théologie et ne feront qu'en exagérer le fâcheux pessimisme. »

pas. Ce qui nous concerne tous, ce sont les séquelles de ces vieilles histoires. Et la question de savoir ce qui habite notre inconscient collectif, donc aussi mon inconscient personnel d'où je ne peux pas évacuer l'histoire de mes ancêtres. Qu'est-ce qui encombre encore notre culture, donc aussi ma vie quotidienne, de cet héritage religieux non digéré, même et surtout si nous le renions sans l'avoir travaillé ? Qu'est-ce qui nous interdit l'accès au pays de la bienveillance, malgré le désir que nous en avons ?

Un autre regard sur les humains

J'ai à cœur, depuis plusieurs années, de réhabiliter l'être humain. Cela me paraît un peu plus urgent chaque jour. C'est que ma perception de Dieu ne « colle » plus du tout avec cette noirceur qu'Il est censé voir en nous. Il y a longtemps que je ne lui prête plus ma propre obsession de la faute. « Il est temps, écrit encore M. Fox, de renoncer à l'anthropocentrisme et à l'obsession du péché pour prêter attention à la grâce divine[5]. » Dans l'évolution actuelle de notre société, je crois pouvoir m'appuyer sur plusieurs éléments qui vont dans le sens d'une telle urgence.

Le refus d'un Dieu injuste et punisseur

Dit positivement, c'est la soif de justice et la priorité donnée à la dignité humaine. Elles s'accompagnent d'une plus grande lucidité face aux mécanismes de l'injustice. Aujourd'hui, nous regardons sans complaisance notre histoire religieuse : « Comment ne pas regretter une singulière absence du sentiment du péché chez les plus hautes autorités religieuses d'autrefois qui s'appuyèrent sur l'Inquisition, applaudirent à la Saint-Barthélemy et gardèrent un long silence sur la traite des Noirs[6] ? », note J. Delumeau. La sensibilité grandissante à la justice qui caractérise notre époque me réjouit d'autant plus que Jésus ne nous avait pas recommandé de traquer le péché dans les âmes et consciences mais de « chercher d'abord le royaume de Dieu *et Sa justice* » (Mt 6,33).

Rousseau en avait eu l'intuition ; n'est-ce pas là, selon ses propres termes, un « instinct divin », quelque chose d'inné et d'universel chez les êtres « raisonnables » et « intelligents » que nous sommes ? Comme le commente Gaëtan Demulier, « tout homme peut trouver en lui-même un mouvement qui le porte vers la justice[7] ». Or ne trouve-t-on pas chez le prophète Ésaïe cette même perception de ce que l'être humain reçoit de plus précieux à sa naissance ? « Sur [un rejeton] a reposé le souffle du Seigneur, souffle de sagesse et de discernement. [...] La justice a été la ceinture de ses hanches » (Es 11,1 *sq.* et 5a). En termes triviaux, la justice nous « colle à la peau », nous les humains ! Nous commençons peut-être à l'entendre : rechercher prioritairement la justice, avec discernement et intelligence, c'est nous tenir au plus près de ce pour quoi nous avons été créés.

Autre écho biblique, d'une brûlante actualité : « Les Juifs voyaient le cosmos reposer sur deux piliers, explique M. Fox, le pilier de la justice et celui de la droiture, c'est-à-dire la justice intériorisée. "Justice et Droit sont l'appui de ton trône" (Ps 89,15). Si l'un de ces deux piliers venait à craquer, alors le cosmos tout entier serait désaxé et déséquilibré. L'injustice est donc un problème cosmique. Plusieurs des lamentations du psalmiste et des prophètes expriment la crainte de voir la justice humaine mettre en danger le cosmos lui-même. “Toute l’assise de la terre s’ébranle”, frémit le psalmiste, “au malheureux, à l’indigent, rendez justice” (Ps 82,3.5)[8]. »

Tout se passe donc aujourd’hui comme si, progressivement libérés de l’obsession du péché, nous investissions notre énergie dans la lutte contre les injustices. Toujours selon l’analyse de M. Fox, « les préoccupations de salut personnel de la théologie chute/rédemption détruisent la justice et la relation au cosmos », alors que « les citoyens du monde sont avides aujourd’hui de créer une civilisation globale fondée sur la justice, l’élimination de la guerre et de ses coûts indécents partout dans le monde[9] ».

La prise de conscience de la violence faite aux enfants

Au XIᵉ siècle, s. Anselme « présente le péché originel comme l’absence, dans l’enfant, de la justice qu’il devrait posséder, mais dont il est privé par la faute d’Adam[10] ». Devant une telle aberration, réjouissons-nous du chemin parcouru : le texte d’Ésaïe que je viens d’évoquer consonne avec la sensibilité contemporaine, ainsi qu’avec notre expérience des enfants ; quand on les entend régulièrement protester : « C’est pas juste ! », on constate qu’ils ont bien le sens de la justice chevillé au corps !

De fait, nous sortons, lentement mais irréversiblement, de cet aveuglement dramatique qui nous empêchait d’appeler la violence éducative par son nom. Selon Olivier Maurel, un auteur autorisé, « la mobilisation entreprise dans la seconde moitié du XXᵉ siècle en vue de faire disparaître les punitions physiques de l’éducation des enfants est […] une des plus importantes transformations sociales observées dans les pays occidentaux[11] ». Je me réjouis profondément de tous les efforts consentis par les personnes engagées quotidiennement dans le travail éducatif pour éradiquer la violence et la maltraitance si longtemps considérées comme « normales » à l'égard des enfants. Le chemin est long mais on est dans la bonne direction.

Il y a peu de temps encore, les parents étaient intouchables, comme les enseignants et en général les adultes. L'enfant se taisait parce que, de toute façon, personne ne le croirait. Le mal était nécessairement de son côté ; la preuve : c'est lui qu'il fallait redresser, remettre constamment sur le bon chemin. Quant à l'adulte qui faisait un travail de mémoire et découvrait les horreurs qu'il avait subies enfant, il gardait tout cela pour lui, honteux de ce qui lui était arrivé. Mais voilà que depuis quelques décennies on commence à prendre la parole publiquement ; on a recours aux « psys » sans craindre de passer pour fou ; on s'efforce d'inculquer aux enfants le respect de leur propre corps, le droit de dénoncer les abus, de ne pas se croire « mauvais » quand c'est l'adulte qui se comporte mal… Je sais qu'on est très loin du compte, que le découragement atteint souvent les professionnels, mais on revient de si loin !

La saturation de discours négatifs

Nous sommes de plus en plus nombreux à refuser d'être abreuvés par les médias de nouvelles accablantes, alors que tant d'initiatives et d'événements réjouissants sont passés sous silence. Nous disposons aujourd'hui d'autres sources d'information (par exemple l'association Reporters d'espoir) qui ne se contentent pas de montrer combien les humains peuvent être méchants mais font connaître aussi ce qui se passe de constructif dans le monde.

J'observe également dans la société civile une conscience grandissante du risque d'être manipulé. Devant tant de propos mensongers, nous demandons à vérifier : « on ne nous la fait plus » ! À mesure que nous n'avons plus cru à notre nature corrompue, nous avons commencé à ouvrir les yeux sur les comportements des autres et à démonter le mécanisme de la perversion : c'est toi qui détruis mais tu t'arranges pour me faire croire que c'est moi le mauvais et toi la victime. Lucidité grandissante, dans les relations interpersonnelles comme dans la vie publique…

Le besoin d'autonomie

Nous ne supportons plus les autorités qui prétendent nous dicter une obéissance aveugle. Nous revendiquons le droit de nous forger notre propre opinion et d'agir en conséquence. Quand Rousseau, en pionnier, avait ouvert cette voie, il avait été attaqué, fait significatif, aussi bien par l'Église que par les politiciens – les deux lieux du pouvoir absolu – tout simplement parce qu'il leur opposait la liberté de penser par soi-même. Mais cette liberté a un prix, et nous en sommes plus ou moins conscients : du coup, nous nous retrouvons davantage responsables de nos décisions et de nos inerties. Ainsi ai-je pu observer l'évolution en trente ans d'engagement comme membre de l'ACAT*. J'ai longtemps entendu autour de moi, aussi bien concernant l'arrêt

* L'association Action des chrétiens pour l'abolition de la torture, qui travaille notamment en collaboration avec Amnesty International.

des tortures que la lutte contre l'impunité : « Ça ne sert à rien, c'est du temps perdu. » Notre société était jusqu'il y a peu encore terriblement imprégnée de ce défaitisme, générateur de passivité, qui allait de pair avec une vision noire de l'être humain : le mal était le pain quotidien d'une humanité incapable de changer. Quant au travail du réseau SOS Peine de mort, dont je fais également partie, il me fait toucher du doigt combien notre Occident a pu parfois se fourvoyer loin de l'Évangile : ne faut-il pas une longue remise en question, individuelle et collective, pour parvenir d'une part à faire le deuil du pouvoir de droit divin (exercé pendant des siècles par l'Église) d'éliminer les « méchants », d'autre part à reconnaître la valeur infinie de toute vie humaine, aussi malfaisante soit-elle ?

Ensuite, je vois dans la vitalité des associations et des réseaux sociaux un indice de notre attrait pour les engagements coresponsables. C'est que nous commençons peut-être à sortir de ce fatalisme concernant la nature humaine et ce pire dont elle est capable, fatalisme qui isole en insufflant : « Tous des pourris et moi je ne vaux pas mieux. » Sortie plus ou moins laborieuse d'une culpabilité écrasante et premiers pas sur la voie du désir de s'engager *avec d'autres* dans un combat en faveur des humains.

Besoin d'autonomie, encore, dans l'écoute de la Bible, encouragé par toute une série d'auteurs qui portent un *autre regard* sur la nature humaine que celui qui nous a si longtemps conditionnés : des « psys », des chercheurs en sciences humaines, des écrivains, des poètes… et aussi quelques théologiens, de grands spirituels d'abord montrés du doigt par leur Église, nous ont rendu le droit d'entendre les textes par nous-mêmes, dans leur fraîcheur libératrice. Et nombreux sont ceux qui, aujourd'hui, découvrent avec stupéfaction que le premier à réhabiliter l'être humain est… le Dieu biblique.

La dynamique du livre

Nous partirons de ce qui a le plus dysfonctionné dans notre histoire collective – familiale, sociale, ecclésiale –, avec des conséquences actuelles dramatiques que j'appellerai des « fléaux sociaux ». Analyse à mes yeux incontournable, car comment progresser, individuellement et collectivement, sans prendre en compte ce qui a fait et continue de faire problème ? J'espère juste ne pas décourager les lecteurs mais leur donner envie d'aller plus loin : comment sortirons-nous ensemble de ce bourbier ? Comment avons-nous déjà commencé à le faire ?

Le titre du livre n'est pas trompeur, il sera bel et bien question de la bienveillance. Mais il nous faut auparavant mesurer jusqu'à quel point elle nous a manqué. Et prendre le temps d'une véritable rééducation spirituelle qui nous permette de poser un autre regard sur notre humanité.

C'est seulement au chapitre 3 que j'indiquerai le sens du « péché » dans la Bible. Parce que nous avons d'abord à guérir du regard malveillant qui a accompagné notre expérience de cette réalité pendant de longs siècles : c'est que l'Église avait édifié sa doctrine sur une condamnation de notre *être*. Lors de mes nombreuses lectures, j'ai rarement trouvé, et encore plus rarement compris, ce que les auteurs mettaient sous le mot « péché ». Ils en parlaient comme si l'affaire était entendue, mais cela pouvait désigner aussi bien l'orgueil que la convoitise, aussi bien la sexualité que la désobéissance… Or nous verrons que, selon la Bible, ce n'est rien de tout cela.

Mon désir, c'est qu'après avoir vu pointées les dérives religieuses et culturelles dont notre Occident n'est pas vraiment remis, les lecteurs aspirent plus que jamais à entendre autre chose sur l'être humain. Alors nous visiterons les textes bibliques les plus libérateurs. Ceux qui parlent d'un Tout-Autre qui croit en nous, quoi que nous ayons pu faire ou subir. Ceux qui évoquent le passage, sur notre terre, d'un homme qui se considérait en tous points semblable à nous et regardait chaque personne jusque tout au fond avec une bienveillance qui n'avait d'égale que sa compassion pour sa condition humaine.

Quelques balises personnelles

Qu'on ne s'y méprenne pas : je n'ai aucun compte à régler avec l'Église. J'aime l'Église – toutes les Églises chrétiennes. Sans elle je ne serais plus en vie. Je n'oublierai jamais que même si c'est par elle et en son sein que dans ma très tendre enfance j'ai connu les pires destructions, c'est aussi elle qui m'a fait connaître Jésus et m'a donné une famille spirituelle, c'est en elle que j'ai trouvé la guérison et la joie imprenable... Je sais que beaucoup d'autres ont jeté le bébé avec l'eau du bain ; ce n'était pas mon chemin. Si l'institution « Église » ne m'écrase jamais, si je peux dire que j'aime et aimerai toujours l'Église, c'est parce qu'à mes yeux elle est essentiellement et de tout temps « là où deux ou trois sont réunis » dans le nom de Jésus*.

* « Là où deux ou trois sont réunis en mon nom, je suis au milieu d'eux » (Mt 18,20).

Il ne me viendrait donc pas à l'esprit de la réduire à cette noirceur que je vais évoquer : personne ne peut nier les merveilles qu'elle a suscitées, dans des domaines aussi variés que les arts, la pensée, la littérature, la mystique, l'action caritative, le discernement psychologique, etc. Elle a été et demeure, grâce au souffle d'amour qui la travaille de l'intérieur, force de vie, locomotive, planche de salut, ferment dans la pâte des sociétés… Mais si nous ne mettons pas en lumière ses dérapages, ses enlisements, ses trahisons par rapport au message de Jésus, si nous ne reconnaissons pas par là qu'elle partage avec toutes les réalités terrestres ses limitations, sa précarité, sa faillibilité, si nous ne regardons pas en face jusqu'où il lui est arrivé de tomber, alors comment se relèvera-t-elle ? Comment le souffle d'amour la relèvera-t-il ?

Autre précision : en évoquant le passé de notre Occident chrétien, je ne prétends ni faire œuvre d'historienne ni offrir une vue d'ensemble de cette culture qui nous a forgés : je n'en ai pas les compétences. Il s'agira simplement d'une évocation – trop rapide, et certainement schématique – que les lecteurs compléteront par leurs propres découvertes. Évocation qui m'a semblé indispensable si je ne voulais pas parler de la bienveillance de manière désincarnée.

Enfin, choisir de poser un regard bienveillant sur quelqu'un peut paraître risqué : c'est refuser de faire de ses comportements blessants ou destructeurs une véritable nature, *sa* nature immuable ; c'est rester dans le dynamisme de la relation. Mais c'est également s'exposer à être déçu, trahi, donc à nouveau poussé à céder à la tentation de l'enfermer dans un « être mauvais », et là de dévaler la pente qui conduit à la tare de naissance : plus on aura risqué la bienveillance, plus on sombrera dans la stigmatisation. Au contraire, on peut opter pour la bienveillance en toute lucidité : se focaliser sur l'être de la personne, ce qu'elle est essentiellement et éternellement quoi qu'elle fasse – une créature bénie, « capable de Dieu ». À cette profondeur, on n'est jamais déçu ni trompé : quels que soient ses agissements, « mettez-la dans la Lumière ! », me répète un médecin tibétain. Quand je risque la bienveillance, c'est à *moi* qu'échoit un autre regard sur les humains que nous sommes.

Ce livre ne donnera aucune recette pour devenir bienveillant. Mais je connais une voie royale : prendre la mesure de la malveillance dont on a soi-même souffert, se dépolluer de ce regard d'autrui posé sur soi, qu'on a fini par intérioriser, et laisser son propre regard devenir bienveillant, sur soi-même et sur les autres. Je sais que c'est une entreprise de (très) longue haleine. Cependant on ne dira jamais assez combien le simple *geste* bienveillant que nous posons – la moindre parole – peut nous remettre instantanément dans le courant puissant de la Bienveillance. C'est à notre portée parce que c'est de l'ordre du respect : « Je salue en toi, malgré tout, un être humain semblable à moi ; puisque tu es en vie, je prends le risque de faire confiance à ton potentiel – que je ne prétends pas connaître. » Voilà un minimum qui transformerait le vivre-ensemble !

I

Les ravages de la doctrine du péché originel

Le poids d'une histoire personnelle : s. Augustin

Il semble bien que l'expression « péché originel » soit de s. Augustin. Elle est apparue sous sa plume la première fois en 396-397 et il allait plus souvent l'utiliser dès 412 pour lutter contre les pélagiens*. Selon eux, le péché d'Adam ne portait aucune atteinte à la liberté humaine. Il ne se transmettait pas à ses descendants. La mort était simplement un processus naturel. L'être humain était libre de pécher ou non. Le salut, c'était l'annonce et la mise en pratique par Jésus de la loi évangélique, dans le prolongement de la loi mosaïque. Et la grâce, c'était le don par Dieu de cette double loi.

Or, quand on est dans un contexte polémique, on se laisse souvent entraîner à durcir sa position et à défendre un point de vue extrême. C'est sur cette toile de fond que s. Augustin a défendu l'universalité du péché à par-

* Le moine Pélage fut à l'origine d'un mouvement d'idées parti d'Italie en 410 et qui se répandit pendant une dizaine d'années jusqu'en Afrique du Nord. Les pélagiens furent condamnés pour hérésie par plusieurs conciles malgré de fortes oppositions, en particulier celle de Julien, évêque d'Éclane, condamné lui aussi.

tir d'une seule cause – originelle –, le péché personnel d'Adam et Ève : nous naissons tous dans cette situation dont Jésus seul peut nous délivrer[1]. L'affrontement avec les pélagiens dura une dizaine d'années, jusqu'à l'adoption du dogme du péché originel au concile de Carthage en 418 – la chrétienté avait donc vécu quatre siècles sans un tel dogme !

Mais ne croyons pas une minute que s. Augustin en soit arrivé à élaborer sa doctrine en suivant un long fleuve tranquille. Dans ses nombreux écrits, il s'est beaucoup contredit, reconnaissant souvent sa perplexité, hésitant à maintes reprises sur la nature humaine, oscillant entre interprétation symbolique et lecture littérale, historique, des chapitres 2 et 3 de la Genèse. « Voilà donc le péché originel devenu dogme, écrit Georges Minois, par un coup de force de l'évêque d'Hippone [s. Augustin] avec l'appui du pouvoir séculier, contre l'avis du pape à qui l'on force la main[2] », et cela malgré dix-huit évêques récalcitrants ! Ainsi Dieu se trouve-t-il innocenté de l'existence du mal dans le monde : tout est de la faute des humains !

Cependant, il serait tout à fait injuste et malhonnête de réduire la personne et l'œuvre de s. Augustin aux citations – souvent effroyables – qui figureront ci-dessous. On ne peut qu'être frappé par l'authenticité de cet homme, par son désespoir récurrent de ne pas comprendre l'origine du péché, par sa quête brûlante du Dieu vivant. La lecture de ses *Confessions*, en particulier, nous révèle un être aux multiples facettes, qui se livre en toute sincérité, souvent dans une grande proximité humaine et spirituelle. En voici un exemple : « Déjà était morte ma jeunesse, passée dans le mal et l'abomination. [...] Je n'avais pas d'explication ni de solution concernant l'origine du mal. [...] Qui m'a fait ? N'est-ce pas mon Dieu, qui est non seulement bon, mais la Bonté même ? D'où me vient donc de mal vouloir et de ne pas bien vouloir ? Serait-ce pour que le châtiment subi soit justifié ? Qui donc a mis en moi et y a semé cette pépinière d'amertume, alors que j'ai été tout entier créé par mon Dieu si plein de douceur ? Si c'est le diable le coupable, d'où vient le diable lui-même ? [...] d'où et par où [le mal] s'est-il insinué ici-bas ? Quelle en est la racine ? Quel en est le germe[3] ? »

Si seulement il en était resté à ces questionnements propres aux humains de tous les temps ! Si seulement sa postérité n'avait pas transformé ce dogme – qui, comme tous les dogmes, est en réalité un simple « canal », selon l'expression de Raimon Panikkar, un « instrument à travers lequel nous tentons de cerner le mystère »[4] –, transformé donc ce dogme en une explication rationnelle et définitive de l'existence du mal et de la nature mauvaise de l'humain ! Nous n'en serions sans doute pas là où nous en sommes en Occident. Le meilleur indice que s. Augustin lui-même n'a pas reçu de sa trouvaille doctrinale la paix et la libération intérieures tant attendues, ce sont les nombreux passages de ses écrits qui trahissent de l'amertume, un esprit de jugement – au nom de Dieu –, une absence de compassion et de joie.

L'humanité vouée à l'enfer

Les textes de la Genèse ont été pris pour des récits historiques jusqu'au XVIIIe siècle au moins : le langage mythique – qui dit une *vérité humaine* et non un événement objectif – n'avait pas été mis au jour. Selon moi, la perception du symbolisme de ces textes, au tout début de l'ère chrétienne, a disparu à mesure que s'imposait l'« explication historicisante ». C'est alors, note Hermann Häring, que le chemin de libération par rapport à ce péché d'Adam devenu le nôtre s'est trouvé « institutionnalisé et monopolisé ; [...] dans cette théorie, Augustin traite un mythe d'une extrême complexité comme un énoncé rationnel irréfutable »[5].

Voici quelques passages caractéristiques de sa conception de l'humanité comme *massa damnata.* « Corrompu par sa propre volonté et justement condamné, l'homme a engendré des êtres corrompus et condamnés. [...] du mauvais usage du libre arbitre est issue la série de calamités qui, par un enchaînement de malheurs, conduit le genre humain, dépravé dès l'origine et pour ainsi dire corrompu dans sa racine, jusqu'à la destruction de la seconde mort, sans fin, *à l'exception des seuls que la grâce de Dieu libère*[6]. »

Au cas où un Dieu aussi arbitraire ne nous conviendrait pas, s. Augustin le justifie complètement par la suite : « De là la condamnation de la masse entière du genre humain, car celui qui a, le premier, accompli ce crime, a été puni avec sa descendance, enracinée en lui de telle façon que personne ne peut être dispensé de ce *supplice juste* et mérité, si ce n'est par une grâce miséricordieuse et imméritée, et que se partage ainsi le genre humain : quelques hommes en qui apparaît l'effet de cette miséricorde, et tous les autres où apparaît celui de la *juste* vengeance. » Il faut cela pour que soient révélés aussi bien la « *justice* du Vengeur » que le « don gratuit du Libérateur »[7]. Commentaire du philosophe Étienne Gilson : « Depuis la chute, tous les hommes ne forment plus qu'une masse pécheresse et débitrice, à l'égard de la suprême justice, des peines qu'elle doit subir. Que Dieu remette ce supplice en justifiant le coupable ou qu'il l'exige en l'abandonnant, nulle injustice n'est commise […], inscrutable équité dont les raisons échappent à notre jugement[8]. » On est aux antipodes du message de Jésus : une libération offerte – gratuitement, en effet – mais à *tous les humains* et non à quelques privilégiés choisis selon l'arbitraire d'un Dieu terriblement désécurisant et désespérant.

Cependant, un passage de *La Cité de Dieu*, parmi d'autres, laisse entrevoir un Dieu différent et une manière de nous en sortir : « […] chacun, en tant qu'issu d'une race condamnée, doit d'abord naître d'Adam, mauvais et charnel, et deviendra bon et spirituel, à condition de renaître dans le Christ et de progresser dans la vertu […]. En ce qui concerne cet homme en lui-même, il est certes né de la même masse qui, dès l'origine, a été totalement condamnée. Mais Dieu comme un potier […] a fait de la même masse un vase d'honneur et un vase d'opprobre. Il a d'abord façonné le vase d'opprobre, puis celui d'honneur. En effet, dans un seul homme […] vient en premier le condamnable, état par lequel il faut nécessairement commencer, mais où il n'est pas nécessaire de rester ; ensuite vient l'honorable, état où nous parvenons en progressant et où, une fois parvenus, nous restons[9]. »

C'est bien beau, mais à force d'entendre depuis le berceau que vous êtes *d'abord* mauvais et condamnés, à un âge où l'identité dépend principalement du regard que les autres posent sur vous, une fois parvenus à l'âge adulte vous êtes incapables d'entendre autre chose. Vos efforts pour « progresser » se heurtent à une image de vous-mêmes qui vous empêche de percevoir le moindre regard bienveillant – humain ou divin – posé sur vous. Augustin lui-même était convaincu que l'immense majorité des humains serait et était déjà damnée ; mais en cela il restait sans doute influencé par le manichéisme*, auquel il avait adhéré pendant une dizaine d'années dans sa jeunesse[10].

E. Gilson résume ainsi la dévalorisation systématique de l'être humain repérable dans de nombreux textes augustiniens : « Laissé à lui-même, l'homme ne posséderait en propre que le pouvoir de mal faire, le mensonge et le péché [...]. Adopté comme fils de Dieu et frère de Jésus lors de la création, l'homme a perdu cette qualité par le péché. Dès lors, rien de ce qu'il fait, même avec le concours universel de Dieu sans lequel il cesserait d'être, n'a plus le moindre prix aux yeux de Dieu[11]. » Henri Rondet, pourtant admirateur de s. Augustin, parle d'un « tableau effroyable des conséquences du péché d'Adam[12] ».

Certes, c'était pour la « bonne » cause : plus les humains seraient convaincus d'être enfoncés dans la boue sans aucun espoir de s'en sortir, plus ils s'ouvriraient à la grâce ; pour exalter l'infinie générosité de Dieu, il fallait dénigrer tous les humains ! Or une telle « dramatisation » dépasse la pensée de Paul sur la faute d'Adam et Ève et son interprétation par les Pères grecs[13], et on ne peut la dissocier de l'histoire personnelle de s. Augustin.

Adolescent, après la mort de son père, il avait perdu son grand ami d'enfance, ce qui l'avait plongé dans un profond dégoût de la vie et la peur de mourir. Mais voici ce qu'il dit de lui-même dans ses *Confessions*, à la suite de ces événements : « Quoi de plus superbe [orgueilleux]

---

* Pour Mani, deux principes étaient à l'origine de tous les humains : celui du bien créait des êtres bons, celui du mal des êtres mauvais.

que d'affirmer, dans une étonnante folie, que j'étais par nature ce que tu es, Toi ? [...] Je pensais de toi, Seigneur Dieu, Vérité, que tu étais un corps lumineux et immense, et de moi que j'étais une parcelle de ce corps. Ô comble de perversité ! Voilà pourtant où j'en étais[14] ! » Si seulement il n'avait pas renié cette perception de la réalité humano-divine – qui est fondamentalement celle de la tradition orthodoxe ! Si seulement il n'avait pas transformé le sentiment de culpabilité lié au deuil d'un proche – malheur injuste dont personne n'est coupable – en une condamnation systématique de la nature humaine !

Mais voilà que la simple faute d'Adam, « en se propageant jusqu'à nous, est devenue le mal d'une nature, commente encore E. Gilson. C'est donc qu'une nature viciée et vicieuse s'est substituée désormais à une nature bonne[15] ». On le sait aujourd'hui : quand on enferme quelqu'un dès son plus jeune âge dans un jugement sur sa nature profonde – qu'on prétend connaître de source divine –, il le croit sur parole.

C'est jouer avec le feu : il lui sera difficile de grandir hors des œillères que les autres lui ont mises. L'enfant se construit en relation étroite avec ses proches – leur regard sur lui, l'image qu'ils lui renvoient de lui-même. À force de lui inculquer : « Quoi que tu fasses, tu *es* méchant, menteur, égoïste... je te connais » – ou, version encore d'actualité : « Tu ne feras jamais rien de bon » –, comment s'étonner que, devenu adolescent puis adulte, il agisse en conformité avec ce qu'on lui a toujours dit qu'il était ?

Tel est l'héritage religieux et culturel qui pèse sur notre Occident, que nous le voulions ou non, à notre insu ou non. H. Rondet le résume ainsi : « Les fils d'Adam viennent au monde en état de péché. Au péché de nature qu'ils apportent en naissant, ils ajoutent les péchés personnels, si bien que par lui-même le genre humain, déchu de son état primitif, ne connaît plus d'autre perspective que l'enfer[16]. »

Un enfer auquel n'échappent même pas les nouveau-nés : c'est dans ses propos sur l'enfance que le pessimisme de s. Augustin atteint des sommets. Aussi petit que soit l'enfant, c'est déjà un grand pécheur et « s'il lui était permis de vivre et d'agir à sa guise, il en arriverait à commettre tout ou partie des crimes et des forfaits que j'ai évoqués ou que je n'ai pu évoquer[17] ». Condamnation sans appel, qu'il prononce avant tout sur sa propre enfance, sa propre adolescence.

Ainsi raconte-t-il qu'à l'âge de seize ans, avec des camarades, il a volé des poires juste pour le plaisir de transgresser, puisqu'ils ne les ont même pas mangées. Le récit qu'il fait de cet épisode dans ses *Confessions* me semble illustrer son absence dramatique d'estime de soi et une culpabilité omniprésente : « Ô pourriture ! Ô vie monstrueuse ! Ô abîme de mort ! Était-ce possible de prendre du plaisir à un acte interdit, pour la seule raison qu'il était interdit ? » Un plaisir qui « résidait dans le crime lui-même accompli dans une communauté de pécheurs[18] » – il parle de ses camarades. Plus tard, en proie à une dissociation de lui-même qu'il endure comme un châtiment, il s'adresse ainsi à Dieu : « [...] Tu me plaçais bien en face de moi pour bien me faire voir combien j'étais vilain, difforme, sale, plein de taches et d'ulcères. Je me voyais et j'étais horrifié. Mais où fuir loin de moi[19] ? »

Avec un regard aussi noir sur sa jeunesse, on comprend qu'il en soit arrivé à croire que tout nouveau-né était en état de péché – à cause du péché d'Adam, seule explication logique qu'il ait pu trouver – et qu'il fallait le baptiser au plus vite. Dans sa volonté quasi obsessionnelle de condamner les humains dès le berceau, il argumente de manière invraisemblable et en parfaite contradiction avec les paroles de Jésus sur les enfants : si le Christ est vraiment le Sauveur de tous, alors il est aussi le Sauveur des enfants, pas seulement des adultes ; c'est bien la preuve que chez les enfants aussi, il y a un mal à réparer et qu'ils ont besoin d'être libérés de leur état de péché[20].

Si j'insiste sur la question des enfants, c'est que les conséquences de ce jugement seront désastreuses dans le domaine de l'éducation, en famille et à l'école. Certes, bien avant l'ère chrétienne, et également dans d'autres cultures et religions, c'est déjà au nom de leur nature déficiente et mauvaise qu'on a violenté les enfants pour les « éduquer ». Mais balayons devant notre porte ! Une fois adoptée officiellement par l'Église, la doctrine du péché originel a reçu ses lettres de noblesse ; désormais, et pour de longs siècles, on allait disposer d'une justification quasi divine de la violence éducative dès le plus jeune âge. Cela partait d'un bon sentiment – éviter au bébé non baptisé d'aller en enfer –, et il n'est donc guère étonnant que le baptême des enfants se soit généralisé en Occident en peu de temps dès 418[21]. Mais la dérive était immanquable : on a appris à se méfier de l'enfant, on a rabâché de génération en génération que par nature l'enfant était mauvais et destiné à l'enfer… et on n'a pas vraiment cru que le fait de le baptiser changeait les choses – en tout cas cela ne changeait pas le regard condamnateur des adultes.

Désormais, le pli était pris, même si certains ont tenté une vision moins pessimiste. En l'an 600 environ, le pape Grégoire le Grand affirme que tous les nouveau-nés morts sans baptême sont irrémédiablement damnés, mais qu'ils subissent seulement des peines privatives. Puis, au IXe siècle, Jean Scot Érigène développe une approche beaucoup plus positive de notre destinée… mais il est condamné par l'Église. Au XIIIe siècle et dans la ligne de Grégoire le Grand, Thomas d'Aquin et d'autres théologiens imaginent, pour les enfants morts sans baptême, un lieu intermédiaire – les limbes – où ils échappent au moins à toute souffrance. Et le pape Innocent III approuve : la peine du péché originel, c'est que l'enfant, dans ce cas-là, est privé de la vision de Dieu[22]. Il y a de quoi tomber à la renverse quand on pense à la révélation* que Jésus avait eue concernant les enfants : « Voyez à ne pas mépriser un seul de ces petits. Car je vous dis : leurs anges, dans les cieux, voient sans cesse la face de mon Père [qui est] dans les cieux ! » (Mt 18,10).

Au XIVe siècle, la dureté du général de l'ordre des Augustins, Grégoire de Rimini, lui vaut le surnom de « tortionnaire des enfants » – dureté que l'on retrouvera dans le protestantisme, et dans le jansénisme du XVIIe siècle. Les dérives sont de plus en plus pathologiques aux XVIe et XVIIe siècles, où l'on envisage les innombrables circonstances risquant d'invalider un baptême d'enfant et où l'on interdit les réjouissances avant ledit baptême. L'angoisse est alors à son comble dans les masses rurales. « L'Église a longtemps enseigné aux parents que leur bébé était un "enfant de Satan" », explique G. Minois qui cite le *Rituel de Tours* (1760) : « Qu'on se souvienne que ce sont des criminels et des enfants de colère qu'on va présenter à la

* Révélation, parce que cette perception de la dimension divine de l'enfant est absente du judaïsme contemporain de Jésus.

miséricorde de Dieu ; que dans cet état ils sont captifs du démon [...][23]. » Dans son ouvrage *Solis presbyteris et diaconibus*, Mgr Bouvier, évêque du Mans, « recommandait, en cas d'accouchement difficile, d'ouvrir la mère, morte ou vive, en se servant de préférence d'un rasoir, mais de garder le fait secret [...]. Dans ces conditions, l'utilisation par les médecins belges d'une sonde permettant les baptêmes intra-utérins fut un grand progrès[24] ».

C'est à se demander ce que sont devenus les évangiles au milieu de cette folie collective. Jésus n'avait-il pas posé un tout autre regard sur les enfants ? « Le royaume des cieux est à ceux qui sont comme eux », disait-il, et « quiconque accueille un seul enfant tel que celui-ci en mon nom, [c'est] moi [qu'] il accueille » (Mt 19,14 et 18,10). Quand on pense qu'en 1857 et 1860 – c'était hier ! – le pape Pie IX réaffirmait la nécessité de baptiser l'embryon, on se dit qu'on revient de loin, de très loin...

Une dérive pathologique propre à l'Occident

Orthodoxes, catholiques et protestants sont-ils unanimes sur la question du péché originel ? On peut dire que les Réformateurs partagent avec la tradition catholique majoritaire la vision noire de l'humanité. Pour eux aussi, à cause d'Adam, notre volonté est devenue mauvaise : nous nous laissons dominer par nos sens et notre désir s'est mué en concupiscence ; nous avons perdu notre capacité de discernement, et notre raison – qui devait guider notre volonté – s'est trouvée, selon Calvin, « débilitée » ; Luther la traite même de « belle catin », « morveuse et merdeuse » ; et pour couronner le tout, nous avons définitivement perdu le sens moral, en particulier celui de la justice. L'historien J. Delumeau pense que Luther a « travaillé, lui aussi, à cette grande dévalorisation de l'homme à laquelle ont tour à tour contribué au XVIe siècle Machiavel et Guichardin, Agrippa et Montaigne[25] ».

Fidèles à l'augustinisme, les Réformateurs voient dans notre être même une corruption telle que personne ne peut le comprendre : « Vois, il est si vrai que je suis pécheur devant Toi, écrit Luther, que sont aussi péchés ma nature, mon être commençant, ma conception, à plus forte raison mes paroles, mes œuvres et mes pensées, et la suite de ma vie[26]. » Selon la même logique que chez s. Augustin, c'est pour la bonne cause qu'il se livre à un tel dénigrement systématique : le but est que, « humiliés par la connaissance de leur méchanceté, [les humains] parviennent à la grâce ». Mais le gros problème, c'est que ce discours sur leur méchanceté continue à leur être servi même lorsqu'ils ont accueilli cette grâce en toute sincérité : « [...] rien, sinon le mal, ne peut être imaginé ou pensé par l'homme *pendant sa vie tout entière*[27] » !

Calvin ne dit pas autre chose : « Nous tous donc qui sommes produits de semence immonde, naissons souillés d'infection de péché ; et même avant de sortir à la lumière, nous sommes contaminés devant la face de Dieu[28]. » Procédant d'une « racine pourrie », nous sommes des « rameaux pourris » qui transportons notre « pourriture en toutes les branches et feuilles » que nous produisons[29]. On retrouve chez lui la condamnation traditionnelle des enfants, suppôts de Satan, dont j'ai dit plus haut qu'elle ferait le lit de la violence éducative : « Leur nature est une semence du péché ; partant, elle ne peut être que déplaisante et abominable à Dieu[30]. »

Revenons à la Bible, histoire de prendre un bol d'air frais ! Parmi les nombreux textes qui valorisent l'être humain, et en particulier les enfants, souvenons-nous des Psaumes, qui ont nourri Jésus jusqu'à son dernier souffle : « Seigneur, notre Seigneur, que ton nom est magnifique par toute la terre [...]. Par la bouche des tout-petits et des nourrissons, tu as fondé une forteresse contre tes adversaires [...]. Tu as fait de [l'être humain] presque un Dieu : tu le couronnes de gloire et d'éclat » ; « Seigneur, tu m'as scruté et tu me connais [...]. C'est toi qui as créé mes reins ; tu m'abritais dans le sein maternel. Je confesse que je suis une vraie merveille, tes œuvres sont prodigieuses : oui, je le reconnais bien » (Ps 8,2.3.6 et 139,1.13 *sq.*).

Pourtant, ce sont bien les Réformateurs qui ont rendu la Bible au peuple. Comment ont-ils pu passer à côté de textes de cette trempe, dans la Bible hébraïque comme dans le Nouveau Testament ? D'une part, la (re)découverte de la Bible ne s'est pas faite en un jour. D'autre part, on ne prendra jamais assez la mesure du « lavage de cerveau » qu'a entraîné l'adoption du dogme du péché originel, siècle après siècle.

Certes, les Réformateurs disaient et répétaient que la grâce divine ne pouvait se perdre, que nous étions sauvés et justifiés simplement en croyant à ce Don – ce qui était extrêmement libérateur –, mais le doute persistait. On voit les déclarations rassurantes se multiplier dans toute la littérature protestante : c'est bien là le signe que la chrétienté baignait dans une angoisse collective, régulièrement alimentée par les appels à l'examen de conscience ; quand on vit dans l'alternance épuisante de la crainte et de l'espoir, comment peut-on goûter à la paix intérieure[31] ?

Nos contemporains détachés de la tradition chrétienne ont beau jeu de trouver les chrétiens tristes et peu libérés. Où est passée la « vie en abondance » annoncée par Jésus ? La « grâce surabondante » expérimentée par Paul et les premières générations de chrétiens ? Même au sein de ce grand courant de libération qu'a été le protestantisme, le mal – « désastre inexplicable » par une quelconque « trace de méchanceté » ou inattention de Dieu – restait entièrement de notre faute et nous n'avions aucune excuse pour cela[32].

Pour J. Delumeau, les protestants comme les catholiques ont subi une « pastorale de la peur », dans un double langage à la fois de menace et de consolation : la triade diable-péchés-mort étant omniprésente dans le discours et la théologie des porte-parole du protestantisme, la consolation ne pouvait venir à bout de la peur[33]. Personnellement, je suis plutôt poussée à la compassion quand je vois tant de chrétiens porter ce poids insupportable qui les prive de goûter à leur liberté d'enfants de Dieu.

J'ajoute que la célèbre formule de Luther – *simul justus et peccator,* « en même temps juste et pécheur » – laisse planer le doute sur l'Accueil véritablement inconditionnel et libérateur que nous sommes invités à expérimenter. Elle laisse entendre que nous devrions en tout temps garder à l'esprit combien nous sommes pécheurs : oui, vous êtes réhabilités, blanchis, restaurés par Dieu et devant Lui mais, simultanément, vous restez pécheurs, c'est-à-dire coupés de Lui. Il y a de quoi développer une forme de schizophrénie. Il me paraît impossible de la relier à notre expérience : nous ne pouvons pas être en lien avec Dieu, dans la lumière et la vérité de qui nous sommes sous Son regard inconditionnellement bienveillant et *en même temps* nous sentir pécheurs, c'est-à-dire sans relation avec lui.

On objectera que Luther parlait d'une simultanéité de notre *être* devant Dieu, une simultanéité ontologique et non temporelle. Il est vrai que nous vivons des périodes où nous nous percevons reliés au Vivant, libérés du souci de bien ou mal faire, et d'autres où, pris dans un brouillard épais, nous nous croyons très loin de lui. Pourtant, si la formule de Luther parle de notre situation devant Dieu, alors elle induit qu'Il nous *verrait* à la fois justifiés/réhabilités et pécheurs. C'est comme si Jésus disait à l'homme paralysé des évangiles : « Tes péchés ont été/sont pardonnés... mais n'oublie jamais que tu *es* pécheur ! » Et c'est comme si, à sa sortie de prison, un meurtrier ayant purgé sa peine et retrouvé sa place dans la société entendait constamment : « Oui, mais souviens-toi toujours que tu *es* un meurtrier ! » – ce qui arrive d'ailleurs trop souvent. Dans ces conditions, comment nous sentir *vraiment* libérés, restaurés dans tout notre être ? Et rayonner de cette joie qu'on attend des chrétiens ?

Et qu'en est-il de la tradition orthodoxe ? Rappelons que, sur ce point au moins, elle est restée profondément fidèle au christianisme des origines, lequel constitue le passé commun à toutes les familles chrétiennes. Un héritage précieux que nous commençons à redécouvrir, en prenant conscience qu'il est aussi le nôtre, en amont de tous les schismes et dissensions entre Églises.

Fait largement méconnu en Occident aujourd'hui encore, les orthodoxes, dont on peut considérer qu'ils sont les plus proches de Paul, n'ont pas le *dogme* du péché originel. Ils utilisent exclusivement le mot « péché » pour désigner les fautes personnelles et, de ce fait, affirment que les nouveau-nés sont « sans péché ». Les Pères grecs ont une vision saine et positive de la nature humaine et ne croient pas en sa totale corruption : nous sommes fondamentalement faibles dès notre naissance, nous choisissons souvent le mal, mais nous sommes capables de collaborer à l'action libératrice de Dieu en nous, de « faire peu à peu nôtre la vie du Christ qui sourd sans cesse au plus profond de chacun de nous ». En accord avec les Églises d'Orient dans leur ensemble, le patriarche de Constantinople, s. Photius, voyait même dans la doctrine du péché originel une véritable hérésie[34]. On ne dira jamais assez qu'une telle perception de la nature humaine était *également* partagée par les Pères latins jusqu'à s. Augustin… et par s. Augustin lui-même jusqu'à son combat contre les pélagiens[35].

Si seulement l'Occident chrétien n'avait pas étouffé la voix orthodoxe et décrété que lui seul détenait la vérité sur l'humanité, évacuant pour longtemps toute la part de mystère qui entoure la nature humaine ! La personnalité attachante, les riches expériences spirituelles et la réflexion théologique approfondie de s. Augustin ont été déterminantes dans ce processus historique : son immense rayonnement et sa crédibilité ont largement contribué à implanter pour de longs siècles dans tous les esprits – même non théologiens – une doctrine dont bien des commentateurs relèvent pourtant les faiblesses et les incohérences. J. Delumeau note que Calvin l'a cité pas moins de quatre mille cent fois et que la prolifération des représentations de la faute d'Adam et Ève a atteint son apogée entre le XVe et le XVIIe siècle – époque qui fut la plus perméable au pessimisme augustinien[36].

Par ailleurs, il faudrait beaucoup nuancer. D'une part, pour tous les théologiens qui adhèrent à cette doctrine, l'être humain peut en toutes circonstances bénéficier de la grâce divine – même si ce message devient inaudible dans l'exacte mesure où l'autre est tonitruant. D'autre part, on doit reconnaître que chez les théologiens catholiques aussi bien que protestants, des voix se sont régulièrement élevées – dans une proximité évidente avec la tradition orthodoxe – pour contester l'état de corruption totale et définitive de la nature humaine.

Au désespoir religieux des siècles passés – encore perceptible aujourd'hui, en tout cas chez les personnes d'âge mûr – a succédé, parallèlement au processus de sécularisation et de rejet des dogmes, une reconnaissance progressive des dérives et des abus liés à la doctrine du péché originel. « Cette théologie épouvantable, estime François Brune, a fait dans les consciences et dans les cœurs des dégâts spirituels proprement incommensurables[37]. » L'heure est à l'estimation de l'ampleur des dégâts : étape inévitable si l'on veut, individuellement, communautairement, et même socio-politiquement, aller plus loin…

Mais l'heure est peut-être avant tout au renoncement radical à prétendre connaître et définir une fois pour toutes la « nature humaine ». Nous y sommes encouragés par le fait qu'au sein du christianisme lui-même, il y a eu suffisamment de voix contestataires pour que le discours majoritaire ne s'imagine pas avoir le dernier mot : « […] dans le christianisme en Orient et en Occident, affirme le théologien orthodoxe Kallistos Ware, *il n'y a jamais eu une doctrine unique et universellement acceptée de la personne humaine.* Les 7 Conciles œcuméniques ou Conciles généraux – qui se sont réunis entre 325 et 787 […] – n'ont donné *aucune définition formelle de la nature humaine* ou du corps humain[38]. »

Mécompréhension des textes bibliques

Jusqu'à la Réforme au XVe siècle, seul le clergé avait accès à la Bible : c'est donc la doctrine officielle de l'Église qui prévalait. Porte ouverte aux projections, contresens, distorsions des textes en vue d'une « pensée unique » : à toute époque de l'histoire, on peut faire dire à la Bible ce qu'on veut qu'elle dise, de manière à cautionner ses propres idées et à les imposer à autrui. Le problème, c'est que les interprétations doctrinales multiséculaires sont restées en quelque sorte « collées » aux textes comme un cataplasme qui nous empêche de voir qu'ils disent éventuellement autre chose. D'où, à l'égard de la Bible, le désintérêt grandissant des masses chrétiennes au cours du XXe siècle.

Cependant, en évacuant l'enseignement traditionnel qui s'appuyait sur les textes bibliques, on a en quelque sorte jeté le bébé avec l'eau du bain ! Un seul exemple : depuis plus de cinquante ans, les exégètes font remarquer que le mot comme la notion de « chute » sont introuvables dans Gn 2-3, et que le récit d'Adam et Ève est un texte extrêmement marginal dans la Bible. Mais la plupart des auteurs continuent à parler du récit de la chute, même si certains y mettent des guillemets, et la majorité des

Occidentaux ont rangé cette histoire au musée des folklores exotiques. Il importe aujourd'hui de remettre les textes bibliques au grand air, de les dépoussiérer de leurs couches doctrinales et de les regarder attentivement dans leur clarté à jamais mystérieuse.

Projections sur Gn 1-3

Ce qui saute aux yeux, ce sont les divergences entre la doctrine du péché originel et les textes. Tout d'abord, elle dit qu'avec Adam et Ève nous avons *créé* le mal : « Il n'y aurait eu nul mal du tout si la nature changeante […] ne se l'était *créé elle-même* en péchant[39]. » Mais où trouve-t-on cela dans ces textes ? Aucune explication du mal n'y est donnée. D'une part, aucun humain n'a un tel pouvoir ; ailleurs, Dieu rappelle avec force qu'il est le Créateur de toutes choses, lui et lui seul : « C'est moi qui suis le Seigneur, il n'y en a pas d'autre ; je forme la lumière et je crée les ténèbres ; je fais le "bien/bonheur" et je crée le "mal/malheur" : c'est moi le Seigneur, qui fais tout cela » (Es 45,6c,7) – autrement dit *tout* est entre ses mains et, à l'origine d'un monde viable, il est Celui qui crée la différenciation entre la lumière et les ténèbres, entre le bien/bonheur et le mal/malheur. D'autre part, on ne trouve pas même le mot « péché » dans Gn 2-3 ; il faut attendre le chapitre 4 où Caïn, juste avant de tuer Abel, sera averti par Dieu que le « péché » est tapi à sa porte.

Ensuite, selon la doctrine, Gn 2-3 raconte comment Adam et Ève ont introduit la mort dans le monde – châtiment bien mérité. Sinon, nous serions tous restés immortels. En réalité, cela n'est pas dit : dans le récit, ils ne meurent pas et Adam vivra… cent trente ans (Gn 5,3). Tous les exégètes aujourd'hui le reconnaissent enfin : il s'agit de la mort spirituelle et non biologique ; et la Bible, d'ailleurs, considère la mort corporelle comme faisant partie de la vie. « Du fait même qu'il crée, Dieu, de quelque manière, se sait le responsable de la souffrance et de la mort relatives à la finitude de l'homme, sans faute de sa part », affirme Gustave Martelet[40], un commentateur enthousiaste de la pensée de Teilhard de Chardin. Celui-ci n'a cessé de dire que la mort est inhérente à la nature, que la « bonté » de la création – « et Dieu vit que cela était bon » – n'exclut pas la mort pour les vivants et que « les tâtonnements, les échecs, les cataclysmes de la nature ne sont en rien la conséquence du péché », la mort physique étant « d'abord une structure naturelle du monde et de la vie »[41].

Autre exemple de distorsion du texte : la condamnation de la sexualité – péché de concupiscence (désir ardent, convoitise) – réduite à l'instinct sexuel, coupable de nous faire perdre la maîtrise de notre volonté. Dans *La Cité de Dieu*, s. Augustin s'acharne contre le désir sexuel et la colère qui, à cause du péché, sont devenus les « parties vicieuses de l'âme », « confuses et désordonnées ». Il explique que la libido est « salaire du péché de désobéissance » : sans celui-ci, nous aurions très bien pu procréer « par un mouvement de la volonté, non par l'excitation de la libido »[42] !

Quand on lit en parallèle ses *Confessions*, on réalise quel tourment a été pour lui-même cette sexualité vivante qu'il a cru devoir combattre toute sa vie. Et quand on se souvient que la colère aussi bien que la sexualité sont avant tout des expressions puissantes de l'énergie de vie, on ne s'étonne plus de l'entendre parler, en toute honnêteté, de son désespoir, de son amertume, de sa tristesse… Le drame, c'est qu'une civilisation entière s'est par la suite construite sur ces bases-là, prenant un contresens flagrant sur le texte biblique pour vérité d'évangile. On n'en est pas encore complètement sorti, malgré l'accord unanime des exégètes depuis des dizaines d'années : en réalité, dans Gn 2-3, il n'existe aucun lien entre péché et sexualité.

Comment en finir avec les projections ? Souvenons-nous d'abord que Gn 1 a été écrit *après* Gn 2-3, comme pour corriger la vision pessimiste de l'humanité et de la vie induite par les auteurs de Gn 2-3. Raison pour laquelle il est dit plusieurs fois dans Gn 1 : « Et Dieu vit que cela était bon », et même, après la création du couple humain : « Voilà, c'était *très bon* » (1,31). Or la tradition chrétienne a constamment décrit la *perfection* surnaturelle d'Adam et Ève, dans la foulée d'un monde *parfait* projeté sur Gn 1. Il est temps de renoncer à une telle utopie et de prêter attention aussi bien aux exégèses juives qu'à la voix prophétique de quelques commentateurs chrétiens.

Citons Josy Eisenberg : « Contrairement à ce que l'on affirme souvent, la Bible ne suggère nulle part que la nature est parfaite. Au contraire : si l'on demande à l'homme de la dominer et de la domestiquer, c'est bien parce qu'elle est, *a priori*, sauvage, dangereuse, explosive. Elle demande à être canalisée et combattue. [...] [Le judaïsme] a toujours été conscient de l'imperfection de la nature, des changements et des améliorations que l'homme doit apporter à cette matière brute qu'est la nature, mais que sont aussi l'homme et la vie. [...] Selon les théologiens juifs, la nature conserve toujours une marge de liberté, qui est à l'origine du mal. Une certaine "pesanteur cosmique" ferait que le projet divin ne peut se réaliser dans son intégrité : il y a du jeu dans la nature. [...]

Seul Dieu est parfait. La nature étant *autre-que-Dieu* ne saurait être parfaite, ni même parfaitement docile. Créer, pour Dieu, c'est donc assumer un certain risque. Il y aura nécessairement des impondérables. » Le même problème se pose concernant la création des humains : « Dieu a parfaitement considéré l'existence et la possibilité du mal, qui est inhérent à la création » et « la connaissance du mal potentiel n'a nullement modifié l'appréciation divine. [...] Ce qui me paraît en tout cas fondamental, c'est que ce jugement formulé par la Bible, "le mal existe mais tout est très bon" – cette affirmation solennelle nous engage à rejeter tout dualisme. Il n'y a pas le monde de Dieu et celui de Satan. Tout, ici-bas, peut concourir à l'épanouissement de l'homme et le faire accéder au plus être du *très bon* »[43].

Une telle compréhension me réjouit, tant je suis convaincue que la Bible, écrite par des humains plus ou moins inspirés, nous parle exclusivement du monde dans lequel nous vivons, de la réalité qui est la nôtre – réalité qu'elle nous invite à voir, à relire, à découvrir avec un Autre regard. À quoi nous servirait la description d'un monde idyllique à jamais perdu, sinon à nous accabler davantage ? Deuxième conviction qui me rend la Bible crédible : ces textes ont été retenus dans la mesure où ils peuvent nous aider à vivre ; s'ils nous démolissent, nous font tomber ou nous empêchent de nous tenir debout, ils ne sont pas « de Dieu » – on reconnaît l'arbre à ses fruits, disait Jésus. Ou bien c'est que je n'ai pas encore pu accéder à leur sens fécond : il me faut encore étudier, méditer, écouter... Alors, avec le chrétien Teilhard de Chardin aussi bien qu'avec le juif J. Eisenberg, j'entends dans Gn 1 que la création n'est pas forcément parfaite mais qu'elle est *bonne à prendre*[44] – en d'autres termes, la vie humaine, dans ce monde-ci, vaut la peine d'être vécue, au bout du compte !

Allons plus loin. Selon l'exégèse rabbinique (*Bereshit Rabba* 9,4), Dieu aurait fait vingt-six tentatives infructueuses avant d'aboutir à notre monde qui « ne possède lui-même aucun label de garantie » ; André Neher poursuit en soulignant la valeur fondamentale de l'échec dans la perspective juive : « Nombreux sont les textes de la tradition juive qui font toucher du doigt, sous une forme tantôt pathétique tantôt ironique, la notion fondamentale de l'*improvisation* de l'œuvre divine dans le monde[45]. » N'est-ce pas très proche de ce qui s'est passé quand nous sommes venus au monde ? Nos parents ont largement improvisé, et notre croissance en leur présence a été jalonnée de « très bons » moments, mais aussi de nombreux échecs… et tout cela est l'indice d'une relation bien vivante, toujours en devenir.

Du coup, je souscris à la proposition de G. Martelet qui voit dans l'histoire d'Adam et Ève une « parabole » semblable à celle de Lc 15,11-32 (dite du « fils prodigue »)[46]. Entre Dieu et les humains et entre les humains eux-mêmes, la relation est susceptible d'échec dès la première minute ; cela n'empêche pas qu'elle soit « bonne » et même « très bonne » à vivre en définitive. Les récits de Gn 1-2-3, comme l'histoire du père et de ses deux fils, racontent ainsi de manière imagée, parabolique, les richesses et les ratés de nos relations avec les autres et avec le Tout-Autre… et la joie d'être en lien reste notre horizon.

Absolutisation de certains versets

Commençons par le psaume 51, en particulier le verset 7 : « Voici, dans la faute j'ai été conçu et ma mère m'a conçu-en-chaleur dans le péché. » En 1958, Albert-Marie Dubarle affirmait que ce verset restait « l'approximation la plus certaine de la doctrine du péché originel en dehors de la Genèse[47] ». Nous allons voir qu'on ne peut même pas parler d'« approximation », pas plus que pour Gn 2-3. Le bibliste Pierre Grelot dénonce l'interprétation erronée qui a été donnée de ce verset ; pour lui il vaut vraiment la peine de lire Ézéchiel 18 en entier : le prophète dit, de la part de Dieu, que la culpabilité est strictement personnelle, qu'en aucun cas un père ne peut transmettre la responsabilité de ses fautes à ses enfants ; et concernant le psaume 51, « la génération ne transmet pas le péché, comme si une sexualité nécessairement pécheresse aboutissait nécessairement à une "conception dans le péché" »[48].

En réalité, ce psaume est une *prière* : le premier verset dit que c'est celle du roi David, « quand le prophète Natan alla chez lui, après que David fut allé chez Bethsabée ». On sait que celui-ci avait couché avec elle pendant que son mari, le général hittite Urie, combattait pour lui, et que le roi avait ensuite ordonné qu'on le tue au combat ; alors le prophète Natan avait été envoyé par Dieu pour lui faire prendre conscience de ce qu'il avait fait[49]. Ce psaume est donc le cri de douleur d'un homme qui réalise avec horreur la gravité de ses actes. Il confie à Dieu à la fois sa faute et son sentiment de culpabilité – l'hébreu ne faisant pas de différence entre les deux. Cette prière, éminemment personnelle, est donc tout sauf une vérité dogmatique sur la nature humaine. Eugen Drewermann voit dans le fameux verset 7 « une tournure hébraïque qui ne signifie rien de plus que la prise de conscience qu'un fait donné [le comportement de David] [...] n'est pas un simple malheur, une faute passagère, mais une action jaillie des profondeurs de l'être[50] ».

David se voit noir dès la conception parce qu'il s'identifie complètement à ce qu'il a fait et qu'il vit son impuissance radicale à s'en sortir comme une fatalité congénitale. Nous sommes très nombreux, je pense, à avoir traversé de telles affres. Le besoin brûlant est alors que quelqu'un – Quelqu'un – nous restaure dans notre *être*, pose sur nous un regard bienveillant qui nous aidera à nous réunifier. C'est ce que demande instamment David : « Crée pour moi un cœur pur [non divisé], ô Dieu ! » (Ps 51,12). Et cela résonne même comme : « Recrée-moi pur », puisque ce verbe (*bara*) est toujours utilisé pour Dieu seul, déjà au début du récit de la création. Ici, David dit son aspiration à « naître de nouveau » ou « naître d'en haut »[51].

Pour moi, ce psaume donne un écho fidèle, dans la sphère subjective, au récit de la création : c'est bien à partir du tohu-bohu des relations (entre les humains, entre eux et Dieu) que le Tout-Autre se fait reconnaître – et parfois connaître – comme le Créateur, Celui dont le souffle, jamais étouffé, « plane au-dessus » de l'abîme et des ténèbres de la violence. Souffle que David mentionne d'ailleurs quatre fois jusqu'à la fin de sa prière, comme si lui-même reprenait souffle en sentant le souffle créateur passer sur tout son être.

Quand on regarde de près les sept psaumes sélectionnés par la liturgie comme « psaumes de pénitence » (Ps 6,32, 38, 51, 102, 130 et 143), on s'aperçoit que très peu de versets parlent de culpabilité et que ce sont bien plutôt des appels de détresse. Notons, en outre, que les mots « pénitence », « se repentir » n'existent pas en hébreu : on parle seulement de « revenir », de « retour » vers l'Autre et les autres. Il est clair qu'on est d'abord et avant tout dans un registre relationnel et non moral. David, dans ce psaume 51, dit sa grande souffrance d'avoir abîmé la relation avec Celui qu'il aime : « Envers toi et toi seul j'ai péché et j'ai fait le mal à tes yeux » (Ps 51,6).

Dans cette prière, je suis frappée par un enchaînement qui me semble très proche de ce que nous pouvons vivre parfois, quand tout se passe *à l'intérieur de notre relation avec Dieu* : au verset 6a, la douleur d'avoir mal agi envers autrui et de nous être ainsi coupés de Dieu – une souffrance éminemment relationnelle qui est bien autre chose que la transgression d'une loi ou une faute morale ; puis, dans cette lucidité, le souvenir de Celui dont les paroles sont « justice » et « pureté » (non-confusion) au verset 6b ; alors, la perception de l'infinie distance entre ce Tout-Autre et notre condition humaine (verset 7) ; enfin, la rencontre avec le Vivant dès que nous sommes en contact, devant lui, avec notre vérité profonde : « Voici, tu aimes la vérité dans les ténèbres ; dans ma nuit, tu me fais connaître la sagesse » (verset 8, *TOB*).

Malheureusement, la doctrine du péché originel s'est appuyée sur le verset 7 en l'extrayant de son contexte pour mieux en faire une déclaration objective sur la noirceur congénitale de la nature humaine – meilleur moyen pour que le début de la prière de David passe inaperçu. En fait, David commence par tout autre chose : « Gracie-moi/montre-moi ta compassion, ô Dieu, *selon ta tendresse/*

fidélité* ; *selon l'abondance de ta compassion* [littéralement : de tes matrices], efface mes torts ! » Il lui faut d'abord prendre un bain de bienveillance, d'infinie compassion ; il lui faut être rassuré sur la solidité de la relation pour pouvoir reconnaître ses torts, s'approprier le comportement destructeur qui a été le sien.

Pendant des siècles, on a appris aux Occidentaux à d'abord se frapper la poitrine pour qu'ensuite Dieu daigne « passer l'éponge ». Or c'est exactement le contraire : « Lave-moi à grande eau de ma faute et purifie-moi de mon péché » (Ps 51,4), littéralement : « Lave-moi *loin de* ma faute, purifie-moi *loin de* mon péché » ; en d'autres termes, *différencie-moi* de ce que j'ai fait ; quand Tu me laves, quand Tu accueilles ma personne dans Ta tendresse et Ta compassion sans limites, quand Tu mets mon être loin de mes actes blessants, quand Tu me vois « plus blanc que la neige » (Ps 51,9), alors – tout de suite (c'est le verset suivant) – « oui mes torts, moi je les connais, et mon péché (ou mon "ratage de relation"), je l'ai sans cesse en face de moi » (Ps 51,4)… et plus j'y pense, plus je me rends compte combien je T'ai blessé en détruisant mes semblables.

Absolutiser un verset comme on l'a fait du verset 7 revient, me semble-t-il, à faire d'une phrase dite à quelqu'un – dans le cadre d'une relation vivante, changeante, dynamique – la vérité dernière sur la personne qui l'a prononcée. En revanche, si nous replaçons ce verset dans l'ensemble de la prière, nous voyons que tout ce qui y est dit relève de la relation personnelle de David avec son Dieu : « En ce moment, j'ai particulièrement besoin de Ta fidèle bienveillance envers moi et je me souviens que

* « Ton chérissement », traduit par André Chouraqui.

Ta compassion est sans fin ; je Te crois capable et désireux de différencier mon être de mes actes ; alors, maintenant, je peux regarder sans complaisance les destructions de relation dont je suis responsable ; et plus ma lucidité grandit, plus je vois combien je me suis coupé de Toi, de Toi avant tout ; je me recentre sur Toi et te perçois juste et pur (sans confusion) et réalise combien je suis encore loin de Te ressembler, depuis que j'existe ; mais je sais ce que Tu aimes : la vérité au plus profond de moi, jusque dans ma nuit ; alors je sais que Tu vas me créer avec un souffle tout neuf, moi qui n'avais plus de souffle ! » – je tente ainsi de restituer le dynamisme des versets 3 à 12.

Parmi les versets parfois invoqués à l'appui du dogme du péché originel – versets qui sont chaque fois détachés de leur contexte –, notons le verset 4 du psaume 58, attribué également à David : « À peine conçus, les méchants sont dévoyés, les menteurs divaguent dès la matrice » (*TOB*). Or toute la prière est sur le mode de la rage ; le psalmiste crie à Dieu sa soif de vengeance au vu des violences dont il est témoin, et peut-être victime. Ce verset 3 me fait penser à l'insulte qu'on entend parfois proférer – « fils de p… » –, manière de signaler à quelqu'un qu'on méprise et qu'on diabolise complètement, qu'il est bien le fils de sa mère, c'est-à-dire qu'il est méprisable par hérédité, dans sa nature même.

Ensuite, les « méchants » sont comparés aux animaux les plus dangereux et les plus répugnants : « Dieu, casse-leur les dents dans la gueule ! » (Ps 58,7a) ; « Le juste se réjouira en voyant la vengeance : il lavera ses pieds dans le sang des méchants » (Ps 58,11). À nouveau, on ne quitte pas le champ de la relation, une relation à Dieu assez vivante et confiante pour qu'on puisse lui *dire* – donc sans passer à l'acte – tout ce qui brûle au fond de soi, parce qu'on sait qu'il peut l'entendre. On voit bien que ce cri du cœur n'a rien à voir avec une définition générale de la nature humaine méchante « dès la matrice » !

Une doctrine incompatible avec le judaïsme et l'enseignement de Jésus

Il est bon de se souvenir que Jésus était juif et qu'il avait grandi dans un univers spirituel tout à fait étranger à l'idée d'une perte catastrophique due au péché humain, d'une culpabilité héréditaire. Le judaïsme n'a jamais admis une telle doctrine. Elle est seulement évoquée dans le bas judaïsme, dans la littérature apocalyptique du Ier siècle, mais pour y être tour à tour exposée et rejetée[52]. Pour la piété juive, l'âme n'est pas « ensevelie dans une malédiction ou prisonnière d'une culpabilité héritée dont elle doit être sauvée. […] La prière juive quotidienne fait dire : "L'âme que tu m'as donnée est pure" », explique Abraham Heschel. La pensée juive est centrée sur le péché concret. Certes, la faute d'Adam et Ève est importante, mais « aucun auteur ne les a jamais considérés comme ayant altéré d'une manière décisive ce que Dieu avait appelé originellement à l'existence »[53]. Quelle que soit la gravité du mal commis par un être humain, il n'est jamais irrémédiable en raison d'une mauvaise nature indéracinable : c'est au sein de la relation avec Dieu que chaque personne devient consciente du mal commis et expérimente l'Accueil inconditionnel.

Qu'on le veuille ou non, il faut se rendre à l'évidence : on ne trouve pas la moindre référence explicite à Adam et Ève dans les évangiles… et les évangélistes ne rapportent pas une seule parole de Jésus relative à un quelconque

« péché originel » ! À plusieurs reprises, il refuse fermement de se laisser entraîner à considérer le malheur de quelqu'un comme explicable par son propre péché ou celui de ses parents. Pour lui, c'est une voie sans issue[54] : concentrez-vous plutôt sur *votre* comportement présent, nous dit-il, tournez-vous vers Dieu et vers l'avenir de la personne en détresse et vous verrez comment Il va transformer son deuil en danse !

Confronté aux malheurs et aux divisions des humains, à la trahison, au mensonge, au désespoir et à l'hypocrisie, Jésus n'a qu'un mot à la bouche, ou plutôt un gémissement exprimant sa tristesse et sa solidarité : *ouaï*... Interjection si peu traduisible que Chouraqui la rend par « oïe ! ». « Hélas pour le monde à cause de ce qui fait tomber ! [...] Hélas pour l'humain par qui vient ce qui fait tomber ! [...] Hélas pour vous, scribes et pharisiens ! [...] Hélas pour cet homme par qui le Fils de l'humain est livré ! » (Mt 18,7 ; 23,13 ; 26,24b // Mc 14,2). Dans tous ces passages, je ne trouve pas l'ombre d'une condamnation, encore moins une mise en accusation de la nature humaine. J'entends plutôt la souffrance d'un authentique « fils d'humanité » devant la réalité indissociable de notre malheur et de notre malfaisance.

Méconnaissance de Paul

On sait par s. Jérôme que Paul dictait ses lettres en araméen et que Timothée les traduisait en grec – d'où la difficulté de certaines phrases dans nos traductions françaises. Or s. Augustin s'est beaucoup appuyé sur Paul pour élaborer sa doctrine du péché originel. Mais de son propre aveu il n'avait jamais pu apprendre le grec correctement ; il travaillait donc à partir de la traduction latine, la Vulgate, qui plus est dans un exemplaire incorrect et lacunaire[55]. On ne s'étonnera donc pas que, sous son influence, la chrétienté occidentale ait fait dire à Paul ce qu'il ne disait pas, et que son message libérateur n'ait guère été entendu. G. Martelet est catégorique : « À se croire paulinien en désignant "Adam" comme l'individu empiriquement responsable de "l'*entrée* du péché dans le monde" au sens de sa *cause*, on devient simplement odieux ou ridicule[56]. »

En fait, Paul ne parle d'Adam qu'*à partir de Jésus*. Dans la vie de l'apôtre comme dans celle de s. Augustin, il y a un avant et un après. Son passé d'avant sa rencontre fulgurante avec le Christ, il le regarde sans complaisance : pharisien aveuglé par son savoir religieux, il traquait et faisait exécuter les chrétiens, persuadé qu'ainsi il se rendait agréable à Dieu. On ne peut pas lire ses lettres aux premières communautés chrétiennes sans percevoir ce lourd passé à l'arrière-plan de son existence radicalement nouvelle : il sait de l'intérieur combien nous pouvons être « perdus » sans nécessairement en être conscients, coupés du Vivant, convaincus d'être du côté des bons et des justes. Ce qui le brûle, depuis l'irruption de Jésus dans sa vie, c'est de raconter sa profonde libération : il n'est plus le même homme et il voit, rétrospectivement, de quel aveuglement il a été guéri.

J'avoue que la lecture du livre de F. Brune, *Saint Paul. Le témoignage mystique*, a marqué un tournant dans ma perception de cet apôtre si souvent décrié, c'est-à-dire réduit à quelques phrases extraites de leur contexte. Aujourd'hui, je rencontre un homme attachant, assez honnête pour raconter comment il était « mort » jadis, comment il lui arrive encore d'être très divisé au-dedans de lui-même (Rm

7,7-25), comment, toujours à nouveau, le souffle de Jésus le dynamise quand il est au plus bas. Il cherche ardemment à communiquer aux autres cette expérience spirituelle si comblante qui consiste à « être en Jésus », dans ce lieu de divine douceur où disparaissent les tourments et les peurs de mal agir : « Il n'y a donc, maintenant, plus aucune condamnation pour ceux qui sont en Jésus-Christ, car la loi du souffle de la *vie en Jésus* m'a libéré de la loi du péché et de la mort » (Rm 8,1 *sq.*).

Pour un peu, on l'entendrait nous dire : « Croyez-moi, je vous en supplie, plus rien ni personne ne peut vous condamner ; je l'ai moi-même vécu et j'aimerais tant que cela vous arrive aussi : ce qui *fait la loi* dans ma vie, désormais, ce ne sont plus mes divisions intérieures – qui me coupaient des autres et du Tout-Autre –, ni les forces de mort – qui me maintenaient dans le "sans issue"; ce qui fait la loi maintenant dans ma vie, c'est le souffle de libération, cette énergie de vie que je sens dans tout mon être quand je suis "en Jésus". »

Ce qui a complètement bouleversé la vie de Paul, c'est la révélation que tous les humains, y compris lui-même, par le simple fait d'être des humains, sont accueillis sans condition, dès leur naissance et quels que soient leurs actes, par Celui en qui n'existe aucune condamnation. Il semble donc évident que Paul n'a jamais eu l'intention de construire une théorie sur le péché, encore moins sur le péché originel. Il était avant tout intéressé à nous faire connaître la puissance de vie qu'il expérimentait et voyait venir à bout des pires divisions : quand nous sommes en Jésus, quand nous nous tenons dans son souffle, nous nous sentons réhabilités et pleinement vivants dans nos relations avec le Tout-Autre et les autres. Dès lors, pour rester fidèle à la pensée paulinienne, il faut cesser de voir dans le péché d'Adam et Ève l'unique cause de l'existence du mal dont souffrent les humains ; de plus, il faut cesser de croire ce péché plus puissant que la force de vie[57]. D'accord, mais il aurait fallu ne pas marteler cela pendant quinze siècles !

Qu'est-ce qui a bien pu provoquer une telle distorsion du message paulinien ? Essentiellement trois malheureux versets de la lettre aux Romains (5,12 *sqq.*), en particulier deux tout petits mots grecs – en fait trois lettres ! Un passage dont une note de la *TOB* indique que la traduction demeure délicate : tout dépend si, s'agissant d'Adam, on comprend « *en qui* tous ont péché » ou « *du fait que* tous ont péché ». Après quoi la phrase reste en suspens et sera reprise deux versets plus loin. Dans le premier cas, on utilise ce petit passage pour cautionner la doctrine d'un péché originel héréditaire. Selon la *TOB*, la deuxième interprétation est la plus défendable, ne serait-ce que grammaticalement.

Voici ce que je comprends, pour ma part : notre condition humaine est si difficile qu'il nous arrive régulièrement de ne plus être en relation avec Dieu*, d'où notre solidarité avec tous les humains de *tous* les temps ; chaque fois que nous nous coupons de Dieu, nous devenons Adam et Ève, pris dans nos divisions et nos engrenages mortifères. La *TOB* conclut la note en mentionnant une exégèse protestante contemporaine : ici, comme dans d'autres passages où il commente des pages de la Genèse, Paul a surtout en vue une structure fondamentale de notre existence.

En tout état de cause, bien que partisan de la doctrine du péché originel, A.-M. Dubarle reconnaissait – en 1958

* Telle est la signification constante du « péché » dans la Bible.

déjà – qu'« on ne peut invoquer avec fermeté le témoignage de Paul en faveur d'une dégradation du monde visible à la suite du péché originel » ; pour l'apôtre, « tout ce qui existe en dehors de Dieu est une créature de Dieu, et donc une chose bonne [...] "Rien n'est impur de soi : toutes choses sont pures" (Rm 14,14 et 20) ». Et l'auteur de terminer en citant 1 Tim 4,4 : « Tout ce que Dieu a créé est bon[58]. »

Une tout autre vision de l'humain à redécouvrir

À la décharge des auteurs chrétiens post-augustiniens, personne ne savait qu'Adam était un nom collectif – même si un Grégoire de Nysse, au IVe siècle, en avait eu l'intuition ; on le prenait pour un personnage historique, au même titre qu'Abraham ou Moïse ; et on savait encore moins que 99 % de l'histoire de l'humanité appartenaient à la préhistoire ! Cependant, on ne dira jamais assez que les auteurs des premiers siècles avaient une vision bien différente de l'être humain. Ils ouvraient la Bible et lisaient la Genèse comme Jésus leur avait appris à la lire, avec les yeux de personnes qui avaient fait, grâce à lui, une expérience déterminante de réhabilitation et de libération. Ainsi, on ne trouve dans la *Didachè** aucune allusion ni à Gn 2-3 ni à Rm 5. Rien non plus chez Clément de Rome sinon, à propos de la Genèse, une insistance sur la grandeur de l'humain. Rien non plus dans l'Épître de Barnabé qui voit en Adam, modelé avec de la terre, un être capable de souffrir. Rien chez Hermas qui fait le lien entre péché et

* La *Didachè* ou « Instruction des apôtres » fut écrite environ en 150, avant même certains écrits du Nouveau Testament.

mort mais ne dit pas un mot d'Adam et Ève. Rien enfin chez Ignace d'Antioche, dont l'attention se porte exclusivement sur Jésus qui nous arrache aux forces de division[59].

Pour les Pères apologistes (Justin, Tatien, Athénagore, Théophile d'Antioche), le grand responsable des malheurs n'est pas Adam mais le diable qui, n'ayant pas réussi à le faire mourir, s'acharne sur sa postérité – le diable, étymologiquement le « diviseur », ou le satan (étymologiquement l'« adversaire »), ou encore le « père du mensonge ». Pour les auteurs des deux premiers siècles ou, du moins, jusque vers le dernier quart du IIe siècle, il n'y a pas de catastrophe primordiale : on est centré sur le souffle du Ressuscité et les humains, créés libres, ont leur responsabilité personnelle[60].

C'est avec un grand bonheur que notre époque redécouvre s. Irénée (première moitié du IIe siècle-début du IIIe), évêque de Lyon. Alors que bien des pages de s. Augustin peuvent donner l'impression que nous ne lisons pas la même Bible que lui, la plus grande proximité d'Irénée avec l'ensemble des textes bibliques est clairement reconnue aujourd'hui. Environ deux siècles avant s. Augustin et sa vision noire de l'humanité, note H. Rondet, Irénée voyait en Adam « un être jeune, tourné vers l'avenir et dont les maux, dont les fautes elles-mêmes ne sont que des crises de croissance. Le paradis, en quelque sorte, est moins en arrière qu'en avant. L'histoire de l'humanité n'est pas celle d'une remontée pénible après une chute verticale, mais un acheminement providentiel vers un avenir plein de promesses[61] ».

La pensée juive me semble converger avec cette approche constructive de notre nature : pour J. Eisenberg, Gn 1 « explique comment le monde pourrait aller bien » et Gn 2-3

« pourquoi il lui arrive d'aller mal »[62]. Irénée insiste sur la bonté de Dieu qui, en créant l'humain, désirait avoir quelqu'un sur qui répandre ses dons ; dans le récit de Gn 3, c'est le serpent, *et non Adam*, qui est maudit. L'être humain, c'est le blessé dans le fossé de la parabole du Samaritain (Lc 10) : « Le Seigneur a confié à l'Esprit saint l'homme, son propre bien, qui était tombé entre les mains des brigands, cet homme dont il a compassion et dont il a lui-même bandé les blessures[63]. » Adam, c'est encore la brebis perdue de l'Évangile[64] ou le nouveau-né : « Dieu pouvait [...] donner dès le commencement la perfection à l'homme, mais l'homme était incapable de la recevoir car il n'était qu'un petit enfant[65]. » Dans plusieurs passages, Irénée suggère qu'au jardin d'Éden, Adam et Ève vivaient comme des enfants, ce qui fait dire à M. Fox que, pour lui, « la clé de la spiritualité était une psychologie de la croissance » et que dans cette perspective Gn 3 ne parle pas d'une perte de perfection mais bien plutôt d'une « frustration de la croissance »[66].

Qu'est-ce qui nous empêche, aujourd'hui, de revenir aux sources ? D'abord aux textes bibliques dans leur fraîcheur, sans les œillères doctrinales, puis au christianisme des premiers siècles qui avait su rester fidèle à ces textes, dans l'esprit sinon toujours dans la lettre ? Le délitement, pour ne pas dire l'effondrement, des Églises traditionnelles en Occident pourrait bien être l'occasion de tout reprendre à zéro ; nous reconnaîtrions que la crise de croissance d'Adam et Ève – malgré les voix libératrices des premiers Pères – est, hélas, devenue celle de l'Église jusqu'au XXe siècle.

La notion de croissance nous parle beaucoup aujourd'hui : il appartient à l'adulte autrefois enfant de mesurer le temps qui lui a été nécessaire pour accepter ses limites, pour prendre conscience des échecs, des erreurs ou des errances qui l'ont amené peu à peu à assumer sa liberté. N'en est-il pas de même dans le domaine religieux ou spirituel ? L'intuition d'Irénée me paraît plus juste que jamais : nous n'avons pas été créés comme nous rêverions, nous avons besoin de grandir, de lâcher le regret de n'avoir pas été faits « dieux » dès le commencement. Ainsi, écrit justement G. Martelet, « tandis qu'Augustin, qui n'a sans doute pas connu Irénée, regarde le début de l'histoire spirituelle du monde sous le signe d'une effroyable catastrophe adamique, Irénée ramène le premier des péchés à une défaillance réelle, mais encore enfantine »[67].

Tertullien naît vingt ans après celui-ci. Face aux souffrances de la vie, il incrimine davantage le démon qu'Adam. Il nous voit à la fois bons et mauvais par nature mais compte sur le souffle saint donné au baptême pour nous unifier. Pourtant, il développe une idée qui va peser lourdement sur la pensée augustinienne : nous sommes liés à Adam parce que toutes les âmes étaient d'avance contenues en la sienne.

Contemporain de Tertullien, Clément d'Alexandrie ne dit *rien* sur un quelconque « péché originel ». On trouve encore chez lui l'idée qu'Adam est un enfant et qu'il faut regarder non en arrière vers la création primitive, mais en avant vers le Christ qui incarnera l'humain dans sa perfection : « Ce thème devait faire partie de la tradition primitive, vierge encore d'hypothèques philosophiques », note Adalbert-Gautier Hamman ; tradition que Tertullien présente comme « l'enseignement commun de l'Église »[68]. On ne peut s'empêcher de rêver à ce que le christianisme occidental serait devenu si une telle vision des humains – tellement proche de celle de Jésus – n'avait pas été balayée à la suite de s. Augustin. Encore au début du IIIe siècle, Origène perçoit dans Gn 2-3 une *vérité d'expérience*. C'est qu'à cette époque on ne se soucie pas encore de vérité doctrinale au sujet du péché[69] !

Les Pères cappadociens (Basile de Césarée, Grégoire de Nysse, Grégoire de Naziance) ne sont pas davantage préoccupés par la question : tous regardent Adam à la lumière de Jésus, second Adam. Tertullien en avait déjà eu l'intuition : pour modeler la figure d'Adam, disait-il, le Père avait tourné les yeux vers la figure de Jésus, son bien-aimé[70] ; en somme, Adam et Ève étaient une première esquisse. Grégoire de Nysse se fait une idée très élevée de notre « âme » – qui est vie, sensation, intelligence et liberté. Pour lui, le paradis n'est ni un lieu ni un temps, il est… Dieu lui-même : nous n'avons pas perdu un lieu édénique ; mais quand nous sommes en rupture de communion, nous avons la nostalgie de *Dieu* – notre Béatitude[71].

En résumé, l'Orient chrétien, dans la ligne des premiers siècles, a entraîné les fidèles dans une tout autre direction : celle de leur croissance spirituelle, de leur « divinisation » – d'un processus humano-divin qui, initié dès les premiers temps, nous destine à toujours davantage vivre et agir « à l'image de Dieu » (Gn 1,27). Nous garderons cela à l'esprit en poursuivant notre analyse des ravages de la doctrine du péché originel en Occident. « Malgré des hésitations et quelques faux pas, écrit A.-G. Hamman, les écrivains des premiers siècles chrétiens s'accordent pour reconnaître que l'image de Dieu constitue la structure même de l'homme, elle en fait partie intégrante, elle est indéracinable. […] Le péché peut l'enfouir, l'obscurcir, il ne peut l'abolir[72]. »

De la propagande culpabilisatrice à nos fléaux sociaux

L'émancipation des masses chrétiennes occidentales par rapport à l'Église nous empêche aujourd'hui de réaliser à quel point nous sommes encore conditionnés – au moins dans l'inconscient collectif – par la perception a priori négative de la nature humaine, héritée de la doctrine du péché originel. Si je m'attarde sur les textes fondateurs et sur leur impact historique très long dans la chrétienté, c'est pour montrer – quels que soient nos dénis – que nous n'en sommes pas complètement libérés, mais que nous sommes individuellement et collectivement en bonne voie. Pourquoi le système a-t-il fonctionné si longtemps ? Parce qu'il satisfaisait le mental, en des temps où l'humanité se trouvait très démunie face aux malheurs de l'existence : l'horreur de la faute originelle devait impérativement être à la mesure de l'ampleur du mal subi par les populations, mal qui, selon les périodes de l'histoire, dépassait l'entendement – ce qui me fait dire que personnellement, pour l'or du monde, je n'aurais pas voulu vivre en ces temps-là !

Le péché originel explique tout

Lucide devant les innombrables misères humaines, en particulier les souffrances des petits enfants, s. Augustin dit explicitement qu'elles resteraient incompréhensibles sans le péché originel. « Qui ne serait horrifié, qui ne préférerait la mort, si on lui offrait de subir soit la mort soit à nouveau l'enfance ? Elle qui fait commencer la vie non par des rires mais par des pleurs, elle annonce en quelque sorte, et sans le savoir, dans quels maux cette vie vient d'entrer [...]. » Nous n'avons qu'une solution : « [...] comprendre sagement que ce trop abominable péché accompli au paradis nous a valu cette vie de peine [...][73]. »

Rien de nouveau sous le soleil ! Seule issue aux vécus douloureux d'impuissance et d'absurdité : l'explication par la culpabilité. On le sait bien aujourd'hui : tout enfant réagit ainsi – à moins qu'un adulte l'assure du contraire – pour trouver un sens à sa souffrance. Et le « c'est de ma faute » spontané, instinctif, se transforme par la suite, chez l'adulte, en un système de pensée qui le met à l'abri des sentiments d'injustice et de désespoir : « Il faut bien que j'aie été particulièrement méchant-e pour que la vie, les autres, Dieu m'aient autant maltraité-e ! »

Un peu plus loin dans *La Cité de Dieu*, s. Augustin revient longuement sur les malheurs qui nous arrivent : cette vie même « – s'il faut l'appeler "vie" – [...] atteste que toute la ligne des mortels a été condamnée ». Suit alors une longue énumération de toutes les horreurs dont est capable l'être humain : « [...] s'il lui était permis [à l'enfant] de vivre et d'agir à sa guise, il en arriverait à commettre tout ou partie des crimes et des forfaits que j'ai évoqués ou que je n'ai pu évoquer. » Mais, fort heureusement, Dieu veille, les éducateurs aussi : « À quoi bon des pédagogues, des maîtres, des férules, des fouets, des verges, cette discipline [...] ? À quoi bon tous ces châtiments, sinon à combattre l'ignorance et freiner les mauvaises tendances, maux avec lesquels nous venons en ce monde ? » Ne voit-on pas qu'il faut lutter contre « notre nature vicieuse »[74] ?

À côté des châtiments de l'enfance, S. Augustin s'étend longuement sur les malheurs liés à notre condition humaine commune, qui à ses yeux sont indicibles et inconcevables ; il y a le mal que les autres nous infligent, « car c'est d'eux que viennent souvent spoliations et captivités, chaînes et prisons, exils et tortures » ; il y a les « accidents sans nombre », la peine des justes dans leurs combats, les maladies innombrables, les soins torturants[75]. Ailleurs, il raconte de manière révélatrice son arrivée à Rome : « Et voici que j'y suis accueilli par le fouet de la maladie physique ; et je m'en allais déjà *aux enfers*, chargé de toutes les fautes commises contre Toi, contre moi-même, contre autrui, nombreuses et lourdes fautes s'ajoutant à la chaîne du péché originel qui tous nous fait mourir *en Adam*[76]. » Conclusion, toujours la même : plus nous subissons de malheurs, plus cela prouve que notre vie est condamnée ; jamais notre nature ne serait tombée si bas « si n'avait précédé, dans le premier homme, un incommensurable péché, source de tous les autres[77] ».

On retrouve régulièrement, au fil de l'histoire du christianisme, cette affirmation que nos malheurs sont bien la preuve expérimentale du péché originel. Mais avant d'évoquer les ravages socio-politiques d'une telle doctrine, souvenons-nous que les prédicateurs, les religieux, le clergé étaient, eux aussi, pris dans les mêmes angoisses et tourments qu'elle provoquait dans le peuple. Voici le tableau que dresse J. Delumeau : « À l'époque classique comme au Moyen Âge, les prédicateurs chrétiens sont unanimes à regarder les catastrophes collectives comme des réponses d'un Dieu courroucé à une excessive méchanceté humaine. [...] Les Européens qui vécurent entre l'arrivée de la Peste noire et la fin des conflits religieux eurent le sentiment d'une accumulation de malheurs – épidémies, disettes répétées, guerres civiles et étrangères, cassures confessionnelles, menace turque. Ils les identifièrent comme des punitions venues d'en haut et crurent apercevoir dans la prolifération du monstrueux le signe avant-coureur de châtiments encore plus lourds. Les vengeances divines ne rendaient que plus évidente l'omniprésence du péché qui les suscitait[78]. »

Selon cet historien, il ne fait aucun doute que pour l'immense majorité des Européens d'autrefois, même encore au XVIIIe siècle, la seule et unique raison de tout ce qui allait mal dans le monde, c'était le péché originel ; aussi peut-il affirmer : « Il n'existait pas vraiment de mystère du mal[79]. » C'est proprement renversant quand on se souvient que, précisément, le « dérapage » d'Adam et Ève, c'est de prétendre connaître aussi bien que Dieu lui-même « le bien et le mal ». Pour moi, le dogme du péché originel est lui-même le fruit pourri du jardin d'Éden : la prétention à posséder la connaissance absolue du bien et surtout du mal – sa nature, son origine –, fruit qu'a mangé la chrétienté jusque tout récemment[80].

Au plan individuel, le « c'est de ma faute » peut nous enfoncer dans le désespoir, le fatalisme et la soumission – le plus souvent, ce fut le cas. Mais il peut aussi redonner l'illusion d'un pouvoir : il aurait suffi que je fasse autrement. Là, on ne lâche pas le besoin de maîtriser. Le « c'est de ma faute », subtilement transformé en un « c'est de votre faute », est ainsi devenu un instrument idéologique de plus en plus puissant : puisque tout ce qui arrivait aux humains de fâcheux ou de désastreux était à prendre comme une juste punition, plus ils étaient en bas de l'échelle sociale, plus ils devaient considérer qu'ils l'avaient mérité ; cela tuait dans l'œuf toute contestation et ouvrait la porte aux prises de pouvoir, essentiellement par la noblesse et le clergé.

Prise de pouvoir sur les femmes – sans commentaire ! Sur les Juifs – aux XIVe et XVe siècles, on a même évoqué pour eux une tare génétique (être ennemis du Christ) transmise à la manière du péché originel[81]. Sur les pauvres – la hiérarchie sociale, les inégalités sont inévitables, leur disait-on, puisqu'elles découlent directement du péché originel et justifient l'usage de la violence par un gouvernement autoritaire : « La conception d'une chute aux conséquences universelles et irrémédiables a sans doute été le plus puissant agent d'immobilisme socio-politique en Europe jusqu'au siècle des Lumières. [...] La meilleure justification de la monarchie absolue, c'est le péché d'Adam. » Et l'historien G. Minois de dénoncer le sophisme suivant : pour que le vivre-ensemble d'êtres humains foncièrement mauvais soit possible, il faut la hiérarchie des classes et *en même temps* la simple existence de celle-ci prouve la réalité du péché originel[82].

Processus identique vis-à-vis des peuples du Nouveau Monde : avec la découverte de l'Amérique, certains ont d'abord pensé que les Indiens n'avaient pas connu le péché originel ; mais l'Église s'est précipitée « au secours des conquistadores, car il aurait été difficile de justifier l'exploitation d'hommes innocents de toute tache par des fils d'Adam corrompus par le péché originel[83] ».

Mentionnons encore les prises de pouvoir politiques lors des révolutions du XIXe siècle en Europe : les mouvements démocratiques et libéraux se heurtaient à l'enseignement traditionnel qui, voyant dans ces temps troublés une illustration de la malédiction divine, dénonçait l'oubli de notre nature corrompue. Or, note très justement G. Minois, « la croyance au progrès et en la possibilité de libération des peuples implique que l'on fasse confiance aux capacités humaines[84] ».

Ce qui est dramatique pour l'Église, c'est que ce même réflexe d'enfermement dans une doctrine intenable et d'exercice d'un pouvoir autoritaire qui ne dit jamais son nom a joué encore au XXe siècle face aux mouvements féministes, à l'émancipation du monde ouvrier, aux théologies de la libération… et que cela continue à l'égard des voix prophétiques et des forces progressistes en son sein même. Toujours au nom du même principe : les humains sont incapables de faire un bon usage de leur liberté ; il leur faut donc une tutelle de droit divin ou quasi divin.

Une traque obsessionnelle

On peut parler d'une véritable dérive de la foi chrétienne, assez grave pour avoir fait croire à toute une civilisation que la vie humaine avait pour seul but d'éviter la damnation : « Dans le discours doctrinal le plus souvent prononcé avant la révolution religieuse de notre temps, écrit J. Delumeau, le péché apparaissait comme l'essentiel de l'existence. […] Depuis le péché originel, Dieu était devenu un créancier redoutable présentant à l'homme une dette à laquelle il ne pouvait ni se soustraire ni satisfaire[85]. »

Voyons les étapes qui ont conduit progressivement la chrétienté dans une impasse désespérante.

Au départ, désirant améliorer leur vie morale et spirituelle, les moines ont, dès le IVe siècle, dressé une liste de « vices fondamentaux », liste devenue une référence constante par la suite. C'est au XIIe siècle que Hugues de Saint-Victor a privilégié sept de ces « vices » en les appelant « capitaux » ; il est donc considéré comme l'initiateur de la théorie des sept péchés capitaux : l'orgueil, l'avarice, l'envie, la colère, la luxure, la gourmandise et la paresse[86].

Un pas déterminant dans la dérive : la confession annuelle des péchés au curé de la paroisse, rendue obligatoire pour tous par le quatrième concile du Latran en 1215 – certains conciles régionaux imposant trois confessions annuelles. C'était accorder au prêtre un pouvoir énorme : lui seul pouvait absoudre et, sans lui, le sacrement était inefficace. Dès la génération de s. Thomas, la confession fut décrétée « de droit divin » – ce que confirma le concile de Trente plus de trois siècles plus tard.

Pour se faire une idée du poids de ce passé sur les consciences européennes, il suffit de lire *Le péché et la peur. La culpabilisation en Occident XIIIe-XVIIIe siècles* : « [...] cherchant à lutter contre la routine de la confession annuelle, rapporte J. Delumeau, les plus zélés des hommes d'Église et les plus soucieux de christianiser les masses procédèrent à une culpabilisation intensive de l'opinion, en insistant sans relâche – et ce pendant des siècles – sur les différentes catégories de fautes et la gravité ontologique du péché[87]. » L'inflation du nombre des péchés dépassait l'entendement : les manuels épluchaient la diversité des cas de figure et des catégories de péchés ; au lieu d'avoir le souci pastoral des personnes, on s'ingéniait à respecter le droit canon.

Selon J. Delumeau, l'Église a étendu aux masses chrétiennes une « éthique draconienne » qui avait été conçue par et pour les moines. Le meilleur indice, c'est *l'absence de la méchanceté/cruauté dans la liste des péchés capitaux* : les moines et ascètes étaient bien davantage confrontés à des tentations liées à leur vie intérieure. Quand on y pense, un tel « oubli » est atterrant : puisque le péché, dans son sens biblique, est la rupture de relation avec l'Autre, le refus de l'altérité, la destruction du lien vivant, respectueux avec les autres et le Tout-Autre, il me semble que les fameux « péchés capitaux » sont les arbres qui cachent la forêt ! En effet, comment évaluer ma gourmandise, ma paresse, mon orgueil… et mesurer jusqu'à quel point ils me coupent de Dieu et de mes semblables ? En revanche, ma méchanceté/cruauté endommage gravement ma vie relationnelle et si je n'en ai pas conscience, les autres sont là pour me le refléter. Ces autres – dont la voix est porteuse de celle du Tout-Autre – m'empêchent de dériver vers une culpabilité imaginaire hypertrophiée. Ils sont ma seule boussole. À leur contact, j'ouvre les yeux : en parlant ou en agissant comme je l'ai fait, j'avais éliminé leur altérité, donc celle de Dieu aussi – et de fait, j'étais dans une rupture de relation, une non-relation.

Dans la foulée du concile de Trente, les héritiers du pessimisme augustinien ne cesseront de voir proliférer les effets du péché originel. « Jansénistes, calvinistes, penseurs de la réforme catholique, tous déçus de l'humanisme, ont une vision très sombre du destin de l'espèce humaine et semblent obsédés par le péché originel. […] Théologiens et moralistes n'en finiront pas de s'affronter sur l'étendue des conséquences du péché. […] Alors que l'Europe est à feu et à sang, à Rome, Pie VI se préoccupe de savoir dans quel état se trouvait Adam avant le péché originel », et G. Minois de noter que personne alors ne voit monter l'athéisme[88].

En effet, nous payons très cher une telle traque obsessionnelle et multiséculaire. Avec le recul, je ne peux m'empêcher d'y voir quelque chose d'indécent et aux antipodes de l'Évangile – une énergie et un temps dramatiquement perdus, que la chrétienté aurait pu employer à lutter contre *ce qui fait mal aux humains bien réels*, individuellement et collectivement. Si la Bible avait été mieux connue, on y aurait vu un Dieu occupé dès la Genèse à surmonter les forces du mal – malheur et division – à l'œuvre dans le monde, et non à s'acharner sur le péché de chaque individu.

On objectera qu'il fallait prendre le mal à la racine, c'est-à-dire au plus secret de la « nature humaine ». Mais, d'une part, c'était se prendre pour Dieu : la Bible ne cesse d'affirmer que lui seul nous connaît jusque tout au fond, y compris dans nos potentialités et notre devenir. D'autre part, c'était nous inciter à concentrer notre attention exclusivement sur *nous-mêmes* – nos moindres faits et gestes, pensées et sentiments. Un nombrilisme qui allait de pair avec l'obsession d'un salut strictement *personnel* – « suis-je assez bien pour Dieu ? » – et avec une profonde indifférence à l'égard des malheurs des autres et des problèmes sociaux lancinants. De toute façon, croyait-on, la majorité des humains allait être damnée : « Il faut constater comme un fait historique, affirme J. Delumeau, l'accord sur le petit nombre des élus entre les représentants les plus éminents de la pensée chrétienne occidentale depuis la fin de l'Antiquité jusqu'au XIXe siècle[89]. » L'ambiance était au sauve-qui-peut… et la solidarité avec les plus « perdus », au plus bas !

Le courant de pensée de la « mort de Dieu » me paraît concerner ce Dieu-là : un Dieu lui-même obsédé par le péché, incapable de voir en l'humain autre chose qu'une créature lamentable, irrémédiablement irrécupérable, tout juste bonne à être graciée si et seulement s'il en décide ainsi. Tel n'est pas le Dieu biblique : le Tout-Autre, lui, est éternellement en demande de partenariat avec nous et ne se préoccupe pas de savoir jusqu'à quel point nous sommes noirs ; il n'est en attente que de *relation* avec nous, exactement comme des parents dignes de ce nom voient prioritairement en leur enfant non pas un être bon ou mauvais, mais leur fils ou leur fille qui devient de plus en plus leur interlocuteur, leur interlocutrice.

Même si le protestantisme a voulu rompre avec l'obsession du péché, un théologien comme Karl Barth voyait dans l'amour du Créateur une alliance de « réconciliation et non pas d'abord de divinisation ». Or, note G. Martelet, « l'amour de Dieu ne se mesure pas d'abord au fait qu'il nous sauve du péché, mais au fait qu'en nous créant, *pour nous créer, il nous confère une adoption* dont le Fils incarné comme “premier-né de toute créature” révèle à tout jamais le contenu et le visage[90] ».

La « surdité » au message de libération

Il est hors de question – on ne le fait que trop souvent – de réduire s. Augustin à sa doctrine du péché originel. En maints passages de son œuvre, il s'émerveille de la grandeur des humains, même marqués par le péché : il célèbre en eux la fécondité, l'intelligence, l'ingéniosité technicienne, l'art du langage et de la musique, le savoir moral ; il voit comment la force divine reçue par le Christ les dynamise et les fait rayonner[91]. Cependant, H. Rondet lui-même est obligé de reconnaître qu'« Augustin fait plus large la place du péché que celle de la grâce[92] ».

J'ai mis des guillemets à mon sous-titre parce que chacun d'entre nous est plus ou moins sourd à la Voix qui l'appelle hors de ses enfermements. Que s. Augustin ait plus souvent perçu la voix d'un juge implacable que celle du Libérateur, c'est infiniment à respecter et à déplorer. Mais que son expérience personnelle se soit transformée en un savoir définitif et désespérant sur la nature humaine, empêchant les chrétiens occidentaux d'entendre le message de l'Évangile, quasiment jusqu'à aujourd'hui, c'est ce qui me fait penser, avec le prêtre orthodoxe russe Alexandre Men, que « le christianisme ne fait que commencer[93] ». À cet égard, la sécularisation massive que nous vivons est peut-être la condition essentielle pour que le message de libération nous parvienne enfin : n'ayant pas été élevées dans la traque du péché au nom d'un Dieu fouettard, les générations montantes se montrent souvent réceptives à la Parole vivante qui, elle, a gardé toute sa fraîcheur.

La surdité me paraît plus profonde chez les chrétiens d'âge mûr : on ne peut pas impunément formater les esprits dès l'enfance dans le moule « péché, culpabilité, punition… et, malgré tout, grâce » ! Les exégètes de tous bords ont beau depuis des dizaines d'années, comme on l'a vu, marteler qu'il n'y a pas de « chute » dans Genèse 2-3, qu'Adam et Ève n'y sont jamais accusés d'avoir introduit le mal dans le monde, qu'il n'y est pas du tout question d'un paradis perdu mais seulement des conditions rendant possible le vivre-ensemble ; de nombreux théologiens ont beau, par le fait, abandonner le dogme du péché originel

– Teilhard de Chardin qui, dans son œuvre, ne lui accorde quasiment aucune place ; E. Drewermann qui veut seulement retenir du péché son sens biblique de non-relation avec Dieu ; Jean-Pierre Jossua qui considère ce dogme, au sens augustinien, comme une « chimère » ; Christian Duquoc qui y voit, aujourd'hui, un véritable « scandale » faisant obstacle à la perception chrétienne, c'est-à-dire libératrice, du mal –, rien n'y fait : on continue, même dans les milieux les plus éloignés de l'Église, à parler de « paradis », de « chute » et de « punition divine ». Et, soyons honnêtes, ni les discours catholiques sur la grâce ni les incantations protestantes sur la « justification par la foi » n'ont le moindre impact sur la vie quotidienne de nos contemporains empêtrés dans une culpabilité presque congénitale et une mésestime de soi largement incompréhensibles à leurs propres yeux.

Cependant, j'ai la conviction qu'une profonde mutation est en cours, sur laquelle je reviendrai longuement par la suite : en Occident, d'innombrables personnes se sont mises en route, hors de l'Église, à l'intérieur de l'Église… et sur les parvis. Ce qu'elles ont en commun, c'est leur soif de libération et leur aspiration à une vie digne de ce nom. C'est comme si une Force, qu'elles ne nomment pas nécessairement, les poussait à écouter, au fond d'elles-mêmes et au sein de leurs relations, une Voix pure de toute condamnation et de tout reproche, qui leur indique discrètement l'orientation vers leur joie. Voilà ce qui a radicalement changé, et qui pour moi est en réalité un retour aux sources : nous ne sommes plus obsédés par un péché dont il nous faudrait être sauvés ; nous cherchons à être sauvés de tout ce qui nous empêche de nous approprier cette vie en abondance – cette joie de vivre – pour laquelle nous nous sentons créés.

Un héritage toxique

Avant de refuser l'héritage, il me paraît essentiel de l'évaluer, sachant que c'est à nous seuls, individuellement et communautairement, qu'il appartient de choisir ce que nous en ferons. En quoi est-il le nôtre ? C'est le passé de nos parents, grands-parents, ancêtres lointains, et nous sommes aujourd'hui de plus en plus avertis du poids de ces réalités non « digérées » que l'on se transmet inconsciemment de génération en génération. En prenant la mesure de la toxicité de l'enseignement religieux d'autrefois, en discernant les impasses dans lesquelles il nous a conduits, nous verrons plus clairement comment ne plus nous y fourvoyer… ou alors nous continuerons de nous y enfoncer, refusant d'écouter ce que nos contemporains – eux aussi façonnés par une culture vieille de vingt siècles – ont à nous dire là-dessus.

Un exemple illustrera cette alternative. En 1985, l'épiscopat catholique allemand publiait un catéchisme pour adultes qui voyait dans Gn 2-3 une « situation de malheur » dans laquelle nous sommes tous solidaires ; notre liberté est toujours en devenir, elle s'inscrit dans un processus constamment menacé mais Gn 2 évoque le désir de Dieu pour nous : voilà une « interprétation réussie et compréhensible pour les lecteurs d'aujourd'hui ». En revanche, huit ans plus tard, en 1993, le catéchisme de l'Église catholique – quatre cent mille ventes en six semaines et diffusion dans le monde entier – ne faisait qu'exposer à nouveau la doctrine de notre déchéance originelle sans tenir compte des textes bibliques, ni de l'expérience concrète des humains, et en particulier des victimes*. Selon H. Häring, on a sans doute eu là « la dernière tentative d'envergure pour stabiliser cette théorie en sa forme ancienne[94] ». À chacun de savoir s'il décide de persévérer dans une vie mortifère ou non !

Héritage qui passe trop souvent inaperçu : éduquer un enfant signifie le redresser. De fait, *educare* en latin signifie « redresser » ce qui est tordu et mal formé. Certes, on n'a pas attendu le christianisme : selon le droit romain, le *pater familias* avait pouvoir de vie et de mort sur ses enfants. Mais la doctrine du péché originel, en inculquant aux parents que leur enfant venait au monde méchant et corrompu, a préconisé et encouragé une éducation répressive, à contre-courant des désirs de l'enfant. L'héritage n'est pas seulement religieux : jusqu'au XVIIe siècle, le « redressement » de l'enfant était une affaire privée ; mais à partir des années 1600, dans toute l'Europe, note N. Laneyrie-Dagen, « l'État met sa puissance au service des pères découragés pour faire enfermer les “mauvais enfants” », parfois à l'âge de dix ou douze ans[95]. La Petite-Roquette, maison de correction « modèle » en France, est inaugurée en 1836 pour des enfants de huit à vingt ans ; la règle est l'*isolement absolu* et les conditions de vie sont effarantes[96].

On objectera peut-être que c'est de la vieille histoire. En fait, la deuxième moitié du XIXe siècle, c'est l'époque

* Dans ce même catéchisme – est-ce un hasard ? – était rappelée la nécessité de corriger les enfants, en référence à Sir 30,1 *sqq.* sur l'utilisation des verges (voir O. Maurel, *Oui, la nature*…, p. 160).

de mes grands-parents. En ce temps-là, le « must » de l'éducation, c'est le Dr Schreiber ; il a publié plusieurs manuels extrêmement populaires – y compris à l'étranger. « L'auteur y répétait inlassablement qu'il fallait commencer d'éduquer l'enfant le plus tôt possible, dès son cinquième mois, pour le libérer des "germes du mal" », explique Alice Miller. Dans ces ouvrages comme dans les autres traités d'éducation, on préconise explicitement le châtiment corporel du tout-petit. « Et l'on ne cesse de rappeler qu'il n'est jamais trop tôt pour extirper le mal afin que "le bien puisse se développer sans encombres"[97]. »

Image désastreuse de l'enfant et, quand il parvient à l'âge adulte, image désastreuse de l'être humain. J'y vois un vrai fléau social ; aujourd'hui encore, notre société est imprégnée d'une perception terriblement négative de l'humanité et d'une sorte de désespoir implicite : on préfère s'afficher lucide, réaliste, dépourvu d'illusions. Une enquête menée en 2010 dans cinquante-trois pays révèle que les Français ont la palme du pessimisme ; ils envisagent leur avenir personnel de manière plus sombre que les Irakiens, les Afghans ou les Pakistanais ; de plus, près de 20 % d'entre eux n'ont aucune confiance en la justice[98]. Je vois un lien entre des siècles de sentiments d'injustice complètement refoulés… et la difficulté à croire que la justice puisse exister. Beaucoup parmi nous partent battus d'avance, sans énergie pour désirer se défendre, comme s'ils ne croyaient pas à la légitimité de leur protestation, comme si l'injustice subie ne pesait pas bien lourd face à la mauvaise image d'eux-mêmes qu'ils ont intériorisée.

Cécité face aux torts dont nous sommes victimes : s. Augustin avait ouvert la voie. Il raconte qu'à l'âge de trente ans, il fut contraint par ses proches, surtout sa mère, de rompre avec « l'habituelle compagne de [sa] couche » pour épouser une personne toute jeune qu'on lui avait trouvée : « Mon cœur, où elle était fixée, en fut déchiré d'une blessure traînante de sang. » Elle dut rentrer chez elle, lui laissant leur fils et faisant vœu de ne plus connaître d'homme. « Loin de se guérir, la blessure ouverte à l'arrachement de ma première compagne, passé le temps d'inflammation et de très vive douleur, se gangrenait, provoquant comme une douleur plus froide mais plus désespérée[99]. » Cependant, il passe là-dessus comme chat sur braises, se préoccupant seulement de la mort et du jugement divin à venir. Trois ans après cette séparation, il perdait sa mère : « Ma vie s'en allait en lambeaux, ma vie qui n'avait fait qu'un avec la sienne » ; et pourtant, à peine « guéri de cette blessure », il verse d'autres larmes, « celles d'un esprit ébranlé lorsqu'il considère les dangers qu'encourt toute âme qui meurt en Adam »[100]. On voit bien la portée sociale de cette habitude multiséculaire de considérer ses propres malheurs et torts subis comme tout à fait normaux puisque mérités : ce qui fait souffrir l'autre, y compris l'enfant, n'a pas à être combattu – il/elle l'a certainement bien cherché.

Une enquête menée en France en 2012 met en évidence l'image négative que de nombreux parents ont encore d'eux-mêmes et qu'ils projettent sur leurs jeunes : alors que 73 % des jeunes se sentent « satisfaits » de leur vie, 26 % des adultes seulement croient qu'ils le sont ; alors que 86 % des jeunes sont heureux de leur relation avec les adultes (parents, enseignants) et que 15 % seulement estiment ne pas avoir besoin d'eux, 75 % des adultes sont persuadés que les adolescents n'ont pas besoin d'eux[101] !

La plus grande partie de la population occidentale n'a sans doute plus de références religieuses, mais nous restons marqués par des siècles de dévalorisation. Le discours ambiant, pessimiste et défaitiste, ne fait que projeter à l'extérieur cette profonde mésestime de soi qui nous habite individuellement, à notre corps défendant, voire à notre insu. C'est une constante dans les accompagnements spirituels que je vis depuis vingt-cinq ans : j'ai le sentiment que la personne en face de moi a prioritairement, urgemment et vitalement besoin d'un regard d'inconditionnelle bienveillance sur son être ; le miroir que je lui tends, aussi souvent que possible, reflète sa valeur d'homme ou de femme, qui à mes yeux n'a pas de prix. C'est un processus de con-version : peu à peu, la personne tourne (*vertere*) les yeux vers sa véritable identité ; elle y parvient parce que nous le faisons *ensemble* – le *cum* de con-version signifiant « avec ».

Il n'est pas nécessaire de s'étendre sur un fléau social qui saute aux yeux dès qu'on se met à écouter véritablement ses semblables : les sentiments de honte et de culpabilité. Cela a bien réussi : élevés à coups de « tu n'as pas honte ? », les adultes ont appris à avoir honte de ce qu'ils pensaient, disaient, faisaient… et, finalement, étaient. Honte d'exister, trop mauvais – pécheurs, corrompus dès la naissance – pour avoir droit à la vie. Quant à l'hyperculpabilité et à la surresponsabilité de notre époque, A. Gesché les met en relation avec la « mort » de Dieu : l'objection contre Dieu (il ne peut exister puisqu'il tolère le mal) est devenue, selon lui, « objection contre l'homme » ; « Dieu parti, l'homme reste seul à porter le poids du mal. […] Depuis Auschwitz jusqu'au Sahel, l'homme est infiniment coupable et responsable »[102].

Je vois les choses autrement. Il y a des siècles que Dieu est « parti » et que nous avons pris sur nos seules épaules tous les malheurs et horreurs du monde : la doctrine du péché originel nous a tellement hyperculpabilisés et surresponsabilisés qu'il ne restait aucun espace en nous pour rencontrer un Dieu radicalement autre, un vrai vis-à-vis qui, selon la Bible, ne nous avait jamais accusés d'avoir initié le mal dans le monde. Je dirais que nous vivons aujourd'hui la version laïque du désespoir de nos ancêtres : dès la fin du IVe siècle, nous sommes « restés seuls à porter le poids du mal ». Rien n'a vraiment changé.

Autre composante de notre héritage culturel toxique : l'entraînement à la méfiance. À l'époque classique, écrit G. Minois, le chrétien adulte « ne cesse de s'entendre répéter par les prédicateurs qu'il est un misérable », qu'il faut se méfier de tout, le diable étant partout[103]. À nouveau, c'est la France, « fille aînée de l'Église (catholique) », qui remporte la palme de la méfiance : selon l'enquête de 2010 citée plus haut, à la question de savoir s'il est possible de faire confiance aux autres ou si l'on n'est jamais assez méfiant, 21 % seulement des Français répondent qu'on peut faire confiance. Fléau social, là aussi, parce qu'une telle méfiance est à mettre en lien avec l'incivisme : à peine un peu plus de la moitié des Français trouvent injustifiable d'accepter un pot-de-vin dans l'exercice de ses fonctions ; il faut acheter l'autre, pense-t-on, parce qu'on ne peut croire à sa simple parole orale. Inversement, il apparaît que plus la confiance augmente, plus le civisme augmente aussi[104].

Mais commencer par se méfier – sous couvert de réalisme – endommage les relations plus qu'on ne le croit : on finit par vivre dans la hantise de « se faire avoir » et on se met à suspecter tout comportement altruiste. Selon Jacques

Lecomte, les recherches menées en sciences humaines depuis la fin du xxe siècle partent d'un postulat erroné selon lequel l'altruisme serait un égoïsme déguisé ; la preuve : aider autrui nous fait plaisir[105]. Réflexe destructeur du vivre-ensemble, face au geste gratuit : « Qu'est-ce que ça cache ? » Voilà pourquoi l'engagement caritatif a pu être systématiquement stigmatisé : « faire la charité » permet de gagner son propre ciel ! Accusation tout à fait révélatrice : nous *savons* que l'être humain est irrémédiablement égoïste, qu'on ne peut rien en attendre de bon, « il y a toujours un lézard, la faille, l'ombre, etc. ». Nous le savons de source divine, exactement comme autrefois l'Église experte en traque des péchés secrets. Mais nous n'avons guère conscience qu'ainsi nous faisons fructifier l'héritage toxique.

La déresponsabilisation

C'est une longue histoire. Sans doute s. Augustin lui-même avait-il pressenti le danger : plus nous serions convaincus de notre péché originel, moins nous tenterions de ne plus pécher ; de toute façon, quoi que nous fassions, c'était perdu dès le début. Il a donc affirmé qu'il n'y avait pas de péché sans notre volonté propre… mais qu'en même temps nous étions pécheurs par hérédité ! Contradiction dont Luther non plus ne sortait pas. Pour river son clou à l'humaniste Érasme, il s'acharnait contre le libre arbitre : notre liberté de choix n'avait jamais existé et n'existerait jamais. Selon lui, quand Dieu dit à l'humain, en particulier dans le Deutéronome : « Si tu écoutes [ma voix], si tu fais [le bien], si tu gardes [mes paroles de vie], si tu évites [de nuire], si tu choisis [la vie] », ou quand Jésus dit : « Si quelqu'un veut [me suivre], si vous m'aimez », en aucun cas ces passages « ne montrent ce que peuvent les hommes mais ce qu'ils *doivent* » ! En aucun cas ils ne suggèrent que nous serions libres de suivre ce chemin, ou le chemin opposé !

Érasme faisait remarquer que si nous n'étions pas capables de faire de telles choses, elles seraient prescrites en vain : à quoi cela servirait qu'elles soient dans la Bible ? À quoi rimeraient ces « si » adressés à quelqu'un dont la volonté ne serait pas libre ? Et comment le « si » pourrait-il s'accorder avec l'obligation ? À quoi Luther répondait : « Ces choses sont prescrites non pas malencontreusement ni en vain, mais pour que l'homme, orgueilleux et aveugle, apprenne par elles la maladie que constitue son impuissance s'il tentait de faire ce qui est prescrit[106]. » Peut-on imaginer un Dieu plus pervers ?

Érasme n'avait que l'embarras du choix : la Bible regorge d'invitations à choisir librement telle ou telle orientation de vie, c'est-à-dire à prendre ou non sa propre part à la relation avec Dieu. « Tournez-vous vers moi, dit le Seigneur tout-puissant, et je me tournerai vers vous » (Za 1,3). Luther accusait Érasme de se contredire parce qu'il disait tout de même que notre liberté de choix ne pouvait rien sans la grâce. Les textes sont pourtant explicites : il faut *les deux* – notre choix libre et personnel, et l'aide de Dieu. Et là, on est tout près du processus de divinisation cher aux orthodoxes.

La contradiction me paraît clairement du côté de Luther. Il affirme fortement que le souffle saint « nous recrée sans nous et nous conserve sans nous » – sans que nous ayons besoin de nous y efforcer –, mais qu'il « n'opère pas sans nous », opérant en nous pour que « nous coopérions avec lui : c'est ainsi qu'il prêche par nous, prend pitié des pauvres par nous, et console les affligés par nous ». Jusqu'ici, tout va bien : Érasme souscrirait, Zacharie aussi. En revanche, la conclusion me laisse pantoise : « Mais dans tout cela, qu'est-ce qui est attribué au libre arbitre ? Bien mieux, que lui est-il laissé sinon rien ? Et vraiment rien[107] ! »

Autrement dit, nous, les humains, ne sommes RIEN. Quand nous croyons répondre librement aux appels de Dieu et des autres, en réalité c'est lui qui se répond à lui-même ; nous n'existons pas, tant il est vrai qu'on ne peut pas être autre sans la liberté d'être autre ! Cela dit, bien malin celui qui pourrait démêler, dans une décision prise librement, ce qui relève entièrement de son identité propre et ce qui est de l'ordre de l'inspiration divine en lui. Mais précisément, Luther ne laissait ici aucune place au mystère humano-divin que nous sommes : la théorie du péché originel expliquait tout. Ainsi croyait-on avoir fait le tour de la nature humaine.

La déresponsabilisation, fléau de notre époque, a partie liée avec le dénigrement de la liberté humaine : trop longtemps on a dépeint celle-ci comme « tordue » dès le commencement ou carrément perdue, inexistante ; de toute façon, elle nous avait été donnée comme une maladie contagieuse, pire, héréditaire. Rien de tel pour ne pas croire à notre responsabilité personnelle. Si tout le monde est coupable, personne n'est responsable, et finalement nous banalisons le mal – le mal réel dont souffrent les autres concrètement. Nous nous abritons derrière une généralisation qui peut nous dédouaner en toutes circonstances : en chaque être humain, répète-t-on, il y a un criminel en puissance. L'écrivain juif Marek Halter dénonce une telle banalisation. Ses recherches et sa réflexion sur ces Justes, souvent anonymes, qui en pleine domination nazie ont sauvé un demi-million de Juifs au minimum, lui interdisent de souscrire à une telle absolutisation du mal : « Le mot est trompeur, inexact et déplacé. Cet absolu du Mal n'est que transitoire [...] Il est vrai que les Justes viennent infirmer le propos selon lequel *personne* n'est venu nous aider[108]. »

En Occident, la déresponsabilisation a porté ses fruits jusqu'au XXe siècle. Les historiens sont là pour nous le rappeler. Toute la civilisation classique s'est édifiée sur la nécessité de se laisser guider par le clergé et par l'État : impossible de se fier à son propre discernement, sa capacité de choix, sa volonté personnelle. Cependant, je pense à la boutade : nous sommes tous égaux mais certains le sont plus que d'autres ; et je la transpose ainsi : nous avons tous perdu notre liberté à cause du péché originel, mais certains l'ont moins perdue que d'autres ! Aujourd'hui, la déresponsabilisation peut aller de pair avec un enfermement dans ce que Jean-Claude Guillebaud appelle l'« idéologie de l'innocence » : nous pouvons nous voir exclusivement victimes des injustices et des blessures provoquées par les autres, au point que nous devenons aveugles aux injustices et blessures dont *nous* sommes les auteurs.

Je comprends cela de l'intérieur. Pendant les longues années où j'ai travaillé à retrouver puis à intégrer les traumatismes et maltraitances qui m'avaient détruite, j'avoue avoir eu très peu de disponibilité pour m'occuper du mal que je pouvais moi-même faire aux autres. Je me sentais exclusivement victime *parce que je l'avais été*. Autant j'avais refoulé, occulté, nié ce vécu, autant désormais il occupait tout le terrain. Je suis convaincue aujourd'hui qu'il ne pouvait pas en être autrement – on ne peut pas être en même temps au four et au moulin, pourrait-on dire trivialement. Par la suite, plus j'ai avancé sur mon chemin de restauration et de guérison, plus je suis devenue sensible à ma responsabilité personnelle dans mes relations avec les autres. Mais si personne, jamais, n'avait été témoin de ce que j'avais subi – ou n'avait voulu en prendre la mesure –, je me serais sans doute fourvoyée, moi aussi, dans l'« idéologie de l'innocence ».

Le ressort de la déresponsabilisation, pour moi, n'est autre que la souffrance, souvent insue d'ailleurs, de n'avoir été ni vu ni entendu dans le mal qu'on a subi. Comment accéder à cette souffrance-là quand, depuis tant de siècles, on vous inculque que c'est *aussi* de votre faute ? Quoi que vous fassiez et quoi que vous subissiez, c'est toujours vous le ou la responsable. Nous avons eu raison de rejeter cet enseignement toxique. Mais je dirais que, d'une part, nous n'avons pas encore été suffisamment guéris ou apaisés dans notre expérience du mal subi injustement ; et que, d'autre part – ou plutôt à cause de cela –, nous peinons à nous reconnaître responsables de tel ou tel dégât dans nos relations avec les autres.

Or les deux vont ensemble. Prendre conscience des deux demande beaucoup de temps, de patience, de bienveillance. Mais là où la déresponsabilisation devient un véritable fléau social, c'est quand nous éliminons tout à la fois : le mal dont nous sommes victimes et celui que nous faisons aux autres. Indice aveuglant du sentiment d'overdose par rapport à cette question du mal-péché qui habite notre inconscient collectif. Cependant, « oublier » la question, c'est ouvrir la porte à un autre fléau : la fixation de la pensée dans des dualismes destructeurs.

Les dualismes destructeurs

Rien de plus reposant que la pensée binaire : les bons et les méchants, les élus et les condamnés. C'était omniprésent dans l'œuvre de s. Augustin. On sait où cela nous a menés : la tradition spirituelle chute/rédemption, note M. Fox, « a imposé les dualismes sauvé/damné, tombé/racheté générateurs de tant de guerres de religion, de persécutions, d'exterminations[109] ». Et cela continue : il y a eu la diabolisation de l'empire soviétique, puis la croisade contre l'« axe du Mal » et, aujourd'hui, c'est la confusion grandissante entre islam et terrorisme. « Partout domine le dualisme caricatural », dont J.-C. Guillebaud dit qu'il est « paresseux » : il permet d'éviter la réflexion sur le mal[110].

Là encore, je dois avouer que je comprends comment on peut s'enfermer dans une telle position. Je suis moi-même passée par là dans ma jeunesse, en ces années où je n'avais aucune conscience du tohu-bohu qu'était mon monde intérieur. Fournissant les repères qui me manquaient cruellement, les dualismes me rassuraient. Au lycée, j'étais tourmentée en pensant aux camarades de classe que je croyais « perdues ». À quels critères me fiais-je pour m'inclure parmi les « sauvées », je ne sais plus. Mais aujourd'hui, je mesure l'immense fragilité qui génère de tels dualismes. Et je vois comment l'Église, la mienne aussi, renforçait cette fragilité en classant les humains en « pécheurs » et « sauvés », « justes » et « injustes », etc. Tel est l'univers mental des petits enfants avant qu'ils prennent conscience que le monde, la vie, les humains sont bien plus complexes. La doctrine traditionnelle n'ayant pas changé, disons que nous avons dû trouver d'autres moyens de grandir !

Retour de manivelle après des siècles de culpabilisation : en Occident, nous sommes pris dans une hypertrophie de l'accusation, au travail, à la maison, dans nos activités culturelles, associatives et ecclésiales. C'est à qui envisage de porter plainte, de dénoncer, de dire du mal par-derrière, sans même tenter le dialogue. Le besoin de montrer du doigt peut d'ailleurs se faire discret : on organisera colloques et émissions sur le problème de la violence dans notre société, dans les banlieues ou les écoles – mais ce sera toujours la violence des autres ! A. Gesché repère là une trace de notre héritage augustinien : nous nous mettons bien plus vite à la recherche des coupables qu'en quête des moyens de porter secours aux victimes. Pourtant, « n'y a-t-il pas dans l'Évangile une absence de cristallisation sur l'accusation[111] ? »

On en arrive, en effet, à une perversion totale de l'Évangile quand le dualisme, induit par la doctrine du péché originel, pousse à se croire mandaté par Dieu pour extirper le mal-péché *chez les autres.* Prisonniers de ce que J.-C. Guillebaud qualifie d'« innocence impitoyable[112] », les dirigeants chrétiens ont pourchassé les « hérétiques », les populations colonisées, les homosexuels, et en tout temps les Juifs, les femmes et les enfants. Qu'est-ce que ces personnes avaient en commun ? Elles incarnaient le mal-péché dont il fallait se débarrasser comme jadis on envoyait mourir au désert le bouc qui en était porteur.

Le mécanisme ne change pas. L'autre est trop différent, donc « anormal », pour avoir droit à la parole. On *sait* qu'il est mauvais par nature, il est donc légitime de lui faire violence : le simple fait de lutter contre le mal-péché donne l'illusion d'être bon. Voilà pourquoi, par exemple, l'enfant occupe encore si souvent cette fonction de bouc émissaire.

In-fans signifie « celui qui ne parle pas » ; l'enfant est un être humain défini par la négative : il n'est pas… ce que les adultes sont. Exit le mystère de son altérité, et le fait qu'il « parle » de mille manières.

Nous sommes tellement habitués à la fameuse théorie du complexe d'Œdipe – ce supposé désir enfantin de tuer le père pour coucher avec la mère – que nous ne voyons pas l'attitude *accusatrice* dont elle est l'expression… et qu'elle encourage. Selon O. Maurel, ce sont là « les pires accusations qu'on ait jamais formulées, tout au long de l'histoire des hommes, contre les boucs émissaires qu'on a voulu persécuter. Ce que [Freud] attribue aux enfants, c'est le désir de deux des crimes considérés comme les pires depuis la nuit des temps : le parricide et l'inceste. Ceux-là mêmes que René Girard appelle les “stéréotypes de la persécution”, ceux-là mêmes […] dont, au Moyen Âge, on accusait encore les Juifs en cas de persécutions[113] ». C'est donc toujours la même chanson, qui cette fois se veut scientifique, mais qui, sans même s'en rendre compte, prend le relais de sa première version, religieuse : l'être humain est mauvais, il faut le redresser dès la naissance pour l'empêcher de commettre le pire.

La condamnation « scientifique » de l'espèce humaine

« L'homme est un loup pour l'homme » s'énonce encore couramment comme un constat objectif, indiscutable. En fait, la phrase est tronquée. Plaute, l'auteur comique latin à qui nous la devons (254-184 av. J.-C), avait écrit en réalité : « L'homme est pour l'homme un loup, non un homme *quand on ne sait pas quel il est*[114]. » Ce sont les mots d'un marchand qui exprime sa méfiance en affaires : dans le doute, quand on négocie avec un inconnu, mieux vaut envisager le pire. Jésus lui-même ne mettra-t-il pas en garde ses disciples, en évoquant d'ailleurs le même animal ? « Voici, moi je vous envoie comme des brebis au milieu des loups ; aussi, soyez sensés/avisés/prudents comme les serpents et entiers/sans mélange comme les colombes ! » (Mt 10,16 ; voir aussi Lc 10,3). Tous les humains ne sont donc pas nécessairement des loups ; mais il importe de rester vigilant, d'ouvrir les yeux sur la réalité et de ne pas se laisser manipuler – en veillant à être « entier », unifié, sans confusion intérieure. Sagesse antique et sagesse évangélique !

Le problème, c'est ce qu'on a fait de la réplique du personnage de Plaute – « on » désignant notamment Thomas Hobbes, philosophe anglais du XVIIe siècle, mais aussi toute une série d'auteurs influents, dont Freud. Raccourcie, coupée de son contexte, la phrase se présente comme la vérité dernière sur la nature humaine. Un savoir prétendument neutre qui sent à plein nez la théorie du péché originel. Le philosophe Paul Ricœur est catégorique là-dessus : « Le concept de péché originel est un faux savoir et il doit être brisé comme savoir ; savoir quasi juridique de la culpabilité des nouveau-nés, savoir quasi biologique de la transmission d'une tare héréditaire, faux savoir qui bloque dans une notion inconsistante une catégorie juridique de dette et une catégorie biologique d'héritage[115]. » Il n'empêche, ce faux savoir a continué ces derniers siècles à hanter les disciplines cognitives qu'on appelle aujourd'hui « sciences humaines ». Et nous n'en sommes pas sortis !

Théologie, philosophie morale et politique

Au début du XVIe siècle, à la suite d'écrits humanistes du même type, Machiavel élabore sa théorie politique à partir d'un « pessimisme laïcisé » maximal sur l'être humain : c'est lui qui, selon J. Delumeau, a « le plus clairement exprimé la nécessité de fonder l'action politique sur l'évidence de la méchanceté et de la lâcheté humaines »[116]. Quand on sait qu'il était très lu dans les cours d'Europe, on imagine bien l'impact de sa philosophie politique cynique : puisque tous les humains sont méchants, le souverain n'a pas à tenir parole ni à chercher autre chose que d'être craint.

Dans la foulée des plus de six cents livres publiés entre 1564 et 1663 par les auteurs ecclésiastiques pour aider la chrétienté à traquer le péché sous ses aspects les plus anodins[117], les écrivains moralistes du XVIIe siècle formulent pour la première fois le problème de l'intérêt et du désintéressement. Nous ne pouvons jamais être sûrs de la pureté de nos intentions : en général, nos actes « désintéressés » ne le sont pas ; nous faisons semblant d'être altruistes ; en fait cela nous rapporte. Dans ses *Maximes et sentences*, La Rochefoucauld nous dépeint comme des êtres dont la conscience, le cœur et la volonté sont pervertis par la « loi inexorable de l'intérêt égoïste » : de ce fait, nous ne sommes pas « maîtres dans [notre] maison »[118].

De son côté, rompant avec une longue tradition de philosophie politique qui voyait en l'humain un être naturellement social, Thomas Hobbes déclare que notre état naturel est l'anarchie, la guerre et la solitude ; alors, par peur de la mort, nous passons contrat avec un pouvoir politique fort qui saura en quelque sorte limiter les dégâts – théorie qui n'a jamais cessé d'influencer les auteurs dans ce domaine. Selon le philosophe Michel Terestchenko, ce « paradigme égoïste [...] domine de façon presque incontestée dans les sciences humaines contemporaines ». On n'invoque plus le dogme de notre nature déchue mais on incrimine notre tendance biologique – la détermination de notre psychisme – à l'égoïsme[119]. Les conclusions se valent : de la même manière que nous étions *tous* corrompus, aucun d'entre nous n'échappe à la loi universelle de l'égoïsme.

Cependant, une fois repéré le ressort idéologique de tous ces discours, il vaut la peine de réfléchir à cette accusation. Ne nous a-t-on pas dressés pendant des siècles à l'examen de conscience chronique, au repli sur notre culpabilité, à l'enfermement dans la peur, bien égocentrée, d'être damnés ? Dérive d'une humanité qui n'avait plus accès à ses ressources naturelles de solidarité et de générosité. Cela dit, comme nous l'avions noté pour les siècles précédents, quelques voix isolées se sont puissamment élevées contre la théorie de Hobbes, par exemple celles de Samuel von Pufendorf en Allemagne ou de John Locke en Angleterre. Ainsi, à la veille du siècle des Lumières, les mentalités changeaient quelque peu, mais nous voyons qu'aujourd'hui encore la partie n'est pas gagnée.

Parmi les philosophes et les théologiens du XVIIIe siècle, quelques voix à nouveau se font entendre, qui plaident pour un regard plus positif sur l'être humain. La sympathie (ou empathie) est à la mode : on s'aperçoit que les humains sont sensibles aux souffrances des autres. Rousseau dénonce l'habitude très répandue de ne voir que le mal : « Il n'y a que les méchants de célèbres, les bons sont oubliés ou tournés en ridicule : et voilà comment l'histoire, ainsi que la philosophie, calomnie sans cesse le genre humain[120]. » À considérer nos médias, il semble que cela reste assez vrai ! Pour ce philosophe révolutionnaire, la bonté fondamentale de l'être humain n'est visible que chez l'enfant. Voici comment il répond à l'archevêque de Paris qui lui avait reproché son oubli du péché originel comme explication de l'origine du mal : « [...] le principe de toute morale [...] est que l'homme est un être naturellement bon, aimant la justice et l'ordre : qu'il n'y a point de perversité originelle dans le cœur humain, et que les premiers mouvements de la nature sont toujours droits[121]. » Pour Rousseau, c'est avec l'apparition de la vie en société que nous devenons méchants, mais l'éducation peut réveiller notre bonté originelle, et la démocratie corriger les injustices sociales.

Une génération plus tard, le philosophe Kant, admirateur de Rousseau, affirme que nous avons une disposition originelle au bien, même si notre penchant au mal est bien réel – penchant dont l'origine lointaine demeure inaccessible. Sur le terrain où la doctrine du péché originel est née – la théologie, dont la philosophie commence à s'affranchir –, quelques auteurs ouvrent donc une brèche : l'immense renommée de Rousseau en Occident est-elle un hasard ? Mais, note G. Minois, ce siècle de débats sur notre nature aboutit à des conclusions très contrastées : « Les philosophes antichrétiens sont souvent amenés à rejoindre l'idée janséniste de décadence : l'humanité primitive était bonne, et l'organisation sociale l'a corrompue, l'entrée dans la phase sociale devenant une sorte de péché originel sécularisé[122]. »

Le philosophe Tzvetan Todorov se demande aujourd'hui pourquoi les grandes traditions philosophiques et spirituelles ont cru bon d'ignorer notre origine individuelle, que tout le monde peut pourtant observer en regardant l'enfant se développer. Et pourquoi avoir préféré un récit de l'origine de l'espèce humaine, « nécessairement mythique, produit de la seule idéologie ? Pourquoi imaginer un être solitaire, auquel on n'a jamais eu et n'aura jamais accès ? ». Il voit dans notre attirance pour un tableau fondamentalement mauvais et égoïste de la nature humaine « un des traits les plus significatifs de la modernité philosophique : à quelques exceptions près, elle croit que le mal dit la vérité de l'homme ». Pourquoi ? Parce que ainsi nous nous affirmons seuls : méchants mais seuls, autosuffisants, maîtres de notre destin, prêts à avouer tout plutôt que notre besoin des autres[123].

N'est-ce pas là le même « bénéfice » que celui procuré par l'enlisement dans la culpabilité individuelle ? Je préfère m'accuser plutôt que de reconnaître mon impuissance radicale à m'en sortir par moi-même ; cela me redonne une illusion de pouvoir : ayant évacué les autres, j'ai encore la maîtrise sur moi-même. L'auto-accusation, l'acharnement contre notre nature humaine est donc le meilleur moyen pour nous couper des autres et de l'Autre : nous nous connaissons parfaitement, il est exclu que les autres et l'Autre lui-même puissent avoir un regard différent sur nous. Eh bien, telle est très précisément la signification du « péché » dans la Bible ! Par conséquent, plus nous nous enfermons et enfermons autrui dans une définition unilatéralement noire de l'être humain, plus nous sommes en réalité dans le péché – dans une non-relation, une rupture de relation avec l'Autre.

À qui profite le péché originel ? demande Christophe Boureux, qui voit clairement le lien entre ce dogme et un certain type de gouvernement, politique ou spirituel : l'« augustinisme politique » nous place en attente de la coercition de l'État, puisque nous sommes trop mauvais pour choisir le bon gouvernement[124]. Il serait utile d'interroger nos dirigeants sur leur perception de la nature humaine et de la mettre en relation avec leur type de gouvernance ; nous verrions comment nos conceptions de l'être humain influencent nos orientations politiques : pour les loups en puissance que nous sommes tous, Hobbes préconisait l'absolutisme ; mais pour les êtres de bonne volonté – aspirant à se soutenir mutuellement et à préserver la paix – que Locke voyait en nous, celui-ci souhaitait un régime plus démocratique[125]. Je suis, quant à moi, convaincue que notre vision des humains, déformée depuis des siècles par l'enseignement de l'Église, a aujourd'hui une grande incidence sur notre existence de citoyens.

Psychologie et psychanalyse

Le philosophe russe orthodoxe Nicolas Berdiaev s'en prend à la psychologie et à la psychopathologie scientifique, comme à la sociologie qu'il estime impuissante à découvrir l'image de Dieu en nous : selon lui, la psychanalyse traite notre vie psychique comme si notre âme, enfoncée dans les ténèbres de l'inconscient et les mensonges du conscient, n'existait pas – c'est une psychologie sans âme. « On en vient, note-t-il avec finesse, à se demander d'où les psychanalystes eux-mêmes acquièrent leur clairvoyance lumineuse[126]. » Mais qui leur a donné l'exemple ? L'Église ne s'est-elle pas crue très clairvoyante ? N'a-t-elle pas pendant des siècles prétendu explorer nos ténèbres intérieures pour en extirper le péché de gré ou de force ? N'a-t-elle pas le plus souvent perdu de vue l'*image de Dieu en nous* au point qu'on peut parler de « théologie sans âme » ? Cela dit, pour la psychologie comme pour la théologie, je continue à penser qu'il s'agit de dérapages, de dérives : toutes deux sont pour nous, par définition ou par vocation, des aides irremplaçables pour avancer dans un chemin de libération.

La passerelle entre les théologiens de jadis et de (trop) nombreux psychanalystes contemporains, c'est l'idée que l'humain est par nature, instinctivement, violent, féroce et bestial. Aujourd'hui encore, les auteurs les plus variés, non seulement chrétiens mais aussi bien déistes, agnostiques et même athées, aiment à développer ce thème, qui selon O. Maurel « semble avoir pris chez eux le relais de la croyance au péché originel dont elle est la version laïque[127] ». Il apparaît que la psychologie du XXe siècle est restée passablement marquée par une vision négative de l'humain : nous sommes égoïstes et fondamentalement solitaires, intéressés à satisfaire nos seuls désirs, et seule la société peut nous apprendre l'altruisme et la générosité.

Le thème était religieux, multiséculaire, mais Freud lui a donné ses lettres de noblesse « scientifiques »... et pour longtemps ! Voici comment il nous voit : « La disposition à la perversion est quelque chose de profond et de généralement humain. » « En moyenne, je n'ai découvert que fort peu de bien chez les hommes. D'après ce que j'en sais, ils ne sont pour la plupart que de la racaille. » Et encore : « Au fond de mon cœur, je ne puis m'empêcher d'être convaincu que mes chers compagnons les hommes, à quelques exceptions près, ne valent rien[128]. »

Le sommet est atteint dans un livre publié en 1929, *Malaise dans la civilisation*, qui sous la forme d'un constat objectif dresse un tableau finalement très populaire au XIXe siècle : « L'homme est [...] tenté de satisfaire son besoin d'agression aux dépens de son prochain, d'exploiter son travail sans dédommagements, de l'utiliser sexuellement sans son consentement, de s'approprier ses biens, de l'humilier, de lui infliger des souffrances, de le martyriser et de le tuer. *Homo homini lupus* : qui aurait le courage, en face de tous les enseignements de la vie et de l'histoire, de s'inscrire en faux contre cet adage[129] ? » Par nature, selon Freud, nous ne sommes pas sociaux : notre hostilité primaire ne cesse de mettre en péril la vie en société ; toute la civilisation repose sur le renoncement à nos instincts, à notre sauvagerie innée ; seule la société peut nous sauver de la guerre, du combat à mort de tous contre tous – qui constitue notre origine, comme chez Hegel.

Quant à Carl G. Jung, bien qu'il se soit démarqué de Freud sur d'autres points, et bien que – ou plutôt parce que lui était fils de pasteur –, il croyait également connaître la nature humaine : « Nous sommes [...] en fonction de notre nature d'homme, des criminels en puissance. [...] l'action abominable [...] reste le symptôme d'une disposition existant partout et toujours [...]. Le mal a son siège dans la nature humaine elle-même[130]. »

Depuis plus de vingt-cinq ans, j'exerce une activité d'accompagnement spirituel, souvent psychospirituel tant la demande est grande de prendre en compte la dimension affective et relationnelle au sein de la quête spirituelle. Il arrive souvent que les personnes aient déjà fait des démarches psychothérapeutiques ou/et des parcours en accompagnement spirituel qui n'ont pas porté de fruit. Loin de moi l'idée de généraliser ces échecs : il existe d'excellents « psys » et d'excellents accompagnants spirituels. Mais la question se pose à tous : comment peut-on accompagner quelqu'un sur son chemin de guérison, de pacification, de libération quand on a une vision négative de l'être humain ? Et imagine-t-on ce que cela produit dans les contextes carcéraux, psychiatriques, scolaires ?

Si mon regard est obscurci par tant de discours religieux et « scientifiques », je deviendrai aveugle au potentiel d'évolution, aux ressources *réelles* de la personne. Je serai d'emblée défaitiste... et la personne sentira que je vois seulement en elle un délinquant, une malade mentale, un alcoolique, etc. Pire, je risque de ne voir en elle que le futur délinquant, le psychopathe en puissance, l'enfant cas social, etc. Carl Rogers – encore un fils de pasteur – considérait le regard positif sur l'être humain comme le moteur principal de l'accompagnement. Cela suppose que nous, les accompagnants « psy » ou « spi », soyons conscients de l'image que nous avons de la nature humaine et de ses potentialités… et prenions nos distances avec l'idéologie psychanalytique aussi bien que religieuse.

Du reste, selon Erich Fromm, psychanalyste lui-même, l'hypothèse freudienne d'une pulsion agressive à l'égard de soi-même et des autres – pulsion au flot constant, enracinée dans la constitution de notre organisme comme dans tous les organismes vivants – ne tient pas la route : Freud n'en a fourni aucune preuve empirique convaincante, et elle est contredite par les chercheurs en ce qui concerne le monde animal[131]. Cependant, cette théorie d'un instinct, d'une pulsion de mort s'opposant à la pulsion de vie a envahi notre société, malgré l'opposition de très nombreux « psy ». Nous en parlons comme d'une évidence scientifique sans discerner l'idéologie qui se cache là-derrière.

J'en donnerai un seul exemple. J'ai relevé dans *La cruauté ordinaire*, du neuropsychiatre Yves Prigent, une façon de parler de notre destructivité congénitale qui ressemble comme deux gouttes d'eau au vocabulaire traditionnel utilisé pour décrire le péché originel, et j'y ai perçu le même fatalisme que dans la littérature chrétienne à ce sujet : nous rencontrons *tous*, dit l'auteur, cette « pulsion fondamentale, la pulsion de mort […] plus ancienne que l'amour » ; ne croyons pas que le comportement inhumain est sporadique, adoptons plutôt « une conception *endémique*, les phénomènes de cruauté étant *latents chez tous* et facilement répandus sur le mode de la *contagion* » ; « la destruction perverse […] se répand […] comme un virus, […] *transmission sournoise* et inapparente, […] la comparaison avec une *infection microbienne et virale* doit être étendue et affirmée », puisque chacun est potentiellement « atteint par un virus », « infecté »[132].

Les mots ne sont pas anodins. Le péché originel aussi est une contamination, par hérédité, une contagion inéluctable atteignant tous les êtres humains sans exception. Dans son expression protestante, la *Confession de foi de La Rochelle* (art. 9)* commence par énoncer que notre volonté est « totalement *captive* sous le péché » – entendu comme la non-relation à Dieu –, langage tout à fait conforme aux données bibliques. Mais voilà que les deux articles suivants dérapent dans l'explication doctrinale : « Nous croyons que toute la lignée d'Adam est *infectée* de cette *contagion* qui est le péché originel et un *vice héréditaire* [...]. Nous croyons aussi que ce vice est vraiment péché et qu'il suffit pour condamner *tout le genre humain* jusqu'aux petits enfants au ventre de leur mère, et qu'il est péché devant Dieu. » Commentaire éloquent de P. Ricœur : « La captivité était une image, une parabole ; le péché héréditaire veut être un concept »... et on aboutit à la « spéculation abstraite, à la scolastique »[133] – à l'idéologie, avons-nous dit. N'est-ce pas le propre de tout discours idéologique d'opérer incognito sous les vêtements de la réalité ?

Chacun sait aujourd'hui que Freud avait commencé par reconnaître la réalité des traumatismes et des abus sexuels vécus par ses patientes dans leur enfance. Marie Balmary, Alice Miller et de nombreux autres psychanalystes nous ont montré, documents à l'appui, comment il a changé son fusil d'épaule, après la mort de son père, pour ne pas avoir à mettre en cause les pères (ou parents proches) auteurs

* Adoptée en 1571 au synode de La Rochelle, elle fut retenue comme la confession de foi des Églises réformées de France en 1938.

de ces actes, à commencer par son propre père : la théorie de la séduction, qui révélait les incestes et abus commis par les adultes, devenait la théorie des instincts/pulsions ; elle déplaçait la faute sur les enfants qui, en proie à leurs pulsions incestueuses et parricides, fantasmaient les abus prétendument subis ; désormais, tout ce qui était mauvais, coupable et injuste serait attribué aux projections de l'enfant violent et égoïste par nature[134].

Qu'est-ce qui avait pu toucher Freud dans son histoire personnelle de manière assez insupportable pour provoquer une telle cécité ? Son biographe Ernst Jones rapporte et commente une lettre adressée à son ami Fliess le 11 février 1897 ; son père, dit-il, avait imposé des fellations à plusieurs de ses enfants, garçons et filles, qui en avaient gardé des traces corporelles caractéristiques : « Malheureusement, mon propre père était un de ces pervers », confiait Freud. Mais quelques mois plus tard, malgré la « fréquence de ce phénomène », il décidait qu'en fait les enfants imaginaient l'inceste parce qu'ils le désiraient[135]. Dans ces conditions, on peut bien comprendre pourquoi tant de démarches « psy » n'aboutissent pas : comment la personne accéderait-elle à ses souvenirs les plus traumatiques si on la convainc séance après séance qu'il n'y a rien de réel dans l'histoire qu'elle porte dans sa chair, que tout vient de ses « mauvais désirs » et de ses fantasmes destructeurs ?

À nouveau, le vocabulaire utilisé par les psychanalystes adeptes de la théorie des pulsions fait terriblement penser aux diatribes des prédicateurs chargés d'inculquer aux masses la doctrine du péché originel : ils parlent de « fond de sauvagerie incompréhensible », de « désir exterminateur », de « violence fondamentale », de « ça inéduqué et sauvage » – recyclage de l'augustinisme, note O. Maurel.

Un disciple de Freud, Karl Abraham, a même écrit en 1907 que l'enfant peut éprouver un désir incestueux de traumatisme sexuel ! Malgré tous les progrès réalisés en psychologie, éthologie, histoire et neurobiologie, poursuit O. Maurel, « de nombreux psychanalystes ou auteurs influencés par la psychanalyse » – dont la trop célèbre Melanie Klein – « continuent à alimenter le même discours », bien médiatisé, « qui fait percevoir les enfants comme des êtres dangereux dont il faut bien mater la violence et les tendances perverses »[136].

Là encore, rien de nouveau. Le nourrisson cruel de Melanie Klein, qui instinctivement veut dévorer sa mère, on le trouvait déjà chez s. Augustin : « Quel était alors mon péché ? Pleurer en tendant ma bouche vers le sein ? Que je le fasse à présent, en tendant – non pas vers le sein mais vers une nourriture conforme à mon âge – la bouche ouverte, on se rira de moi. [...] C'est donc que je faisais alors des choses blâmables. [...] et, de fait, nous extirpons et rejetons ces comportements en grandissant[137]. » Toujours la même projection idéologique, consternante, à des siècles d'intervalle !

Comment peut-on encore, en 2007, écrire une « histoire des pervers » en embouchant la trompette freudienne de la théorie des pulsions, sans s'apercevoir, d'une part, qu'il s'agit d'un énoncé dogmatique dont Freud lui-même reconnaissait qu'il n'était pas validé scientifiquement et sans s'apercevoir, d'autre part, qu'un tel discours sur notre perversion est vieux comme l'histoire du christianisme en Occident ? C'est pourtant ce que fait Élisabeth Roudinesco. Pour elle, la perversion est naturelle à l'enfant ; elle est programmée dès avant notre naissance : nous sommes tous en proie à la pulsion de mort, au désir de cruauté, à l'aspiration au malheur et à la souffrance, tous habités par le crime, le sexe, la transgression, la folie, l'égarement[138]. Et aujourd'hui encore, selon O. Maurel, l'image que donnent la majorité des psychanalystes qui écrivent sur la violence dès le plus jeune âge « touche à la monstruosité[139] ».

La dévalorisation de l'humain dès son enfance est d'autant moins perceptible, de nos jours, qu'elle prend les couleurs de la scientificité et qu'elle est induite par les spécialistes. Ainsi la psychanalyste Claude Halmos, dont l'audience actuelle ressemble à celle de Françoise Dolto, dénonce-t-elle la stigmatisation des difficultés enfantines : la psychiatrie pose sur les enfants des diagnostics d'adultes, affirme-t-elle ; au lieu de voir dans ces problèmes qu'il s'agit de « ratés », réparables, de leur construction, elle s'acharne à y voir l'« effet de déficiences constitutionnelles » ; on a vite fait de déclarer un enfant hyperactif (la « prétendue maladie du siècle ») – ainsi, c'est lui le « mauvais » et l'entourage problématique n'est pas mis en question ; « parallèlement, des scientifiques (ou supposés tels) prétendent déceler chez les enfants de deux ou trois ans des tendances, elles aussi constitutionnelles, qui feraient d'eux à coup sûr les voleurs et les violeurs de demain »[140]. On n'est pas très loin de l'enfant contaminé par le péché originel, de l'enfant suppôt de Satan qu'il faut redresser, donc dresser, à ceci près qu'on ne dit plus : « C'est à cause du péché d'Adam et Ève » mais : « C'est dans les gènes. »

Fort heureusement cependant, comme on l'aura compris, certains théoriciens de la psychanalyse depuis environ soixante-dix ans se démarquent clairement de ce modèle asocial, pulsionnel, donc individuel, de l'être humain : pour eux, nous sommes d'abord et avant tout des êtres *relation-*

nels. Sandor Ferenczi a découvert, à l'origine de toute vie humaine, des relations non conflictuelles. Michael et Alice Balint ont rejeté l'idée d'autosuffisance du bébé : notre psychisme se constitue non à partir de la rivalité mais de la relation d'attachement et de dépendance aux parents. On peut citer également William R. D. Fairbairn, Erich Fromm, Karen Horney, Harry Sullivan et la psychiatrie interpersonnelle[141]. M. et A. Balint résument ainsi une telle conception de l'humain : « En psychanalyse, nous n'avons jamais vraiment observé de personne congénitalement méchante ou mauvaise, même de véritables sadiques. [...] C'est la souffrance qui rend méchant[142]. »

Primatologie et anthropologie

Les découvertes scientifiques de ces dernières décennies vont à l'encontre de l'idée que nous descendons d'un ancêtre tueur et que nos instincts d'agression interpersonnelle et de guerre sont un moteur déterminant de l'évolution humaine. Il est désormais avéré que les grands singes sont essentiellement pacifiques, en particulier les bonobos dont nous sommes en quelque sorte les cousins. L'étude des primates révèle des pratiques courantes d'altruisme – parfois au péril de leur vie –, de réciprocité, de réconciliation, ainsi qu'un sens de la justice et un souci de la communauté. « L'empathie fait partie intégrante de notre évolution, conclut le primatologue Frans de Waal. Elle en est non pas une caractéristique récente, mais une capacité innée vieille comme le monde. [...] L'ancienneté de l'empathie dans l'évolution m'inspire un immense optimisme. [...] C'est un universel humain. » L'auteur note cependant ailleurs que notre nature est complexe, que nous sommes capables à la fois d'empathie et de violence destructrice[143].

De la même manière, on en vient aujourd'hui à renoncer à la théorie du « sauvage » assoiffé de sang : les travaux actuels montrent que les chasseurs-cueilleurs ont essentiellement des relations de coopération pacifique. Pour E. Fromm, les données en notre possession sur les chasseurs primitifs montrent que « les caractéristiques qui sont souvent attribuées à la nature humaine, telles que la destructivité, la cruauté, l'asocialité – bref celles de l'"homme naturel" de Hobbes – sont remarquablement absentes chez les hommes moins "civilisés"[144] ».

Stupéfaction : on s'aperçoit, par exemple, qu'aucun anthropologue, aucun explorateur n'a jamais, par le passé, rencontré de peuple cannibale et qu'il n'en existe aucun aujourd'hui ! Prise de conscience que l'on doit à William Arens, nous dit E. Fromm : « Au terme de son enquête, Arens constate que ce qui est universel dans l'espèce humaine, ce n'est pas le cannibalisme, mais le fait de qualifier d'autres peuples et d'autres cultures de cannibales » – accusation que l'on porte toujours pour *se* valoriser ou/et asservir les « sauvages » au nom de la « civilisation »[145].

Plus profondément, je vois là toujours le même ressort, à la fois psychologique et mental : d'où viendrait la tendance à voir *en l'autre* l'incarnation du mal, le destructeur par excellence, le dévoreur de chair humaine, sinon du besoin inconscient d'*extirper de soi* tout ce qui fait mal et dont on a honte ? Des auteurs romains n'ont-ils pas accusé les chrétiens des premiers siècles de cannibalisme ? Et au Moyen Âge, n'a-t-on pas accusé les Juifs de tuer des enfants chrétiens pour boire leur sang lors de la Pâque ? Sous le fantasme du cannibalisme, ne peut-on pas déceler la peur d'être dévoré, mangé tout cru, détruit dans sa vie même ? L'éducation chrétienne, trop souvent maltraitante aussi bien pour le psychisme que pour le corps, ne donnait-elle pas aux enfants le sentiment d'être tués, privés de leur vitalité (de leur sang) par les adultes, de manière quasi rituelle – c'est-à-dire dans le cadre d'une Église qui croyait obéir ainsi à Dieu ? Dramatique projection sur les Juifs !

Stupéfaction encore : les anthropologues commencent *à peine* à étudier les peuples caractérisés par une longue tradition de non-violence ! Plusieurs constatent que la paix prévalait dans la vie quotidienne de nombreuses sociétés préhistoriques et dites « primitives ». « À titre d'exemple de cette "philosophie" quotidienne de la non-violence, signale J. Lecomte, les Tasaday des Philippines n'ont pas d'armes, pas d'ennemis et pas de mots pour la colère, le meurtre, la guerre ou l'ennemi. » En conclusion de son livre, l'auteur évoque les Ifaluk, ce peuple de Micronésie où le meurtre et le viol sont absents. Ils nous tendent un miroir, dit-il : « Ils ont du mal à croire qu'une société violente puisse exister tellement cela est contraire à leur conception de la nature humaine et à leur expérience quotidienne[146]. » Pour ma part, je dirais qu'il suffit d'un peuple, d'une micro-société pour mettre en question les généralisations désespérantes sur la nature humaine. Encouragement à ôter nos lunettes augustiniennes, même sécularisées !

Économie et sociologie

À la lecture des auteurs de tous bords qui, refusant de noircir définitivement l'être humain, relèvent ses comportements altruistes, bienveillants, solidaires, je constate avec plaisir qu'ils concluent généralement en évoquant la complexité humaine. Ce que nous sommes de plus en plus nombreux à rejeter aujourd'hui, c'est la vision traditionnelle unilatéralement négative de notre « nature ». Une nature que l'Occident chrétien continue à voir inscrite dans le mal, la méchanceté et l'égoïsme. C'est au nom de « *la* nature humaine » , dénonce E. Fromm, derrière cet « écran » abusif, qu'on a perpétré les actes les plus inhumains – esclavage, capitalisme, avidité, meurtre, mensonge : « La société moderne, avec sa tendance presque illimitée à détruire des vies humaines à des fins politiques et économiques, se défend de son mieux contre la contestation, fondamentalement humaine, de son droit à agir comme elle le fait ; elle prétend que la destructivité et la cruauté ne sont pas engendrées par notre système social, mais sont des qualités innées de l'homme[147]. »

Selon le principe anthropologique de la science économique, l'être humain est égoïste et calculateur : il utilise sa raison pour mieux servir ses intérêts. Quant à la théorie de l'échange social, elle postule que toutes nos relations, en définitive, sont fondées sur cette double question : « Qu'est-ce que ça me coûte ? Qu'est-ce que ça me rapporte ? » Or une telle indifférence naturelle à autrui n'est en fait qu'un « postulat », un « axiome de base » posé clairement par John Rawls dans sa *Théorie de la justice* – ouvrage de référence pendant plus d'un demi-siècle. M. Terestchenko parle même du « dogme de l'égoïsme » : « On pourrait multiplier sans fin les références qui témoignent de la souveraineté quasi incontestée qu'exerce le paradigme égoïste dans les sciences humaines contemporaines[148]. » Cet auteur s'étonne de la persistance d'un tel postulat : « surprenante résistance » face à l'évidence du réel, face à l'altruisme et à la générosité que nous expérimentons bel et bien tous les jours ! Mais combien aura-t-il fallu de siècles pour commencer à mettre en question cet autre axiome de base, cet autre dogme qu'est le péché originel ?

Là aussi, pourtant, l'étau semble se desserrer quelque peu. Déjà Adam Smith admirait Rousseau pour l'importance qu'il avait donnée à la « pitié », donc à la socialité ; il mettait lui-même la sympathie au cœur de sa pensée et combattait les théories asociales de Hobbes, de La Rochefoucauld et de Mandeville ; il affirmait que nous sommes mus par notre intérêt propre certes, mais aussi par la sympathie ou l'intérêt pour ce qui arrive aux autres[149]. Les travaux récents de psychosociologues américains lui donnent raison, sans parler des découvertes des neurosciences : on ne peut plus privilégier la théorie de l'égoïsme humain.

Depuis une vingtaine d'années, une nouvelle science est née : l'économie expérimentale. D'innombrables observations et études, notamment interculturelles, ne partant pas du postulat de l'égoïsme systématique, font apparaître que dans nos choix de vie nous privilégions la coopération, la confiance, la justice et l'empathie. Ainsi la dynamique collective peut-elle se transformer par « contagion sociale » positive : tout dépend de la culture dans laquelle nous grandissons et de nos choix personnels… et non d'une nature foncièrement égoïste[150].

Il est grand temps, me semble-t-il, de renoncer à prétendre connaître, une fois pour toutes, la nature humaine. Nos expériences donnent constamment des démentis à nos conceptions théoriques : il suffit d'une exception pour que la généralisation devienne abusive. Notre complexité, que soulignent des chercheurs en sciences humaines, peut aujourd'hui nous remettre sur la voie du mystère qu'est l'être humain et qu'il aurait dû rester aux yeux de l'Église. Pour moi, seule une extrême attention au soubassement des affirmations contemporaines nous évitera de perpétuer les ravages de la doctrine du péché originel. Je pense en particulier à un *certain* discours écologiste tendant à faire de nous tous des prédateurs qui ne savent que détruire tout ce qu'ils touchent. Le principe reste le même : commencer par nous enfoncer… pour nous faire changer d'orientation. Échec assuré !

II

Prendre en compte toute la réalité humaine

Une chose est de reconnaître nos erreurs, dysfonctionnements, comportements blessants, paroles et actes destructeurs. Autre chose est de ne plus voir que cela, d'en faire notre seule et unique réalité, identité ou nature. La doctrine du péché originel a la force de toute idéologie : elle est simple, sans ambiguïté, intellectuellement reposante puisque mettant fin aux tourments que génère la question du mal. Sa faiblesse est de n'offrir qu'une lecture unilatérale de la réalité et d'en absolutiser un seul aspect.

Façon de penser qui perdure. Ainsi, quand un violeur récidiviste, aux États-Unis, est condamné à la chaise électrique, les médias nous décrivent exclusivement ses actes. Pas un mot sur les viols répétitifs qu'il a subis dès son plus jeune âge ; nous ne l'apprendrons que plus tard, indépendamment, comme si les deux informations n'avaient aucun rapport. Que l'homme soit *à la fois* victime, marqué par une destruction majeure de sa personne, *et* responsable d'actes semblablement destructeurs, voilà ce que nous admettons difficilement. Nous baignons encore dans ce que J.-C. Guillebaud appelle la « pensée binaire » : ou victime ou monstre, pas les deux.

C'est que la complexité de la réalité nous dérange, elle a quelque chose d'angoissant. Pourquoi ? Parce qu'elle nous prive d'une certaine maîtrise sur ce qui nous fait mal ou pourrait nous faire mal : si le « monstre » porte *aussi* dans sa chair, dans son psychisme, dans son esprit une tragédie qui l'a marqué à vie, nous ne pouvons plus le reléguer loin du monde des humains ; par toute une partie de sa vie, de sa personnalité, de son être, il est des nôtres. Mais si la réalité humaine est infiniment plus complexe que nos catégories de pensée, seul peut y accéder celui qui est la vie dans sa plénitude, celui que personnellement j'appellerais le Réel puisqu'il n'est que Vie.

Dans ses rencontres avec les humains de son temps, Jésus était tout entier accueil du Réel : il ne réduisait aucun homme, aucune femme à ce qu'on en voyait. Certes, il était le premier à prendre en compte les situations concrètes, douloureuses, difficiles, apparemment sans issue, et à y remédier. Mais je suis convaincue qu'il avait accès à ce Réel toujours plus vaste qui nous constitue dans notre dignité d'êtres humains. Les évangélistes notent plusieurs fois : « Il le/les regarda jusque tout au fond… » Quand je laisse résonner en moi cette petite phrase, je pressens bien sa « connexion » avec l'immensité du Réel.

Ainsi, lorsque « l'autre malfaiteur », crucifié à côté de lui, reconnaît la gravité de ses actes et lui demande de se souvenir de lui quand il viendra dans sa royauté, Jésus le reçoit au sein de ce Réel infini d'où nous venons tous : « En vérité, je te le dis, aujourd'hui tu seras avec moi dans le paradis » (Lc 23,41 *sqq.*). Mais combien d'êtres humains restent définitivement stigmatisés dans une identité de meurtrier, de violeur, de délinquant, quelle que soit leur évolution ultérieure ? Le Réel, lui, est éternel : il ne nous fige jamais dans un moment de notre histoire ; il voit infiniment loin, par-delà les classifications dictées par notre suspicion, du genre « et s'il faisait semblant, juste pour nous faire croire qu'il a changé ? », « elle veut se faire bien voir pour obtenir quelque chose ».

Notre nature humaine s'inscrit dans le Réel, dont elle est indissociable ; c'est pourquoi elle échappe à toute conceptualisation. Notre vivre-ensemble s'améliore dès que nous renonçons à penser, à dire, et même à chercher ce qu'*est* en définitive telle ou telle personne. Cela dit, beaucoup de choses s'éclairent dès que nous acceptons de prendre en compte les multiples facettes de la réalité d'une personne, même si nous les trouvons contradictoires. Il est grand temps, aujourd'hui, de donner de l'importance à tout ce qui nous est arrivé depuis le début de notre vie. Grand temps de mettre en relation nos comportements dysfonctionnants, blessants, destructeurs avec ce qui a bien pu, dans notre histoire réelle, nous y entraîner. Dans notre histoire réelle et non du fait d'une nature congénitalement mauvaise qui nous dédouanerait de toute responsabilité.

Naissance et survie

L'expulsion du paradis intra-utérin

On n'a pas manqué, dans l'histoire de la pensée, de faire la comparaison entre notre nostalgie d'un paradis mythique et celle de notre séjour dans le ventre maternel. Ainsi, Kant parlait de notre « rejet hors du sein maternel de la nature » ; nous aurions été chassés « de l'état d'innocence et de sécurité propre à l'enfance, en quelque sorte comme d'un jardin qui pourvoyait à [nos] besoins », pour être propulsés dans un monde où de nombreux « maux inconnus [nous] attendaient » ; d'où, plus tard, notre « souhait d'un paradis, *création de [notre] imagination* »[1].

Eh bien non, dit le médecin, psychanalyste et philosophe Jean-Marie Delassus, qui a créé le premier service de *maternologie* en France, en 1987 : le paradis a bel et bien existé, pour chacun-e d'entre nous – une vie prénatale dont nous avons tous gardé des traces, qui nous a structurés. « Est-ce que l'enfant qui vient au monde ne proviendrait pas aussi d'un autre monde, d'un Réel antérieur à toute réalité ? » Dans son livre passionnant *Psychanalyse de la naissance*, cet auteur distingue trois phases dans l'histoire de chaque humain : la « naissance au-dedans », la « projection brutale dans un monde inadéquat par rapport à l'origine » et un troisième temps natal « pour recomposer, selon les données de ce monde, ce qui nous avait constitués à l'origine »[2]. Voilà pourquoi on ne doit pas confondre accouchement et naissance : naître à ce monde-ci est plus long et beaucoup plus délicat !

Pour ce scientifique qui n'avance rien sans s'appuyer sur d'innombrables observations et expériences, notre organisation neuronale centrale, fonctionnelle dès huit semaines de vie fœtale – une *masse* de neurones, phénomène unique dans le règne du vivant –, a « enregistré la nature même de la vie prénatale, nous y conformant d'emblée et nous rendant inaptes, au moins provisoirement, à l'existence dans le monde extérieur. [...] L'expulsion natale humaine est dramatique. L'enfant est pris dans une sorte de naissance à rebours qui s'impose et le dépossède de ce qui était déjà sa vie natale. [...] La vie se déploie dans son propre dedans dont elle ne peut plus être délogée que par force et avec des cris que l'on n'entend jamais chez les animaux. Il se passe bien quelque chose d'anormal, même si ces cris dont on a pris l'habitude sont interprétés, superbe contresens, comme un signe de vie ! Il y a bien quelque chose qui ne va pas, au-delà des douleurs physiques de naissance dont nous n'avons pas l'exclusivité » : chacun de nous doit « se remettre de sa naissance »[3].

Décrivant notre situation utérine, à l'abri du dehors, l'auteur parle d'une *structure de totalité* édifiée par l'imprégnation neuronale des huit premières semaines : c'est une période où notre vie était totalement ce qu'elle était, puisqu'elle était elle-même son propre environnement. La vue était l'organe de la vision de la totalité : ainsi, nous avons commencé par « voir au-dedans ». On a l'habitude, en se fiant aux apparences, de croire le nouveau-né démuni, dépendant, dans un état de prématuration, « sans avoir aucune idée de la tragédie qui se joue sous nos yeux et dans nos mains. [...] L'accouchement de l'organisme biologique suit un cours naturel et c'est tout au plus un *déracinement*, tandis que la naissance de l'organisme psychique implique un *déchirement* »[4]. En proie à une « dépression tonique natale », le bébé marque une tendance à se recroqueviller, comme immobilisé par la peur ; on observe une incapacité motrice majeure, liée à un effondrement du tonus : « L'enfant, qui a enregistré ses modalités de vie prénatale, est désemparé et désadapté par rapport au milieu dans lequel il advient. » Déjà Freud parlait de la situation natale comme de la période caractérisée par l'état de détresse motrice et psychique, et son œuvre fourmille à ce sujet de termes à connotation tragique. Lacan aussi parlait de « détresse originelle[5] ».

Comment s'expliquer ce « désastre » ? demande J.-M. Delassus. N'étant plus « dans les astres de la vie prénatale », le corps de l'enfant se laisse tomber, son tonus s'effondre, ses membres se rétractent en position défensive. Pourquoi ? Parce qu'il a perdu ses sensations de base : dans sa vie prénatale, son dos était constamment en contact avec la paroi utérine ; il ressentait la douceur de cette enveloppe contenante puisque sa colonne vertébrale était le récepteur privilégié de ses sensations. Mais « en raison de l'impact général du traumatisme de la venue au monde et de la trop grande différence induite par le changement de milieu, il y a lieu d'envisager l'équivalent d'un choc *spinal* qui se répercute sur l'état du tonus »[6].

Il y a quelques années, un homme m'a confié un souvenir dont il avait retrouvé la trace. Alors qu'il venait de voir le jour, il avait senti un courant d'air froid passer sur son crâne et avait éprouvé une solitude, une détresse sans fond… dans une sorte de certitude glacée – aussi froide que le courant d'air – sur laquelle il pouvait désormais mettre des mots : « Ce sera toujours ainsi ! » À l'époque, je m'étais demandé comment un nouveau-né pouvait avoir un tel vécu. La lecture de *Psychanalyse de la naissance* m'a ouverte à tout un pan de notre réalité humaine dont j'avais seulement, jusqu'ici, l'intuition : les connaissances concernant la vie fœtale et la vie post-natale viennent relayer ce que mon empathie spontanée pour les nouveau-nés me faisait pressentir.

Ce qui est en cause, poursuit J.-M. Delassus, ce ne sont pas les souffrances somatiques liées à l'accouchement, mais le *traumatisme de la différence* – « la différence qui éclate entre le monde de la totalité originelle et le monde partiel et étranger dans lequel l'enfant vient d'entrer ». L'analyse minutieuse du proto-regard du nouveau-né, qui semble ne rien voir, révèle qu'il a tout du « regard hagard » de celui ou celle qui « ne reconnaît rien » et semble dire : « C'est un monde intolérable, une planète inhabitable. » Sa survie n'est possible que si la *relation* prend le relais ; que si le bébé *actif* animal devient un bébé *perceptif* humain capable de ressentir, donc de communiquer ; que s'il rencontre de toute urgence un « correspondant natal » ; que si le lien relationnel se substitue au lien ombilical… bref, que si « la totalité passe de ce côté-ci du monde, établissant dès lors au sein de la réalité un *réel* pour l'enfant »[7] – quand bien même ses expériences de « totalité », désormais, sont et resteront intermittentes.

J'entends d'ici certains se récrier : « Il exagère, naître, ce n'est pas si dramatique. La preuve, la majorité des humains y survivent ! » L'argument ne me convainc pas : tant d'adultes se montrent sourds à la souffrance des enfants, même lorsqu'ils commencent à parler ; alors, à plus forte raison le sont-ils à celle des nouveau-nés ! Et banaliser ou minimiser la détresse d'autrui ne la rend pas pour autant inexistante. Si je m'intéresse tant à ces premières heures, journées, semaines qui suivent la venue au monde, c'est qu'il devient impossible aujourd'hui de nier le mal que chacun-e de nous *subit* à l'aurore de son existence terrestre : notre plus ancienne expérience d'être humain est bel et bien douloureuse.

Cependant, personne ne peut mesurer l'ampleur d'une telle douleur. Il ne s'agit ni de l'hypertrophier ni de la passer sous silence, mais de la reconnaître : en général, nous nous en remettons, mais la mémoire de ce passage où nous avons été exposés à la mort – à la tentation de retourner d'où nous venions – reste inscrite dans notre corps… Et cette mémoire cellulaire, si nous y prêtons attention, nous empêche de fantasmer que nous, les humains, aurions introduit le mal dans le monde.

J.-M. Delassus est le premier à constater que l'enfant n'est pas fait pour la mort, qu'il y est seulement exposé. Notre corps, dit-il, est « d'abord une mémoire de la totalisation positive », d'abord appelé de ce côté-ci du monde. « Tous les sens de l'enfant attendent cela ; ils désirent d'abord la continuité de la jouissance positive. […] Il y a chez l'enfant, et du fait de sa constitution prénatale, une disposition fondamentale à vivre[8]. » Je ne peux m'empêcher ici de signaler une convergence étonnante avec un passage biblique célèbre, où Dieu dit : « J'ai mis [littéralement : j'ai donné] devant toi la vie et la mort, la bénédiction et la malédiction, et *tu as choisi/tu choisis* la vie afin que tu vives, toi et ta descendance, pour aimer le Seigneur ton Dieu, pour écouter sa voix et pour t'attacher à lui » (Dt 30,19 *sq.*).

En hébreu, le verbe « choisir » est au mode accompli, qui indique une action déjà accomplie dont l'effet perdure. On le traduit souvent par un futur : « tu choisiras la vie » (*TOB*) ; ou par un impératif : « choisis la vie ! » (Chouraqui). Certes, le choix de vivre et de *dire du bien* (béné-diction) de la vie est à renouveler chaque jour et, en ce sens, il nous oriente vers l'avenir. Mais l'emploi du mode accompli est riche de sens ; c'est comme si le Vivant – celui que j'ai appelé le Réel inépuisable – nous incitait à la confiance : « Quelles que soient les forces mortifères qui te traversent ou t'habitent, Moi je sais que *tu as déjà choisi la vie*, dès les premières heures de ta périlleuse naissance ; ce choix de la vie-malgré-tout est inscrit au plus caché de ton corps, tu l'as déjà fait puisque tu es en vie maintenant ; quand tu es à nouveau tenté par la mort, fais-toi confiance : il y a en toi, ineffaçable, une disposition fondamentale à vivre. »

Si je lis bien J.-M. Delassus, on constate une telle disposition quand on voit le nouveau-né entrer en relation avec son « correspondant natal », sa mère ou tout autre vivant qui lui parle. Or, une subtilité du texte hébreu me semble aller dans le même sens : le mot traduit par « vie » est en fait un pluriel (grammaticalement, un pluriel d'intensité), ce qui autoriserait à comprendre « tu as choisi/tu choisis *les vivants* ». C'est donc tout sauf un choix abstrait : « Dès l'aurore de ta vie terrestre, semble dire la parole du Dt, tu as accepté de vivre en t'ouvrant à la relation, en choisissant de communiquer avec ces vivants que sont les humains ; tu les as choisis *afin que tu vives* – tu n'aurais pas survécu sans cela, sans ce consentement à *aimer*, t'*attacher*, être en lien. »

Nous sommes ainsi équipés pour vivre, notre constitution nous y prépare… mais, comme disait Françoise Dolto, le nouveau-né fait bel et bien un « choix ». Je connais des personnes qui ont survécu en gardant en elles le refus de naître. J'ai également entendu une femme parler de la crise de rage qu'elle avait faite sitôt venue au monde, au dire de ses parents qui ne comprenaient toujours pas. Le passage suivant m'a paru très éclairant : « […] il y a une échappatoire possible par rapport au monde qui s'impose et impose la différence : c'est la *rage* », écrit J.-M. Delassus. Il s'agit d'une « contre-expérience natale » qui permet de « s'engager dans une révolte totale […], de retrouver la totalité par le biais de la totalisation de soi. Cette expérience devient vite une révélation ou, en tout cas, la découverte d'un *processus de survie*. J'enrage, donc je suis ». C'est là une lutte pour la vie, une force vitale originelle : « Vivre pour le nouveau-né humain commence par la nécessité immédiate et réactionnelle de se détourner d'une naissance qui ne donne pas la vie. » La rage permet alors de combattre ce mal de la naissance en réalisant une « totalisation de soi » qui tente de retrouver l'expérience de la totalité prénatale[9].

Si seulement, devant les cris et les pleurs d'un tout-petit, nous comprenions qu'il est en train de vivre la perte définitive de sa totalité prénatale, de sa douce plénitude originelle ! Si seulement notre empathie nous poussait à mettre des mots justes sur son innommable douleur – puisque F. Dolto et tant de spécialistes de la petite enfance nous donnent mille exemples de l'extraordinaire capacité de compréhension des nouveau-nés ! Cela ne favoriserait-il pas grandement ce processus, décrit par J.-M. Delassus, qui permet au bébé de *transposer la totalité à l'extérieur, hors de lui* ? « La différence pénètre l'enfant. Il fait l'expérience progressive de n'être plus ce qu'il était, bien qu'il le soit toujours. [...] Cela s'éprouve sans mots, bien sûr, et comme une déchirure annihilante ; strictement parlant, comme un malheur, c'est-à-dire un moment où est éprouvé le mal. »

Il faudra trois à six semaines pour qu'apparaissent les larmes – signe que le travail se fait : « [...] on apprend à ressentir cette nouvelle réalité qu'est le fait d'être à distance de la totalité de soi » dont on a corporellement gardé la mémoire ; c'est cela qui fait pleurer. Mais « il faut aussi que quelqu'un recueille les larmes, sèche les larmes et redonne de la réalité à la totalité ; pleurerait-on s'il n'y avait en même temps l'autre qui s'émeut et console, c'est-à-dire rétablit à l'extérieur le lien qui s'est défait à l'intérieur ? » note l'auteur[10].

Telle est notre réalité : sans la bienveillance du « correspondant natal » – qui, personnellement, me fait penser à ce « secours [créé] comme co-répondant » qu'est *l'autre* pour la créature terrestre en Gn 2,8 –, sans ses paroles et ses gestes empathiques et enveloppants, comment aurions-nous pu accepter la perte de notre totalité originelle ? Comment aurions-nous pu accueillir la réalité de la *différence* et, par la suite, de l'altérité ? Cela se passe exclusivement entre humains. Immense responsabilité, valorisante, des parents que nous devenons, des adultes que nous sommes ! Il n'est pas question d'ignorer le nombre de ceux et celles qui développent une psychose, une forme d'autisme ou une anorexie par refus, impossibilité ou/et incapacité de « naître ». Mais il faut croire que, dans l'ensemble, l'humanité a suffisamment de bienveillance en réserve puisque la majorité des humains consentent à naître et finissent par prendre leur place dans ce monde de la différence.

Si nous désirons porter sur l'être humain un autre regard que celui hérité de la doctrine du péché originel, il me paraît déterminant d'admettre que la gravité du mal subi par le nourrisson expulsé du paradis utérin nous échappe en grande partie, et même qu'elle est définitivement impossible à évaluer. Nous développerons alors une plus grande attention aux signes qu'il nous donne d'un stress post-traumatique. Veiller à créer, autour de lui, une atmosphère de douceur et de compréhension se révélera plus fécond que d'être à l'affût de ses « caprices », de sa « volonté de nous faire marcher sur la tête », de sa « violence » – autant d'images négatives qu'il nous arrive encore beaucoup trop souvent de projeter sur lui.

La capacité innée à se défendre

Prendre en compte toute la réalité humaine dès l'enfance, c'est aussi reconnaître que l'agressivité défensive fait partie de notre condition d'êtres vivants. E. Fromm nous rappelle ce fait fondamental : le cerveau animal et humain « a des mécanismes neurologiques intégrés qui mobilisent le comportement d'agression (ou de fuite) par réaction aux menaces qui mettent en jeu la survie de l'individu ou de l'espèce et [...] ce type d'agression, biologiquement adaptatif, se trouve être au service de la vie ». Pour cet auteur, il convient de ne pas confondre notre agressivité défensive, mobilisée seulement quand nos besoins vitaux sont menacés, avec la cruauté ou destructivité qui est une façon, spécifiquement humaine, de retourner la vie contre elle-même dans le but de lui donner du sens[11].

Mais ni l'une ni l'autre ne sont des pulsions instinctuelles, incontrôlables. Si nous continuons à dire qu'elles le sont, après Konrad Lorenz et tant d'autres, d'une part, nous nous déresponsabilisons et désespérons : « Je n'y suis pour rien », « que faire contre un instinct tout-puissant ? » ; d'autre part, nous persistons à ne vouloir voir qu'un seul aspect de la réalité : le comportement violent ou l'acte destructeur. Au contraire, si nous sommes déterminés à prendre en compte l'ensemble de ce qui compose une existence humaine, nous nous interrogeons : qu'est-ce que cette personne a vécu récemment, ou jadis, ou régulièrement dans son histoire, où elle s'est sentie désécurisée, attaquée sur son propre territoire ? Nous adoptons une sorte de parti pris : « Je refuse de croire que cette personne soit née agressive, colérique, violente ; je refuse de l'enfermer dans une "nature"... qui, en fait, n'explique rien du tout ; je préfère m'intéresser à ses circonstances de vie, passées et présentes, et croire que toute expression d'agressivité défensive a bel et bien un *sens* : elle ne tombe pas du ciel sans raison ; elle est à déchiffrer ; elle *dit* quelque chose qu'il s'agit d'entendre, même si la personne n'en est pas consciente. »

Trop souvent, on affirme aussi que la cruauté et la destructivité sont des pulsions innées – les « monstres », les « psychopathes » obéissant plus que tous à un instinct néanmoins présent en chacun-e de nous. Pas du tout, répond E. Fromm qui refuse catégoriquement d'isoler les comportements destructeurs en les détachant des motivations de la personne : ce sont des « passions enracinées dans *l'existence totale* de l'homme. Elles sont une des façons de donner un sens à la vie ; elles ne sont pas et ne peuvent pas être présentes chez les animaux, parce qu'elles sont, de par leur propre nature, ancrées dans la "condition humaine"[12] ». Personnellement, je dirais que la cruauté et la destructivité ont une histoire : la violence que l'on dit « gratuite », en réalité, fait payer quelque chose ; si l'on s'en donne la peine, il y a moyen de comprendre comment la personne en est arrivée là – ce qui, cependant, n'atténue en aucun cas la gravité de ses actes.

L'enfant : une prise en compte récente

Avant de faire des théories sur la nature humaine violente et destructrice, il me paraît nécessaire de regarder d'où nous venons, à quels fléaux sociaux nos ancêtres ont survécu – ancêtres pas si lointains que cela puisqu'il a fallu attendre la fin du XVIIIe siècle, et même la première moitié du XIXe parfois, pour que les pires pratiques disparaissent. Notons d'abord que, selon l'historien Philippe Ariès, jusqu'au XIIe siècle environ il n'y a tout simplement pas de place pour l'enfant dans ce monde : l'art médiéval ne le représente jamais. Puis, au travers de l'histoire de l'art et de l'iconographie, on décèle une lente évolution des mentalités jusqu'au XVIIe siècle : là, on a de nombreux témoignages, significatifs, de la découverte de l'enfance[13]. Pendant les siècles précédents, il semble que l'Église était tiraillée entre la vision évangélique de l'innocence enfantine et la croyance selon laquelle l'enfant était « une formidable machine à commettre des péchés[14] ».

On ne se défait pas si vite du poids d'un passé collectif. À l'arrière-plan des pratiques communes que nous allons évoquer, on peut deviner ce regard entraîné depuis des siècles à ne voir en l'humanité qu'une « masse damnée » ne méritant aucun égard, et surtout pas au stade de l'enfance, particulièrement réceptive au péché. Voici ce qu'on peut noter, jusqu'au XVIIIe siècle :

– L'absence totale d'intimité, y compris dans les villes et chez les élites. L'immense majorité des familles vivaient dans une seule pièce. Et la communauté, omniprésente, exerçait une surveillance inimaginable sur la vie familiale. D'où l'impossibilité de développer des liens affectifs étroits.

– Le mariage de « raison », qui était la règle. Pas étonnant que, selon les études historiques récentes, l'amour parental n'ait pas été une priorité, loin de là. Ainsi, Montaigne ne se souvenait pas du nombre exact de ses enfants morts en nourrice, attitude tout à fait normale à l'époque.

– L'absence de devoirs parentaux envers les enfants. Tous les manuels et catéchismes parus entre les XIVe et XVIIIe siècles parlent longuement des devoirs des enfants envers leurs parents, mais ce n'est presque jamais l'inverse. Les choses ne changeront vraiment qu'au XVIIIe siècle.

– La pratique de l'emmaillotement, véritable supplice pour les nourrissons, conduisant souvent à la maladie et à la mort.

– La mise en nourrice, généralisée, au XVIIIe siècle, dans toutes les couches sociales aisées, puis urbaines. Ainsi, à Paris, en 1780, sur vingt et un mille enfants naissant chaque année, moins de mille étaient effectivement nourris par leur mère. Or, dans la dernière moitié du XVIIIe siècle, 62 % à 75 % environ des enfants mis en nourrice mouraient avant l'âge d'un an. Une vraie hécatombe selon les historiens. La description des convois de nouveau-nés partant chez les nourrices est hallucinante. Un grand nombre mourait en route. Et chez les nourrices professionnelles, la mortalité était impressionnante, par indifférence, manque d'attention, maltraitance : chaque année à Lyon par exemple, sur cinq à six mille nouveau-nés, deux mille mouraient chez la nourrice ; les autres n'étaient pas toujours repris par leurs parents.

– L'abandon (sans parler de l'infanticide). On estime, d'après les recherches les plus récentes, qu'au XVIIIe siècle encore environ 30 % des naissances enregistrées étaient celles d'enfants abandonnés. Les abandons ont atteint des proportions jamais vues dans les grandes villes d'Europe occidentale au XVIIIe siècle – peut-être, note N. Laneyrie-Dagen, « parce que l'Église s'y fait moins entendre[15] ». Nous reviendrons là-dessus. Au milieu du XIXe siècle encore, trente-trois mille enfants étaient abandonnés en France chaque année, dont au moins cinq mille par leurs parents légitimes[16]. Cela fait d'autant plus frémir que c'était hier : il s'agit d'une époque que nos ancêtres directs ont connue !

– Les conditions d'hospitalisation. Depuis la création d'hôpitaux pour les enfants aux XIIe et XIIIe siècles, où la mortalité était effrayante, on ne peut pas dire que les progrès aient été spectaculaires. Au XVIIIe siècle encore, les enfants hospitalisés à Paris avaient au maximum une chance sur dix d'atteindre l'âge de dix ans, en raison de l'indifférence et des mauvais traitements. On estime d'ailleurs que les neuf dixièmes des petits abandonnés en province et acheminés vers l'Hôpital parisien mouraient en cours de route ou dans les trois mois suivants… Et personne ne s'en préoccupait vraiment[17] !

Il serait stupide et totalement erroné de prétendre que l'Église encourageait ces pratiques largement répandues dans la société d'autrefois. Il est avéré qu'elle les a souvent combattues. Dans les premiers siècles déjà, c'est elle qui condamnait l'infanticide et l'abandon des enfants non désirés. En 1198, elle créait l'ordre du Saint-Esprit, pour les moines chargés de gérer les hôpitaux des enfants. En 1633, à une époque où l'obsession de la bâtardise poussait tant de personnes à abandonner les nouveau-nés, s. Vincent de Paul fondait l'hôpital des Enfants trouvés et l'ordre des Filles de la charité. Car dans le seul premier tiers du XVIIe siècle, à Paris, douze mille enfants déposés dans le froid étaient trouvés morts au petit matin. Mais s. Vincent de Paul, lui, voyait dans chaque enfant abandonné l'image du Christ. Il est parvenu à obtenir que vingt-cinq paroisses de Paris accueillent la totalité des enfants trouvés : « Pour que les enfants deviennent des adultes de valeur, pense-t-il, la ferveur de l'amour dont on les aura entourés importe plus qu'un quelconque dressage à devenir pieux et vertueux », explique N. Laneyrie-Dagen[18].

Il est évident qu'on relève des fléaux sociaux similaires dans d'autres cultures et que le mal fait aux enfants dès la naissance n'est en aucun cas une spécialité exclusivement chrétienne. Ce que je veux seulement souligner, c'est que l'Église n'a pas prêché impunément – et pendant de longs siècles – la dévalorisation de l'être humain : comment remettre en question les pires pratiques – individuelles et collectives – quand on est convaincu dès son jeune âge qu'on ne vaut rien, qu'aucun humain ne vaut rien, que le seul espoir est de faire partie des élus mais qu'on n'en sait rien, et que chaque nouveau malheur, y compris la mort, est une punition bien méritée ? En évoquant ces aspects de notre histoire commune, je n'ai aucunement l'intention de faire encore une fois le procès de l'Église : aurions-nous fait mieux ? Ce qui me motive, c'est de prendre connaissance de ce passé parce qu'il nous constitue : il serait injuste et contre-productif de continuer à l'« oublier ». Si nous n'en tenons pas compte, comment parviendrons-nous à porter un autre regard sur les humains que nous sommes ?

L’empathie inscrite en l’humain

Les Justes

Quand on évoque les horreurs du nazisme, on met soigneusement de côté le presque demi-million de Juifs sauvés grâce à ces Européens de tous pays et de toutes conditions qu’Israël devait par la suite appeler les « Justes parmi les nations ». À vrai dire, on ne connaîtra jamais leur nombre exact puisque des milliers d’entre eux ont été exécutés pour avoir caché des victimes du nazisme et que souvent leurs protégés ont quand même été pris, ou qu’on a perdu leur trace après la guerre. L’être humain est capable des pires atrocités, c’est l’évidence. Mais ce que beaucoup refusent d’admettre également comme une évidence, c’est qu’il est capable des actes les plus désintéressés, jusqu’au péril de sa vie.

Écrivain juif sauvé lui-même de la déportation, M. Halter est allé longtemps après à la rencontre de quelques-uns des Justes encore vivants. Il affirme l’existence, en nous, d’une « pulsion de générosité [...], de bonté, de justice, de solidarité – pulsion qui jaillit d’elle-même, comme avant toute forme de raisonnement[19] ». Ce qui l’a frappé, comme cela a frappé d'autres « enquêteurs », c'est combien ces personnes se trouvaient normales, ordinaires : leur comportement, à leurs yeux, n'avait rien du tout d'héroïque ; il leur avait paru naturel d'agir ainsi, cela s'était imposé à eux avant même qu'ils y aient réfléchi. Il est d'ailleurs révélateur qu'aucun n'en ait publié le récit. Voilà pourquoi le jardin des Justes à Jérusalem, où chacun est représenté par un arbre, est le « jardin des hommes normaux », selon l'expression de Gabriele Nissim[20].

Qu'est-ce que l'être humain ? N'est-ce pas le grain de sable capable d'enrayer les systèmes destructeurs les plus huilés ? Ou le grain de sel, là où sévit la pensée unique ? M. Halter s'en réjouit : « [...] c'est cette disposition à la compassion immédiate que les pires systèmes totalitaires et leurs exterminateurs ne pourront jamais tuer en l'homme. Et cette compassion [...] est susceptible de surgir chez tout individu, y compris chez l'un de ceux que le sort peut avoir placés dans le camp des maîtres, dans le camp des bourreaux[21]. »

Mes propres recherches m'ont également conduite vers cette irruption *imprévisible* de la compassion. Elle est attestée bibliquement. Aucun être humain n'est à l'abri de se sentir tout à coup « pris aux entrailles » devant la souffrance d'un autre. Voilà pourquoi nous n'avons pas le droit de figer quelqu'un dans une « nature humaine » universellement et exclusivement capable du pire ; et pas davantage, devant sa dureté, son égoïsme, de l'enfermer dans un jugement du genre « c'est inné chez lui ». Personnellement, je dirais du spirituel qu'il est, chez les humains, ce qui à tout moment subvertit nos définitions du naturel et nous prend par surprise : « Je ne m'en ou je ne l'en croyais pas capable ! »

Ex-directeur du département des Justes parmi les nations en Israël, Mordecai Paldiel considère l'altruisme comme une « prédisposition innée ». Il ne voit pas pourquoi il faudrait survaloriser les actes des Justes : « La bonté nous stupéfie car nous refusons de la reconnaître comme une caractéristique humaine naturelle. » Chercher une explication aux motivations des Justes, n'est-ce pas « sous-entendre que leur comportement était anormal ? [...] ne serait-il pas préférable de redécouvrir le potentiel altruiste en nous ?, [...] le mystère de la bonté en nous-mêmes ? » observe-t-il justement[22].

Les découvertes récentes

Il se trouve que les études actuelles nous encouragent à regarder les humains à travers d'autres lunettes que celles héritées de la doctrine du péché originel : de nombreux chercheurs ont mis au jour les fondements neurobiologiques de l'altruisme et de l'empathie. Jadis, on croyait que seule l'éducation pouvait atténuer ou mettre fin à nos tendances égoïstes. Pour Freud, l'enfant n'était qu'égoïsme, occupé exclusivement à satisfaire ses propres besoins, quitte à éliminer ses rivaux ; pour Piaget aussi, l'enfant, essentiellement égocentrique, était incapable jusqu'à sept ans de tenir compte des autres.

Or une étape scientifique majeure fut la découverte de l'*attachement* : le bébé n'apprend pas à s'attacher à sa mère ; c'est en lui un besoin primaire inné, aussi puissant que la faim ; et plus il se sent en sécurité, plus il développe son ouverture à l'autre. Sa sensibilité à autrui est constatable dès sa venue au monde. Il est réceptif aux sentiments d'autrui, a de la peine quand les autres pleurent. À un an et demi, il est capable d'empathie cognitive – de se représenter les états mentaux des autres ; capable aussi de s'identifier à eux, ce qui révèle une empathie émotionnelle adaptée : « Nous sommes très loin de l'enfant fondamentalement égoïste que l'éducation doit détourner de ses mauvais penchants », constate J. Lecomte[23]. Notons que tout cela est étayé par d'innombrables expérimentations, observations, études comparatives.

La neurobiologie ne cesse d'ouvrir l'horizon de nos conceptions de la « nature » humaine. J. Lecomte voit dans cette discipline, qui n'a guère que vingt ans, une véritable révolution conceptuelle. Puisque, dès l'origine, notre cerveau est conçu pour réagir à l'expression des émotions, et donc pour entrer en communication avec les autres, on peut dire que nous sommes des êtres fondamentalement sociaux, prédisposés à l'empathie et à la coopération. Ainsi a-t-on identifié des zones cérébrales qui sont activées quand nous souhaitons du bien aux autres, quand nous sommes justes ou quand nous faisons confiance. On a également repéré l'ocytocine, cette « hormone de la tendresse » qui favorise l'empathie, la générosité et la confiance, et dont le taux augmente quand nous vivons des événements qui nous font du bien. Mentionnons enfin, au début des années 1990, la découverte des neurones miroirs qui nous font éprouver comme en miroir les émotions vécues par autrui, et qui constituent le fondement neurologique de l'empathie.

Déjà en 1973, E. Fromm constatait « un phénomène totalement nouveau » dans la compréhension de la nature humaine : il voyait notre comportement de moins en moins déterminé par nos instincts et, parallèlement, notre cerveau en continuelle croissance, en particulier notre néocortex avec son nombre fantastique de connexions interneuronales. Contrairement à une certaine littérature qui exalte aujourd'hui notre bonté naturelle (comme si elle n'avait pas à être cultivée) en réaction inversée au discours traditionnel sur notre méchanceté congénitale, E. Fromm nous perçoit plutôt comme des vivants confrontés en permanence à leurs conflits existentiels : « À mon avis, la nature de l'homme ne peut pas être définie dans les termes d'une qualité spécifique comme l'amour, la haine, la raison, le bien ou le mal, mais uniquement dans les termes des *contradictions* fondamentales qui caractérisent l'existence humaine et qui ont leur racine dans la dichotomie biologique entre les instincts absents et la conscience de soi[24]. »

Autrement dit, plus nous avons évolué, plus nous avons été poussés à nous interroger sur nous-mêmes ; moins nous avons simplement obéi à nos instincts, plus nous nous sommes trouvés devant des choix à faire en connaissance de cause, devant une liberté à assumer, et moins nous avons pu nous réfugier derrière une prétendue nature humaine qui nous dicterait – pour le meilleur et pour le pire – la conduite à suivre. Or qui dit choix libre et conscient dit appel à nous *unifier*, à sortir de nos contradictions pour adopter le comportement qui nous paraît le plus en cohérence avec qui nous sommes. Mais n'était-ce pas là, précisément, l'appel biblique à ressembler au Dieu « Un », en toute liberté, en notre âme et conscience ?

L'empathie divine

Si je partage avec beaucoup le désir de réhabiliter l'être humain, c'est en accord avec ce que je perçois du Dieu biblique. Le dénigrement systématique de notre nature est le fruit de notre prétendue connaissance du Bien et du Mal. En revanche, le lieu où se tient le Tout-Autre, par-delà nos catégories morales, est tendresse primordiale, inépuisable bienveillance. Quand nous posons sur une personne ce regard de compassion qui la restaure dans son être, nous incarnons Son regard, souvent sans le savoir ; nous la voyons telle qu'Il l'a créée : un être structuré par l'ouverture à autrui, un être fait à sa ressemblance, c'est-à-dire *de la même étoffe compassionnelle que lui*. Tel était le regard de Jésus sur ses contemporains, en particulier sur les enfants.

Il nous a fallu beaucoup de temps pour commencer à voir les humains autrement. Il a fallu notamment les travaux de scientifiques non inféodés à la dogmatique traditionnelle. Mais n'oublions pas les précurseurs. Sans avoir vécu cette révolution dans les connaissances sur le nouveau-né et l'enfant qui nous pousse aujourd'hui à réviser de fond en comble notre perception de la nature humaine, Rousseau, en 1755 déjà, avait bien vu en la « pitié » (l'empathie, la compassion) « la seule vertu Naturelle [...] d'autant plus universelle et d'autant plus utile à l'homme qu'elle précède en lui l'usage de toute réflexion, et si Naturelle que les Bêtes mêmes en donnent quelquefois des signes sensibles ». Elle résiste aux mœurs les plus dépravées ; d'elle seule découlent « toutes les vertus sociales » comme la bienveillance et l'amitié. Et l'identification intime avec l'être souffrant a dû être « infiniment plus étroite dans l'état de Nature que dans l'état de raisonnement » : ainsi concourt-elle à la conservation mutuelle de notre espèce. « C'est en un mot dans ce sentiment Naturel, plutôt que dans des argumens subtils, qu'il faut chercher la cause de la répugnance que tout homme éprouveroit à mal faire, même indépendamment des maximes de l'éducation »[25].

On peut imaginer les immenses implications, pour le vivre-ensemble, de cet autre regard sur la nature humaine. La découverte contemporaine des neurones miroirs s'inscrit dans la continuité des intuitions et observations du philosophe des Lumières. Que se passerait-il si nous accordions davantage d'attention à tous ces « Justes » d'aujourd'hui qui vivent parmi nous ? Si leur manière de vivre réactivait en chaque citoyen son sens collégial, son empathie, sa générosité ? La pointe de l'iceberg, ce sont ces grandes occasions qui ne peuvent passer inaperçues : les manifestations pacifiques massives qui ont eu lieu un peu partout dans le monde contre la guerre en Irak ; le mouvement international des Indignés ; celui qui est né des Mères de la place de Mai ; le mouvement du Sanctuaire, jadis, aux États-Unis ; les Cercles de silence, etc. Comme le dit Luc Ferry, « tant que la politique [...] ne comprendra pas le potentiel extraordinaire de solidarité, de *sympathie*, qui réside dans la sphère privée, tant qu'elle ne fera pas fond sur lui, rien, en elle, ne suscitera l'enthousiasme[26] ».

Enfin, un espace reste largement inexploré : notre capacité à développer une perception de l'empathie divine à notre égard – capacité qui grandit à mesure que nous développons notre empathie pour les autres, pour l'humanité à laquelle nous appartenons. Parmi les précurseurs, mentionnons l'épître de Barnabé, au IIe siècle : « l'homme est une terre souffrante » puisque « c'est avec de la terre qu'Adam fut formé » – comment le Créateur l'ignorerait-il ? Rappelons la sensibilité de s. Irénée : Dieu se fait voir en Jésus « à cause de notre état d'enfance », pour mieux nous seconder. En général, les Pères grecs « ne se lassent jamais de parler de la “philanthropie” de Dieu, manifestée dans son incarnation », observe G. Martelet. Plus près de nous, Teilhard de Chardin voyait dans l’épopée humaine un vrai chemin de croix[27]. Si nous nous en tenons à notre expérience, nous constatons que l’empathie et la compassion ne se fragmentent pas[28] ; elles ont une seule et même source, qu’elles s’orientent vers les autres ou vers soi-même. Quand nous prenons conscience qu’elles sont inscrites dans notre chair même, nous commençons à nous ouvrir à leur source, à ce Regard de totale bienveillance posé sur notre personne.

À ce stade-là, nous ne supportons plus tous ces discours, religieux, philosophiques, « scientifiques » qui continuent à défigurer l’être humain. On a longtemps pensé qu’ainsi on faisait plaisir à Dieu. Aujourd’hui, on se croit très clairvoyant sur ce que cacherait le comportement des humains. Mais le chemin parcouru dans notre déconditionnement par rapport à l’enseignement traditionnel est un chemin de non-retour. Ce qui va commencer peu à peu à se manifester en nous, c’est l’empathie, la compassion *à l’égard du Tout-Autre*. Nous L’entendons comme pour la première fois, par la parole que Jésus a adressée à la femme samaritaine au bord d’un puits : « Si tu savais le don de Dieu… » (Jn 4,10). À côté de quoi sommes-nous passés pendant si longtemps ? N’est-ce pas à côté de l’être humain, mais aussi à côté de lui ?

« Si tu savais le don de Dieu et [si tu savais] qui est celui qui te dit “donne-moi à boire !”, c’est toi qui aurais demandé et il t’aurait donné de l’eau vive », dit Jésus. D’habitude, on comprend ce verset ainsi : « Si tu savais que Dieu te fait grâce, t’accueille comme tu es, t’accepte avec tes limites, tes dysfonctionnements, tes fautes ! » Certes, mais cela n'empêche pas d'y entendre autre chose encore : « Le don de Dieu, c'est celui qui te demande à boire – c'est tout être humain, même inconnu, qui cherche à créer du lien avec toi. C'est lui, le cadeau divin, parce qu'il vient te révéler ce qui est inscrit en toi : l'ouverture empathique à l'autre humain. »

Pour la femme de Samarie, Jésus est un parfait inconnu. Bien qu'elle en soit à son sixième homme, lui ne la voit pas comme une pauvre pécheresse sur laquelle Dieu consentirait à baisser les yeux. C'est *lui* qui se montre assoiffé de relation vivante : « Donne-moi à boire ! » Cela change tout. Qu'est-ce qu'un être humain ? C'est quelqu'un qui a reçu à la naissance la capacité de réveiller *en autrui*, et pour commencer en sa « mère » (ou en toute personne qui lui en tient lieu), la disposition à l'empathie, à la compassion. Pourquoi chaque être humain est-il un cadeau de Dieu ? Parce que c'est *sa propre demande vitale de relation* qui *réactive* en autrui la capacité d'empathie, de compassion.

Enfin – mais là, j'avance sur la pointe des pieds –, qu'est-ce que le « don de Dieu » ? Grammaticalement, on peut entendre un génitif subjectif (le don de la part de Dieu) ou un génitif objectif (le don qu'est Dieu). Dans ce deuxième cas, tout être humain qui vient à moi en demande brûlante de relation *est* Dieu qui se « donne » à moi, dans un dénuement bouleversant : si tu savais qu'à travers cette personne que tu estimes quelconque ou peu recommandable, c'est l'Ouverture empathique aux vivants qui vient réveiller la tienne ! « Si tu savais le don de Dieu ! »

La violence éducative

Prendre en compte toute la réalité humaine, c'est également « coller » au réel des enfants que nos ancêtres et nous-mêmes avons été. C'est ôter les lunettes idéologiques et se poser la question : « Qu'est-ce que cela me faisait quand on me traitait de telle ou telle manière ? Ou que pouvait ressentir mon arrière-grand-père, éduqué comme il l'était ? » Nous avons la chance aujourd'hui d'en savoir beaucoup plus sur la physiologie, la psychologie et les structures mentales de l'enfant : en mobilisant nos connaissances et en faisant honnêtement nos propres observations, nous pouvons nous mettre plus facilement à sa place ou à son niveau.

Mais précisons d'emblée ceci : de même qu'il serait aberrant de réduire le christianisme aux ravages provoqués par la doctrine du péché originel, il n'est pas question d'occulter les éléments positifs et féconds de notre éducation. Je cherche seulement à renvoyer dos à dos l'idéologie de l'enfant mauvais et *celle du parent parfait.* Dans les deux cas, c'est ouvrir les yeux sur le réel, celui de l'enfant, celui du parent.

Un réel imprégné de ce qu'il faut bien appeler « violence » : prendre la mesure du réel, n'est-ce pas le nommer pour ce qu'il est ? Selon la définition d'O. Maurel, « la violence éducative ordinaire est l'ensemble des moyens violents qui ont été et sont utilisés, tolérés et souvent recommandés pour faire obéir et pour éduquer les enfants ». Or le passage de ce type d'éducation considéré comme normal à la maltraitance caractérisée s'est toujours fait insensiblement, sans que les adultes en prennent conscience. Une étude canadienne récente a montré que sur dix mille cas de maltraitance, la plupart avaient commencé par de la « simple » violence éducative ordinaire[29]. C'est juste une question de degré, et cela me fait penser à une addiction : commencer, c'est continuer… et, progressivement, devenir incapable de s'arrêter.

Une lente prise de conscience

Il est très révélateur qu'à l'époque classique (XVIe et XVIIe siècles), la majorité des Européens aient considéré la petite enfance comme l'état le plus vil, abject, débile et surtout *humiliant* de la vie humaine[30] : les adultes ne portaient-ils pas les séquelles d'une éducation essentiellement basée sur les humiliations et les châtiments ? Il est également révélateur que le passage de l'Évangile dans lequel Jésus accueille des petits enfants malgré l'opposition des disciples ait très rarement été représenté au cours du Moyen Âge[31] : l'attitude de Jésus ne cadrait pas tellement avec l'obligation de baptiser les tout petits enfants « souillés » par le péché originel ! C'est seulement au XVIIIe siècle que s'est amorcée, timidement, la déculpabilisation de l'enfant… comme par hasard en même temps que commençait à faiblir la croyance au péché originel.

Là encore, Rousseau fait figure de précurseur – voire de prophète. Dans *Émile ou de l'éducation*, paru en 1762, il combat la pratique inhumaine de l'emmaillotage – « Ils crient du mal que vous leur faites : ainsi garrottés, vous crieriez plus fort qu'eux » – ainsi que celle de la mise en nourrice – « Point de mère, point d'enfant [...] le cœur meurt, pour ainsi dire, avant que de naître ». Il voit que peine et douleur sont le lot des bébés « continuellement » et « de bonne heure » (dents, coliques, toux, vers, etc.) : ainsi, « comme le premier état de l'homme est la misère et la faiblesse, ses premières voix sont la plainte et les pleurs »[32].

Mais il dénonce aussi bien les châtiments corporels que l'« idolâtrie » de l'enfant : on le « flatte »... ou on le bat pour le faire taire ; « avant de savoir parler, il commande ; avant de pouvoir agir, il obéit ; et quelquefois on le châtie avant qu'il puisse connaître ses fautes ou plutôt en commettre. C'est ainsi qu'on verse de bonne heure dans son jeune cœur les passions qu'on impute ensuite à la nature, et qu'après avoir pris peine à le rendre méchant, on se plaint de le trouver tel ». Là où la philosophie – main dans la main avec la théologie – parle de ses vices naturels (qui lui font casser des objets, attraper un oiseau et l'étouffer), Rousseau ne voit qu'activité débordante « sans savoir ce qu'il fait »[33].

Très en avance sur son temps, il dénonce notre prétention à « redresser » les enfants : « C'est, me répondez-vous, le temps de corriger les mauvaises inclinations de l'homme. [...] Et comment me prouverez-vous que ces mauvais penchants dont vous prétendez le guérir ne lui viennent pas de vos soins mal entendus, bien plus que de la nature ? » Pourquoi ne lui infliger « aucune espèce de châtiment » ?

Parce que – on voit par là comment il se démarque radicalement de la culture chrétienne ambiante – « [...] les premiers mouvements de la nature sont toujours droits ; il n'y a point de perversité originelle dans le cœur humain ». La seule « passion naturelle » qu'il nous reconnaît, c'est l'amour de soi-même – qui en soi est « bon et utile ». L'enfant peut-il faire beaucoup de mal ? Oui, mais « sans mal faire parce que la mauvaise action dépend de l'intention de nuire et qu'il n'aura jamais cette intention ». Je sens dans toutes ces paroles une confiance étonnante dans la nature humaine : « Laissez mûrir l'enfance dans les enfants ! », recommande le philosophe[34].

Mais quand je lis sous sa plume que le meilleur exemple à donner à l'enfant, c'est soi-même – « C'est votre temps, ce sont vos soins, vos affections, c'est vous-même qu'il faut donner[35] » –, mon enthousiasme se refroidit : lui-même n'a-t-il pas abandonné ses cinq enfants à l'Assistance publique ? Il est d'autant plus étonnant qu'il ait si bien perçu les besoins réels des enfants. Toutefois, ce qui me frappe en lisant sa biographie, c'est que sa mère mourut une semaine après sa naissance, que son père « ne s'en consola jamais[36] » et que son enfance, puis sa vie d'adulte furent marquées par une succession d'abandons, de ruptures de relation et d'errances, mais aussi par des injustices, des trahisons, des humiliations, sans compter l'hostilité et même la persécution que lui valut la publication de ses livres les plus « révolutionnaires ».

N'est-ce pas là ce que j'appelais ci-dessus le « spirituel » dans la trajectoire d'une personne ? N'est-ce pas de là que venait la clairvoyance prophétique de Rousseau ? Elle ne peut s'expliquer logiquement, et complètement, ni par sa propre histoire ni par son environnement social. Lui-même parle d'une « inspiration subite » quand, un jour de 1749, il fut « ébloui de mille lumières » et dut s'asseoir sous un arbre – une demi-heure pendant laquelle il inonda de ses larmes tout le devant de sa veste : il voyait se dessiner devant lui les grandes articulations de sa pensée philosophique[37]. Une telle révélation, comme tout ce qui relève du spirituel, prend par surprise et nous interdit à jamais d'enfermer quiconque dans une nature ou une histoire programmée. Sans ce type d'événements, quelle que soit leur intensité, comment les mentalités évolueraient-elles ?

Cependant, il a fallu beaucoup de temps – et il en faudra encore – pour que l'Occident se mette vraiment à ouvrir les yeux sur le sort des enfants. Quelques jalons historiques peuvent nous faire mesurer la lenteur des prises de conscience. Les voix isolées ont commencé par être marginalisées. Celles par exemple de trois disciples et amis de Freud, le pasteur Olivier Pfister, l'éducateur August Aichhorn et l'instituteur Hans Zulliger, tous trois en contact réel et quotidien avec les enfants (à l'inverse de Freud), tous trois étrangers à la « pulsion de mort » et opposés aux châtiments corporels. Et S. Ferenczi, lui, faisait état des abus bien réels subis par ses patients.

Il faut aussi mentionner toute l'œuvre d'A. Miller, qui jamais ne se retrancha derrière des théories pour ne pas voir la réalité des enfants maltraités et des éducateurs devenus maltraitants. Quant à E. Fromm, il considérait les mauvais traitements infligés aux enfants comme l'une des manifestations les plus répandues du sadisme non sexuel – sadisme mieux connu, selon lui, depuis les années 1965… J'ai envie d'ajouter : *seulement* depuis les années 1965, alors que des médecins légistes avaient révélé la réalité de la maltraitance dès la deuxième moitié du XIXe siècle ! Selon

E. Fromm, d'ailleurs, il est avéré que le nombre de cas signalés ne représente qu'une fraction de l'ensemble et que la cruauté mentale est beaucoup plus répandue et tout aussi destructrice que la cruauté physique[38]. John Bowlby, son contemporain, s'est opposé à Melanie Klein et à Anna Freud en considérant l'enfant comme un être porté à l'amour plutôt qu'à la violence et à la haine ; il estimait que les événements réels, notamment la manière dont l'enfant est traité, déterminent son développement[39].

Constatons jusqu'où va l'idéologie du parent parfait – dont le revers de médaille est, je le répète, l'enfant mauvais : « L'existence de la maltraitance caractérisée, laissant des traces visibles, entraînant des fractures et aboutissant parfois à l'infirmité ou au décès des enfants victimes, n'a été vraiment reconnue par la médecine qu'au milieu du xxe siècle. [...] Quant au mot "maltraitance" lui-même, il ne date que de la fin du xxe siècle », relève O. Maurel[40]. Or, c'est bien connu, ce qui n'est pas nommé n'existe pas.

Un fléau social non identifié ne fait l'objet d'aucune loi. Il n'est donc guère étonnant que la première loi contre l'inceste n'ait été votée qu'en 1908, en Angleterre, qu'une justice spécifique pour les mineurs n'ait vu le jour en France qu'en 1945, que des psychanalystes s'occupant d'enfants n'aient pu prendre publiquement la parole pour s'adresser au grand public que dans la deuxième moitié du xxe siècle. Et il n'est pas étonnant non plus que cette justice des mineurs, fort récente, soit menacée chaque jour davantage, si l'on en croit une psychanalyste pour enfants aussi avertie que C. Halmos : quand elle dénonce le slogan « douze ans et déjà criminel » et la nostalgie du bon vieux « dressage »[41], je me dis qu'il faut davantage que cinquante ans pour venir à bout d'un conditionnement vieux de quinze siècles !

Les faits et les effets

Selon un sondage SOFRES de janvier 1999, 84 % des parents français pratiquaient la violence « éducative ». Et de nombreuses enquêtes sérieuses réalisées dans le monde entier révèlent aujourd'hui que la quasi-totalité des enfants la subissent. Dans son rapport de septembre 2009, l'UNICEF faisait le même constat : dans le monde, 86 % des enfants âgés de deux à quatorze ans sont soumis à des châtiments corporels et/ou des agressions psychologiques. Il faut excepter les pays ayant voté récemment des lois prohibitives et mettant en œuvre des mesures efficaces d'aide aux parents[42]. Tout récemment, la revue *Le Cercle psy* publiait un dossier intitulé « Violences familiales : les choses en face ». On y apprend qu'**aujourd'hui, en France, deux enfants meurent chaque jour sous les coups de leurs parents**[43]. « Moi-même, je ne pensais pas que c'était à ce point-là quand j'ai commencé mon livre », déclare Gérard Lopez, spécialiste de la maltraitance, cofondateur de l'Institut de victimologie de Paris, auteur de *Enfants violés et violentés : le scandale ignoré*[44]. Pour quiconque refuse de faire l'autruche, le livre d'O. Maurel, *Oui, la nature humaine est bonne. Comment la violence éducative ordinaire la pervertit depuis des siècles*, est une mine de renseignements, notamment sur la panoplie des « corrections » administrées couramment aux enfants sous le couvert de l'éducation[45] : il faut de puissantes œillères pour ne pas donner à ces pratiques le nom de « torture » !

Nous ne pouvons plus objecter que cela appartient à un passé révolu puisque rapports, enquêtes et statistiques concernent le présent ; en outre, la plupart des personnes âgées qui vivent parmi nous en portent encore les séquelles. Rétorquer que « cela ne se passe pas dans nos pays », c'est refuser de regarder la réalité en face. Se protéger en disant que « c'est seulement dans les couches sociales défavorisées, pas dans nos milieux », c'est non seulement nier l'objectivité des faits mais aussi se boucher les oreilles quand tant de personnes appartenant à « nos milieux » meurent de n'être jamais entendues ni crues. Plus les familles sont « respectables », plus ces violences passent inaperçues et plus les enfants devenus adultes ont le choix entre la folie, la dépression ou la maladie mortelle, auquel cas ils emportent dans la tombe leur vérité inaudible.

Nul ne sait ce qui se passe vraiment dans l'intimité des familles. C'est pourquoi les enquêtes anonymes, quand elles sont bien faites, permettent de se faire une idée précise de cette réalité si dérangeante. Toutefois, quand on est attentif à ce qui se produit dans la rue, dans les magasins ou dans les transports en commun, on repère aisément la violence éducative sous-jacente. Ainsi, j'entends régulièrement un parent menacer un petit : « Tu veux que je t'en colle une ? » Ou : « Tu vas voir ce que tu vas prendre à la maison ! » Il est des regards d'enfants qui sont des abîmes de désespoir, d'angoisse ou de détresse. Des regards qui me poursuivent longtemps.

La violence éducative en milieu scolaire a elle aussi une très longue histoire. Comment diaboliser encore s. Augustin après avoir lu le premier livre de ses *Confessions* ? Il y parle longuement des coups et tourments qu'on lui infligeait à l'école pour le punir de sa paresse.

« Petit garçon », il implorait Dieu de n'être pas battu. Mais « les grandes personnes et jusqu'à mes parents eux-mêmes [...] se riaient des contusions qui, à mes yeux, constituaient alors un grand et pénible mal ; [...] existe-t-il quelque cœur saintement uni à Toi par une affection, et qui soit toutefois capable de faire si peu cas des chevalets, ongles de fer et autres instruments variés de torture – auxquels on cherche à échapper en T'adressant de tout l'univers des supplications mêlées d'un effroi extrême –, et de rire de ceux qui les redoutent si vivement ? C'est pourtant ce que faisaient nos parents qui riaient des tourments que les maîtres nous infligeaient à nous, enfants ». Mais lui et ses camarades, malgré tout, « péchaient » : « [...] nous aimions le jeu et nous étions châtiés par des gens qui en tout point agissaient comme nous », s'adonnant aux jeux eux aussi.

Ce que nous considérons aujourd'hui comme spécifique de l'enfant, bon et utile pour son développement, devenait « péché » pour s. Augustin puisque c'était agir « contre les préceptes de mes parents et de ces maîtres » : l'amour des jeux, des compétitions, des « contes mensongers », la curiosité pour les spectacles et les fictions poétiques. On le contraignait à l'étude des lettres... et il croyait que sa haine du grec venait de son péché* ! Pire encore, la maltraitance dont il était victime lui

* Il raconte dans ses *Confessions* comment on lui faisait étudier Homère : « C'est en me terrorisant cruellement et en me châtiant qu'on faisait vivement pression sur moi pour me le faire apprendre » (livre I, XIV, 23, p. 797). Faut-il s'étonner qu'il n'ait jamais bien su le grec et qu'il ait mécompris la fameuse phrase de Paul sur le péché d'Adam (voir p. 59) qui devait entraîner toute la chrétienté occidentale dans la doctrine que l'on sait ?

paraissait parfaitement légitimée par Dieu : « Quant à mon erreur, à moi qui refusais d'apprendre, Tu la faisais servir à mon châtiment, et je le méritais bien, moi, si petit enfant et déjà si grand pécheur ! Ainsi, de ceux qui ne faisaient pas bien, tu tirais un bienfait pour moi, et de mon propre péché *tu tirais une juste rétribution* »[46]. Je souligne ce qui, en termes laïques, équivaut au « c'est pour ton bien », précepte central de la « pédagogie noire ».

Notons qu'en Occident, du XIVe au XVIIe siècles, la discipline à l'école était humiliante. À l'origine réservé aux petits enfants, le fouet fut appliqué dès le XVIe siècle à tous les élèves, parfois jusqu'à l'âge de vingt ans. Humilier faisait partie de la mission des maîtres : il était de leur responsabilité de corriger et de redresser car il en allait du salut des âmes de ces jeunes. On imposait à *tous ceux-ci* l'espionnage mutuel, les peines corporelles et les punitions dégradantes qu'on réservait aux « vilains » (les adultes des plus basses conditions sociales) : « Tous les enfants et les jeunes, quelle que fût leur condition, étaient astreints au régime commun et recevaient les verges », note l'historien P. Ariès ; l'école a enfermé les enfants dans un régime disciplinaire de plus en plus rigoureux aboutissant aux XVIIIe et XIXe siècles à la « claustration totale de l'internat »[47].

Bien des personnes jadis scolarisées dans des pensionnats chrétiens et atteignant maintenant l'âge de la retraite en ont gardé des marques terribles. En entendant ces récits dans le cadre d'accompagnements spirituels, je ne m'étonne pas du poids insupportable de honte, de culpabilité et d'angoisse qu'elles portent depuis leur jeunesse. Elles ont souvent survécu grâce à une Voix qu'elles seules entendaient, qui leur répétait aux pires moments que la

Vie existait autrement, que le Dieu censé cautionner ce qu'elles subissaient était tout autre en réalité. Pour elles, la longévité qui caractérise la population occidentale peut devenir une bénédiction : elles ont encore le temps, en cheminant avec le Souffle d'amour inconditionnel, de faire une expérience de libération. Si j'en parle, c'est qu'il m'arrive souvent d'en être témoin.

Nombreux sont ceux qui, préconisant l'oubli, pensent sincèrement qu'il suffit d'aller de l'avant : « la page est tournée »... Mais qu'on le veuille ou non, la page fait partie du livre. Certes, on aura endigué, refoulé, anesthésié les violences subies, mais elles continuent à empoisonner l'existence. C'est que, lorsque l'enfant survit, les séquelles sont bien plus graves qu'on ne le croit en général :

– Affaiblissement du système immunitaire*, qui rend l'enfant vulnérable aux maladies, y compris mentales, et aux accidents.

– Vulnérabilité aux abus sexuels. En effet, je constate, en accompagnement, que la maltraitance psychologique et la violence éducative vont très souvent de pair avec ce type d'abus : l'enfant a appris très tôt que son corps ne lui appartenait pas.

* « En état de stress, l'organisme qui se prépare à la fuite ou à la défense désactive, si l'on peut dire, toutes les fonctions, comme la digestion ou le système immunitaire, qui consomment de l'énergie et qui ne sont pas absolument indispensables face à un danger pressant. Une fois le stress passé, ces fonctions sont rétablies. Mais si cet effet est répété tout au long de l'enfance, parfois quotidiennement, comme cela arrive aux enfants frappés ou menacés de l'être, il finit par affaiblir le système immunitaire » (O. Maurel, *Oui, la nature...*, p. 61).

– Échecs scolaires, l'enfant étant bien davantage occupé à ne pas se faire punir (« ça lui prend la tête ») qu'à se concentrer sur son travail.

– Comportements à risque.

– Diminution des capacités relationnelles et détérioration de l'empathie innée. Les neuroscientifiques ont montré les effets profonds de la violence éducative sur le cerveau : c'est dû au fait que tout apprentissage instaure de nouvelles connexions cérébrales (ou synapses) ; dès lors, la violence éducative constitue un véritable apprentissage : elle sera quelque chose d'*incontestable* pour les enfants devenus adultes.

– Reproduction de la violence, comportements non respectueux et cruels. Comme l'enfant apprend en imitant et comme ses neurones miroirs s'activent en même temps qu'il observe le comportement de l'adulte qui le frappe, « dans le cerveau de l'enfant frappé, le geste de frapper un enfant s'ébauche déjà », écrit O. Maurel[48].

– Comportements conformistes et obéissance aux ordres dictée par la seule peur.

– Confusion entre violence et sexualité, en particulier le masochisme. Là encore, Rousseau fut un pionnier, en révélant pour la première fois qu'une fessée reçue à l'âge de huit ans avait définitivement lié en lui sexualité et masochisme[49]. F. Dolto, déjà, disait qu'une fessée est de la nature d'un viol ou d'un abus sexuel, et les témoignages se multiplient aujourd'hui, qui vont dans le même sens.

– Dépression, honte, mésestime de soi. Je suis impressionnée par le nombre de colloques et de publications sur la dépression, « fléau du siècle », qui font l'impasse totale sur l'éducation destructrice de la confiance en soi, en les autres et en la vie.

– Sentiment d'être interdit de vivre. « Les menaces et les violences portent en elles un jugement implicite et une condamnation non seulement du comportement, mais de la personne même de l'enfant », écrit O. Maurel[50], le but des coups, des humiliations, intimidations et manipulations étant de « faire sentir à l'enfant combien il est mauvais[51] ».

– Angoisse, sentiment de chaos et de vide. La violence psychologique qui consiste à mentir constamment à l'enfant (« pour son bien ! ») le plonge dans l'incapacité de faire confiance à *ses propres perceptions* ; devant la contradiction entre ce qu'il sent et la parole de l'adulte qui contredit mensongèrement ce qu'il sent, il se désavoue plutôt que de mettre en doute l'adulte[52]. Il faudra un long chemin pour retrouver la confiance en ses propres intuitions.

La banalisation

Nous sommes scandalisés à la vue d'un adulte sans défense frappé par un autre. Alors qu'est-ce qui nous pousse à trouver parfaitement normal de frapper un enfant sans défense, sinon la « mémoire » de l'avoir été ? Les guillemets indiquent que nous nous sommes coupés de « ce que ça nous faisait » : nous en avons un souvenir en quelque sorte désincarné. N'étant plus « entiers », nous avons, en même temps, perdu la capacité de nous insurger. Et même, la capacité – éminemment philosophique au sens d'un questionnement sur toutes choses, d'une quête de compréhension et de sagesse – la capacité de *nous étonner*. De regarder les réalités humaines comme pour la première fois, sans les affubler du vêtement commode de la « normalité » – longtemps, l'esclavage fut considéré comme normal... Or « l'autorisation de donner des coups aux enfants les prive de la barrière de sécurité légale qui protège les adultes[53] » : est-ce vraiment normal ?

Tout se passe comme si la violence éducative se tenait dans un « angle mort » ou un « point aveugle » dans l'esprit de ceux qui l'ont subie, note O. Maurel qui vient de consacrer un livre à l'étude détaillée de vingt et un ouvrages portant sur tous les aspects de la violence et publiés entre 1996 et 2009 par une centaine d'auteurs de haut niveau. Eh bien, huit sur dix ne prennent pas en compte la violence éducative ordinaire[54]. Pourtant, il s'agit d'intellectuels, de théoriciens, de penseurs autorisés. De ce fait, pourrait-on dire, ce sont justement les plus menacés d'enfermement dans des schémas déconnectés de la réalité. C'est d'autant plus affligeant : si les personnes qui ont le plus d'impact sur les mentalités de par leur sérieux réflexif ou scientifique sont pareillement aveuglées sur cette dimension essentielle de la vie des individus et des sociétés, nous nous retrouvons dans la situation décrite par Jésus : aveugles, nous nous laissons conduire par des aveugles[55].

J'ai déjà évoqué le livre *La cruauté ordinaire* du neuropsychiatre Yves Prigent. Au départ, c'est pleine d'espoir que je l'avais abordé. Or, la violence sur les lieux de travail et dans les couples y est très bien analysée, mais – stupéfaction ! – pas un seul mot sur celle infligée aux enfants. Il est bien question de syndrome post-traumatique, de déshumanisation, de harcèlement moral et de manipulation, mais jamais, pas une seule fois, de ce que subissent les enfants ! L'auteur note que « [...] la manipulation d'un être humain par un autre être humain s'apparente à une tentative de “meurtre psychique” ». Certes ! Mais que pourrait-on dire alors de l'enfant qui en est si souvent victime, à l'âge le plus vulnérable de la vie ? A. Miller, elle, parlait du meurtre de l'âme enfantine : n'est-il pas le prélude au meurtre psychique dont l'adulte sera plus tard l'objet ? Mais l'oubli des enfants atteint son sommet dans cette phrase du même Y. Prigent : « Il a été dit que les plus grands manquements à la dignité et à l'honneur se produisaient dans la vie privée et singulièrement dans la vie familiale et *essentiellement dans la vie du couple*[56]. » Les enfants seraient-ils tout de même sous-entendus dans la « vie familiale » ? Chacun sait que les personnes sous-entendues ne pèsent pas lourd.

Pour quelles raisons la violence éducative perdure malgré tout ce qu'on en sait, en particulier concernant ses conséquences dramatiques pour les individus adultes et pour le vivre-ensemble ? Parce qu'il est impossible de lutter contre quelque chose qu'on estime inexistant. Je vois une similitude avec le travail de vérité dans les démarches personnelles de guérison : le plus long et le plus ardu, n'est-ce pas la prise de conscience de ce qui fait problème ? N'est-ce pas d'admettre qu'on va mal, qu'on dysfonctionne, que quelque chose est à changer dans sa manière de vivre et qu'il faut chercher en amont ce qui a bien pu se passer de difficile, de douloureux, pour qu'on en soit arrivé là ? Et comment détecte-t-on, chez soi-même ou en autrui, la cécité face à la violence éducative ? Par ce qui va très souvent avec : un fatalisme face à la violence, un pessimisme incapable de voir une autre issue que la répression[57].

En ce qui concerne les incestes et abus sexuels, nous venons également de très loin. À titre d'exemple, P. Ariès donne des extraits du *Journal sur l'enfance et la jeunesse de Louis XIII*, publié en 1868 par Héroard : « Pendant ses trois premières années, personne ne répugne ou ne voit de mal à toucher, par plaisanterie, les parties sexuelles de cet enfant [...]. On s'amuse à observer ses premières érections » ; à partir de cinq, six ans, c'est lui qui le fait aux autres. À cette époque, on ignore complètement le respect dû aux enfants : la pratique générale étant la promiscuité au lit avec les adultes, notamment les domestiques, ils voient tout, entendent tout[58].

Parmi les quelques voix protestatrices, peu suivies, le théologien Jean de Gerson, dès le début du XVe siècle, dénonçait une telle promiscuité et conseillait aux enfants de s'opposer à ce qu'on les touche. Pour illustrer le fait que les abus sexuels étaient habituels, P. Ariès mentionne un roman parisien où, dans un bus, un petit garçon est menacé par un passager d'être castré ; devant sa panique – la scène se prolonge ! –, tout le bus rit aux éclats, y compris son père. Ce qui m'a atterrée, c'est le commentaire de l'historien : « Il s'agissait d'un jeu dont nous ne devons pas exagérer le caractère scabreux : celui-ci n'y était pas plus qu'aujourd'hui dans les anecdotes salées des conversations entre hommes[59]. » Sauf que là, il s'agissait d'un *petit garçon* ! Banalisation qui dénote une véritable infirmité : l'incapacité à se mettre à la place de l'enfant.

Dans ses *Confessions* (écrites entre 1766 et 1770), Rousseau raconte l'agression sexuelle qu'il a subie à l'âge de seize ans et la manière dont il l'a vécue : cela s'est passé à l'Hospice des catéchumènes, institution catholique destinée à préparer au baptême. À nouveau, c'est l'attitude de l'entourage qui explique pourquoi de telles violences perdurent : « Notre vieille intendante me dit de me taire » ; un des administrateurs l'accusa « de faire beaucoup de bruit pour peu de mal et de commettre [compromettre] l'honneur d'une maison sainte » ; l'adolescent n'avait pas à se croire offensé car « il n'y avait pas de quoi s'irriter si fort pour avoir été trouvé aimable. Il [lui] dit sans détour que lui-même, dans sa jeunesse, avait eu le même honneur, et qu'ayant été surpris hors d'état de faire résistance, il n'avait rien trouvé là de si cruel ». Il instruisait le jeune Rousseau « pour son bien ». Un ecclésiastique assistait à la conversation, « pas effarouché » le moins du monde : « Cet air naturel m'en imposa tellement que j'en vins à croire que c'était sans doute un usage admis dans le monde[60]. » Tout y est ! Quand j'entends autant de récits similaires, aujourd'hui, je constate que la minimisation, alimentée par les éternels mêmes « arguments », continue de faire ses ravages.

Mais, en définitive, qu'est-ce que banaliser la violence éducative ? N'est-ce pas d'abord faire taire ce qu'on ressent ? Là commence le « meurtre de l'âme », de notre part humaine la plus vivante : ce que nous ressentons est toujours premier, spontané, non réfléchi, intuitif et, par-dessus tout, corporel ; or notre corps ne ment jamais, comme le rappelle A. Miller. Banaliser, c'est étouffer cela *en nous-mêmes d'abord* et nous interdire de percevoir ce que le corps et le regard de l'enfant nous disent. Puis c'est appeler au plus vite à la rescousse notre raisonnement : « Il/elle s'en remettra. On l'a tous vécu. Demain il/elle aura oublié. C'est mon devoir de l'éduquer. Ça lui apprendra la vie », etc.

C'est aussi évacuer systématiquement la question : « Qu'est-ce que ça lui fait d'être traité ainsi, d'avoir subi cela ? » Et s'abriter derrière son prétendu savoir : « Ce n'est pas si grave, je *sais* ce qu'il ressent, je l'ai vécu moi-même, et mes grands-parents avant moi... » Non, je ne *sais* pas ce qu'il ressent parce que, ayant évacué ce que, enfant, *je* ressentais, je ne peux même plus me représenter ce qu'il éprouve. Pour cela, il faudrait que je l'écoute, ne serait-ce que quelques minutes, que je laisse une toute petite place à son altérité. Banaliser, c'est bien se fermer à ce que vit l'autre. Mais un tel déni de la réalité est lui-même le fruit toxique du déni de notre réalité d'enfant par nos adultes de référence.

Violence éducative et type de société

Notre monde occidental a été structuré par une religion institutionnalisée qui, trop souvent, invoquait certains textes bibliques pour cautionner les pratiques les plus répressives. C'est ainsi qu'on s'est appuyé sur quelques versets des Proverbes pour justifier la violence éducative, par exemple celui-ci : « La démence est attachée au cœur de l'adolescent ; la verge et la discipline l'éloignent de lui » (Pr 22,15, Chouraqui). Battu un jour jusqu'au sang par son père, Luther considérait la verge comme un « onguent spirituel contre les maladies de l'âme » et le parent capable de frapper son fils de bonne heure comme un parent aimant. Les recommandations d'autres protestants – Calvin, John Knox, John Wesley… et même Comenius – vont dans le même sens et font froid dans le dos[61].

Devant une telle généralisation de la violence éducative dans toutes les dénominations chrétiennes, je crains qu'il faille parler d'amnésie collective, d'autant plus étonnante chez les protestants soucieux de revenir à la Bible : où sont passés les enseignements de Jésus sur les petits enfants auxquels les adultes sont invités à « ressembler » afin de faire l'expérience du Royaume ? Qu'a-t-on fait de son accueil sans restriction, de ses gestes de bénédiction sur les tout-petits ? De sa jubilation quand il remerciait Dieu d'avoir « révélé ces choses [du Royaume] aux tout-petits et de les avoir *cachées aux sages et aux intelligents* » (Lc 10,21) ? De quel côté est-elle, la « démence » montrée du doigt par les Proverbes ? Qui peut prétendre que Jésus ait conseillé ou approuvé la moindre violence à l'égard des enfants, lui qui, au contraire, nous incitait à « ne pas faire tomber/scandaliser un seul de ces petits », à n'en « mépriser aucun » (Mt 18) ?

Apprendre que bien des écoles coraniques, aujourd'hui encore, sont de vrais lieux de supplice et que la violence éducative sévit également dans des écoles et des familles bouddhistes[62] ne me réconforte pas vraiment ! Comme la justification est la même – il faut dresser par la contrainte et les châtiments corporels l'être pervers qu'est l'enfant –, je constate que le regard négatif sur l'être humain produit le même enchaînement sous toutes les latitudes, péché originel ou pas. Notre méchanceté innée nécessite une éducation répressive, qui elle-même se transforme en politique répressive, et même en répression préventive. Dans ces conditions, le refus massif de « la religion » en Occident ne me paraît pas une catastrophe : nous nous affranchissons progressivement de ce double pouvoir (religieux et politique) prétendument de droit divin, dans lequel le Dieu de Jésus n'avait pas un mot à dire. Pour une bonne part, la sécularisation que nous vivons est une entreprise de déparasitage dont je me réjouis. Le temps approche où nous entendrons peut-être – enfin – l'Évangile !

La violence éducative a forgé notre société occidentale, une des plus violentes en termes de guerres et de destructivité. Il importe aujourd'hui de discerner les liens de cause à effet. Et de prendre acte de découvertes instructives. Ainsi, de son analyse de trente tribus dites « primitives », E. Fromm concluait qu'il existe trois systèmes différents : des sociétés destructives, des sociétés non destructives et non agressives, et des sociétés affirmatives de la vie. Ces dernières mettent l'accent sur la coopération, sur la préservation et la croissance de la vie ; « les enfants y sont traités avec bonté et ne reçoivent aucune punition corporelle grave » ; femmes et hommes y sont égaux ; on y trouve très peu de compétition, pas de guerre, presque pas de crimes. Il en est ainsi, par exemple, chez les Indiens Zuñis[63]. À moins de nier la réalité, nous ne pouvons plus invoquer la nature humaine pour prétendre que ce type de société est définitivement impossible.

Il y a une trentaine d'années, A. Miller cherchait à alerter l'opinion publique sur les innombrables meurtres psychiques perpétrés quotidiennement sur des enfants, et sur le prix exorbitant qu'il en coûte à la société. Peut-être devons-nous, individuellement et collectivement, atteindre le fond du découragement – notre impuissance à comprendre et à remédier aux fléaux sociaux que j'ai évoqués – pour en arriver à poser les vraies questions. Concernant la violence éducative, le mouvement initié en Europe semble irréversible. Tous les pays du monde, sauf la Somalie et les États-Unis, ont signé la Convention relative aux droits de l'enfant ; et le comité de l'ONU chargé de sa mise en œuvre rappelle que la violence éducative fait partie des violences dont les enfants doivent être protégés. L'interdiction légale des punitions corporelles est soutenue par quatre grandes organisations de l'ONU, car « un grand nombre d'études montre que cette pratique est un facteur important dans le développement des comportements violents[64] ».

Maltraitance et délinquance

Ce que génère le regard malveillant

« L'opinion publique, écrivait A. Miller en 1984, est loin d'avoir pris conscience que ce qui arrivait à l'enfant dans les premières années de sa vie se répercutait inévitablement sur l'ensemble de la société, et que la psychose, la drogue et la criminalité étaient des expressions codées des expériences de la petite enfance [...][65]. » Je laisse de côté la question de savoir si, objectivement, les choses ont changé depuis 1984 – je l'espère vivement – et jusqu'à quel point, aujourd'hui, nous voyons davantage la relation entre la maltraitance et la délinquance. J'aimerais plutôt tenter de prendre sur le vif ce que génère le regard malveillant. Il y a une quarantaine d'années encore, un psychanalyste comme Edward Glover dépeignait l'enfant comme un être totalement égocentrique, violent, destructeur, dépourvu de tout sens moral, opportuniste, dominateur et sadique ; puis il constatait chez le criminel psychopathe à peu près les mêmes traits. Conclusion : tel enfant, tel adulte ; le petit enfant normal est donc purement et simplement un criminel-né[66] !

La généralisation nous choque sans doute, mais n'est-il pas fréquent d'entendre ce type de raisonnement : « Pas étonnant qu'il ait mal tourné, il était déjà ainsi enfant » ? En somme, condamné à devenir délinquant ou criminel ! Mais condamné par qui ? La malveillance consiste à persuader l'enfant, ou l'adulte peu structuré, qu'il *est* menteur, égocentrique, violent. N'ayant pas encore accès à son identité réelle, et croyant ses parents ou adultes de référence sur parole, il adopte cette image négative de lui-même comme vérité d'évangile. Son devenir prend chaque jour davantage les couleurs de la fatalité. Fatalité parce que l'enfant se trouve coupé de ses ressources, de son potentiel de transformation – et définitivement, puisqu'il n'a pas encore conscience de les avoir. Le regard malveillant instille : « Tu *es* un voleur, un menteur… » là où la bienveillance, dans sa fermeté, pousserait à dire simplement : « Tu *as* commis tel vol, tel mensonge… »

La parole malveillante tue sans bruit : « On ne peut s'attendre à rien de bon, tu vas recommencer, je sais que tu ne changeras jamais ; même si tu cesses de voler ou de mentir, je n'y croirai pas : ta nature refera surface tôt ou tard, je te connais ! » Mais la parole malveillante a elle-même une histoire. Une histoire de désespoir : la personne qui la profère est elle-même prise dans une vision désespérée qu'elle projette sur l'enfant. Qui et qu'est-ce qui a détruit en elle la confiance en la capacité humaine d'évoluer, de poser un acte libre, de prendre le chemin des relations vivantes ? Comment a-t-elle elle-même été traitée dans son passé ? Quels regards destructeurs a-t-elle intériorisés pour n'avoir plus aucune conscience de l'empreinte divine sur tout être humain ?

Neurones miroirs et mimétisme

Le regard d'autrui a le pouvoir redoutable d'anéantir, à plus ou moins long terme, la confiance spontanée de l'enfant en sa liberté. Mais on oublie trop souvent l'inverse. Le regard d'autrui a aussi la capacité étonnante de l'éveiller à une identité qu'il est toujours libre de choisir : « Tu es définitivement autre que tes comportements ; ce que tu es profondément déborde et débordera sans cesse les images de toi que tu as et que les autres te reflètent ; personne n'a le droit ni le pouvoir de te réduire à tes actes, quels qu'ils soient. »

On l'a vu, les neurosciences nous ont appris que l'origine biologique d'un tel pouvoir est à chercher du côté des neurones miroirs. Dès notre naissance, chaque fois que nous avons observé un comportement, les neurones de notre cerveau ont été mobilisés de la même manière que si nous avions adopté ce comportement-là. Voilà qui explique le mimétisme observable chez tout enfant : nous apprenons en imitant. Pourquoi ? Parce que nous avons envie de devenir comme l'autre, tant l'attachement à autrui est notre structure de base. Ainsi, écrit la psychanalyste Danielle Dalloz, « chaque fois que nous voyons un enfant en agresser un autre, c'est qu'il est intéressé et curieux. Il a envie d'être l'autre ou de prendre un objet possédé par l'autre. Pour l'être humain en devenir, aimer, c'est devenir comme[67] ».

Connaître la réalité humaine du mimétisme permet de ne pas projeter sur l'enfant nos catégories de méchanceté ou d'agressivité destructrice et de lui dire plutôt : « Je te comprends, tu as envie d'être comme lui, comme elle, de lui ressembler ; mais attention à ne pas lui faire mal ! » Quand la Bible nous encourage à ressembler au Père céleste, ne fait-elle pas fond sur le mimétisme inné qui nous constitue dès l'enfance ? Vous me direz : s'il est le *Tout-Autre*, si nous n'en avons aucune idée, alors comment lui ressembler ? En devenant comme… le Tout-Proche qu'est l'homme de Nazareth, ce Jésus qui se tient caché en chaque être humain, en particulier chaque enfant. Quand il suggérait à ses disciples de « devenir comme les petits enfants » (Mt 18,3), en fait, ne nous invitait-il pas, discrètement, à devenir comme… le Tout-Autre ?

La relation entre maltraitance et délinquance est donc à éclairer par le mimétisme qui a présidé à tous nos apprentissages. Le fait est avéré : aux yeux de l'enfant maltraité, la violence apparaît comme le privilège de l'âge adulte ; ce qui s'imprime dans son cerveau, c'est que devenir adulte équivaut à entrer dans la catégorie prestigieuse de ceux qui exercent la violence. Avec O. Maurel, je m'étonne que René Girard, le héraut de la théorie du mimétisme, ne prenne pas en compte la violence éducative. D'abord parce que c'est – incontestablement, à moins d'être de mauvaise foi – une forme de violence. Ensuite parce qu'elle stimule le mimétisme de l'enfant et le prépare, en tout cas physiologiquement, à reproduire un jour la violence qu'il a subie[68].

Autre exemple de mimétisme dévastateur : l'adulte qui, en manipulant l'enfant, lui apprend à en faire autant. Le mécanisme est limpide chez… Rousseau ! « [L'enfant] ne doit faire que ce qu'il veut, mais il ne doit vouloir que ce que vous voulez qu'il fasse[69]. » Cela me fait penser au précepte majeur de la « pédagogie noire » dénoncé par A. Miller : « Tu ne t'apercevras de rien. » Attention, poursuit Rousseau, à ne pas céder à ses caprices (même quand il s'obstine à pleurer, « par caprice » encore !) : ce serait l'encourager à devenir égoïste, avide et *manipulateur*. D'une part, quelle belle projection ! D'autre part, étant donné la réalité des neurones miroirs, ce serait récolter ce qu'on a soi-même semé !

Point aveugle, même chez Rousseau. Il voit clairement ce qui serait fécond et bienfaisant dans le domaine de l'éducation : la seule morale à inculquer à l'enfant, en prêchant par l'exemple, est de ne jamais faire de mal à personne, car même l'intention du bien peut être dangereuse (le fameux « c'est pour ton bien ») ; pas besoin de lutter contre d'éventuelles mauvaises habitudes car « il est impossible que [les enfants] deviennent indociles, méchants, menteurs, avides quand on n'aura pas semé dans leurs cœurs les vices qui les rendent tels[70] ». Mais nous venons de voir comment « semer » la manipulation ! Point aveugle donc sur l'éducateur lui-même : « Le gouverneur [l'éducateur d'Émile] doit tenir l'élève à l'écart de la société corrompue, de sorte qu'aucun préjugé, aucun vice, aucune fausse conception des relations morales ne se glissent en lui[71]. » Mais demandons-nous par quel miracle l'éducateur serait lui-même à l'abri de la « société corrompue » !

Mise entre parenthèses qui va de pair à la fois avec celle de la famille et celle de l'état d'enfance. Quand Rousseau se représente l'« état primitif » de l'humanité, il est tout à fait conscient qu'il nous demeure largement inaccessible ; mais ce qu'il en dit, à mon avis, correspond parfaitement à l'état d'enfance : toute une série de hasards, dans l'histoire des humains, a pu « rendre un être méchant en le rendant sociable » sans qu'il soit cruel par nature ; « [...] rien n'est si doux que lui dans son état primitif [...] ; il est retenu par la pitié Naturelle de faire lui-même du mal à personne sans y être porté par rien, même après en avoir reçu »[72]. Ne jurerait-on pas qu'il parle de l'enfant ? Eh bien, non, il imagine l'état primitif de l'humanité – étonnement que je partage avec T. Todorov[73].

Rousseau préfère donc décrire un « état primitif », totalement hypothétique, que notre état d'enfance bien réel... et il préfère analyser la « société » plutôt que la famille – qui constitue pourtant notre premier contact social ! Usurpations, vols, passions effrénées ont « étouffé la pitié naturelle et la voix encore faible de la justice » : alors « la Société naissante fit place au plus horrible état de guerre ». Le philosophe croit avoir compris quel est notre état originel : « [...] c'est le seul esprit de la Société et l'inégalité qu'elle engendre, qui changent et altèrent ainsi toutes nos inclinations naturelles[74]. » Mise entre parenthèses donc de l'éducateur *réel*, de l'état d'enfance – notre état originel *réel* – et de la famille comme première société *réelle* qui nous a façonnés.

Pourquoi un tel point aveugle chez un auteur si révolutionnaire dans sa perception de l'enfance et de la nature humaine ? Pourquoi mettre soigneusement de côté, dans la recherche de ce qui cause nos fléaux sociaux, à la fois l'état d'enfance, la famille et la personne de l'éducateur ? Parce que les trois sont liés : l'état primitif de l'humanité reste une abstraction tant que nous faisons l'impasse sur cette enfance par laquelle nous sommes tous passés ; la société entière est diabolisée tant que nous en excluons cette partie déterminante qu'est la famille ; et l'éducateur apparaît comme un idéal inaccessible tant qu'il est déconnecté de l'enfance réelle qui a été la sienne et de la famille qui l'a concrètement éduqué.

Comment pouvons-nous discerner que nous n'avons pas pris en compte toute la réalité humaine ? Précisément quand nous fuyons dans les idéaux – une histoire dorée, mythique, une société idéale, une éducation modèle, qui n'ont jamais existé. Alors, nous ne sommes plus conscients de ce que nous y projetons de notre propre éducation, des préjugés spécifiques de notre société, hérités de nos familles. Le penseur le plus clairvoyant, le pionnier, le visionnaire – homme ou femme – n'échappe pas à la nécessité de regarder en face son enfance personnelle, la famille qui l'a forgé, les éducateurs qu'il a réellement eus. Sans quoi le point aveugle demeure et ce qu'on dit n'est plus (vraiment) crédible ; on s'expose sans le savoir à reproduire – ou recommander de reproduire – ce qu'on a subi. C'est limpide, chez Rousseau, avec par exemple la question de la manipulation et l'abandon de ses propres enfants.

Reproduire la violence subie

Nous attendons beaucoup de notre famille et renonçons difficilement à projeter sur elle celle que nous rêverions d'avoir ou d'avoir eue. Voir aussi ses zones sombres nous permettrait cependant de comprendre pourquoi elle est le lieu de tant de dysfonctionnements et de malheurs à répétition. Prendre en compte *toute* la réalité de nos familles et de celles qui composent notre société suppose de ne pas avoir froid aux yeux. Psychothérapeute et directeur de l'Union française pour la sauvegarde de l'enfance, P. Lassus rappelle dans un livre récent que 60 % à 70 % des agressions sexuelles commises sur des enfants ont lieu au sein même des familles. On peut parler, selon lui, de systèmes pseudo-familiaux destructeurs : « Que chaque année, en France, au sein de leurs familles, des dizaines de milliers d'enfants soient “maltraités”, des milliers violés ou agressés sexuellement, des centaines tués, devrait suffire à réinterroger sérieusement le postulat selon lequel les liens familiaux sont, a priori et par essence, forcément bons[75]. »

Nombreux sont ceux qui minimisent une telle réalité en pensant qu'heureusement elle ne concerne pas leur propre famille. Politique du vase clos, irréaliste parce qu'ils ne sont pas à l'abri de ce que génèrent les familles *des autres*. En effet, rappelle le même auteur, souvent l'enfant « n'échappe à la désorganisation totale de sa personnalité, c'est-à-dire à la psychose, qu'en s'identifiant à l'agresseur et en répétant sur les autres ce qu'il a subi » – ou alors il adopte un fonctionnement de victime expiatoire[76]. À tout moment, nous croisons dans les espaces publics, dans nos lieux professionnels ou notre vie privée, des personnes qui « portent » en elles une violence susceptible de se reproduire à nos dépens : le sujet nous concerne donc tous, que nous le voulions ou non.

Comment ignorer aujourd'hui que de nombreuses études, y compris dans la revue médicale américaine *Pediatrics*, ont établi un rapport entre punitions corporelles et délinquance ? On connaît désormais le passage graduel de la violence éducative « ordinaire » à la maltraitance caractérisée, et de celle-ci à la criminalité[77]. Longtemps, on a ignoré le lien entre maltraitance et délinquance. Nous ne pouvons plus refuser de le prendre en compte. Cela nous aurait peut-être bien arrangés que le crime s'explique exclusivement par certains gènes, ou par l'influence du milieu social, économique, culturel. Mais les spécialistes convergent sur ce point : rien ne détermine automatiquement le passage à l'acte… Même pas, il est vrai, une éducation violente : la grande majorité des enfants maltraités ne deviennent pas des criminels. En revanche, P. Lassus et A. Miller avant lui constatent sur la base de nombreuses enquêtes que tous les criminels en série ont été des enfants gravement maltraités : pas des « bêtes », pas des enfants « mauvais », mais des êtres sans défense.

On pourrait, je crois, dire avec le recul que les ravages provoqués par la doctrine du péché originel relèvent d'une maltraitance collective très profonde. En effet, on sait aujourd'hui combien la maltraitance psychologique – je dirais affective et spirituelle – est efficace parce qu'elle ne se voit pas : on peut aisément la nier ou la minimiser. Quand je pense à la conjugaison redoutable – pendant des siècles – de cette maltraitance collective et des châtiments corporels « éducatifs », je ne m'étonne guère de la violence qui parasite encore nos sociétés occidentales !

Aujourd'hui, nous pouvons mieux discerner les multiples facettes d'une éducation maltraitante. Parmi nos principaux besoins existentiels, E. Fromm mentionne celui de l'*efficacité* : la joie d'être une cause, la capacité d'effectuer – d'où l'importance des jeux pour l'enfant. Or, vaincu par la force contraignante des éducateurs, l'enfant devenu adulte aura tendance à faire activement ce qu'il devait subir, pour avoir enfin le sentiment de produire un effet : battre alors qu'il était battu, commander alors qu'il devait obéir. Selon le type d'enfance que nous avons eu, le *même besoin existentiel* peut donc nous pousser à construire des relations d'amour ou à les détruire : dans les deux cas, nous cherchons à échapper au sentiment d'inefficacité[78].

Le comportement sadique, poursuit E. Fromm, fleurit sur le terreau d'une éducation où l'on a été rendu *vide et impuissant* – par les châtiments, l'arbitraire, la peur, l'impossibilité d'avoir prise sur quoi que ce soit. Les analyses d'A. Miller et d'E. Fromm concernant Staline vont dans le même sens : son obsession d'un contrôle absolu sur autrui, ses innombrables trahisons de confiance et l'imprévisibilité de son comportement sont à mettre en lien direct avec sa radicale impuissance d'enfant devant ce type même de comportement[79].

Autre facette de la maltraitance : la manipulation perverse, qui commence par rendre l'entourage indifférent et hostile. C'est ce qu'on observe dans le monde des adultes. Mais le milieu chrétien occidental dans lequel ont grandi les enfants jusqu'à notre époque ne leur était-il pas précisément, trop souvent, indifférent et hostile ? Dans l'Allemagne nazie, une fois devenus adultes, ils ont reproduit tout naturellement ce qu'ils avaient subi, en isolant les Juifs, en cultivant indifférence et hostilité à leur égard. Souvenons-nous que tous les Allemands avaient été éduqués à la prussienne, selon les principes draconiens du Dr Schreber – dont tous les enfants furent atteints de troubles mentaux ! D'une façon générale, nous ne pourrons pas éternellement dissocier les fléaux sociaux actuels (et Dieu sait que le harcèlement manipulatoire en est un !) de nos enfances individuelles !

Ce n'est pas sans raison que je viens d'évoquer l'exemple de la période nazie. À ma lecture de l'énorme livre de Daniel Goldhagen, *Les bourreaux volontaires de Himmler. Les Allemands ordinaires et l'Holocauste* – très éprouvante, j'avoue, par la multiplicité des documents et l'horreur des faits décrits –, s'est constamment superposée l'œuvre d'A. Miller. Je vais tenter de mettre en parallèle ce qui relève de la violence éducative qu'elle dénonce et ce qui relève de la reproduction de cette violence dans les récits de l'historien. Commençons par les comportements absurdes. Fondamentalement, l'enfant *ne comprend pas* pourquoi son parent qui l'aime le maltraite. Pour deux raisons : la violence qu'il subit est compulsive, c'est-à-dire sans mots et sans explications, et l'adulte lui-même est agi – il ne sait, à la limite, que répéter : « C'est pour ton bien. »

Eh bien, nous retrouvons cette violence irrationnelle à de nombreuses occasions sous la plume de D. Goldhagen : « [...] la priorité donnée à l'extermination des Juifs [...] était si forte que les Allemands ont préféré supprimer de leur plein gré une main-d'œuvre juive indispensable, allant ainsi jusqu'à compromettre encore davantage leurs perspectives de victoire militaire. » Plusieurs camps de « travail » racontent une histoire « bien éloignée de toute rationalité économique » : l'usage quotidien de fouets d'acier conduisait à la mort une main-d'œuvre pourtant compétente. On leur imposait des activités « privées de sens » – comme transporter en courant des cailloux ou des paillasses jusqu'à un endroit, puis les transporter dans l'autre sens. Aberrante « contre-productivité économique de cette politique d'extermination ». « Pourquoi les Allemands ne se sont-ils jamais départis de cette stupéfiante *irrationalité économique* qui consistait à exterminer une main-d'œuvre riche en talents et capable d'une productivité supérieure ? »[80]. À mon avis, comme les enfants qu'ils avaient été devaient se laisser maltraiter sans comprendre, désormais ils faisaient leur l'objectif de la violence éducative : se faire obéir, s'assurer un contrôle absolu sur autrui, quand bien même cela allait à l'encontre de leurs propres intérêts.

Dans les camps, il était interdit de rester sans rien faire. Les Juifs passaient pour des « parasites toujours prompts à éviter le travail[81] ». Mais les Allemands n'avaient-ils pas tous été éduqués ainsi ? Ne baignaient-ils pas dans une culture où la paresse était l'un des sept péchés capitaux ? On se souvient que, pour s. Augustin déjà, les jeux qui l'attiraient enfant étaient qualifiés de « péchés ». Aujourd'hui encore, on peut parfois observer cette forme atténuée de harcèlement qui consiste à empêcher l'enfant de « rester sans rien faire ». Là encore, les nazis ne reproduisaient-ils pas, en l'amplifiant, ce qu'ils avaient subi ?

Le non-sens a atteint son paroxysme avec les marches de la mort : il y en eut des centaines, entre 1944 et mai 1945, alors que la guerre était perdue et qu'elles n'avaient pas le moindre impact sur la situation militaire. Entreprise totalement « absurde » que ces déplacements hallucinants de prisonniers des camps, allant « vers nulle part », mourant par milliers en raison de la faim, du froid, des coups incessants, des maladies. « Folie absolue » que ces marches. Obstination qui « défie l'entendement », la dernière ayant eu lieu moins de vingt-quatre heures avant la capitulation !

Or il est avéré qu'elles n'étaient pas toujours contrôlées d'en haut. En outre, les gardiens risquaient d'être capturés, alors qu'ils avaient la possibilité de déserter. Mais c'était plus fort qu'eux. Pourquoi ? Parce que « la mort et les souffrances [des Juifs] étaient l'objectif de ces marches » qui avaient « leur raison d'être en elles-mêmes. [...] Leur monde se désagrégeait autour d'eux mais jusqu'au bout ils tueraient des Juifs. [...] Aucune personne sensée n'aurait pu croire que ces marches avaient une autre finalité que celle de poursuivre la punition et le massacre des prisonniers juifs »[82]. Nulle part l'auteur ne fait le lien avec la violence éducative mais il parle pourtant de « punition » et de « massacre ». Tragique reproduction du mal sur d'autres personnes innocentes. Acharnement qui paraîtrait moins démentiel si l'on en voyait le ressort : ils n'avaient jamais pu s'acharner contre leurs parents et leurs éducateurs maltraitants.

La thèse de D. Goldhagen, c'est que les acteurs de l'Holocauste n'étaient pas simplement une poignée de psychopathes mais, concrètement, au minimum cinq cent mille « Allemands ordinaires » qui ont mené jusqu'au bout l'entreprise d'extermination des Juifs, sans compter le peuple entier, complice ou indifférent. Comment ne pas faire le rapprochement entre les acteurs de la violence éducative *ordinaire* et les Allemands *ordinaires* acteurs de la Shoah ? En 1979 encore, deux tiers de la population allemande étaient favorables aux châtiments corporels pour les enfants ; nous pouvons être certains que la proportion était bien plus écrasante dans les décennies d'avant 1939-1945 !

En quoi consistait cette éducation ordinaire dont avaient « bénéficié » les maîtres du Reich, comme tous les agents anonymes de la Shoah ? Elle avait pour but la soumission aveugle, l'interdit des émotions, donc l'anéantissement de la vie intérieure, l'entraînement à vivre les désirs des parents comme étant les siens propres. Un véritable « meurtre de l'âme » qui devait conduire des êtres sensibles à se vanter de ne pas pleurer, d'accomplir leurs tâches sans états d'âme : « Chez les enfants juifs qu'ils envoyaient à la chambre à gaz, écrit A. Miller, ils ne faisaient jamais que reproduire inlassablement le meurtre de leur propre existence d'enfants[83]. »

Curieusement, bien qu'il ne remonte jamais à l'enfance des exterminateurs, D. Goldhagen a raison : ils avaient « la haine » ; ce n'étaient pas des « exécutants affectivement neutres, [...] indifférents à la nature de leurs actes[84] ». Mais il faut aller plus loin : la haine de leur petite enfance massacrée les poussait à massacrer les petits enfants ; les Juifs sans défense incarnaient ces petits impuissants et humiliés qu'ils avaient été et dont ils ne voulaient plus jamais entendre parler. Quand le sentiment de haine est interdit à l'égard des personnes maltraitantes – comme c'était et c'est encore le cas dans notre culture occidentale –, que fait-on ? Soit on le retourne contre soi-même, soit on s'en coupe en le projetant sur une tierce personne qui n'y est pour rien. C'est ainsi que la haine du Juif, tout au long des siècles, a été selon A. Miller la seule haine autorisée dans notre tradition[85].

Haine déplacée, également, sur les Juifs âgés. Ainsi, un jour, à Lomazy en Pologne, les Allemands exécutèrent plus de la moitié de la population. Mais vingt à vingt-cinq Juifs âgés furent au préalable battus violemment et humiliés pendant des heures, et certains enterrés vivants. « Des exécuteurs froids et mécaniques se seraient contentés de tuer », note D. Goldhagen[86]. En fait, ils étaient coupés, depuis leur enfance, de leurs émotions et de leur empathie naturelle. Et qu'avaient-ils fait de leur haine ? Qui avaient-ils (eu) envie d'humilier et de torturer, à Lomazy comme ailleurs, sinon ces parents et éducateurs *plus âgés qu'eux* qui les avaient traités ainsi ? Comment comprendre autrement leur compulsion à battre longuement des personnes âgées avant de les tuer ?

À l'égard des Juifs, D. Goldhagen parle d'une véritable « culture de la cruauté », de « débauches de violence sauvage », là où de simples fusillades auraient suffi : les nazis n'étaient « pas obligés d'inspirer une pareille terreur à leurs victimes », pas obligés d'observer la même « routine barbare » lors des rafles, des entassements dans les wagons, à tous les stades de l'extermination – coups, humiliations et hurlements continuels, « violence délibérée et inutile », « brutalité incroyable » tournant parfois à la « compétition sadique »[87].

Mais il faut regarder en amont : la majorité des Allemands – pour ne pas dire des Occidentaux – ont grandi dans une « culture de la cruauté », celle de leur éducation familiale et collective. C'est bien mal connaître le psychisme humain que de déclarer sans conséquences la cruauté subie dans l'enfance – « de toute façon, il/elle oubliera… » Selon P. Lassus, les chefs d'État criminels « ont intégré ou créé un système étatique fonctionnant comme un système familial destructeur avec toutes ses caractéristiques[88] ». Le nazisme offrait ainsi aux « Allemands ordinaires » la possibilité fantasmatique d'exorciser toutes les cruautés de ce passé qui continuait à les hanter.

Quand on regarde en détail d'une part les méthodes employées envers les Juifs et les autres catégories de la population destinées à l'extermination, d'autre part les méthodes en usage envers les enfants allemands soumis à la « pédagogie noire », on s'aperçoit qu'elles sont identiques : terroriser, plonger dans l'épouvante, violenter verbalement, humilier, désécuriser, traiter en criminel, insulter. Un parallélisme frappant : un des médecins allemands d'Auschwitz, Heinz Tilo, a dit du camp qu'il était l'« anus du monde », le lieu d'évacuation de ces excréments qu'étaient les Juifs. Comment ne pas penser à l'insulte courante « trou du c… » ? Dans les camps, note encore D. Goldhagen, chaque gardien était « un seigneur incontesté. […] Lui ou elle pouvait se laisser aller à toutes ses envies d'avilir, torturer ou tuer un prisonnier *sans redouter la moindre punition* » – les prisonniers étant « contraints à se faire *tout petits* devant leurs maîtres allemands »[89] : si je souligne, c'est que je vois là la reproduction de la situation d'enfance, mais cette fois, les anciennes victimes tenaient le couteau par le manche.

La liste des cruautés pratiquées lors des rafles et dans les camps évoque du reste celle des maltraitances alors en usage dans toutes les familles allemandes : fouets (selon le principe « un coup de fouet vaut mille mots »), notamment en cuir véritable, séquestration dans un souterrain (ou dans les caves des maisons familiales), séances de coups, réveils en pleine nuit, stations interminables dans la neige, châtiments publics pour terrifier les témoins (ou la fratrie)[90]...

Il faut ajouter la perversion commune aux adeptes de la violence éducative et aux agents de la Shoah : fouetter l'enfant ou le Juif pour une faute que l'on s'était employé à rendre inévitable. Mentionnons encore le sadisme envers les femmes, battues jusqu'à ce que mort s'ensuive ; dans un camp de « travail », un enfant juif de dix ans, déguisé en petit SS, fut entraîné à tuer des Juifs, parmi lesquels des femmes et vraisemblablement sa propre mère[91]. Il y a fort à parier que ces commandants SS étaient animés par le désir de tuer les mères maltraitantes qu'ils avaient eues.

Dans les associations qui luttent aujourd'hui contre la torture, il est souvent rappelé que celle-ci se nourrit de silence. La première arme consiste à en parler, à la dénoncer. Je fais un parallèle avec la violence éducative qui perdure d'autant plus qu'elle est cachée. L'enfant est isolé, il garde tout pour lui parce que, de toute façon, personne ne le croira, il a des parents si formidables...

À l'échelle de tout un pays, on retrouve cet isolement d'une catégorie de la population, qui permet de la tenir à distance et de la contrôler. Ainsi, dès 1933, près de deux mille textes de lois et de règlements furent adoptés à l'encontre des Juifs, de manière à les isoler de la société et à les plonger dans le désespoir ; le port de l'étoile de David achevait de les désécuriser et de les stigmatiser :

ils devenaient des « êtres socialement morts », privés de dignité et méritant de l'être, « contre qui tout pourrait et pouvait être fait ». Du reste, dans tous les camps de travail, affirme D. Goldhagen, « il ne semble pas qu'il y ait eu de limite à ce que les Allemands pouvaient faire aux Juifs en toute impunité[92] » : n'était-ce pas exactement le statut des enfants ? Le monde des parents, des éducateurs, la société tout entière ne cautionnaient-ils pas cette violence éducative qui les mettait à part, sous contrôle, « socialement morts » ? A. Miller parle des enfants quasiment dans les mêmes termes : il n'y a pas de limite à ce qu'on peut leur faire subir*. Selon elle, Hitler a su donner les Juifs comme objets de leurs projections aux Allemands dressés de bonne heure à la dureté, à l'obéissance et à la répression des sentiments. Nous retrouvons ici le vieux mécanisme du bouc émissaire : « C'est une partie du moi que l'on combat, et non pas un ennemi réellement dangereux, comme par exemple dans le cas d'un réel risque de mort[93]. »

Les Juifs étaient complètement inoffensifs, c'est entendu. Mais la partie de leur moi que les agents de la Shoah tentaient d'éliminer ainsi était, elle, terriblement menaçante : c'était l'enfant terrorisé, battu, abusé et humilié qui à tout moment risquait de faire irruption dans leur conscience et de les submerger. Voilà pourquoi ils se sentaient menacés par la « juiverie internationale » qui, selon eux, s'apprêtait à mobiliser le monde entier pour abattre leur nation et la détruire. Une véritable paranoïa : Hitler croyait les Juifs

* P. Lassus rappelle qu'il a fallu attendre le milieu du XXe siècle pour que l'exercice du pouvoir exorbitant des parents (le « droit de correction », c'est-à-dire celui de faire interner leur enfant) soit contrôlé par un magistrat (p. 149).

très puissants, et même tout-puissants en URSS, porteurs d'un bacille responsable d'innombrables maladies, extrêmement intelligents mais d'une malveillance implacable.

D. Goldhagen ne voit là qu'une « fantasmagorie », normalement réservée aux « fous »[94]. Il me semble que c'est plus complexe. Ce que les acteurs de la Shoah vivaient comme « tout-puissant », n'était-ce pas la mémoire qu'ils portaient dans leur chair d'une enfance gravement traumatisée, sans défense ? N'est-ce pas ce qui se passe pour toute personne délinquante ? D'abord, l'enfant victime de la violence éducative *est* le porteur du mal, dangereux pour la famille et la société, et il devient le bouc émissaire. Puis, une fois adulte, il fait comme si le mal était en l'autre et le menaçait de l'extérieur : « [...] en spoliant, en chassant, en exterminant les Juifs, note P. Lassus, le grand Reich ne fait que se défendre[95] » !

Il me semble que cela explique pourquoi tant de personnes responsables de délits ou de crimes se sentent avant tout, et souvent exclusivement, victimes. D'une part, la voix de l'enfant maltraité est encore là, en elles, mais complètement étouffée : ne percevant plus l'impact de la maltraitance, elles ne *voient* pas que leur acte a blessé autrui. D'autre part, paradoxalement, cette voix reste tonitruante : sans savoir pourquoi, elles se sentent victimes, en danger, dans l'obligation de se défendre – ce qu'elles ont effectivement été.

Télescopage de la réalité passée avec celle du présent : les deux sont à prendre au sérieux. Dans son enquête sur l'enfance de Hitler, A. Miller a découvert un petit garçon terrorisé par un père qui ne cessa de hanter le dictateur jusqu'à la fin de sa vie, surtout la nuit. Son pouvoir était presque illimité, mais ses proches furent témoins toute sa vie de ses insomnies, de ses cris convulsifs, de ses appels au secours, de ses paniques, tremblements, halètements : son père, mort quand il avait treize ans, continuait à le terrifier. « L'extermination du monde entier n'aurait pas suffi à éloigner [son père] de sa chambre car la destruction du monde ne suffit pas à détruire son propre inconscient[96]. »

Si elle n'y travaille pas, toute personne adulte, délinquante, criminelle ou pas, garde intacte la peur d'être anéantie… et se croit gravement menacée par son entourage actuel. D'où l'urgence d'un regard inconditionnellement bienveillant qui lui permettra, peut-être pour la première fois, de se sentir en sécurité et d'ouvrir les yeux sur le mal qu'elle a pu faire et/ou continue à faire à autrui, et sur la part d'elle-même qu'elle cherchait à étouffer de cette manière-là.

Les atrocités restent des atrocités, et les génocides, des abominations. Mais si nous n'utilisons pas les clés de compréhension actuellement à notre disposition, nous continuerons à baisser les bras devant ce que nous appelons le mystère insondable de la monstruosité humaine. Ce faisant, nous laisserons la porte ouverte au prochain déchaînement, accablés par la fausse évidence que certains naissent criminels. En revanche, si nous acceptons de prendre en compte l'histoire entière de l'humain dès sa naissance, certaines coïncidences commencent à faire sens. Faire sens ne signifie pas trouver *la* cause des comportements adultes. Cela veut simplement dire : éclairer le parcours de vie qui a pu progressivement entraîner quelqu'un à se perdre et à détruire les autres ; comprendre que les violences perpétrées sur un enfant ont des conséquences d'autant plus redoutables qu'elles sont imprévisibles ; cesser de faire l'autruche ou de « jouer » avec le feu quand on a affaire à des enfants.

Les recherches sur l'enfance de Hitler ont permis d'accéder à un secret de famille : son père Aloïs, enfant illégitime, était né « de père inconnu ». Tout porte à croire qu'il s'agissait du commerçant juif Frankenberger qui versa une pension alimentaire pendant quatorze ans à la mère d'Aloïs. Mais la question de l'ascendance était taboue dans la famille. On sait combien un tel savoir interdit peut être angoissant et menaçant pour les enfants. Est-ce un hasard, demande A. Miller, si le Führer « voulut savoir très exactement pour chaque citoyen jusqu'à la troisième génération quelles étaient ses origines et s'il ne "se cachait pas là-derrière" quelque ancêtre juif » ?

Aloïs avait instauré « une sorte de dictature familiale ». Il buvait beaucoup et battait femme et enfants, en particulier Adolf qu'il tyrannisait et frappait chaque jour, selon sa sœur Paula. À l'âge de onze ans, ayant fugué avec trois copains, Adolf fut battu contre un arbre jusqu'à perdre connaissance. Et plus tard, entre 1933 et 1945, le Juif allait devoir tout subir comme un enfant impuissant sans aucune échappatoire possible[97]. Pour faire venir son fils, Aloïs avait l'habitude de le siffler comme un chien. Ainsi les Juifs sous le troisième Reich auront-ils le même statut anonyme et dénué de tout droit – des numéros dans les camps de la mort. « [...] Son père était le Juif haï qu'il méprisait, faisait chasser, persécuter par ses prescriptions et terroriser, car son père aurait aussi été frappé par les lois raciales s'il avait encore vécu », écrit A. Miller. Notons encore une coïncidence troublante : à certaines périodes de sa vie, Aloïs fut atteint de troubles mentaux et on parla d'un séjour à l'asile psychiatrique[98]. Comment ne pas penser au programme « Euthanasie », à l'ordre donné par le Führer d'exterminer les personnes atteintes d'un handicap mental[99] ?

Quant à la mère d'Adolf Hitler, Klara, elle avait vingt-quatre ans quand elle épousa Aloïs, son oncle, âgé de quarante-huit ans. Trois enfants moururent de diphtérie en un mois juste avant la naissance d'Adolf, et elle vécut cette grossesse dans l'angoisse. Battue elle aussi, et totalement soumise à son mari, elle ne prit jamais la défense de son fils. Après la mort d'Aloïs, elle cultiva avec tout l'entourage son image idéalisée. Et, devenu Führer, Adolf voulut sauver sa nation en la mettant à l'abri des Juifs : cela est amplement documenté par D. Goldhagen. Là encore, je trouve l'analyse d'A. Miller très éclairante : « Maintenant, il fallait qu'il sauve la mère (l'Allemagne) de l'ennemi, pour avoir ensuite une mère pure, forte, débarrassée de tout sang juif, qui lui apporte la sécurité. Les enfants imaginent très souvent, dans leurs fantasmes, qu'ils doivent libérer ou sauver leur mère pour qu'elle soit enfin vis-à-vis d'eux celle dont ils auraient jadis eu besoin[100]. »

Le sous-titre du livre de D. Goldhagen me paraît approprié : les agents de l'Holocauste étaient bien des « Allemands ordinaires », par exemple les gardiens *et gardiennes** des camps qui, issus de la classe ouvrière, avaient moins de trente ans, n'appartenaient pas à une organisation d'élite, n'étaient pas membres du parti nazi, n'avaient donc pas subi un long endoctrinement[101]. Pour moi, cela confirme qu'ils étaient représentatifs de notre Occident chrétien élevé selon les principes de la « pédagogie noire » : ils ont trouvé dans le nazisme l'occasion de reproduire une violence emmagasinée dès la petite enfance, sans chercher à se comprendre, sans analyser les raisons profondes de leur

* Car elles portaient, comme les garçons, les séquelles de la violence éducative.

comportement, sans savoir qu'ils ne s'en débarrasseraient pas si facilement.

Mais comment expliquer la surenchère ? La politique de vengeance ? Les tueries en violation aux ordres ? Le consentement quasi unanime au génocide alors que la possibilité de se faire exempter était largement connue ? « La seule vue d'un Juif, selon D. Goldhagen, *faisait naître* en eux une compulsion de violence », une « rage collective », un besoin de « leur faire payer leurs innombrables méfaits »[102]. Pour moi, le simple appel à la vengeance n'aurait jamais suffi à mobiliser tant de personnes. La vue d'un Juif ne faisait pas naître mais *réveillait* une haine trop longtemps contenue, décuplée, comme un cancer généralisé depuis leur enfance. De qui avaient-ils tant besoin de se venger ? Qui devait payer pour ses méfaits ? Certainement pas les Juifs qui, objectivement, ne leur avaient rien fait. Qui sinon ces parents et éducateurs coupables d'avoir massacré leur âme enfantine comme ils allaient massacrer, au centuple et jusqu'à la mort physique, les Juifs, les Tziganes, les opposants ? Tous devraient payer à la place de leurs parents… sans qu'eux-mêmes prennent conscience qu'ils se trompaient de cible. Effroyable aveuglement sur soi-même, sur les autres, sur la Parole de vie – « Tu ne tueras pas », quoi que tu aies pu subir.

L'explication culturelle de la Shoah me paraît insuffisante : pour D. Goldhagen, c'est l'antisémitisme propre à la politique et à la société allemandes qui constitue la « cause suffisante et nécessaire ». Quand il réfléchit à ce qui a pu préparer les Allemands à devenir les agents de l'Holocauste et qu'il évoque la « société qui les a nourris », comment se fait-il qu'il passe complètement sous silence leur éducation ? La société qui les a nourris n'était-elle pas d'abord et avant tout celle dont faisaient partie leurs parents et éducateurs adeptes de la violence éducative ? Selon l'auteur, la principale source de la volonté de tuer, chez les bourreaux de l'Holocauste, c'était « *la conception qu'[ils] avaient de leurs victimes* », et leur antisémitisme meurtrier « ne pouvait venir d'une quelconque *autre source non idéologique* »[103]. Mais les conceptions ne sortent pas de nulle part, d'autant plus quand ce sont des préjugés et des positions arbitraires qu'on présente comme objectifs et indiscutables. Il existe bel et bien une « autre source non idéologique », cachée celle-là, insue des meurtriers et des tortionnaires : c'est la haine accumulée et le besoin intact de vengeance à l'égard de leurs éducateurs, qui les habitait depuis des années, voire des dizaines d'années. Dire cela, c'est mettre en évidence une cause qui concerne tous les peuples, et pas seulement l'Allemagne.

Obéir aux ordres violents

On ne le dira jamais assez : la violence éducative tue dans l'œuf la liberté de penser, d'initier, d'agir, de se positionner. L'enfant apprend à se soumettre par crainte des représailles. Adulte, il sera prédisposé à obéir aux autorités, notamment les plus « musclées », à cultiver le mensonge et l'hypocrisie – ces sous-produits de la peur. Il s'enrôlera volontiers sous la bannière de dirigeants politiques autoritaires, de terroristes, de leaders religieux abuseurs, de chefs de bande… qui penseront à sa place, comme ses parents le faisaient. Et quand viendront les génocides, il se fondra dans la majorité silencieuse qui, en obéissant aux ordres, fait le lit de la violence. Mécanisme que nous pouvons constater régulièrement sur nos lieux de travail, dans nos familles, dans la vie sociale, culturelle et ecclésiale : pas de dominateurs sans dominés consentants.

Mais est-ce si simple ? Qu'aurions-nous fait sous l'Allemagne nazie ? Que ferions-nous si la non-soumission à un patron maltraitant se soldait par la perte de notre travail ? En théorie, nous sommes bien d'accord : quel que soit le système qui nous broie, il ne survivrait pas sans les individus qui l'ont créé ; c'est donc à chacun-e de nous de le mettre en question ; ne rien faire revient à laisser faire la maltraitance. Or, précisément, quand nous laissons faire la maltraitance, n'est-ce pas l'indice que nous n'avons pas fini – ou pas commencé – d'écluser la maltraitance subie jadis, à un âge où la seule solution était de « nous écraser » ? Oui, on peut parler de « crime d'obéissance » quand les atrocités sont légitimées par les ordres. Mais non, ce n'est pas l'indice d'une nature humaine inéluctablement enlisée dans une violence moutonnière.

La démonstration en a été faite de manière convaincante par Stanley Milgram en 1960-1961 à l'université de Yale. Sa célèbre expérience* met en évidence deux éléments : d'une part, le conflit qui peut se produire en nous entre l'obéissance à soi et l'obéissance aux ordres ; d'autre part, le bénéfice que nous pouvons tirer de la soumission à l'autorité – faire disparaître l'angoisse de devoir choisir nous-mêmes. Oui, il peut nous arriver d'abdiquer notre liberté et

* Sous prétexte de « vérifier les capacités d'apprentissage » de sujets « élèves », des personnes étaient amenées à leur infliger des décharges électriques d'intensité croissante en cas de mauvaises réponses, sous l'autorité d'un responsable qui les poussait de fait à se montrer de plus en plus cruelles.

de nous rendre irresponsables. Mais non, nous ne sommes pas alors victimes d'une agressivité destructrice tapie en tout être humain. Car l'expérience révéla que deux sujets sur quarante, soit 5 % seulement, avaient eu un comportement cruel et sadique – « un résultat qui vient empiriquement confirmer que l'agressivité destructrice ne peut être comprise comme relevant de déterminations instinctives propres à la nature humaine », rapporte M. Terestchenko[104]. Nous aurons donc à chercher plutôt du côté de ce qui a bien pu nous déconnecter de notre identité réelle, nous priver de la conscience du « je » libre qui nous habite.

L'autre expérience souvent mentionnée pour ce sujet fut réalisée par Philip Zimbardo en 1971 à l'université de Stanford, dans le cadre d'une prison factice*. Elle révéla que le pouvoir abusif exercé par les « gardiens » ne venait pas « d'une pulsion humaine sadique et destructrice, mais de la *vulnérabilité*, de la fragilité de leur moi, de leur peu de capacité à trouver en eux-mêmes la force de résister, pas seulement à une autorité mais à une institution aliénante » : ils s'étaient comme « absentés » à eux-mêmes. Mais le plus stupéfiant, c'est que ce fut *aussi* le cas des « victimes », qui acceptèrent sans résistance la même dépersonnalisation[105].

L'expérience de Stanford apporte un éclairage sur la collaboration entre les dirigeants nazis et les autorités juives. Lors du procès d'Eichmann à Jérusalem, Hannah Arendt souligne l'absence totale de témoignages à ce sujet : « grave omission », dit-elle. Personne ne posa la question : « Pourquoi avez-vous contribué à l'extermination de votre

* Des étudiants étaient choisis de façon aléatoire pour jouer le rôle de gardiens ou de prisonniers.

propre peuple, à votre propre ruine ? » Or, rappelle-t-elle, il existait des organisations de communautés juives, d'assistance sociale, à l'échelle nationale et internationale, et si le peuple juif avait été désorganisé et sans chefs, il n'y aurait pas eu autant de victimes : « Selon les calculs de Freudiger*, 50 % des Juifs auraient pu se sauver s'ils n'avaient pas subi les instructions des Conseils juifs. Ce chiffre est évidemment approximatif[106]. »

Il me semble que l'obéissance aveugle – dont nous avons vu qu'elle plonge ses racines dans la violence éducative – est bien une *reproduction* du mal subi : elle reproduit soit le comportement de l'agresseur de jadis, soit l'attitude soumise de la victime de jadis. Dans les deux cas, l'autorité qui avait initié la violence dans l'enfance de la personne reste intouchable et hors de cause, c'est-à-dire toujours toute-puissante. Nous serons donc amenés, dans la dernière partie de ce livre, à questionner notre rapport à l'autorité. Avec, en toile de fond, cette séquelle de la doctrine du péché originel qu'on peut formuler ainsi : « Tu ne mettras pas en cause le clergé, ni l'État, ni la famille, ni une quelconque autorité, car c'est toi qui es mauvais-e dès le sein de ta mère. »

Jusqu'à une époque récente, l'objectif le plus communément admis de toute éducation était d'inculquer l'obéissance à l'enfant : « Obéis ou je te frappe, ou je te tue (psychologiquement ou physiquement) ! » Il s'agissait de mater l'enfant le plus tôt possible par la peur et/ou la manipulation. Notre Occident s'est passablement affranchi de l'Église, du clergé et des institutions politiques. Les indices de désacralisation – au sens le plus large du terme – sont

* L'ex-baron Philip von Freudiger de Budapest était un membre éminent d'un *Judenrat* (Conseil juif).

légion. Ils vont de pair avec l'importance grandissante de la société civile et des réseaux sociaux. Reste à désacraliser les parents.

Je dirais que le processus a commencé mais que c'est l'étape la plus longue, celle qui nécessite la plus grande lucidité, une acceptation douloureuse de la réalité, souvent à contre-courant des idées reçues. Beaucoup préfèrent rester dans la nostalgie de ce qu'ils n'ont pas eu, rêvant à des parents ou éducateurs qu'ils projettent sur le passé, redoutant d'« y toucher », souffrant mais refusant de grandir. Je les comprends : il m'a fallu une sacrée secousse du Souffle d'amour, de ce souffle saint dont nul ne sait d'où il vient ni où il nous conduit, pour faire le premier tout petit pas hors de ma soumission, indissociable de ma cécité.

Or j'ai découvert que la cinquième des Dix Paroles (le Décalogue), loin de renforcer l'obéissance aveugle, nous encourageait à en sortir définitivement : « Tu honoreras ton père et ta mère afin que *tes* jours se prolongent sur la terre que *te* donne le Seigneur ton Dieu » (Ex 20,12). Qui est le bénéficiaire ? Moi, si je veux bien l'entendre : longue et riche vie pour moi, que j'accueillerai comme un cadeau du Ciel, si je parviens à ne pas me venger de ces parents qui m'ont maltraité-e ! « Honorer », en hébreu, c'est donner du poids, de l'importance. Respecte cet homme et cette femme comme des êtres humains à part entière ! Il ne t'est pas demandé de les aimer, mais d'être envers eux aussi juste et équitable que tu peux l'être à l'égard de n'importe quel être humain. Quand bien même l'un et/ou l'autre ont été injustes et irrespectueux à ton égard, ne reproduis pas sur eux la violence qu'ils t'ont fait subir ! Choisis la non-vengeance *pour vivre longtemps*, c'est-à-dire dans la paix du cœur !

Si une telle recommandation fait partie des Dix Paroles de vie, c'est qu'elle ne va pas de soi. Il est frappant que la Bible hébraïque, puis l'Évangile, nous encouragent à nous « attacher à Dieu » et à l'« aimer » ainsi que notre « prochain », mais seulement à « honorer » père et mère. Seulement ? Voilà sans doute un minimum… mais c'est déjà énorme de parvenir à *respecter* un homme et une femme qui nous ont certes donné la vie mais en nous la « pourrissant » assez pour que nous soyons hantés par le besoin de nous venger… ou de rompre définitivement la relation – cas de figure finalement assez répandu, malheureusement.

Désacraliser parents ou éducateurs, c'est regarder en face la maltraitance qu'ils nous ont fait subir. Mais *en même temps*, ou parfois avant, c'est ouvrir les yeux sur notre manière de la reproduire, sinon sur eux, en tout cas sur d'autres êtres sans défense, à commencer par nos enfants. Avec plusieurs auteurs, P. Lassus considère la « sacralisation des géniteurs » comme le frein principal à la lutte contre la violence éducative : « surdité », « cécité », « mutisme », sur « tout ce qui porte atteinte à l'image sacralisée des familles »[107]…

Terrible distorsion de l'hymne paulinien à l'amour : « L'amour supporte tout » (1 Co 13,7). En fait, l'amour dont il s'agit est *agapè*, l'amour inconditionnel gratuit – *et non aveugle* – qui s'adresse à l'*être* d'autrui quels que soient ses actes. Il n'est nullement question ici de conseiller à la victime de continuer à subir sa propre destruction en aimant le violent dans sa violence ! On n'aime pas moins ses parents quand on est lucide sur leurs comportements destructeurs. Au contraire, on en arrive parfois à les aimer davantage – d'un amour *agapè* qui n'exige plus la réciprocité – parce qu'on a pris la mesure de leur enfermement dans cet amalgame de malheur et de malfaisance dont on a soi-même fait les frais.

La sacralisation des parents par les victimes elles-mêmes devient redoutable quand elle conduit à sacraliser toute autorité. Les déclarations des maîtres du troisième Reich rapportées par A. Miller nous paraissent effarantes, mais elles nous montrent en grand format jusqu'où peut aller notre aliénation quand l'interdit de penser par soi-même a été assorti de violences dès la petite enfance. Exemple parmi bien d'autres, Hermann Goering, un des grands personnages nazis, déclarait ouvertement : « Ce n'est pas moi qui vis, mais Hitler qui vit en moi ! [...] Chaque fois que je me trouve en face de lui, je fais dans mes culottes[108]. » Sans doute était-il loin de se douter qu'il exprimait ainsi son vécu intact de petit garçon maltraité : « Ce n'est pas moi qui vis, mais papa (ou maman) qui vit en moi, sa seule présence me fait lâcher toute maîtrise de moi-même. »

Là aussi, perversion radicale et pathétique du texte biblique ! L'apôtre Paul témoignait de sa joie de pouvoir « vivre pour Dieu » : « Moi, par la loi je suis mort à la loi [vécue comme mortifère]. Avec le Libérateur, j'ai été crucifié et je ne vis plus moi-même, mais le Libérateur vit en moi. Ce que je vis maintenant dans la chair, je le vis *dans la foi/confiance du fils de Dieu*, lui qui m'a aimé et s'est donné lui-même pour moi » (Ga 2,19 *sq.*). Ce qui libérait Paul jusqu'au plus intime de sa chair, c'était la présence de ce Jésus dont la *confiance en Dieu* n'avait pas de limite. Non seulement il n'était pas « intrusé » par un destructeur humain qui pensait à sa place, mais il s'émerveillait de sentir le Tout-Autre l'ouvrir sans cesse, de l'intérieur de son être, à l'altérité sacrée de tout être humain. À quoi voit-on qu'il ne s'illusionnait pas ? Lui-même faisait, comme Jésus, l'expérience de la confiance d'un enfant en un Père qui l'aimait et se donnait à lui.

Malheur et malfaisance, la part du mystère

Redisons-le, nos comportements violents ne peuvent pas avoir pour simple et unique explication ceux que nous avons subis. Pour une bonne raison : d'autres personnes, abîmées elles aussi, n'en sont pas arrivées là. Il est avéré que la violence éducative ne produit pas à coup sûr des délinquants et des criminels. En outre, de nombreux auteurs ont relevé chez les humains – quelle que soit leur histoire personnelle – une profonde inhibition à se tuer les uns les autres. Même chez les agents de la Shoah, qui avaient tous grandi en faisant les frais de la « pédagogie noire » et qui avaient certes majoritairement basculé dans la pire des malfaisances, les historiens ont fait état d'hospitalisations psychiatriques, de suicides, d'effondrements dans la folie, la dépression ou l'alcoolisme, de symptômes évidents de stress post-traumatique. Et des observations similaires sont faites ailleurs au cours de ces tueries légales que sont les guerres : il existerait en nous une répugnance innée à tuer d'autres humains[109]. Alors, pourquoi quelques-uns franchissent-ils la ligne ?

Je me dis souvent que si tous les humains rendaient le mal pour le mal, il n'y aurait plus personne sur terre depuis longtemps : quand on nous ressasse « la violence dans le monde » comme la preuve fascinante de notre nature violente, je pense à l'arbre qui cache la forêt. Pourquoi ne parle-t-on presque jamais des milliards d'humains pacifiques qui s'abstiennent de reproduire les injustices subies ? Pourtant, là aussi, ce serait prendre en compte *toute* la réalité humaine. Je préfère m'en tenir au mystère de notre humanité à la fois malheureuse et malfaisante. Et renoncer à déterminer dans quelle proportion nous sommes malheureux ou malfaisants. Mystère indissociable : d'où vient que les mêmes causes ne provoquent pas nécessairement les mêmes effets ?

Jésus lui-même n'a pas tenté de démêler pareil écheveau. Dans les paroles qu'il adresse à ses interlocuteurs, le mot *ponèros* est bien plus souvent utilisé que *kakos* (mauvais). *Ponèros* signifie en premier lieu « qui est dans la peine, malheureux » (de la racine *ponos*, « fatigue, souffrance, douleur ») ou « en mauvais état, défectueux » (je dirais « dysfonctionnant ») ou encore « méchant, pervers, lâche », et en second lieu « qui cause de la peine ou de la fatigue ». Si seulement nous avions, en français, un mot pour dire *à la fois* malheureux et malfaisant – c'est peut-être « misérable » qui conviendrait… Les évangélistes ont dû percevoir chez Jésus le refus de nous départager en victimes d'un côté et méchants de l'autre. C'est frappant en Mt 12,35 : il aurait été facile d'opposer à l'humain bon (*agathos*) l'humain mauvais (*kakos*). Eh bien non ! C'est *ponèros*, l'humain à la fois malheureux et malfaisant[110] !

Connaissance barrée, dès Genèse 2 : il est dit que notre nature, celle d'autrui, ce que nous *sommes*, nous échappe définitivement… Mais nous y gagnons beaucoup ! Puisque nous n'y avons pas accès, l'avenir reste sans cesse ouvert : ignorant jusqu'à quel point la maltraitance produira de la malfaisance, nous devenons incapables de prédire quoi que ce soit, au sujet d'autrui et à notre sujet. La fatalité disparaît.

Le mystère de la cécité

C'est rétrospectivement que le mystère de notre cécité apparaît : pourquoi sommes-nous restés, personnellement, si longtemps aveugles à la violence éducative, aux injustices subies *et* à notre malfaisance ? Et pour quelle raison avons-nous, un beau jour, commencé à ouvrir les yeux ? Comment avons-nous pu vivre dans l'illusion qu'en portant tout seuls un passé traumatique sans en parler ni pouvoir l'intégrer, nous n'allions pas dysfonctionner et devenir malfaisants – bien malgré nous – pour notre entourage, en particulier nos descendants ? Il faut être sorti du puits pour pouvoir en mesurer la profondeur.

Pourtant, la relecture du chemin parcouru laisse le mystère entier. Nous voyons bien certains enchaînements, comment nous avons reproduit sur d'autres les comportements mêmes qui nous avaient blessés, sans pouvoir nous retenir. Mais, fondamentalement, pourquoi avons-nous été empêchés de prendre telle direction sans issue, pourquoi l'origine de nos dysfonctionnements ne nous a-t-elle pas sauté aux yeux à telle époque, ou pourquoi a-t-il fallu que nous allions jusqu'à l'acte irréparable pour décider de revisiter toute notre histoire depuis le début ? Un Seul le sait !

Prenons la dernière demande du « Notre Père » : « Délivre-nous du mal ! » – *ponèrou*, encore ! On pourrait traduire soit par « délivre-nous du malheureux-malfaisant », soit par « délivre-nous de la perversité, de la maladie, du malheur, du mensonge, de la méchanceté »*. Un même

* Selon la traduction latine (*libera nos a malo*) qui ne précise pas de quel mal il s'agit (voir Jean-Yves Leloup, *Notre Père*, Paris, Albin Michel, 2007, p. 162).

mystère qui aboutit au même mal-être, à la même détresse, au même désespoir – ce mal que nous subissons, que nous faisons, que nous ne voyons pas. Qui nous fait tomber/choir et nous rend méchants : j'ai découvert que « méchant » vient de *mescheant*, littéralement « qui choit/tombe mal, fait une mauvaise chute » – on me fait tomber et je tombe mal. J.-Y. Leloup fait remarquer qu'au début du « Notre Père », Jésus nous tourne vers la Source de toute vérité et qu'à la fin – « délivre-nous du *ponèrou* » –, nous lui demandons de ne pas nous laisser « per-vertir », « détourner » de cette Source – j'ajouterais : choir du mauvais (côté).

Notre déformation par la doctrine du péché originel est telle qu'une femme d'âge mûr, lors d'un entretien en accompagnement spirituel, m'a confié une découverte bouleversante pour elle : après avoir récité le « Notre Père » pendant des dizaines d'années, elle venait brusquement de prendre conscience, pour la première fois, que « délivre-nous du mal » pouvait *aussi* signifier « du mal que j'endure » ; elle avait toujours cru qu'il s'agissait exclusivement du mal qu'elle faisait !

Dans le même ordre d'idées, le théologien orthodoxe Boris Bobrinskoy propose de remplacer « voici l'Agneau de Dieu qui enlève le péché du monde » par « qui enlève la *misère* du monde »[111]. En fait, c'est une chance que le mot « péché » devienne inaudible aujourd'hui : le mot grec, ici comme ailleurs, c'est *hamartia*, du verbe *harmatanô* qui signifie « manquer le but, dévier, s'égarer, se tromper de chemin, avoir une fausse opinion, être privé, perdre de vue, négliger »… et enfin « commettre une faute, faillir ». Mystère insondable de nos erreurs et errances, bien loin d'une simple liste de « péchés » à se faire pardonner !

Redoubler de vigilance

Quand nous laissons de côté la question insoluble de l'articulation entre le malheur et la malfaisance, nous avons l'esprit libre pour regarder ailleurs : la réalité humaine, c'est *aussi* notre potentiel de ré-humanisation, quel que soit notre passé. La vigilance, ici, ne consiste pas d'abord à se méfier des autres – « tous des criminels en puissance ! » Elle pousse plutôt à abandonner cet « essentialisme criminel » que dénonce J. Lecomte, c'est-à-dire le préjugé selon lequel les « vrais criminels » ne peuvent pas changer : il faut que l'individu soit mort pour prouver qu'il a définitivement abandonné la délinquance ; mais si, à l'évidence, il ne récidive jamais, on dit que ce n'était pas un vrai criminel[112].

Vigilance et réalité font bon ménage. Nous veillons à prendre en compte deux composantes bien réelles de notre condition humaine chez autrui comme en nous-mêmes : les capacités de transformation positive mais aussi les dysfonctionnements qui conduisent à la destruction des relations. Or le moteur de tout dysfonctionnement n'est-il pas le mensonge – à soi-même, aux autres, au Tout-Autre ? Jésus ne disait-il pas du *diabolos* (le diviseur) qu'il est le « père du mensonge » ?

Et le moment où nous commençons à mentir, n'est-ce pas quand nous refusons (consciemment ou non) de nommer la réalité, d'appeler un chat un chat ? Dérapage imperceptible de la banalisation au non-dit, du non-dit au déni, du déni au mensonge caractérisé. Exemple aveuglant, l'emploi des euphémismes par les nazis pour évoquer l'extermination des Juifs ; on ne trouve jamais le mot « tuer » dans les milliers de documents de cette sinistre époque[113]. Écoutons à nouveau cette parole clé de Jésus : « Voici, moi je vous envoie comme des brebis au milieu des loups » – un loup étant un être humain au comportement destructeur, même et surtout s'il se présente comme un agneau ; repérez le mensonge, veillez à être « sensés/avisés/prudents comme des serpents »... et veillez à ne pas vous laisser diviser intérieurement, à rester « entiers/sans mélange comme des colombes » (Mt 10,16).

Travail de discernement que personne ne peut faire à ma place : chercher à distinguer ce qui, dans ma vie, relève d'une part de la violence éducative, des malheurs, des injustices subies et, d'autre part, ce qui relève de mes mensonges, de ma malfaisance, de mes comportements blessants. Cesser de confondre les deux registres : un inceste est un inceste, aucun enfant n'en est responsable. Cela doit être dit à l'adulte qui l'a vécu et s'en croit encore coupable. Et si l'adulte en question a reproduit ce qu'il avait subi – sans le savoir parce que l'insupportable est amnésié –, cela doit être dit avec la même fermeté, la même absence d'ambiguïté : « Vous êtes entièrement responsable de cet acte qui a détruit votre enfant ; votre passé ne l'excuse en rien ; ce que vous avez subi enfant ne diminue en aucun cas la gravité de votre comportement d'adulte. »

Malheur et malfaisance sont indissociables quand, rétrospectivement, on s'aperçoit du tragique aveuglement qui empêchait de voir à la fois la violence subie et celle qu'on reproduisait. En amont, cette connaissance-là nous échappe. Mais en aval, une connaissance devient possible. C'est celle qui libère : « La vérité vous rendra libres » (Jn 8,32), la vérité de qui nous *sommes* de toute éternité, quelles que soient nos blessures et nos malfaisances. Seule connaissance véritablement libératrice, elle est repérable : elle recrée du lien ; elle ouvre l'avenir comme l'oisillon casse la coquille de l'intérieur. On cesse de se demander jusqu'à quel point on a été, on est victime ou coupable. On a découvert sa vérité inaliénable : être relié à l'Autre.

Depuis longtemps, je suis profondément touchée par la demande pressante de Jésus à Jean-Baptiste : pourquoi voulait-il recevoir un « baptême de conversion en vue du pardon des péchés »[114] ? Qu'avait-il donc à se reprocher ? Pourquoi avait-il besoin de ce baptême de repentance, lui dont la tradition a par la suite affirmé qu'il était « sans péché » ? Je sens dans ce récit la plus grande des proximités avec notre condition humaine : Jésus a accepté dès le début de s'immerger dans cet amalgame de malheur-malfaisance qui nous affecte tous. Pour en sortir *avec nous*, plus blanc que neige, revêtu du manteau de la Bienveillance invisible. Je ne parle pas seulement de l'immersion dans l'eau du Jourdain. Je pense à ce qui précède le baptême de Jésus dans l'évangile de Matthieu : le massacre de tous les enfants de moins de deux ans, à Bethléem, ordonné par le roi Hérode qui se voyait déjà détrôné par la naissance de ce « roi des Juifs » (Mt 2,16 *sqq.*). Les historiens estiment l'événement fort probable : c'était tout à fait le style d'Hérode.

Jésus avait eu la vie sauve parce que ses parents s'étaient enfuis en Égypte avec lui. Effroyable violence, dans son village natal, dont il pouvait se sentir indirectement responsable. En demandant, avec « tout le peuple », un baptême de *conversion* – c'est-à-dire littéralement de « retournement » vers l'Autre et les autres –, ne se reconnaissait-il pas solidaire de nous tous dans ce mystère épais du malheur-malfaisance ? Mais Jean-Baptiste s'offusquait, pensant avoir plutôt besoin *lui-même* d'être baptisé par Jésus. « Laisse aller, maintenant ! »

(Mt 3,15), répondit Jésus. Or c'est le verbe qu'on traduit généralement par « pardonner »*.

Ces deux mots m'ouvrent un abîme de lumière : « Pardonne, maintenant ! » Autrement dit : « *Laisse aller* toute cette misère et cette horreur qui m'habitent depuis ma naissance à Bethléem. *Lâche* avec moi l'obsession du digne et de l'indigne, du bon et du méchant, l'illusion des mains propres. *Maintenant*, passe et passons à Autre chose : nous avons *épuisé* la justice humaine, celle qui croit pouvoir départager les malheureux et les malfaisants, allons ensemble au-delà. Vers l'invisible Bienveillance qui rend juste autrement**, en murmurant à l'oreille de chacun-e : "Quoi que tu aies pu faire ou provoquer involontairement, tu es mon fils bien-aimé, ma fille bien-aimée. Laisse aller maintenant !" »

Par la suite, j'ai retrouvé ce passage de l'Évangile chez Erri de Luca : « Ainsi [Jésus] naquit et resta en vie grâce au seul prodige dont il ne fut pas lui-même l'auteur. Toute sa vie brève, il tenta de réparer cette injustice [...]. Toute sa vie, brève, il fut habité par une foule d'enfants ratés, par la douleur de leurs mères. Ainsi put-il supporter celle de la sienne au pied de la croix[115]. »

Contre tout un courant du christianisme qui, dès le début, parlait du péché, de ce mélange inextricable de malfaisance et de malheur, comme d'un « mystère », la doctrine du péché originel nous a fait perdre toute vigilance. Pourtant, les textes bibliques eux-mêmes incitent à la prudence, là où notre

* L'évangéliste conclut ainsi : « Alors il le laisse aller/il lui pardonne » (du même verbe *aphièmi*).

** « Laisse aller, maintenant : c'est ainsi qu'il nous convient d'accomplir toute justice » (Mt 3,15).

raison se croit très clairvoyante. Ainsi, l'irruption du serpent dans le jardin d'Éden fait dire ceci à A.-M. Dubarle : « À tout le moins, le vieux conteur veut faire entendre que l'homme est soumis à l'influence d'une puissance maléfique et, par suite, que son péché n'est pas exclusivement son œuvre[116]. » Est-ce un hasard si le récit est truffé d'éléments symboliques ? N'est-ce pas là le langage le plus approprié pour évoquer la réalité humaine la plus opaque ?

Cependant, même lorsque l'Église persistait et signait, lors du concile de Trente (1545-1563), en réaffirmant le dogme du péché originel, le mystère la rattrapait : « Le Concile ne dit rien de positif sur l'essence de ce péché, sinon qu'il est "une mort de l'âme", note H. Rondet ; encore moins s'explique-t-il sur la manière dont nous sommes solidaires du péché de notre premier père[117]. » « Faux savoir », disait P. Ricœur… Je crois qu'il est grand temps de remplacer ce dogme destructeur par autre chose. Comme le dit R. Panikkar, « les dogmes sont des canaux, des instruments à travers lesquels nous tentons de cerner le mystère ; si la constellation change ensuite, ou si les hommes ne sont plus capables de capter le mystère à travers ces canaux, il faudra les changer[118] ». Et, j'ajoute, revenir à la sagesse antique : « Qui tirera le pur de l'impur ? Personne » (Jb 14,4).

Les héritages transgénérationnels : une fatalité ?

Les auteurs bibliques avaient une conscience aiguë de la solidarité entre les générations : ils partageaient la culpabilité de leurs ancêtres et priaient Dieu de ne pas être punis à cause d'eux. En Israël, on considérait le malheur comme un châtiment. On attribuait donc à Dieu chaque nouvelle catastrophe. Là où, aujourd'hui, nous disons que le malheur non élucidé, non intégré, est porté par l'inconscient de la génération suivante qui, si elle en reste inconsciente, la fera porter à ses propres descendants, la Bible hébraïque dit que Dieu « poursuit » pour des fautes commises par les ancêtres : « Nos pères ont failli : ils ne sont plus ; c'est nous qui sommes chargés de leurs perversités » (Lm 5,7)[119].

En Ex 20,5 *sq.*[120], le verbe hébreu qu'on traduit par « poursuivre » signifie exactement « visiter, examiner, passer en revue, considérer, rechercher, *se souvenir de quelque chose pour en prendre soin* », ou encore « punir, dénombrer (le peuple), établir, mettre en dépôt ». Or, le plus souvent, on a préféré « poursuivre » au sens de « punir », et c'est révélateur : Dieu poursuit/punit la faute des pères chez les fils sur trois et quatre générations s'ils le haïssent mais il bénit mille générations « si elles l'aiment et l'écoutent »[121]. Le contexte d'Ex 20 étant la libération de l'esclavage par un Dieu qui « se souvient » de son peuple et fait miséricorde jusqu'à mille générations, on peut légitimement comprendre qu'Il « examine » le vécu des descendants, « recherche » et « passe en revue » leurs blessures « pour en prendre soin » – en d'autres termes, lui ne perd pas la mémoire de ce qui a été destructeur dans un lointain passé, et Il « poursuit » sa tâche libératrice jusqu'à trois et quatre générations après les faits, tâche qui se révèle fructueuse dans la mesure où les descendants « écoutent » sa voix, font confiance à son Souffle de vérité.

Personnellement, j'entends ces paroles à travers le travail libérateur que j'ai pu accomplir sur mon héritage transgénérationnel. C'est exactement comme pour les paroles adressées à Adam et Ève à la fin de Gn 3. Nous pouvons y discerner non des sanctions, mais des *constats*. Il est avéré aujourd'hui que les secrets de famille se transmettent sur le mode inconscient aux descendants et que les mêmes malheurs, les mêmes violences se reproduisent tant que personne ne casse la chaîne mortifère par un travail de vérité. Je ne vois aucune punition là-dedans, mais seulement une loi de la vie, que nous n'avons pas choisie mais qui fait partie de notre réalité à tous. Ne dit-on pas parfois qu'il faut trois générations pour « fabriquer » une personne psychotique ? Et, concernant la violence éducative, P. Lassus avoue être « épouvanté par la fréquence de ces ensembles familiaux hautement pathogènes qui, de génération en génération, perpétuent des fonctionnements dont la finalité, consciente ou non, est dans la réalité la destruction de l'enfant, destruction physique et/ou psychique[122] ».

Si je mets entre parenthèses ses terribles dérives, en particulier l'enfermement dans la fatalité, je vois une intuition juste dans la doctrine du péché originel : c'est, avec les mots d'A. Gesché, la « prise de conscience d'un mal-qui-est-là, dont nous portons les conséquences, *alors que nous n'en sommes pas coupables, au titre d'un acte que nous aurions commis, nous, personnellement*[123] ». Cependant, que ce soit psychologiquement ou spirituellement, il existe un monde entre être habité par un sentiment de culpabilité qui en fait n'est pas le sien propre mais celui – non assumé de son vivant – d'un ascendant… et se croire réellement coupable ou, pire, puni par Dieu !

Je parlais plus haut d'une loi de la vie ; je m'empresse d'ajouter qu'il n'y a là aucune fatalité. En effet, toute loi de la vie est soumise au Vivant. Voilà pourquoi, à mon sens, les textes bibliques reflètent une évolution dans la perception de Dieu : certains mentionnent seulement la « poursuite » de la faute à la troisième ou quatrième génération ; d'autres s'empressent d'ajouter les mille générations de bénédiction ; d'autres encore mettent les mille générations *avant* les troisième et quatrième, par exemple Jr 32,18 et surtout Ex 34,7 qui commence par présenter Dieu comme la Bienveillance inépuisable « fidèle à des milliers de générations ». Je retiens de tous ces textes que notre amalgame malheur-malfaisance a une durée limitée et que, à long terme, la Bienveillance prend toujours le dessus.

Plus lucides et réceptifs que leurs contemporains, les prophètes en sont même arrivés à annoncer – à contre-courant de la mentalité ambiante – un temps où chacun-e ne porterait que ses fautes personnelles. « En ce temps-là, on ne dira plus : "Les pères ont mangé du raisin vert et ce sont les enfants qui en ont les dents rongées." Mais non ! Chacun mourra pour son propre péché et si quelqu'un mange du raisin vert, ses propres dents en seront rongées » (Jr 31,29 *sq.*). Et Ézéchiel ira encore plus loin dans la prise de conscience de notre responsabilité *personnelle* : « Vous ne redirez plus ce dicton en Israël [sur les raisins verts]. [...] Celui qui pèche, dit Dieu, c'est lui qui mourra* ; [...] le fils ne portera pas la faute du père ni le père la faute du fils » (Ez 18,1.2.20).

Prophétie qui pourrait bien se réaliser à l'ère des neurosciences : la découverte de la plasticité neuronale semble détruire la fatalité inéluctable des héritages transgénérationnels. En effet, il a été prouvé que l'expérience laisse une trace dans le réseau neuronal, quel que soit le bagage inné :

* Rappelons que pour la Bible, pécher, c'est être coupé de Dieu et que ne plus être en lien avec lui, c'est être mort.

puisque les connexions entre les neurones sont constamment modifiées par l'expérience, on peut dire que l'acquis transforme ce qui était. Il en résulte que chaque être humain est unique dans son devenir et se tient, imprédictible, au-delà des déterminations : « Il y a en fait dans le fonctionnement des gènes des mécanismes destinés à laisser une place à l'expérience, qui entrent en jeu dans l'accomplissement du programme génétique, comme si, au bout du compte, l'individu se révélait génétiquement déterminé pour ne pas être génétiquement déterminé », expliquent François Ansermet et Pierre Magistretti[124].

Évolution des sciences neurologiques et biologiques, évolution de la « science théologique », évolution des mentalités... Nous finirons bien par entendre que, quel que soit le poids de malheur-malfaisance que nous portons et/ou que nous avons hérité des générations précédentes, nous sommes psychologiquement, intellectuellement et spirituellement équipés pour nous en libérer. Pour autant que, faisant confiance au Vivant, nous aspirions ardemment à ouvrir les yeux sur la réalité, celle d'aujourd'hui, celle de notre histoire.

Prophète par-delà tous les prophètes, Jésus a vu aussi loin qu'Ézéchiel... jusqu'à Dieu lui-même ! À la question de ses disciples sur la cause de la cécité d'un homme né aveugle – son propre péché ou celui de ses parents ? –, il a opposé un mur infranchissable : « Ni lui ni ses parents » (Jn 9,3). Jamais, en aucun cas, le malheur ne devra plus être vécu comme une punition ! On tourne le dos définitivement à toute explication exhaustive du malheur-malfaisance, qu'elle soit érudite, religieuse, ou très populaire. Les raisins verts, les « tel père tel fils », c'est fini. On se laisse traverser par l'énergie divine qui jour après jour ouvre l'horizon devant nos yeux : « Ni lui ni ses parents mais *pour que les œuvres de Dieu* soient éclatantes en lui », dit Jésus. Pour que la vérité de sa personne irradie par-delà ce que cet homme aveugle a pu subir, commettre ou laisser faire.

L'énigme du serpent

Revenons une dernière fois au langage symbolique de Gn 3. Que fait le serpent dans le jardin protégé en Éden ? Il vient du « champ inculte », je dirais donc du non-domestiqué, de l'immaîtrisable ; du reste, il nous glisse entre les doigts telle une anguille. Comme lorsque nous croyons tenir une personne bonne… et qu'elle se montre tout à coup destructrice, ou lorsque nous faisions les pires prédictions sur quelqu'un et qu'il prend un tout autre chemin. Imprévisible, le serpent n'est pas notre création. Il figure ce malheur-malfaisance qui toujours, selon A. Gesché, « nous précède et nous entoure », dont nul d'entre nous n'est « l'initiateur absolu »[125] et dans lequel parfois nous nous laissons prendre. Avant même que nous ayons pu avoir le moindre impact sur notre vie et notre monde, le serpent surgit dans notre espace sécurisé. Il incarne ce « mauvais penchant » dont parlent les textes rabbiniques – cette pente naturelle à tout humain, dès sa naissance, qui le fait se replier sur lui-même, jusqu'à s'imaginer peu à peu qu'il n'a pas besoin des autres.

L'origine inaccessible du serpent est à rapprocher de celle des ténèbres, au début de la Genèse. Pour la tradition juive, elles font partie de la création quand bien même leur puissance est destructrice. Or, remarque Catherine Chalier, « c'est bien le vertige induit par une telle pensée qui incite les sages à mettre en garde contre une curiosité trop grande à propos de cet avant primordial[126] ». Pourquoi la tradition, aussi bien chrétienne que juive, a-t-elle maintenu que le serpent était une créature de Dieu ? Dieu aurait-il donc créé le mal ? Non, cela veut simplement dire que les ténèbres, le serpent, l'amalgame malheur-malfaisance *ne sont pas Dieu* : c'est une réalité terrible mais elle est terrestre, donc périssable, provisoire ; *elle n'est pas absolue*. Malgré « le déchaînement des forces du mal – les ténèbres tapies dans les sombres replis de l'âme humaine », écrit encore C. Chalier, les ténèbres que symbolise le serpent « ne constituent pas un élément primitif, absolu et éternel ; [...] elles ne sont pas Dieu »[127]. Le serpent peut nous étrangler dans ses anneaux, les ténèbres nous engloutir loin de la terre des vivants, si nous répétons comme une prière du cœur : « Ce n'est pas Toi » ou : « Tu es le Tout-Autre », nous sommes sauvés.

Happée par les forces de mort après le suicide de notre fils, j'ai souvent trouvé l'apaisement avec le *Sanctus* de la messe de Schubert. « Tu es saint, Seigneur Dieu, tu es trois fois saint ! » Ne me sentant plus exister, je ne percevais plus Sa présence. Mais par le chant, je m'adressais à Quelqu'un – inaccessible et à jamais irreprésentable, certes – mais au Seul qui se tenait hors de la mort et de l'horreur, trois fois saint, infiniment différencié. Il existait Quelqu'un – ou en tout cas un Lieu, un Nom – que je ne pouvais pas confondre avec ce qui me broyait. Et la paix revenait...

Comme le rappelle aussi J.-Y. Leloup, « le mal, les ténèbres, la perversité existent, mais [...] ils n'existent pas "absolument". Seul l'Absolu est absolu, seul YHWH est l'Être qui est absolument et tous les autres êtres ne sont que relativement[128] ». Voilà pourquoi la prière juive de bénédiction du matin, tirée du livre d'Ésaïe, ne me choque pas : « Toi qui fais la lumière et *crées* les ténèbres[129]. » Il s'agit pourtant du même verbe que dans le récit de la création, *bara* : « Au commencement, Dieu créa le ciel et la terre… » (Gn 1,1). Manière de dire : tout ce qui fait partie de votre réalité quotidienne est entre mes mains. Ce que vous vivez comme « malheur », « malfaisance », « lumière », « paix » ou « ténèbres », n'en faites jamais un absolu, ne l'idolâtrez pas ! N'absolutisez – c'est-à-dire n'éternisez – ni votre désespoir ni votre bonheur ! Inscrivez chaque jour de votre vie dans la relativité de toutes choses… pour mieux rester reliés à moi ! Et vous ferez dans votre chair l'expérience de l'indestructible, de l'éternel, de l'absolu.

Revenons au serpent. On ne s'en méfie pas : c'est une créature parmi les autres ; en même temps, il n'est que cela, n'occupe que l'espace qu'il occupe. Ainsi, le mal a un « lieu » délimité dans la création, il ne peut prétendre occuper tout le terrain de nos vies. S'il n'avait pas de « lieu » propre, nous l'absolutiserions et le rendrions tout-puissant. C'est ce que fait Y. Prigent quand il parle de la « puissance destructrice » qui devient contagieuse : pour lui, il est « tout à fait vain de tenter de désigner et de localiser le Mal, tant il court et se répand […] »[130]. R. Panikkar dit exactement le contraire, en observant avec finesse qu'opposer le Mal (avec majuscule !) au Bien, c'est s'exposer à le voir partout : « La pensée dualiste n'a pas de lieu pour le mal, parce qu'elle l'absolutise[131]. » En revanche, avec le symbole du serpent, l'auteur biblique localise le mal dans la création : il n'est plus tout-puissant, nous pouvons le combattre, avec le Créateur qui, en Gn 1, délimite et repousse les ténèbres pour qu'advienne la lumière.

Le serpent, le dragon, le *satan* : même symbolisme dans le Nouveau Testament, où l'heure de l'accomplissement des promesses a sonné. En Gn 3,15, Dieu avait annoncé au serpent que sa descendance nous blesserait au « talon » mais que nos descendants lui écraseraient la « tête ». Telle fut l'expérience des premiers chrétiens : chaque fois qu'ils se tenaient « dans le nom de Jésus », ils voyaient, certes, le mal-malheur et malfaisance qui nous meurtrit, mais ils constataient qu'il n'était plus tout-puissant. La prophétie d'Ésaïe se réalisait : « Ce jour-là, le Seigneur interviendra avec son épée acérée, énorme, puissante, contre Léviathan, le serpent fuyant, contre Léviathan, le serpent tortueux ; il tuera le dragon de la mer » (Es 27,1) – la mer symbolisant le mal pour les Hébreux.

La Bible hébraïque garde la mémoire du triomphe du Vivant sur les monstres marins. Ainsi, en particulier, les psalmistes : « Toi pourtant, Dieu, mon Roi dès l'origine [...] tu as maîtrisé la mer par ta force. Fracassant la tête des dragons sur les eaux, Tu as écrasé les têtes de Léviathan [...] » (Ps 74,12 *sqq.*)[132]. Comme le serpent de Gn 3, les monstres marins symbolisent cette puissance du malheur-malfaisance qui fait partie de notre réalité mais reste soumise, en définitive, au Vivant : « Israël, explique François Castel, affirme que *ces monstres marins ne sont que créatures de Dieu*, ils ne présentent plus aucun caractère catastrophique[133]. » Vous me direz : pourquoi les avoir créés si c'était pour les combattre ensuite ? C'est ce que personne ne sait, pas même les auteurs bibliques, qui se contentent de dire : nous les croyons créés *dans le temps* parce que sinon, ils seraient éternels comme Dieu... et nous les prendrions pour Dieu !

Et Jésus ? Il est témoin, lui aussi, de la défaite du diviseur : « Je contemplais le *satan* [l'adversaire] tomber comme un éclair hors du ciel. Voici, je vous ai donné *le pouvoir/l'autorité de marcher sur les serpents* et les scorpions et sur toute la puissance (*dunamis*) de l'ennemi : rien ne pourra vous nuire » (Lc 10,18 *sq.*). La prétention du serpent/satan à l'absolu est détruite, ou plutôt nous cessons de lui *prêter* une telle toute-puissance : sa transcendance (il était « au ciel ») s'effondre en un éclair dès que nous parlons et agissons dans le nom du Vivant.

On dirait que Jésus est émerveillé par ce dont nous, humains, sommes capables. D'ailleurs, deux versets plus loin, il « exultera dans le souffle saint », qui est le Souffle d'amour. En son nom, investis de sa force, nous avons le pouvoir, l'autorité, de marcher sur le serpent de Gn 3, de « soumettre les démons », c'est-à-dire les forces de division qui nous aliènent et aliènent les autres (Lc 10,17). Et c'est à cela que nous pouvons voir « nos noms inscrits dans les cieux » (Lc 10,20) : même la mort ne peut plus nous nuire. Qu'est-ce que le christianisme a fait de cette *réalité* – notre réalité humaine la plus sacrée – dont Jésus lui-même avait été témoin ? Pourquoi un passage aussi déterminant des évangiles, qui jette une lumière toute pascale sur notre humanité, a-t-il été complètement passé sous silence, au profit de la doctrine dévastatrice du péché originel ?

Et voici que dans le dernier livre du Nouveau Testament, en pleine persécution des chrétiens, l'évangéliste Jean reprend le même symbolisme pour partager la « révélation » (apocalypse) qui lui a été faite : « Il est *jeté*, le dragon, le grand, le serpent, l'antique, appelé diable et *satân*, l'égareur de l'univers entier. Il est *jeté* sur la terre et ses messagers sont *jetés* avec lui […]. L'accusateur de nos frères a été *jeté*, lui qui les accusait devant notre Dieu jour et nuit » (Ap 12,9 *sq.*, Chouraqui).

Il faut le *voir* pour le croire, quand le dictateur se déchaîne et que les forces de destruction semblent, à vues humaines, avoir le dernier mot. La dernière chose à faire est alors de joindre sa voix au sifflement du serpent pour « accuser nos frères » les humains et les rendre coupables de tout au monde. Nous devenons *voyants*, nous aussi, quand nous nous souvenons qu'il « a été jeté », ce pouvoir mensonger et mortifère – le verbe au parfait passif nous indique que c'est déjà fait... et que c'est Dieu qui l'a fait, lui que les auteurs bibliques préfèrent ne pas nommer, par respect. Du coup, je crois comprendre pourquoi, selon le judaïsme, un seul acte de bonté désintéressé sauve le monde entier : il suffit d'une seule victoire ponctuelle sur les forces mortifères, accomplie au travers d'une seule personne, et la fatalité est cassée ; nous cessons de nous laisser *hypnotiser* par elles ; la preuve est faite que leur pouvoir n'est pas absolu.

La malfaisance – la nôtre, celle des autres – n'est donc ni un destin ni un héritage maudit. Si, avec A. Gesché, nous la voyons d'abord comme un « accident », un « malheur » ou un « désastre »[134] au lieu de chercher en l'être humain ou en Dieu le coupable originel, nous sommes immédiatement mobilisés dans ce qui fait le plus de nous des êtres responsables. Nous ne perdons plus notre énergie à vouloir résoudre la question insoluble (« comment est-ce arrivé dans le monde ? ») et nous nous orientons vers la seule question féconde : « Comment vais-je, comment allons-nous nous en sortir ? Quoi que j'aie pu subir, vais-je consentir ou non à me laisser couper de l'Autre, des autres et glisser dans la malfaisance ? »

III

Le « péché » biblique sur fond de malheur

Souffrance, repli sur soi, rupture de relation

Avant le commencement

Nous avons tous entamé notre parcours terrestre en faisant connaissance avec la souffrance imposée et de longues années ont dû s'écouler avant que nous parvenions à avoir une quelconque prise sur notre environnement et sur nous-mêmes. Qu'on ne nous raconte plus d'histoires sur le mal dont nous, les humains, serions partout et de tout temps exclusivement responsables ! À l'aurore de notre vie, notre réalité première, à tous, a bel et bien été une dépendance et une impuissance radicales face à ce qui nous faisait mal. Sans aucun moyen d'en sortir par nos propres forces et sans la moindre possibilité de faire du mal à quiconque. Réalité première que nous avons une furieuse tendance à occulter quand nous nous lançons dans de grands développements théoriques sur la « question du mal ».

Comment qualifier cette situation de la petite enfance où nous étions pieds et poings liés devant le (bon) vouloir de nos parents ou de ceux qui nous ont élevés ? Il nous a fallu au minimum deux années pour commencer à tenter de nous faire entendre et comprendre. Quand bien même nos parents étaient à l'écoute de l'*infans* (l'être sans parole) que nous étions et désireux par-dessus tout de nous éviter de souffrir – ce qui est loin d'être toujours le cas –, comment auraient-ils pu remédier à toutes nos expériences d'abandon, d'angoisse, d'indicible détresse ? Quiconque veut bien se laisser toucher par les cris de désespoir d'un tout-petit prend de plein fouet la condition humaine originelle : l'immersion dans une souffrance que les mots ne parviennent que partiellement à humaniser.

L'esclavage

Le sous-titre « Avant le commencement » fait allusion à Gn 1,1 : « En un commencement où Dieu créa le ciel et la terre, la terre était tohu-bohu. » C'est au sein d'une situation humaine inextricable que le Dieu biblique se fait entendre pour la première fois. De nombreux exégètes et commentateurs nous rappellent que le point de départ du message biblique n'est pas du tout le récit de la création mais celui de la *libération* du peuple d'Israël. Le « commencement », c'est quand Dieu nous libère. « Avant le commencement », c'est quand nous étions aliénés, esclaves des autres et de structures socio-politiques, professionnelles ou familiales destructrices. Historiquement et théologiquement, le Dieu biblique se présente comme Celui qui a mis fin (et continue à mettre fin) à ce qui, nous privant de liberté, nous immobilisait dans une impuissance désespérante : « C'est moi le Seigneur ton Dieu qui t'ai fait sortir du pays d'Égypte, de la maison des esclaves » (Ex 20,2). S'ensuit le Décalogue, les Dix Paroles qui sont autant de conseils d'Ami pour que le vivre-ensemble devienne possible, loin de l'esclavage auquel nous étions réduits. Telle est la « bonne nouvelle » de la Bible hébraïque : l'expérience déterminante de notre libération par rapport à une situation sans issue nous conduit à adopter une manière de vivre respectueuse des autres et de nous-mêmes.

À la suite du « credo » juif – *Shema' Israël* –, on retrouve le même émerveillement envers ce Libérateur grâce à qui tout a commencé, mais cette fois c'est dans un cadre éducatif : « Quand demain ton fils te demandera : "Pourquoi ces écrits, ces lois et ces coutumes que le Seigneur notre Dieu vous a prescrits ?", alors tu diras à ton fils : "Nous étions esclaves de Pharaon en Égypte, mais, d'une main forte, le Seigneur nous a fait sortir d'Égypte" » (Dt 6,20 *sq.*).

Il n'est pas anodin que la réalité de l'esclavage et le récit de la libération soient dits en réponse au questionnement de l'enfant. Le texte fait partie de ceux qui sont lus pendant la soirée de la Pâque juive, où l'on raconte la sortie d'Égypte[1]. On est aux antipodes des questions-réponses usuelles des anciens catéchismes chrétiens, où l'enfant était censé apprendre par cœur pourquoi le mal était entré dans le monde*. Ici, on part de l'intérêt réel des enfants pour les pratiques et coutumes familiales, et la terrible condition des esclaves est évoquée *en même temps* que son élimination par Celui qui, ainsi, est devenu

* Ainsi, dans le *Catéchisme de Meaux* composé par Bossuet : « Comment donc naissons-nous pécheurs ? – C'est par le péché de notre premier père. – Comment est-ce que nous sommes pécheurs par le péché de notre père ? – Il ne faut pas demander comment, il suffit que Dieu l'ait révélé. – Comment appelez-vous ce péché que nous apportons en naissant ? – On l'appelle péché originel, c'est-à-dire péché qu'on apporte dès son origine ou dès sa naissance. – Quel a été le péché d'Adam ? – C'est d'avoir mangé le fruit défendu » (cité par G. Minois, p. 159 *sq.*).

suffisamment crédible pour qu'on écoute sa voix et ses conseils, individuellement et communautairement.

Par ailleurs, on n'épilogue pas sur la cause originelle, les tenants et aboutissants historiques de l'oppression : dans le « credo » de Dt 26, il est dit d'Abraham qu'émigré en Égypte, « il était devenu une nation grande, puissante et nombreuse. Mais les Égyptiens nous ont maltraités, ils nous ont mis dans la pauvreté, ils nous ont imposé une dure servitude » (Dt 26,5c et 6). On n'est pas dans un récit mythique « historicisé » qu'on interpréterait en faisant des Égyptiens les initiateurs du mal dont souffre toute l'humanité.

D'un autre côté, c'est un fait, nous étions esclaves, un point c'est tout. Qu'avions-nous fait pour être réduits en esclavage ? Aucun questionnement là-dessus non plus. C'est comme si, dans tous ces textes, le mal imposé, le malheur, ce qui fait souffrir était la seule et unique réalité d'*avant le commencement*. Comme si Dieu commençait à exister pour nous seulement au moment où il nous en fait sortir. Comme s'il mettait toute son énergie à nous en libérer, désertant depuis toujours les interrogations sans fin sur le pourquoi du comment de « à qui la faute ? ».

Quant à notre monde actuel, remarquons que l'abolition officielle de l'esclavage n'empêche ni l'enrôlement des enfants soldats, ni la prostitution forcée, ni les innombrables catégories de personnes interdites de liberté. Réalité première, souvent trouvée à la naissance, à prendre au premier degré. Mais il y a aussi tous ces esclavages qui ne disent pas leur nom : sous le couvert de l'amour fidèle, telle femme restera sous la coupe implacable d'un compagnon maltraitant ; telle personne demeurera enchaînée à sa mère, à la mode, à internet… Je ne ferai pas la liste de tout ce dont nous pouvons nous rendre esclaves. Je relève simplement le point commun à ces situations d'aliénation : nous avons le sentiment de ne pas les avoir choisies, d'y avoir été entraînés comme malgré nous, dans une spirale qui a largement précédé nos prises de conscience. Comme si, à la réflexion, nous ne nous étions jamais sentis véritablement libres, même quand nous pensions l'être.

Le tohu-bohu

Les auteurs bibliques ne partent jamais dans des considérations idéologiques. Seule leur importe notre vie concrète, que le Souffle vient éclairer et dynamiser. Or le premier verset du premier chapitre du premier livre de la Bible mentionne d'entrée de jeu deux réalités indissociables : le souffle divin et le chaos terrestre. Il y a urgence : Dieu commence par mettre de l'ordre dans notre tohu-bohu originel, celui de notre naissance individuelle et celui du monde dans lequel nous arrivons. « En un commencement où Dieu a créé/crée le ciel et la terre, la terre était tohu-bohu, une ténèbre sur les faces de l'abîme, mais le souffle de Dieu planait sur les faces des eaux et Dieu dit : Que la lumière soit ! »

S'il s'agit d'*un* commencement, c'est qu'il y en a de nombreux autres. D'ailleurs, le verbe *bara* étant au mode accompli, on peut le traduire aussi bien par « il a créé » que par « il crée ». Il n'est pas question d'un commencement absolu, qui aurait eu lieu une fois pour toutes à un moment de l'histoire. C'est un éternel commencement : chaque jour, à chaque heure, dans chacune de nos existences individuelles et de nos réalités collectives, Dieu est Celui qui commence et par Qui commence du neuf. Comment ? Pas autrement qu'à partir des chaos terrestres – de la confusion qui règne dans nos familles, nos structures socio-politiques, nos psychismes individuels, nos communautés, nos peuples. À partir du tohu-bohu intérieur et relationnel qui génère le mensonge, la violence, la désagrégation de l'identité.

Or nous avons vu avec J.-M. Delassus que le tohu-bohu est la réalité *initiale* du nouveau-né : notre première expérience dans ce monde, à nous tous, a été celle d'un chaos innommable où nous n'avions plus aucun repère par rapport au monde utérin de la totalité bienheureuse d'où nous venions d'être expulsés. L'attendrissement et la reconnaissance liés à l'arrivée du bébé tant attendu et bien vivant nous empêchent d'être attentifs à ses cris déchirants : nous campons, béats, dans notre position d'adultes. Mais quelque part dans sa chair, l'enfant gardera la trace de ce tohu-bohu que fut le tout premier épisode de sa vie parmi les humains.

Il n'en mourra pas, dans la plupart des cas. Victoire originelle que suggère très précisément Gn 1,1 : la réalité du tohu-bohu/ténèbre/abîme occupe bien le centre du verset, mais elle est encadrée, entourée de part et d'autre par la réalité du souffle divin. Au début du verset, c'est Dieu qui commence à mettre de l'ordre (à différencier le ciel et la terre) et à la fin son souffle « plane *au-dessus* » des eaux de l'abîme. Clin d'œil au lecteur : le tohu-bohu ne L'étouffera pas ! C'est Lui qui le *contient* de tous les côtés.

Par la suite, les auteurs de Gn 2 indiqueront en filigrane notre besoin de sécurité : quand Dieu « forme » l'*adam* (la créature terrestre), il le « place » (Gn 2,8), le « prend » et le « pose » (Gn 2,15) dans un « jardin », *gan* en hébreu, du verbe *ganan* qui signifie « protéger » ! Comme si nous venions d'ailleurs et avions été « pris de la terre/poussière » (Gn 3,19) – c'est-à-dire d'une situation chaotique (la poussière symbolisant remarquablement la désagrégation), d'une situation d'« avant le commencement » – pour être mis en sécurité dans un jardin « protecteur », un jardin de « délices » (sens du mot *eden*)[2] !

Cela me fait penser au nouveau-né placé, posé en sécurité sur le ventre de sa mère. Quand je laisse résonner en même temps le langage symbolique de Gn 1 et 2, j'entends notre besoin vital de sécurité par rapport à une expérience de chaos, de ténèbre et d'abîme qui a bien failli nous engloutir : l'urgence divine est bien de mettre à l'abri la vie humaine menacée de se perdre dans le tohu-bohu des origines. L'enjeu est le même dans les deux récits : Dieu « commence » par nous protéger du chaos. Il commence chaque fois que notre vie devient viable – notre vie collective, à l'échelle de la terre (Gn 1) et notre vie personnelle et interpersonnelle (Gn 2).

Le chaos primitif, ou l'abîme préexistant, n'est pas une invention biblique, on le retrouve dans toutes les civilisations. C'est une « évidence mythique » : au commencement était le chaos[3], le « magma premier[4] ». Si nous considérons que les mythes, loin de tomber du ciel, émanent en définitive de systèmes de pensée liés à des expériences individuelles, nous ne pouvons qu'être frappés par la convergence des mythes de création : malgré la diversité des cultures (on trouve ce thème de la confusion primitive même en Chine), nous, les humains, avons tous en commun le chaos de notre venue au monde. Pour le peuple d'Israël, Dieu est celui qui fait sortir du tohu-bohu un monde habitable. Pourquoi ? Parce que ce peuple a commencé par faire une expérience de libération : Dieu a d'abord été celui qui l'a fait sortir d'Égypte. Alors, il n'a eu aucune peine à passer du Libérateur au Créateur.

Selon le bibliste Paul Beauchamp, le *tohû* s'applique quasiment toujours à la terre. C'est un « état de la terre où la vie est impossible », sans chemin, désertique, plongée dans l'obscurité. C'est l'« état de l'inhabitable » : on associe ce mot à l'image d'une ville en ruine. C'est « l'absence de ce qui oriente et met en relation dans l'espace : chemins, lumière, constellations »[5]. De son côté, la philosophe juive C. Chalier souligne dans le texte un fait essentiel : le lien entre la ténèbre et le tohu-bohu. Nous aurions tort de réduire celui-ci à un vide ou un néant ; c'est une matière brute, confuse, agitée de mouvements violents et aveugles, un « désordre ténébreux » : les ténèbres « s'imposent nécessairement là où aucune distinction ne s'esquisse ou ne s'impose, ne se voit ou ne se dit [...] »[6]. Comment ne pas penser à certaines de nos situations interpersonnelles ou collectives, où règne la plus épaisse confusion ?

Autre symbole du chaos, commun à tous les peuples : la mer terrifiante, l'océan envahissant, le « chaos liquide » des cosmologies babyloniennes, l'engloutissement de toute vie dans l'indifférenciation. Mais la Bible évoque dès les premiers mots ce souffle divin qui « plane *au-dessus* des faces des eaux ». Dieu est celui qui domine la mer, qui l'ouvre pour que le peuple puisse passer, qui par le Souffle et la Parole lui met des limites[7]. Or qu'est-ce que mettre des limites sinon se différencier de ce qui engloutit dans « le même », de ce qui maintient dans la confusion, des paroles mensongères qui déstabilisent au point que l'on ne sait plus qui l'on est ni qui est l'autre ?

Que le travail créateur soit d'abord et avant tout une sortie du chaos en dit long sur notre réalité première : nous ne commençons pas, avant même notre naissance, par être d'affreux pécheurs ; nous commençons par expérimenter une terre inhabitable où nos repères d'« avant » ont tous disparu. Il faudra la Parole, à commencer par la parole de celles et ceux qui désirent par-dessus tout nous rendre la vie hospitalière. Le Créateur donne l'impulsion. Il nous fait sortir du chaos en différenciant ce qui ne l'était pas : ici c'est le ciel, là la terre ; ici la lumière, là la ténèbre ; ici les eaux supérieures, là les eaux inférieures ; ici les continents, là les océans ; ici telle espèce vivante, là telle autre ; etc. Il sépare, il nomme, donne des repères, met fin à la confusion : la *séparation* est bien, pour P. Beauchamp, une « donnée traditionnelle » de Gn 1[8].

Pourquoi affirmer que le seul commencement est la sortie du tohu-bohu ? Parce que dans les temps de chaos sans lumière, nous nous sentons hors du temps des autres ; c'est interminable, cela s'éternise (de toujours à toujours) et c'est une fausse éternité. On peut dire que c'est « avant le commencement ». Avec le Commencement, nous sommes introduits dans une temporalité habitable. Gn 1 ne se déploie pas dans un temps chronologique : il y est question de l'expérience humaine universelle d'un tohu-bohu où rien ne peut commencer sans l'initiative de l'Autre.

Le meilleur exemple est celui du tout-petit dont la mère s'est absentée pour quelques jours ou semaines – ou pour toujours – et à qui personne n'en parle : le non-dit le plonge dans une éternité de douleur, un chaos indicible. J'ai eu l'occasion de voir deux photos d'une fillette de deux ans qui avait subi cela : la première prise avant le départ de sa mère, l'autre après son retour ; sur celle-ci, le visage de l'enfant était méconnaissable, on aurait dit qu'elle revenait d'un camp de la mort.

En Gn 1, P. Beauchamp fait remarquer que l'« état chaotique » se poursuit pendant six jours : « La terre est encore tohu-bohu aussi longtemps qu'elle n'est pas prête pour l'homme. » Un commencement qui dure une semaine, voilà ce qui nous contraint à « accepter un espace vide entre le commencement et la première parole »[9]. Et voilà ce qui reflète bien la lenteur de notre avancée après que nous avons commencé à sortir de notre état de confusion : c'est ce temps où la parole fait encore défaut, où le processus est bien en marche mais sans que la Parole qui nous différencie soit clairement audible.

Telle est bien notre réalité première : le « grand silence » du tohu-bohu et des ténèbres. « L'expression hébraïque, selon C. Chalier, connote une puissance de confusion qui suscite stupéfaction et horreur*. » Dieu va « appeler » le jour et la nuit par des noms différenciés. Or, selon Maïmonide, chaque fois que ce verbe apparaît dans la Bible, « il introduit une distinction entre la réalité ainsi appelée et une autre qui la précède. Ainsi, conclut C. Chalier, nommer "nuit" (*laila*) les ténèbres séparées de la lumière viserait à les distinguer des ténèbres originelles. La nuit (cette part des ténèbres appelée nuit) serait seulement une privation de lumière, tandis que les ténèbres premières, liées au *tohuvabohu* originaire, garderaient une puissance propre »[10]. Pour moi, c'est du chaos sans mots, de la confusion inextricable que Dieu nous sauve chaque fois qu'il commence à nouveau son œuvre créatrice.

La tradition juive n'a pas manqué de se demander si Dieu avait aussi créé le tohu-bohu, la ténèbre, l'abîme, le chaos liquide. Silence là-dessus dans le texte. « *Au point*

---

* Rachi fait le commentaire suivant : « *Tohu* signifie étonnement, stupéfaction. *Bohu* signifie vide et solitude. L'homme *est saisi* de stupéfaction et d'horreur en présence du vide » (*Le Pentateuque...*, p. 33 *sq.*).

de vue de l'auteur, écrit P. Beauchamp, il est impropre de dire que Dieu a créé ce qui est informe » : Dieu ne crée pas des éléments négatifs, encore moins en premier. « L'auteur a donc préféré laisser complètement inconnu le mode sur lequel viennent à l'être la terre, les ténèbres, les eaux » : nous ne saurons jamais rien sur le quand et le comment de l'origine de notre réalité terrestre. En revanche, ce qui est incontestable, c'est que pour la tradition, « le haut fait initial de Dieu était une action sur un *donné* »[11]. Je le souligne parce que nous avons trop longtemps cru en un temps idyllique auquel nous aurions mis fin par notre seule et très grande faute. Dès le premier verset de la Bible, au contraire, le chaos inhabitable est présenté comme la donnée terrestre de base. C'est ce que j'appelle « notre réalité première ». C'est cela que le Créateur combat d'entrée de jeu.

Il serait ridicule d'objecter que l'humain n'ayant pas encore été créé (il le sera en Gn 1,27), le tohu-bohu ne nous concerne pas : on sait que tous les textes bibliques parlent de la relation entre Dieu et les humains, et qu'ils n'ont aucune autre raison d'être. Les auteurs des Psaumes et certains prophètes se sont sentis tellement concernés que le poids des ténèbres de Gn 1 les a effrayés. Ils ont refusé d'y voir une réalité indépendante du Créateur. Voilà pourquoi on trouve chez Ésaïe cette affirmation divine que j'ai déjà évoquée : « C'est moi le Seigneur, et il n'y en a pas d'autre : le formateur de la lumière et le *créateur* de la ténèbre, le faiseur de la paix et le *créateur* du mal/malheur, moi le Seigneur, l'auteur de tout cela » (Es 45,6b-7). Redisons-le : on a là le même verbe qu'en Gn 1 (*bara*) ; et comme « créer », pour Dieu, signifie « séparer, différencier, délimiter », je pense qu'on peut comprendre ainsi :

je forme la lumière, la paix, et j'en différencie la ténèbre, le mal-malheur ; en les nommant, je les délimite, j'en fais des réalités relatives, « terrestres » ; ainsi pouvez-vous sortir de l'absolutisation du mal, du malheur et du chaos.

Manière de dire la seule réalité qui est la nôtre : un donné confus, un mélange de souffle et d'éléments ténébreux qui nous imprègne dès notre conception, jusque dans notre corps, et dont nous sommes appelés et destinés à émerger. L'expérience essentielle d'Israël était la rencontre de Celui qui les avait fait sortir du pays de l'esclavage. Plus les rédacteurs de la Bible ont médité là-dessus, plus ils ont vu en lui Celui qui de tout temps fait sortir les humains de leurs chaos individuels et collectifs en « créant », c'est-à-dire en séparant, nommant et différenciant les êtres et les choses... de façon à ce que leur monde redevienne habitable.

L'exil

Est-ce un hasard si les Psaumes, aujourd'hui encore, sont le livre biblique le plus lu ? On y trouve l'éventail le plus complet des réactions humaines aux détresses et aux joies de la vie, toujours éclairées et dynamisées par la relation à l'Autre. Un verset m'apparaît comme l'illustration de cette expérience d'un état chaotique lié à la petite enfance, qui parfois refait surface, inopinément, à l'âge adulte : « Malheureux, exténué, frappé à mort depuis l'enfance, j'ai subi tes épouvantes et je suis hébété » (Ps 88,16). Ou « humilié, en agonie dès ma jeunesse, je porte tes effrois, transi » (Chouraqui). Hébété, transi : mot difficile à traduire, dit une note de la *TOB*, parce qu'on ne le trouve nulle part ailleurs. Comment mieux évoquer la confusion inexprimable – difficile à traduire – que vit l'enfant malheureux, exténué, en agonie, quand celui qui l'« épouvante » est précisément son Dieu, c'est-à-dire avant tout ses parents aimants et protecteurs* ?

Bien des personnes se souviennent avoir cru dur comme fer que leurs parents n'étaient pas leurs vrais parents. Je vois là le lien entre d'une part l'expérience dévastatrice de la confusion – comment se sentir aimé et à la fois humilié, en agonie, épouvanté par la même personne ? – et d'autre part le sentiment d'être exilé, éloigné contre son gré de sa patrie d'origine. Dans ce cas, la réalité première – la souffrance imposée – est tellement insupportable qu'on se réfugie soit dans un monde imaginaire essentiellement cohérent et bienfaisant, soit dans une spiritualité désincarnée qui met le plus possible entre parenthèses le séjour sur cette terre.

Mais quelle que soit la gravité des maltraitances subies dans l'enfance, et même lorsque tout se passe plutôt bien, il demeure que nous avons tous commencé par être « expulsés » du paradis utérin de notre « totalité originelle ». Une expulsion dont nous n'avons gardé aucun souvenir mais dont la trace se lit parfois en nous dans le sentiment d'être exilés – exilés dans le monde de la différence, comme le dit J.-M. Delassus. Et avant que la différence – l'altérité des autres – devienne bénéfique et créatrice de lien, donc de joie, il nous a fallu peu à peu faire le deuil de la totalité originelle. Certains ne le font jamais, surtout quand leur

* Le commentaire de Rachi que j'ai cité plus haut à propos du tohu-bohu (l'expérience d'être *saisi* de stupéfaction et d'horreur en présence du vide) évoque bien le vécu de l'enfant maltraité et/ou abusé : son monde s'écroule, il ne peut plus se le représenter, la confusion le plonge dans un vide intérieur abyssal.

propre différence n'a été ni respectée ni valorisée. Beaucoup y parviennent mais demeurent sensibles au thème de l'exil. Il me semble, personnellement, qu'il se dit là quelque chose de notre réalité première, dont bien des traditions religieuses et philosophiques se font l'écho.

Pour la mystique juive, on peut parler de quatre exils :

– celui des « étincelles saintes échouées dans la matière » ;

– celui de l'« individu enfermé dans la nature et dans le temps » ;

– celui du peuple séparé de la terre ;

– celui de la Présence divine, qui accompagne les enfants d'Israël dans leur exil[12].

Autant dire que l'exil est la trace de la différenciation aussi bien pour les individus et les peuples que pour Dieu lui-même : il y a là l'intuition que Dieu reste solidaire de sa création et de ses créatures… et, de surcroît, qu'il est lui-même affecté par l'exil, qu'il y prend part et le connaît de l'intérieur. Comme s'il s'incarnait dans notre condition humaine et dans nos exils les plus concrets.

C'est voir dans l'exil tout autre chose que la punition soi-disant infligée à Adam et Ève par un Père fouettard totalement extérieur à notre réalité terrestre. Non, dit C. Chalier, l'exil est « intrinsèquement lié à l'acte créateur lui-même et non à des fautes ou à des errances humaines, voire à des choix déterminés et volontaires ». L'exil est donc « fondateur du monde » : pour que naissent des créatures différenciées, pour que nous soyons autres que le Créateur, pour que nous ayons notre propre espace, il a dû se « contracter », se « limiter »… Et cette limitation est elle-même « un acte d'amour et non un châtiment »[13].

Nous acceptons beaucoup mieux de vivre avec le sentiment d'être exilés lorsque nous cessons de nous en croire coupables. Là où notre culture chrétienne occidentale expliquerait ce sentiment d'exil par la faute de nos ancêtres, nous comprenons qu'il est constitutif de notre condition humaine. Mais de là à percevoir dans le retrait ou l'autolimitation du Créateur un véritable « acte d'amour », c'est une autre affaire ! L'expérience est rare. Cela peut arriver quand nous sommes en harmonie avec nous-mêmes dans toutes les dimensions de notre personne, merveilleusement bien à l'intérieur de nos limites, heureux de n'être que nous-mêmes mais *entièrement* nous-mêmes, consentant à être incarnés dans cette réalité qui est la nôtre – ce corps-ci, ce monde auquel nous appartenons : à cela, oui, nous reconnaissons l'acte d'Amour fondateur de notre existence exilée.

En revanche, dans le quotidien ordinaire se vit plus fréquemment un sentiment d'étrangeté par rapport aux autres et à la société : sentiment de ne pas parler le même langage, de ne pas vivre dans le même monde. On dira de jeunes qui ont mis fin à leurs jours : « Elle n'était pas d'ici », « Il n'était pas fait pour ce monde ». Sentiment d'exil qu'ont beaucoup d'artistes, en particulier les poètes. Mais aussi les (grands) spirituels… en commençant par les enfants à qui sont « révélés » les secrets de Dieu (Lc 10,21), et qui se sentent si souvent étrangers dans le monde des adultes. Dans le registre musical, je suis frappée, dans la plupart des Messes que j'ai pu chanter ou écouter, par la tonalité poignante du *Et incarnatus est*. C'est comme si le compositeur, à travers l'histoire de Jésus, nous communiquait, ou réveillait en nous, la grande douleur d'avoir été séparés du Créateur, incarnés dans une réalité humaine si difficile, et en même temps la beauté bouleversante d'une vie qu'il accompagne dans son exil.

Contrairement aux gnostiques qui considéraient le cosmos comme une prison, dans la Bible « le sentiment d'étrangeté au monde ne vira jamais [...] en condamnation de la création », écrit encore C. Chalier. Il y fut toujours question d'une Parole qui « oriente la vie humaine »[14]. Dans la tradition chrétienne, c'est l'évangéliste Jean qui s'est fait particulièrement l'écho d'une existence venue de Dieu et qui retourne à lui. En affirmant, lors de son procès : « Mon royaume n'est pas [issu] de ce monde » (Jn 18,36), Jésus ne se désolidarisait pas du tout de notre réalité terrestre. Il disait notre origine commune en Dieu... pour en montrer l'orientation : aller vers lui. Je pense qu'il a connu le sentiment d'être étranger parmi les siens : « Pourquoi ne comprenez-vous pas mon langage ? » (Jn 8,43). Or, précisément, il s'exprimait ainsi juste après leur avoir dit qu'il venait d'Ailleurs : « C'est de Dieu que je suis sorti et que je viens. » Plus loin, l'évangéliste note qu'« il est sorti de Dieu et qu'il va vers Dieu » (Jn 13,3).

Pour moi, c'est sa communion constante avec « le Père » et son profond consentement à être incarné qui lui ont permis de surmonter le sentiment d'exil que nous connaissons si bien. Notre monde devient supportable quand nous croyons que les autres, tous les autres à la suite de Jésus, sont « sortis de Dieu » : nous nous rapprochons alors les uns des autres par le partage de l'expérience d'exil qui nous est commune. Voilà pourquoi il est vital d'y croire, voilà pourquoi Jésus y revient souvent*. Mais, le plus souvent,

* « Vous avez cru que je suis sorti de Dieu ». « Ils ont véritablement connu que je suis sorti de Toi... » (Jn 16,27 *sq.* et 17,8). Et les disciples disent eux-mêmes : « Nous croyons que tu es sorti de Dieu » (Jn 16,30). Voir aussi Jn 6,64.

venir de Dieu va de pair avec « aller vers lui »*. Savoir d'où l'on vient permet d'orienter sa vie autrement : non plus vers la réalité première d'une incarnation qui se vit d'emblée, pour le nouveau-né, comme un exil, mais les yeux fixés devant, proche de ceux et celles qui aspirent à aller ensemble vers ce Tout-Autre infiniment désireux et respectueux de l'altérité de chacun-e.

Telle est donc cette réalité première… que nous découvrons toujours rétrospectivement : voilà bien longtemps que nous vivions sans le savoir en esclavage ou dépendance des autres ou de quelque chose, que nous tentions de survivre en pleine confusion intérieure, que nous nous sentions exilés dans un monde où nous ne trouvions pas notre place. Job devient notre frère : avec lui, nous réalisons qu'en fait nous avons trouvé le mal/malheur à la naissance**. Alors nous nous demandons ce que nous avons fait de la souffrance qui nous tombait dessus. Sans le savoir, nous nous sommes repliés sur nous-mêmes. C'est à cela que les médecins détectent la douleur chez le tout-petit : il se recroqueville sur lui-même et ne communique plus.

Or que nous dit notre expérience d'adultes ? La souffrance première se trouve décuplée quand nous nous coupons des autres et du Tout-Autre. N'est-ce pas exactement ce qu'évoque la fin de Gn 3 ? Le travail quotidien

---

* Par exemple en Jn 13,3 : « Sachant qu'il est sorti de Dieu et qu'il va vers Dieu », ou en Jn 16,28 : « Je suis sorti du Père et je suis venu dans le monde ; tandis qu'à présent je quitte le monde et je vais au Père ». Voir aussi Jn 7,33.

** « [La nuit où j'ai été conçu] n'a pas fermé les portes du ventre où j'étais : elle aurait [ainsi] caché le mal à mes yeux » (Jb 3,10). Phrase tarabiscotée qui montre bien notre difficulté à admettre que la souffrance fait partie de la vie, dès le début.

devient d'autant plus harassant, la douleur liée à la maternité « augmente grandement » (v. 16) : c'est ainsi qu'il convient de traduire ce verbe, au sens de la péjoration d'une situation préexistante, et non comme s'il s'agissait d'une nouvelle réalité. La condition humaine, déjà difficile à assumer, devient encore plus lourde quand nous ne sommes plus en relation avec l'Autre. Autrement dit, Adam et Ève n'inventent pas le mal : il y est déjà. Mais ils ne respectent pas l'altérité de l'autre et du Tout-Autre – ce qui revient à éliminer la relation. Et c'est *cela* qui les chasse du jardin sécurisé. Loin d'être une punition divine, cet exil-là se produit chaque fois que, pour mettre fin à notre souffrance ou notre mal-être, nous nous fermons à l'Autre : s'exiler de la vie relationnelle ne fait qu'aggraver le sentiment d'exil lié à la condition humaine.

La non-relation à l'Autre : une variété de symboles

Autant je crois indispensable de renoncer à la doctrine du péché originel, autant je m'intéresse à la *réalité* de ce que la Bible appelle « péché » – mot presque imprononçable aujourd'hui, qu'il me paraît urgent de « traduire » en lui redonnant son sens constant de la Genèse à l'Apocalypse : la non-relation à l'Autre. Rupture, repli ou enfermement par rapport à l'Autre : les autres humains et le Tout-Autre. Car comment prétendre être en relation vivante avec Dieu quand, nous fermant à nos semblables, nous ne leur faisons plus assez confiance pour leur parler et les écouter ?

Si le sujet est brûlant et continue de l'être, c'est que nous sommes quotidiennement confrontés à cette question : que faire pour bien faire ? Quel comportement adopter ? Les auteurs bibliques ont fait l'expérience d'un Vis-à-vis qui mettait de la lumière dans leur tohu-bohu et les aidait à faire des choix féconds. La grande et unique question était de savoir si l'on voulait être en lien avec ce Vis-à-vis ou si l'on préférait ne compter que sur soi-même. Ils ont appelé « péché » cette manière de vivre où nous nous passons de l'Autre – ce qui est bien plus profond qu'une simple liste de fautes ou la transgression d'une loi. Pour eux, parler de « péché » en dehors de la relation à Dieu n'avait aucun sens, puisque « pécher » signifiait léser le lien personnel, péjorer ou rompre la relation.

On comprend alors pourquoi la Bible hébraïque – et Jésus à sa suite – préfère le langage de la *confession* : « Je me sens responsable devant Toi de m'être enfermé en moi-même sans voir qu'en blessant les autres je Te blessais... » On comprend aussi pourquoi, selon l'évangéliste Jean, le péché est totalement absent de la relation à Dieu : quand nous sommes dans l'Amour, la peur disparaît, y compris la peur de mal agir ou d'avoir mal agi. Rien n'est irrémédiable tant que nous maintenons la relation avec lui.

On commence à respirer. Pas de manuels de catéchisme ni de traités théologiques sur le péché : dans la Bible hébraïque, on trouve très rarement *le* péché ; il en est de même pour les évangiles de Matthieu, Marc et Luc – et le mot est toujours lié à l'annonce d'une libération imminente. Pas de théorie, donc. Aucune trace, non plus, d'une nature humaine préexistante : le péché ne se dit *jamais* en termes de nature ; c'est quelque chose d'événementiel et de contingent, il n'y a aucune fatalité là-dedans. Nulle part Jésus ne dit de l'humain qu'il est impur de nature : il suffit d'*être en relation* pour que le péché ne compte plus*. Le Nouveau Testament emploie rarement le substantif « pécheur » pour parler de l'être humain : le mot désigne plutôt des catégories sociales (comme les Juifs non pratiquants) ou les nations païennes. Chez Jean, le péché n'est jamais une réalité objective, qu'on pourrait détacher de la relation vivante entre Dieu et chaque être humain. Personnellement, je dirais qu'il fait partie du mystère unique qu'est ma relation spécifique avec le Tout-Autre.

La Bible hébraïque en parle de trois manières, souvent mises en parallèle :

– le terme [*h*atat] : au sens profane et pratique, on manque le but, on rate la cible, on se trompe de chemin (on dé-vie) ;

– le terme [ʿawon] : on transgresse la loi, on dévie par rapport à une norme, on agit mal ;

– le terme [peshaʿ] (beaucoup moins cité que les deux autres) : on se rebelle, on initie la rupture.

Aussi bien l'apôtre Paul que l'évangéliste Jean emploient presque exclusivement *hamartia* qui est l'équivalent grec de *h*atat. C'est dire si les auteurs bibliques, dans leur ensemble, sont sensibles à la dimension *existentielle* de cette réalité. Ils ne sont pas obsédés par les listes de péchés – ce qu'il ne faut pas faire, sous peine d'être puni. Ce qui les concerne par-dessus tout, c'est d'être en lien avec le Vivant, de l'écouter et de l'entendre pour s'orienter dans la vie. J'ajouterais : d'être en lien avec les autres humains, qui nous sont infiniment précieux puisque, grâce à eux, nous pouvons prendre conscience des « cibles » ou des « buts » que nous avons « manqués », des voies de garage dans lesquelles nous nous sommes engagés, des « déviations » qui nous font perdre de vue notre orientation.

---

* Voir les nombreuses occasions où Jésus dit à la personne venue lui demander de l'aide : « Ta foi/confiance t'a sauvée. »

Personnellement, plus j'avance en âge, plus j'avoue ma grande perplexité au sujet de cette non-relation avec l'Autre qu'est le péché dans la Bible : comment puis-je savoir que je suis vraiment en lien avec lui, que je ne suis pas en train de me raconter des histoires, que je ne le « manque » pas, que je ne me suis pas fourvoyée en déifiant telle personne ou telle réalité – ce que la Bible appelle « idolâtrie » ? Mystère insondable, certes, que cette relation unique au monde entre lui et moi, moi et lui, faite de rencontres lumineuses « en vérité » et d'absences, d'éloignements, où c'est la « ténèbre », et non lui, qui me parle…

Mais je constate que les autres me sont donnés précisément comme boussoles, jour après jour, pour me réorienter vers le Vivant. C'est à leur contact que je prends conscience de mes erreurs de direction, de mes ratés, des occasions que j'ai manquées. C'est grâce à eux que je peux, régulièrement, « corriger le tir ». Et j'avoue que cela m'importe bien davantage que de me prendre le pouls chaque matin ou chaque dimanche pour savoir si oui ou non je suis bien en relation avec Dieu – ce dont je n'aurai de toute façon jamais la preuve ici-bas !

Je me trouve en bonne compagnie : dans la Bible, notamment dans le Psautier, le Juif demande plus souvent la délivrance de ses ennemis que de son péché – il est prioritairement soucieux de ses relations avec les autres ! – et le pardon des fautes ne se rencontre qu'assez rarement[15]. Quant au Nouveau Testament, il ne parle du péché que pour le déclarer évacué dès qu'on est en relation avec Jésus – et donc avec les autres, comme il l'a dit lui-même. Les historiens s'accordent à dire que pour les premières générations de chrétiens, le péché ne comptait plus.

Ainsi, il est frappant de voir le peu d'importance qu'a la confession des péchés dans le Nouveau Testament[16]. *Paul lui-même ne prie jamais pour la rémission des péchés*[17] ! Pour lui, nous sommes réellement justes *en Jésus*, complètement libérés de la culpabilité et de la mort, et si péché il y a encore, ce n'est qu'un trébuchement occasionnel, car rien ne pourra plus jamais nous séparer de l'Amour dont nous faisons l'expérience au contact de Jésus. Même son de cloche chez Jean : le péché n'est qu'une défaillance passagère de la confiance en Dieu et ne remet jamais en question notre « réhabilitation » devant lui. Elle, elle est irréversible et ne dépendra jamais de nos états d'âme, ni de notre initiative, ni de nos efforts : « Si tu savais le don de Dieu… » La bienveillance inconditionnelle nous a visités : à nous d'adopter un autre regard sur l'être humain… et sur Dieu lui-même !

Mais il faut croire que ce n'est pas si facile : le naturel n'a pas tardé à revenir au galop dans l'histoire de l'Église. Comme dans nos histoires individuelles : nous avons beaucoup plus tendance à nous vautrer dans la culpabilité (ou à dénoncer celle des autres) qu'à prendre le chemin ardu de la relation confiante en l'Autre. L'exigence n'est pas là où l'on croit, là où on nous l'a enseigné. Jésus lui-même recommandait la vigilance : on a vite fait de s'imaginer qu'on peut par soi-même avoir les mains propres ; la tentation a été et sera toujours de nous justifier nous-mêmes et d'accuser autrui… en nous coupant de l'Autre. L'exigence est du côté de la réceptivité à l'Autre – « suis-je à son écoute ? Suis-je authentiquement en lien ? ». Elle n'est pas dans le nombrilisme que génère l'hypertrophie du péché (« suis-je assez bon, juste, fidèle ? ») qui m'empêche de voir qu'au fond les autres/le Tout-Autre m'indiffèrent, tellement je suis replié-e sur moi-même, obsédé-e par mon souci de ne pas pécher.

Comme beaucoup de nos contemporains, je suis devenue allergique au mot « péché » : nous ne pouvons plus entendre la réalité qu'il désigne tellement il est parasité par des siècles de doctrine de péché originel. On nous martelait que la grande affaire de la vie de foi (c'est-à-dire de la vie tout court, puisque l'Occident était exclusivement chrétien) était le péché : être en ordre avec le Juge. Alors que le défi était d'apprendre à développer la confiance en l'Autre : on enseignait à se concentrer sur soi-même plutôt que sur la relation. Distorsion qui m'empêche d'utiliser le mot « péché ». Mais je ne peux pas, chaque fois, le remplacer par « la non-relation avec l'Autre ». Je préfère donc dire la *réalité* de notre vie coupée de l'Autre avec des symboles bibliques bien plus parlants pour aujourd'hui… et qui désignent exactement la même chose : le point commun à tous ces symboles, c'est précisément l'*absence de vis-à-vis*.

L'enfermement

La réalité première, disions-nous, c'est l'excès de souffrance : le bébé ne choisit pas de se replier sur lui-même… pas plus que le père ou la mère à qui on vient d'annoncer la mort de son enfant. Réflexe humain, dès le début : se concentrer sur le peu de vie qui reste encore. L'excès de souffrance commence par isoler. Peu importe de quel côté elle vient : trahison, abandon, surdité de l'entourage… Elle génère une certitude : on doit se débrouiller tout seul. Mais il vient un moment où l'on met son honneur à tout garder pour soi, où l'on commence à s'en vanter : « Moi, je n'ai besoin de personne. » Nul autre que nous ne peut repérer un tel glissement. C'est quand, habitués à faire sans l'Autre, nous adoptons cette posture comme notre propre manière de vivre : on ne peut rien attendre des autres, ça ne sert à rien de parler…

Ainsi, pour Luther, le péché n'était pas d'abord une faute morale mais l'attitude de la personne qui, croyant pouvoir se passer de la relation à Dieu, se centre complètement sur elle-même (*homo incurvatus in se*), dans l'illusion de devenir juste par ses seuls efforts[18]. J'ajoute une variante : dans l'illusion de n'avoir jamais fait de mal à personne. C'est qu'avant de péjorer la relation avec le Tout-Autre, l'enfermement atteint les autres, nos semblables qui sont souvent, à l'origine, aussi mal en point que nous. La psychanalyste Nicole Jeammet voit dans tous les « péchés capitaux » une même problématique : chaque fois, c'est renoncer à la relation, nier l'existence d'autrui donc l'interdépendance de soi à l'autre et de l'autre à soi[19]. Ainsi, la personne qui est dans une addiction ne *verra* pas la souffrance que son enfermement impose à l'entourage, persuadée que c'est seulement *son* problème.

Le piège, c'est qu'on passe insensiblement de la souffrance au repli sur soi et à l'enfermement, puis à l'autosuffisance installée. Et qu'on est loin de le faire exprès. Parfois, ce mécanisme s'est mis en place depuis la petite enfance et quand on s'en aperçoit à l'âge adulte, on peut en souffrir énormément. Je sais de quoi je parle et j'en suis également témoin chez les autres. Quand la Bible appelle cet état « péché », ce n'est pas pour nous enfoncer un peu plus. C'est pour nous inviter à revenir à la relation, à risquer à nouveau la confiance, ne serait-ce qu'une fois, envers un être humain – et, à travers lui, envers l'Autre. Il suffit d'une fois… et on reprend goût, au moins un peu, à la relation.

Prenons l'exemple du deuil. On sait que les sentiments de culpabilité font partie du travail de deuil : on se remémore les occasions manquées (avec la personne disparue), toutes les fois où l'on s'est perdu dans la non-relation. Et comme c'est irréversible, cela fait mal, très mal, au point qu'on peut en arriver à ne plus *voir* l'entourage. Enfermement dont il s'agit de prendre conscience un jour, sans quoi on risque de se couper des proches bien vivants, de sombrer dans la non-relation qu'est le péché biblique… alors que justement on se sentait exclusivement pécheur par rapport au passé « raté » ! Le symbole de l'enfermement nous parle de notre devenir : la pierre est faite pour être roulée, le tombeau de notre douleur ouvert, et chaque fois que, même dans nos périodes les plus « enfermées », nous nous ouvrons un tant soit peu pour échanger avec autrui, nous réalisons que c'est le Tout-Autre qui se tenait à la porte et qui frappait…

L'errance

P. Ricœur déjà recommandait de « revenir à l'énorme charge de sens contenue dans des "symboles" pré-rationnels comme ceux que contient la Bible, avant toute élaboration d'une langue abstraite : errance, révolte, cible manquée, voie courbe et tortueuse, et surtout *captivité* ». C'est dans le souvenir ou la rencontre d'un Autre, c'est par rapport à Quelqu'un que je prends conscience d'avoir perdu mon chemin : c'est « une errance de l'être, un *mode d'être* plus radical que tout acte singulier »[20]. Ainsi le Juif confesse-t-il que son père était « un Araméen errant » (Dt 26,5), ce qui, selon la *TOB*, va bien plus loin que la référence au nomadisme : le sentiment d'exil lié à notre condition humaine peut nous conduire à perdre tout vis-à-vis humain/divin ; c'est comme si nous étions dans le désert, incapables de trouver notre chemin. Personnellement, je préfère être une Araméenne errante qu'une pécheresse corrompue dès le sein maternel !

On retrouve le symbolisme de la brebis perdue partout dans la Bible : Jérémie voit dans son peuple des brebis égarées ayant perdu jusqu'au souvenir de leur bercail (50,6). Ésaïe nous voit « tous comme du petit bétail errant, nous tournant chacun vers son chemin » (53,6). Le psalmiste, lui, au nom du bercail dont il a gardé la mémoire, demande carrément au Berger de venir le chercher : « Je suis errant comme une brebis perdue : recherche ton serviteur car je n'ai pas oublié tes commandements [tes paroles de vie] » (Ps 119,176). Quant au « fils de l'humain », il dit qu'il est « venu sauver ce qui était perdu » (Mt 18,11), comme on part à la recherche d'un navire en perdition – j'aime cette image où on ne se préoccupe pas de savoir si c'est la faute des vents contraires, d'une avarie technique, d'une erreur du capitaine, de la désobéissance de l'équipage… Seul compte le sauvetage.

Même symbolisme sur la terre ferme : l'errance du fils cadet, parti en pays lointain, dans la parabole dite « du fils prodigue », prend fin au moment où il consent à « venir en lui-même » (Lc 15,17) et, s'engageant dans un dialogue intérieur avec son père, ouvre son cœur à la relation. Là non plus, pas la moindre condamnation : Jésus ne s'intéresse pas une minute à la question qui nous obsède si souvent – « à qui la faute ? » ; il se contente de parler d'errance et de retrouvailles.

À deux reprises, le père se fait son porte-parole : « [Mon fils cadet] était perdu et *il a été trouvé.* » Voie passive qui en dit long sur l'infinie discrétion de l'Initiateur de ces retrouvailles : on sait que les auteurs bibliques, par respect pour le Nom divin, utilisent la voie passive afin de ne pas Le nommer. Le Vis-à-vis privilégie l'incognito pour nous laisser l'espace et le temps de reprendre, à notre rythme, le chemin de la relation. Il se joue là quelque chose d'essentiel. Aucun retour à la case départ. Aucune trace de récupération ni d'attitude possessive de la part du père. S'il ne dit pas « *je* l'ai *re*trouvé », mais « il a été trouvé », n'est-ce pas qu'il pressent le retour de son fils à la Relation et prend peu à peu conscience de la mort à lui-même qu'a traversée ce fils dans son errance* ?

À l'origine, en Gn 4, la condition humaine faite d'errance et de précarité est incarnée par Abel et son troupeau de brebis. Mais l'agriculteur Caïn, après avoir éliminé son frère, entend de l'Autre, puis avoue de lui-même, être devenu « instable et sans foyer sur la terre » (v. 12.14) – une brebis errante, en somme. Ce qui me frappe, c'est la solidarité de Jésus avec notre situation d'humains toujours plus ou moins perdus loin du port, du pâturage, du jardin sécurisé, du « pays de lait et de miel » où il fait bon vivre. Lui qui se prenait avant tout pour un « fils d'humain », un héritier de cette humanité que nous avons tous en partage, consentait profondément à cette destinée et nous invitait à y consentir : « Les renards ont des terriers et les oiseaux du ciel des nids ; le fils de l'humain, lui, n'a pas où poser sa tête » (Mt 8,20)**.

---

* « Il était mort et il a *repris vie*, il était perdu et il a été trouvé » (Lc 15,24). Et, à la fin du récit : « Il était mort et il est *venu à la vie*, perdu et il a été trouvé » (Lc 15,32).

** Certains biblistes rattachent l'expression « fils de l'humain » à Ez 2,1.3 et la comprennent ainsi : « l'homme que je suis » (note w de la *TOB*).

Mais à la suite d'événements que nous avons subis et/ou provoqués, notre errance ontologique peut nous isoler les uns des autres et devenir insupportable : « Voyant les foules, Jésus fut pris aux entrailles pour elles parce qu'elles étaient harassées et prostrées comme des brebis sans berger » (Mt 9,36). En fait, c'est plus tragique que cela. *Skullô* signifiant « écorcher, déchirer, tourmenter, fatiguer » et *riptô* « jeter, laisser tomber, rejeter, abandonner », on peut traduire ainsi : « parce qu'elles étaient tourmentées et abandonnées ». Je m'étais toujours demandé comment on pouvait être pris de compassion face à une foule. Jusqu'au jour où j'ai vécu quelque chose de cet ordre-là : c'était quelques minutes avant de donner une conférence à l'étranger sur la culpabilité. Tout à coup, j'ai été littéralement « prise aux entrailles » devant cette foule muette dont les visages me parlaient du tourment et de l'abandon qu'on peut vivre loin de tout vis-à-vis compatissant.

Autant le « péché » a été pendant des siècles une affaire terriblement individuelle, autant c'est l'exact opposé dans la Bible. Le texte phare, dans la Bible hébraïque, c'est le chapitre 34 d'Ézéchiel. En long, en large et en travers, le prophète nous rappelle notre responsabilité de bergers. Pas question d'accuser les brebis égarées d'avoir péché, ou délibérément rompu la relation avec l'Autre ! Le seul et unique péché ici, c'est celui des bergers d'Israël qui ont tout fait pour égarer les brebis… et rien pour les retrouver : « Vous n'avez pas fortifié les [brebis] poussives, vous n'avez pas guéri la malade, vous n'avez pas bandé la mutilée, vous n'avez pas fait retourner l'égarée, vous n'avez pas cherché la perdue. Vous les avez assujetties par force, avec brutalité. Elles se dispersent, privées de pâtre ; elles sont à manger par tous les animaux du champ, elles se dispersent » (Ez 34,4 *sq*., Chouraqui).

Renversement d'une fécondité étonnante : quand je me sens perdue, au lieu de battre ma coulpe, de m'accuser d'en être arrivée là, je vais partir à la recherche de celui ou celle, dans mon entourage, qui, suite à des « ratages » relationnels, a perdu son chemin et attend sans le savoir que je l'accompagne peu à peu vers le pâturage – là où elle retrouvera sécurité et nourriture essentielle. En m'impliquant ainsi, je n'entretiendrai pas l'illusion de réaliser un exploit : je ne fais qu'être juste et équitable envers une personne que d'autres « bergers » et/ou moi-même avaient maltraitée.

Mais dans le pire des cas ? Quand aucun berger ne se dérange ? Alors, selon Ézéchiel, le Tout-Autre lui-même prend fait et cause pour les brebis laissées à l'abandon : « Je viens contre ces bergers, je chercherai mon troupeau pour l'enlever de leurs mains [...]. Je viens chercher moi-même mon troupeau pour en prendre soin [...]. Je l'arracherai de tous les endroits où il a été dispersé un jour de brouillard et d'obscurité [...]. Moi-même je ferai paître mon troupeau [...]. La bête perdue, je la chercherai ; celle qui se sera écartée, je la ferai revenir ; celle qui aura une patte cassée, je lui ferai un bandage ; la malade, je la fortifierai [...] je ferai paître mon troupeau selon le droit » (Éz 34,10 *sqq*. et 15 *sq., TOB*). Le pire des cas me paraît incarné par le fils cadet de la célèbre parabole : personne n'est parti à sa recherche quand, perdu loin des siens, il s'est trouvé privé de tout vis-à-vis. Et pourtant, même dans une situation aussi désespérée, l'Autre peut nous inspirer, nous pousser à « rentrer en nous-mêmes »...

pour y trouver l'énergie de revenir à la relation – Son énergie au plus insu de nous !

L'aveuglement

Rien de plus mystérieux que le phénomène de la prise de conscience… Et rien de plus évocateur du péché biblique que l'absence prolongée de prise de conscience ! Comment parviendrai-je à voir ce que je ne vois pas, à rendre conscient ce qui, en moi, reste obstinément inconscient et qui me coupe – je le sens bien – de moi-même, des autres et du Tout-Autre ? Mais il y a plus : quand la chose se produit, comme à l'improviste, contre toute attente, me voilà dans l'incapacité d'*expliquer* comment c'est arrivé. Non seulement je ne l'ai pas pris sur le vif mais, après coup, je ne comprends pas par quel miracle ce qui était jusque-là caché à mes yeux, inaudible et non perceptible, a pu tout à coup s'imposer à moi avec la plus grande des évidences.

N'est-ce pas en raison de ce vécu « miraculeux », précédé par une perception aiguë de l'impuissance de notre volonté, que la Bible attribue à Dieu, en plusieurs endroits, l'origine de notre aveuglement ? Ainsi, le prophète Ésaïe est mandaté pour « engourdir le cœur de ce peuple, appesantir ses oreilles, lui coller les yeux ! Que de ses yeux il ne voie pas, ni n'entende de ses oreilles ! Que son cœur ne comprenne pas ! Qu'il ne puisse se convertir et être guéri ! » (6,10). Un Dieu pervers qui l'aveuglerait pour ensuite lui reprocher sa cécité ?

J'y vois bien plutôt un fait d'expérience qui appelle une lecture spirituelle : quand nous nous enlisons dans une manière de penser et d'agir qui nous rend aveugles à l'Autre et aux autres, nous allons *jusqu'au bout de l'impasse*, jusqu'à nous apercevoir, un jour, que nous avons perdu de vue l'issue*. Je ne crois pas que les auteurs bibliques nous encouragent alors à nous déresponsabiliser en nous retournant contre Dieu : « Pourquoi ne m'en as-tu pas empêché ? Il t'était pourtant facile de m'ouvrir les yeux. C'est donc toi qui m'aveuglais ! » Ils expriment plutôt, me semble-t-il, combien cette puissance d'aveuglement les dépasse. Une réalité aussi incompréhensible que la force supérieure qui les a ensuite délivrés de leur cécité. Une même énigme insondable.

N'est-ce pas là notre expérience ? Rétrospectivement, nous n'en revenons pas : « Comment se fait-il que je n'aie rien vu, entendu, compris, alors que c'était sous mon nez ? » Pensons aux trahisons que nous avons subies et à celles dont nous sommes responsables, aux comportements pervers que nous avons mis si longtemps à *voir*, aux manipulations qui nous ont fait diaboliser telle personne sans la connaître vraiment. À commencer par notre propre personne, qu'on nous a appris à considérer comme « mauvaise » – un type d'aveuglement dont on ne dira jamais assez combien il nous coupe de nous-mêmes, des autres et de Dieu. Pour moi, la question est devenue stérile : il a bien fallu le Tout-Autre pour que j'émerge peu à peu de la nuit où je marchais à tâtons, et lui seul sait pourquoi cela a duré tant d'années ; je lui fais cette confiance qu'il ne pouvait pas en être autrement.

À la base, l'aveuglement fait partie de notre condition humaine. C'est ce que suggère, entre autres textes, le récit hautement symbolique de la guérison d'un aveugle de

* Je fais la même analyse pour l'« endurcissement » du Pharaon *par lui-même et par Dieu* en Ex 7,10.11 et 14.

naissance en Jn 9 : d'une certaine manière, nous sommes tous nés aveugles ; nous pouvons nous tromper, et même lourdement ; mais tant que nous le reconnaissons devant l'Autre, c'est sans importance, puisque seul compte le maintien du lien, la réceptivité à Sa voix. Toutefois, il y aurait de quoi se sentir immobilisé dans son action, ses engagements, paralysé par la peur de blesser sans le vouloir, sans même l'avoir vu. Pour ma part, là aussi je lui fais confiance qu'il m'arrêtera et m'évitera le pire si par aveuglement je m'égare ; et je demeure attentive aux clignotants intérieurs et aux signaux qu'émettent les autres dans mon clair-obscur.

Ce n'est pas du tout l'aveuglement humain que la Bible appelle « péché » mais uniquement et exclusivement la prétention à voir clair – qui inclut le refus de reconnaître que j'aie pu me tromper : « Si vous étiez des aveugles, dit Jésus, vous n'auriez pas de péché. Mais à présent vous dites "nous voyons" : votre péché demeure » (Jn 10,41). En langage symbolique, encore, je peux ne pas voir la poutre dans mon œil… et rester en relation avec l'Autre ; mais ne plus être en relation, pécher, c'est voir la paille dans l'œil d'autrui et en faire une poutre ! Parce que c'est ne plus voir qu'elle, et ne plus voir autrui dans le mystère inépuisable de son être.

Il arrive que l'Autre – ce « souffle de vérité » qui traversait Jésus – fasse, de manière inopinée, tomber les écailles de nos yeux. Comment ? En parlant vrai par l'intermédiaire des autres et des événements qui nous adviennent d'un monde autre que celui de l'évidence*. Plus nous nous

* Au sens étymologique, « évident » signifie « qui se voit de soi-même ».

trompions, plus la Lumière nous aveugle dans un premier temps. Comme l'apôtre Paul sur le chemin de Damas, renversé, au propre et au figuré, du haut de sa certitude d'y voir clair dans sa vocation spirituelle de persécuteur des premiers chrétiens. À quels signes commence-t-on à se douter qu'on est dans l'aveuglement ? Quand on remarque que les autres souffrent à cause de nous ; jusque-là, on pouvait sincèrement croire qu'on était en lien avec le Tout-Autre ; mais on ne voyait que soi-même, persuadé qu'on était d'avoir raison, seul contre tous, mais avec « Dieu ».

Prenons l'expression « je ne vois pas le mal ». Si c'est dit dans le sens « je ne veux même pas voir la paille qui est dans l'œil du voisin », on peut applaudir à l'esprit de non-jugement. Mais j'y perçois trop souvent un alibi à demeurer aveugle – avec la bénédiction divine – au mal dont on est témoin, s'il affecte les autres, et au mal dont on est soi-même victime, ce qui compromet grandement les chances d'apaisement et de guérison. Prétexte pour ne rien faire et meilleur moyen pour devenir complice de comportements destructeurs. Aveuglement volontaire qui coupe des autres et de l'Autre : ainsi passe-t-on du refus évangélique de l'esprit de jugement à une des pires formes d'aveuglement – de péché au sens biblique.

Comme le rappelle E. Fromm, « l'individu intensément destructif offrira le plus souvent une façade de bonté, de politesse, d'amour de la famille, des enfants, des animaux ; il parlera de ses idéaux et de ses bonnes intentions. [...] *Tant que l'on croira que l'homme mauvais porte les cornes du diable, on ne le découvrira pas.* [...] Toute analyse qui déformerait l'image d'Hitler en le privant de son humanité ne ferait qu'intensifier la tendance à être aveugle aux Hitler en puissance, à moins qu'ils ne portent les cornes du diable[21] ». Voilà pourquoi les auteurs bibliques ne cessent de promouvoir la pratique du discernement, qui entretient aussi bien la proximité avec le Tout-Autre que la confiance en sa voix, si souvent audible dans celle de nos semblables.

La maladie

Tant qu'elle demeure supportable, nous admettons que la maladie fasse partie de la vie. Mais quand la douleur physique ou la souffrance psychique nous submerge au point que nous ne puissions plus penser à rien d'autre, nous voyons bien qu'elle nous isole, nous coupe de l'Autre et nous prend en otages. En avoir conscience ajoute alors la détresse spirituelle à notre radicale impuissance. De là à penser que la maladie est une punition divine, il n'y a qu'un pas. Mais c'est prendre la conséquence pour la cause : à l'origine, ce n'est pas parce que nous étions isolés que nous sommes tombés malades ; mais c'est la maladie qui nous a poussés à nous replier sur nous-mêmes.

Jésus, lui, ne s'est jamais intéressé aux fautes que telle personne malade avait pu commettre pour en arriver là. Dans les évangiles, chaque fois qu'on l'interroge à ce sujet, il tourne la tête de l'autre côté : « Ce n'est pas parce que, c'est pour que. » La maladie appartient à la condition humaine ; la seule question est : consentirons-nous, à travers elle, à nous exposer à l'Autre et à lui laisser investir notre espace intérieur ? Dans les évangiles, Jésus commence toujours par « guérir les malades ». Tellement la maladie nous prive de tous nos moyens, y compris spirituels, nous empêche de veiller à ne pas nous couper des autres et du Tout-Autre ! Elle ne survient pas *parce que* nous l'avons bien cherché, mais *pour que* l'Autre nous fasse sentir sa densité de présence.

Une des raisons pour lesquelles le mot « péché » est devenu insupportable, c'est qu'il déclenche tout de suite l'idée : « c'est de ta faute ». Mais pour la Bible, c'est beaucoup plus complexe. On peut être coupé de l'Autre sans l'avoir voulu, ni cherché, ni su. Par les seules circonstances de la vie. C'est exactement comme pour l'aveuglement. Nous sommes tous des aveugles et, de la même manière, des malades, des souffrants, des infirmes. Là n'est pas le péché. Ce qui l'est, c'est uniquement et exclusivement la prétention à être « bien portant » sur tous les plans, dans une autosuffisance illusoire : « Ce ne sont pas les bien portants qui ont besoin de médecin, mais ceux qui ont mal, disait Jésus. Je ne suis pas venu appeler les justes mais les pécheurs en vue de [leur] retour » (Lc 5,31 // Mt 9,12 // Mc 2,17). Comme personne ne peut vivre sans avoir mal un jour, comme personne ne peut prétendre être parfaitement juste sa vie durant, autant dire que l'appel à se « retourner », à revenir à la relation, s'adresse à tout un chacun ! Ainsi pouvons-nous être touchés par le symbolisme de la maladie.

Le plus souvent, Jésus guérissait les malades par une simple parole. Dynamisme de la Parole que la tradition juive accordait déjà à la Torah : « [...] C'est uniquement grâce à la force de la Parole que l'âme malade – [...] l'âme qui se croit abandonnée de Dieu et qui réagit à cet abandon par l'orgueil propre au défi d'être un être-pour-soi ou, à l'inverse, par le désespoir – est "réparée", c'est-à-dire remise à sa juste place. Place précieuse et unique, place qui se reçoit de Dieu et non place qu'on se donne à soi-même », écrit C. Chalier[22].

La division

Notre réalité quotidienne n'est-elle pas faite d'une alternance de sentiments ambivalents envers autrui, de désirs contradictoires, de comportements incohérents, de choix constamment différés, tellement nous sommes enlisés dans la division intérieure ? Au IVe siècle, Grégoire de Nysse appelait « péché » ce mélange inextricable, cette absence de discernement, cette ignorance liée à un état de confusion, semblable à « un poison préparé avec du miel[23] ». Chaos mental qui, à mon avis, est en grande partie la trace laissée depuis l'enfance par le comportement contradictoire des parents ou éducateurs.

Qui faut-il croire désormais ? À qui se fier, par exemple, quand les propos tenus sur la même personne sont diamétralement opposés, et quand on oscille sans arrêt soi-même entre une perception positive et son contraire ? Adin Steinsaltz note que, selon les Sages juifs, le mauvais penchant « peut revêtir les défroques de deux personnages complètement différents. Parfois, il apparaît sous les traits d'un bandit. Ailleurs, cependant, il se déguise en [...] un "savant de la Torah", un être doté de sagesse et d'intelligence, imbu de psychologie, intensément pieux et fervent[24] ».

C'est qu'il nous arrive aussi d'avoir des comportements tellement incompatibles entre eux que les autres se demandent s'ils ont affaire à la même personne. Faillite de l'intelligence et de la volonté que l'apôtre Paul constatait en lui-même : « Je ne comprends rien à ce que je fais : ce que je veux, je ne le fais pas, mais ce que je hais, je le fais » (Rm 7,16). Un « écartèlement » qui faisait dire à Grégoire de Nysse : l'être humain a perdu ses ailes[25]. Et, en effet, comment avancer, s'engager, voler de ses propres ailes quand on est divisé de l'intérieur ?

Cependant, qui dit division intérieure dit tôt ou tard divisions collectives et, à terme, schismes, ruptures définitives. Voilà pourquoi je parle de se couper de l'*Autre* : à la fois les autres et le Tout-Autre. Les deux sont indissociables. Jusqu'ici, il était plus facile de s'illusionner : on peut entretenir le déni de son enfermement, de son errance, de son aveuglement, de sa maladie et même de sa division intérieure. Mais la rupture de relation avec telle ou telle personne, c'est plus difficile à nier. « À ceci tous reconnaîtront que vous êtes mes disciples, disait Jésus, si vous avez de l'amour les uns pour les autres » (Jn 13,35). On pourrait transposer ainsi : à ceci tous, à commencer par moi-même, verront bien que nous sommes divisés à l'intérieur si nous nous coupons des autres au point de les éliminer définitivement.

Pour le philosophe Jean Lacroix, nous sommes obligés de nous accepter divisés, mais « cette rupture qui est en nous peut et doit être surmontée – et même a été surmontée » – en la personne de Jésus[26]. Cependant, là où il y voit le péché originel, moi, je dirais que la division fait partie de notre réalité humaine. Il ne peut en être autrement, parce que aucun des adultes qui nous ont formés n'était (parfaitement) unifié. Vivre cette division, c'est douloureux, et la Bible n'y voit pas le péché. En revanche, nous nous coupons de l'Autre dès que nous nous fantasmons tout d'une pièce, intègres et cohérents par notre seule vigilance et perspicacité. Arrivés, en somme. Assez clairvoyants pour nous passer des autres et du Tout-Autre. Imperméables à toute parole autre susceptible de nous faire prendre conscience de nos contradictions.

Bien malin – ou inconscient – celui qui peut affirmer qu'il n'est aucunement éloigné, coupé ou divisé de Dieu ! Est-ce un hasard si la première phrase du « credo » traditionnel d'Israël (*Shema', Israël !*) lui donne pour nom « le Seigneur Un ». Dans mes propres moments de houle et de confusion, cela me ramène au port instantanément : « Écoute, Israël ! Le Seigneur notre Dieu est le Seigneur Un » (Dt 6,4 *sq.*). J'entends alors : « Tu as un Vis-à-vis... et en lui tu ne trouveras jamais aucune division. C'est ton Tout-Autre. Face à lui tes divisions disparaissent. Sous son regard de parfaite bienveillance, tu trouves et continueras de trouver ton être unique et unifié. Et tu L'aimeras "de tout ton cœur, ton être, ta force" : rien de toi ne sera soustrait à la relation avec lui, tout deviendra intensément vivant. Quand tu te sentiras à nouveau divisée, tu reviendras vers lui et tu retrouveras la paix face à ce vis-à-vis Un auquel tu voudrais tant ressembler. »

L'exclusion

Tôt ou tard, nous la subissons et la reproduisons. Il faudrait que nous ayons en toutes circonstances bénéficié d'un accueil inconditionnellement bienveillant de notre personne pour que la réalité de l'exclusion nous soit complètement étrangère. Elle peut être d'autant plus douloureuse qu'elle réveille notre mémoire corporelle : le tout premier épisode de notre vie terrestre a été l'expérience du rejet, de l'expulsion, d'une exclusion incompréhensible du paradis utérin. Comme nous l'avons vu avec J.-M. Delassus, on nous a imposé le « monde de la différence ». Par la suite, d'autres exclusions nous ont rendu ce monde plus ou moins inhabitable. Il se peut que nous ayons gardé, au fond de notre inconscient, la nostalgie du « même », de la bienheureuse et autosuffisante totalité originelle.

Dès lors, nous vivons la différence comme quelque chose d'insupportable, qui nous met immédiatement en danger. Le monde de la différence ne cesse de nous « tuer ». Alors, comme par réflexe, nous tuons la différence d'autrui, autrui dans sa différence. Comment prendre conscience de notre non-relation à l'Autre ? D'abord en découvrant ce que James Alison appelle la « dynamique d'expulsion[27] » qui structure notre relation à autrui : « Ou bien tu es le même que moi et je t'annexe, ou bien tu me menaces dans ta différence et je la tue, d'une manière ou d'une autre. » La chose est grave parce qu'il s'agit ni plus ni moins du rejet de l'*être* d'autrui : son altérité peut être tellement menaçante que nous aimerions éliminer tout bonnement son droit à exister.

Pour Maurice Bellet, c'est le prélude au meurtre physique ; l'exclusion est « toujours déjà meurtrière » : « Le meurtre en la pensée est ce refus d'entendre, aveuglant, qui met à mort la pensée autre, la présence étrangère, y compris sous la bienveillance, la compréhension[28]. » Je vois là une variante du symbolisme de la division. Car sous une bienveillance et une compréhension hypocrites peut se cacher l'élimination de la différence, le meurtre d'autrui en tant qu'autre. Mais plus communément il nous arrive, devant une personne malfaisante, d'être parfois dans le désir de l'aimer malgré tout et, à d'autres moments, d'avoir une furieuse envie de l'exclure définitivement de notre vie. Personnellement, dans ce cas-là, je fais mémoire de ce Tout-Autre qui l'a voulue vivante, qui l'a désirée dans sa différence irréductible – même si moi je ne la comprends pas. Alors, dans la proximité avec Celui en qui je ne trouve aucun rejet, je me réconcilie avec l'altérité !

Vous me direz : n'empêche que dans la Bible hébraïque, Dieu lui-même ne cesse de demander et de recommander à son peuple d'exclure telle ou telle personne ou catégorie de personnes, et même tel ou tel peuple ennemi. Pour les commentateurs juifs aussi bien que pour les exégètes, historiens et archéologues, ces paroles ne sont certainement pas à prendre au premier degré. En fait, leur fil rouge, c'est la hantise de la confusion, de l'indifférenciation, du chaos. Manière de dire la nécessité d'une séparation radicale entre les êtres et les communautés… afin de rendre possible le vivre-ensemble. La coupure doit se faire entre les *identités*… précisément pour que les *relations* ne soient pas coupées.

L'Évangile est explicite à ce sujet : chaque jour nous sommes invités à sortir de la confusion autrement que par l'exclusion – notre réflexe spontané quand nous nous découvrons annexés, niés, trompés. C'est que l'exclusion n'est pas une solution : l'autre reste alors menaçant, au minimum au-dedans de nous. Avec le symbole de l'épée*, Jésus nous a donné l'impulsion pour une différenciation radicale et définitive, mais qui ne tue pas l'altérité, qui n'élimine pas l'être et la parole d'autrui. Nous ne nous sentons plus obligés de rompre définitivement la relation… parce que l'autre n'est plus inquiétant : nous avons pris pied sur le socle indestructible de notre identité. « Ce sont ceux qui accueillent l'exclu, écrit J. Alison, qui deviennent capables de vivre sans péché[29] » – sans éprouver le besoin de se couper de l'Autre.

* « Ne vous figurez pas que je sois venu apporter la paix sur la terre ! Je ne suis pas venu apporter la paix mais l'épée. En effet, je suis venu séparer l'humain de son père, et la fille de sa mère et la belle-fille de sa belle-mère… » (Mt 10,34).

À nouveau, je dirais que le péché biblique *n'est pas* notre tendance à exclure (les autres, et à travers eux, le Tout-Autre) : elle, elle est étroitement liée à la nécessité vitale de nous différencier les uns des autres. Telle est notre condition humaine. En revanche, le péché consiste à rompre la relation aux autres, à supprimer leur voix (et leur corps, à plus forte raison) tout en se persuadant qu'ainsi on demeure en lien avec le Tout-Autre et qu'on lui fait même plaisir. Aveuglement parmi les pires : l'histoire des excommunications et des mises à mort, en Occident chrétien, des « pas comme nous » en fournit trop d'exemples pour qu'il soit nécessaire d'insister. « Tous les hommes sont aveugles, note encore J. Alison, mais quand cette cécité est conjuguée à une participation active aux mécanismes d'exclusion tout en prétendant voir, la cécité est coupable »[30] : c'est là qu'on peut parler de « péché ».

L'idolâtrie

La lutte contre l'idolâtrie parcourt toute la Bible, et pour cause : idolâtrer quelqu'un ou quelque chose, n'est-ce pas se le donner comme vis-à-vis en éliminant le Tout-Autre ? Selon le livre de la Sagesse, l'idolâtrie est « destruction de la vie » ; « le culte des idoles impersonnelles est le commencement, la cause et le comble (ou le but) de tout mal » (Sg 14,12 et 27). Les prophètes n'ont pas cessé de dénoncer la fabrication d'idoles, disant en substance : « Vous les créez de toutes pièces… et vous ne voyez pas qu'elles sont sans vie ! » Parce que c'est *du même*, du connu, on sait de quoi c'est fait. L'idole symbolise à merveille la négation de l'altérité : quand nous idolâtrons une personne, nous nous fondons avec elle dans le même moule, qui est de notre propre fabrication. Nous sommes, de fait, coupés de l'Autre, sans vis-à-vis différent, surprenant et stimulant.

Or notre idolâtrie nous échappe autant que peut nous échapper notre aveuglement. Je dirais que nous avons développé cette tendance dans la mesure où nous n'avions pas de vis-à-vis *humain* – le seul vivant qui puisse incarner le vis-à-vis divin. Nous avons dû nous contenter d'être en « relation » avec un ersatz – alcool, drogue, argent, internet, activisme, « partenaire » affectif ou/et sexuel, etc. Le problème, c'est que nous ne savons jamais jusqu'à quel point nous avons pris telle personne, telle activité, tel produit comme seul « vis-à-vis »* dans notre vie relationnelle.

Là encore, il faut distinguer. Il y a la réalité de base, que nous n'avons pas choisie – cette béquille, ce pis-aller qui, de plus, nous fait souffrir, en définitive ; en relisant rétrospectivement notre parcours de vie, nous constatons que nous avons été incapables de survivre autrement. Et il y a, par ailleurs, ce que nous en faisons aujourd'hui : pour les auteurs bibliques, le « péché d'idolâtrie », c'est le refus d'entendre le Tout-Autre par la voix des autres humains qui tentent par tous les moyens de nous rendre attentifs à notre enfermement dans le même, de nous entraîner vers une prise de conscience libératrice. Qui nous délivrera de ce dieu mortifère si *nous* ne décidons pas, en les écoutant, de (re)prendre le chemin de la relation ?

---

* Je mets des guillemets à relation, à partenaire et à vis-à-vis précisément parce que ce sont là des substituts, faute de mieux.

La dette

Je l'ai gardée pour la fin parce que c'est le symbole utilisé par Jésus dans la seule prière qu'il nous ait laissée, le « Notre Père ». Littéralement, c'est : « Remets-nous nos dettes (*opheilèmata*) comme nous-mêmes nous avons remis à nos débiteurs ! » Ni dans la Bible hébraïque ni dans la Septante*, la dette ne désignait le péché, la rupture de relation *avec Dieu* : il s'agissait exclusivement d'un problème *entre humains* – un dû, une culpabilité, une responsabilité, une obligation juridique et commerciale. En revanche, dans le judaïsme du temps de Jésus, c'était devenu une façon habituelle de parler du péché, en araméen comme en hébreu[31]. Jésus emploie donc ce mot, mais dans la même ligne que les auteurs de la Bible hébraïque : c'est avant tout entre nous que cela se passe, avant même que nous nous préoccupions de notre péché devant Dieu ! L'emploi du verbe grec au parfait – « comme nous *avons remis* » – montre que, dans l'esprit de Jésus, le rétablissement de la relation entre nous, les humains, est primordial et prioritaire. Comme si un tel rétablissement nous entraînait alors dans une dynamique de rapprochement avec le Tout-Autre : « Remets-nous nos dettes, restaure le lien entre Toi et moi ! »

Or qui dit dette à notre égard – pensons au fameux « il/elle va me le payer ! » – dit injustice subie. La chrétienté occidentale a été si longtemps obnubilée par son incommensurable péché devant Dieu… que la seule parole de

* Traduction grecque de la Bible hébraïque, effectuée vers 270 av. J.-C.

Jésus à ce sujet dans le « Notre Père » est passée totalement inaperçue. S'il nous rappelle que nous « remettons » aux autres leurs dettes à notre égard, « laissons aller » (autre sens du verbe *aphienai*) les torts, injustices, malheurs qu'ils nous ont fait subir, c'est qu'il s'agit bien là de notre réalité de base : la malfaisance des autres nous a atteints bien avant que nous ayons été capables de leur faire du tort.

J'entends dans cette phrase du « Notre Père » que le « péché » est une affaire qui se règle d'abord entre humains. C'est tellement à notre portée que Jésus n'en fait même pas une demande à adresser à Dieu : « comme nous avons remis/remettons à nos débiteurs » – c'est un constat, nous le faisons régulièrement ! Les chrétiens ont passé trop de temps à se préoccuper exclusivement de leur propre salut. C'est le moment d'entendre que la rupture de relation avec autrui bien vivant est ce qui nous éloigne le plus du Tout-Autre.

Effacer la dette, laisser aller le besoin de faire du mal en retour, lâcher l'envie de rompre le lien et de se replier sur soi, permet une belle prise de conscience : nous devenons sensibles à cet épisode relationnel douloureux qui nous a éloignés ou coupés de Dieu. Nous revenons vers le seul havre où nos yeux peuvent s'ouvrir : c'était un temps d'errance, d'enfermement, de division intérieure. La paix retrouvée face à autrui blessant, injuste ou destructeur (même si lui-même n'a pas évolué) nous fait redécouvrir le chemin de la Bienveillance inconditionnelle : « Remets-nous nos dettes à ton égard, que nous connaissons si peu… »

Enfermement, errance, aveuglement, maladie, division, exclusion, idolâtrie, dette… Autant de symboles bibliques évocateurs de la non-relation à l'Autre, du repli sur soi qui fait de la vie un enfer. Avec le philosophe orthodoxe N. Berdiaev, je ne crois pas à l'enfer « comme sphère objectivée de l'être », idée qui n'a « rien de divin et qui est carrément anti-évangélique », mais bien à l'enfer « symbole de l'expérience spirituelle » ; c'est « un isolement dans le sujet [...] ; une absorption en soi, pour laquelle l'éternité se clôt, ne laissant subsister que le mauvais infini »[32]. Ainsi, on n'en finit plus d'être enfermé dans la culpabilité ou dans le ressentiment, ou encore dans la blessure d'amour-propre. Je me souviens d'une nuit blanche, au sortir de mon adolescence – interminable nuit, littéralement infernale... La paix avait triomphé au petit matin, avec une parole reçue d'Ailleurs et qui ne m'a plus jamais quittée : « Mieux vaut l'amour que l'amour-propre. » J'étais sauvée : j'avais retrouvé le chemin de la relation.

Si l'enfer, c'est soi coupé des autres, il devient notre affaire. Comme le dit encore N. Berdiaev, « en somme, l'enfer ne veut pas dire que l'homme soit tombé aux mains de Dieu mais, au contraire, qu'il est définitivement livré à lui-même[33] ». Ainsi s'éclaire ce qui se joue au jardin d'Éden quand Adam et Ève « mangent » l'altérité l'un de l'autre, quand ils anéantissent la différence de l'autre : aussitôt ils se privent du Vis-à-vis, « ils se cachent du visage du Seigneur Dieu » (Gn 3,8). Mais selon la Bible tout entière, le Tout-Autre est celui qui sans cesse part à la recherche de l'être humain : « Où es-tu ? »

Je suis frappée par le fait que la toute première parole humaine adressée à Dieu dans la Bible fasse mémoire de sa voix déjà entendue « dans le jardin » – symboliquement ce lieu de complète sécurité qu'est la proximité de l'inconditionnelle Bienveillance : « Ta voix, je l'ai entendue dans le jardin » (Gn 3,10a). Elle est donc encore audible, quand bien même, pris par la peur de l'altérité, Adam et Ève se sont repliés sur eux-mêmes, enfermés « dans l'arbre du milieu du jardin », dans leur prétendue « connaissance » des autres et de Dieu : « *J*'ai eu peur car *je* suis nu et *je* me suis caché » (v. 10b). On peut continuer : « Je ne peux compter que sur moi, je n'ai besoin de personne », etc. Il est très difficile de l'admettre et pourtant cela correspond bien à notre expérience : l'Autre/les autres sont en même temps la source de notre peur… et notre seule planche de salut, notre unique possibilité de « sortir de l'arbre » !

Sortir de soi, un combat spirituel au quotidien

Le combat du Tout-Autre

Avec les auteurs bibliques, je vois l'énergie du Vivant contrer les forces de mort dans nos vies individuelles aussi bien qu'au sein des peuples, jadis comme aujourd'hui. Je n'en suis pas simplement convaincue, je l'expérimente et en suis témoin ; c'est ce que j'appelle « être croyant ». En cela, je rejoins la tradition juive qui considère la création non comme un événement lointain mais comme un acte de chaque instant. S'inspirant du Midrach, C. Chalier évoque le retour toujours possible à la masse dévastatrice des origines : « Le *tohuvabohu*, ce moment qui précède toute Parole, n'a donc pas disparu et il constitue une puissance destructrice du verbe et, en conséquence, de la vie elle-même, de la vie différenciée. » C'est une énergie active, qui demeure menaçante et nécessite quotidiennement la Parole créatrice[34].

Jésus n'a pas dit autre chose : l'Évangile est l'annonce de la victoire ultime contre les forces de division, qu'il a prises suffisamment au sérieux pour les affronter corps et âme. Qu'elles aient pour nom le Dragon, le Serpent, le diable, Béelzeboul, Satan ou le Prince de ce monde, ou simplement les démons, elles n'étaient pas pour lui « une abstraction, une simple manifestation de la finitude et des limites de l'homme, précise P. Grelot. Il y a vu une Force mystérieuse avec laquelle il lui fallait se mesurer, pour mettre fin à la domination qu'elle exerce ici-bas[35] ».

Bien des auteurs, juifs et chrétiens, soulignent la dimension cosmique de ces forces de mensonge et de division dans lesquelles nous sommes tous pris. Sans l'initiative toujours renouvelée du Créateur, notre monde retournerait au chaos. J'ajouterais : aujourd'hui plus que jamais étant donné nos immenses moyens technologiques. Cependant, dire cela ne nous déresponsabilise pas une minute. Au contraire, nous voilà libérés de la tâche gigantesque et impossible de sauver la planète par nos seuls efforts : il y a longtemps que Quelqu'un s'en occupe ! Du coup, un espace s'ouvre pour chacun-e individuellement et dans le cadre incontournable du vivre-ensemble : à moi de voir comment je peux sortir de mon enfermement destructeur à l'écoute d'une voix autre que la mienne, et agir en conséquence !

À la portée des humains

Parce que la menace est constante de retomber dans l'indistinction, le chaos et le mutisme, Jésus recommandait à ses contemporains de « veiller et prier pour ne pas aller-dans au-dedans de la tentation/séduction » (Mt 26,41).

C'est qu'il s'agit bien d'un double enfermement : la tentation de mentir (pervertir la parole), de se taire ou de faire taire (étouffer la parole) nous guette tous à chaque instant ; à nous de veiller à ne pas nous y enfermer à double tour ! Sinon, c'est le retour au chaos. Personnellement, je suis plus facilement vigilante quand je me souviens du Vivant victorieux à la fois du tohu-bohu des origines… et des forces d'anéantissement au matin de Pâques. Un être humain, semblable à moi, a vécu dans sa propre chair et en passant par sa propre mort l'enfermement qui tue la relation, et il n'en est pas mort : il me fait *sortir* chaque jour de ce repli sur moi qui, en évacuant l'Autre, me menaçait de confusion et d'aveuglement. Je le vis comme quelque chose de très libérateur : parce que le Combat est déjà gagné, j'ai la liberté – et la force m'en est donnée – de faire quotidiennement un petit pas pour sortir de mon propre enfermement.

Je crois qu'une grande partie de la chrétienté occidentale, aujourd'hui, aspire à ce qu'on cesse de tout lui mettre sur le dos : le Dieu biblique ne nous a jamais reproché l'existence du chaos originel, de l'abîme qui nous avale, des ténèbres où nous perdons notre route, puisqu'il les combat avant même que nous venions au monde. La seule chose qu'il nous demande, c'est de ne pas rendre la situation pire en nous coupant les uns des autres, donc de lui aussi. On peut le dire dans les termes de Teilhard de Chardin – qui, en écho au tohu-bohu originel, appelait la matière le « Multiple pur » destiné à monter vers l'Un : « Ô hommes, […] pourquoi faut-il que nous aggravions obstinément par notre faute, et que nous doublions d'un péché, la douleur de la Multitude[36] ? » Pour moi, c'est le parallèle exact de Mt 18,7 : « Malheureux le monde à cause des scandales/

ce qui [nous] fait tomber. Il est nécessaire/inévitable que viennent les choses qui font tomber. Seulement, malheureux l'humain *par qui* vient ce qui fait tomber ! »

Prenons l'exemple du deuil. Le malheur qu'est la mort d'un proche fait partie de la vie. Il peut « faire tomber » les « survivants » dans un état de morts vivants où disparaissent les repères, où règnent le chaos, la confusion et l'obscurité. Ils n'y sont pour rien : telle est la réalité du deuil et en plusieurs passages bibliques il est dit que Dieu en est affligé. Mais si la personne endeuillée s'enferme en elle-même, refusant tout vis-à-vis humain/divin, elle ajoute du malheur au malheur. Selon la doctrine du péché originel, c'est le péché des humains qui a causé leur mort physique. Je dirais exactement le contraire, en restant dans l'exemple du deuil : c'est la mort physique, celle du proche, qui peut provoquer le repli sur soi, l'enfermement, la maladie, la cécité à l'égard des vivants (on ne pense plus qu'au disparu), bref, l'impossibilité – le plus souvent passagère – d'être en relation avec l'Autre.

Mais comment sortir du chaos où nous nous trouvons quand nous n'avons plus de vis-à-vis ? Nous ne demanderions pas mieux que d'en sortir, à plus forte raison quand nous en souffrons et désespérons d'y parvenir. Comme je l'indiquais plus haut, le mot « péché », aujourd'hui, déclenche immédiatement le réflexe coupable « c'est de ma faute ». Et cela va si loin que nous pouvons en arriver à nous accuser de ne pas percevoir le Vis-à-vis – comme si nous le faisions exprès, comme si cela ne nous faisait pas terriblement mal, surtout si, auparavant, nous vivions une relation riche avec lui et avec les autres !

Je suis trop souvent passée par là pour ne pas avouer que j'ai évacué depuis longtemps une telle préoccupation : quand nous faisons tout ce que nous pouvons pour émerger du chaos dans lequel nous ont plongés les comportements destructeurs d'autrui, qu'on ne vienne pas nous parler de notre « péché » si c'est pour nous reprocher d'en être là ! En réalité, quand nous sommes tout à fait conscients de ne plus être en lien avec l'Autre mais que nous continuons quand même à nous adresser à lui, à crier vers lui (« Mon Dieu, mon Dieu, pourquoi m'as-tu abandonné ? »), bibliquement nous ne sommes *pas* dans le péché puisque c'est bien là une forme de relation : nous restons reliés à lui sans nous replier sur nous-mêmes, même si nous ne sentons pas du tout sa présence. Je vais même plus loin : là j'éprouve de l'admiration pour les humains que nous sommes !

Autre cas de figure : nous nous apercevons que nous faisons fausse route, que nos paroles, nos gestes ont blessé autrui, que nous ne sommes ni heureux ni en relation vivante avec l'Autre. Eh bien, quand le temps est mûr, que nous nous sentons prêts, nous avons à chaque instant la capacité – il n'est jamais trop tard ! – de faire ce que les Juifs appellent *téchouva*, le « retournement », le revirement : « Le fait de savoir qu'à tout moment la porte reste ouverte, écrit A. Steinsaltz, qu'aucune situation ne demeure irréversible, peut s'avérer un facteur qui déclenchera le processus de *téchouva*. » La prière juive concernant la *téchouva* est répétée trois fois par jour, pour rappeler « cette possibilité de réorientation permanente ». Mais, précise l'auteur, « l'obstacle premier qui se dresse sur la voie de la *téchouva*, et qui guette chaque individu, juste ou mauvais, est, précisément, le sentiment d'autosatisfaction »[37].

Parmi les personnes qui se rattachent plus ou moins à la tradition chrétienne, j'en rencontre beaucoup qui ne se satisfont pas de leur enfermement. Cela va souvent jusqu'au désespoir de ne pas arriver à entendre une voix *autre*, d'être coupé du Vivant et des vivants jusque dans son corps, happé dans un tohu-bohu qui ramène inexorablement à soi-même. Parfois, le « retour » à l'Autre survient à la suite non pas d'un échange verbal, mais d'un geste, d'un regard, d'un simple toucher : nos corps ne sont-ils pas le « temple du Tout-Autre » ?

Selon les Sages, la *téchouva* a précédé la création du monde et constitue l'un des secrets de l'existence[38]. N'est-ce pas là le secret essentiel ? En effet, qui départagera, dans l'expérience du retour – retour à l'Autre, au lien interpersonnel – ce qui relève de moi-même, de ma volonté, de mon choix, de ma décision… et ce qui relève de ce Tout-Autre qui « se tient à la porte », qui « frappe » et qui aspire à « prendre le repas avec [moi] et [moi] avec lui » (Ap 3,20) ? Mystérieuse alchimie, aussi impénétrable que la réalité de la disparition du lien avec l'Autre. Pour moi, le retour est une expérience trop humano-divine pour être réduite à la seule « repentance » : notion élaborée par le judaïsme mais introuvable dans la Bible hébraïque qui, elle, parle de « retour »[39].

J'aime qu'il en soit ainsi : quand on parle de repentance, on est dans le registre moral de la faute, de la culpabilité, du pardon, et on se cantonne dans l'idée que sortir du « péché » est une simple affaire de volonté. En revanche, se retourner, changer de voie, revenir à l'Autre et à la relation suggère un processus *existentiel* beaucoup plus riche et complexe, qui va jusqu'à impliquer le corps : quand on se retourne, on voit un autre paysage…

Cela dit, cette expérience reste mystérieuse, même entre humains : quand la relation a été rompue ou interrompue, qu'est-ce qui fait qu'un jour on se retourne vers l'autre et, dans le meilleur des cas, l'un vers l'autre ? Si le retour a précédé la création du monde, n'est-ce pas qu'il était enfoui dans la matière chaotique d'où nous venons, comme la perle dans le champ ? Me voilà conduite à compléter ce que je disais du tohu-bohu, notre réalité de base : la possibilité du retour est *elle aussi* inscrite en nous dès les origines. Jésus n'aurait jamais dit et répété : « Retournez-vous, revenez à lui, à la relation » si la chose était hors de notre portée.

Qu'est-ce qui rend cela possible sinon qu'il y a Quelqu'un vers qui se tourner ? Vous me direz : alors, c'est réservé aux croyants. Non, parce que c'est déjà avoir la foi ou la confiance (le même mot, en grec) que de se *(re)tourner* vers l'autre être humain. Mais il faut qu'il y ait quelqu'un en face pour que se réveille le désir du retour à la relation. Et ce quelqu'un doit être bienveillant, c'est-à-dire *autre* que les forces mortifères qui nous maintenaient enfermés. Il arrive que nous nous reconnaissions sauvés par la relation avec quelqu'un. Ce quelqu'un n'a-t-il pas été sur notre route pour incarner le Vis-à-vis inconditionnellement bienveillant, celui qui, en tout temps, espère notre retour ?

Le pouvoir de « commencer »

Ex nihilo ?

Amorcer le retour à la relation, commencer à rendre le monde habitable ou créer des espaces différenciés pour que chaque chose et chaque être ait sa place, comment cela se peut-il ? Est-ce imaginable à partir de rien – *ex nihilo* – en ce qui concerne le Dieu créateur ? Non, affirment d'une seule voix les auteurs bibliques et les Sages juifs, relayés par des exégètes chrétiens : « La Bible ne connaît pas de création "à partir de rien", affirme André Myre. On n'y trouve pas le concept de "néant". Elle se doit donc d'imaginer quelque chose d'"antérieur" à la création, sorte de désordre ou de non-sens absolu à partir duquel "le tout" a été organisé[40]. » La notion d'*ex nihilo* est inconnue avant l'ère hellénistique ; c'est le fruit d'une spéculation postérieure à l'intuition biblique selon laquelle la parole crée sur fond d'abîme.

Voilà pourquoi ces textes sont si crédibles aujourd'hui encore : ils parlent de notre existence, de la société dans laquelle nous vivons ; c'est toujours à partir d'une situation de confusion, d'aveuglement et d'enfermement que nous opérons un revirement, que notre prise de parole initie un « retour » aux relations viables. C'est chaque jour que nous sortons de ce qui nous maintenait dans l'obscurité ou le clair-obscur, en nous tournant vers la lumière qu'est le lien avec l'Autre. Oui mais si l'autre, en face, continue à s'enfermer dans le mensonge et la confusion ? Cela ne nous interdit en rien d'exercer notre pouvoir de commencer, en laissant le Tout-Autre continuer sa création à travers nous : c'est nous qui avons tout à y gagner !

Pour l'écrivain juif A. Neher, les philosophes ont fait un « maladroit et stupide verrouillage » en inventant le « garde-fou » qu'est le *ex nihilo* : ainsi évitaient-ils les « zones folles de cet Avant » qu'évoque le tout début de la Genèse, en des termes dont « chacun est susceptible, à titre isolé, de terroriser la logique raisonnable : le *tohu bohu*, le *tehom*, le *hoshek*, c'est-à-dire le chaos, l'abîme, le gouffre ténébreux »[41]. Du côté chrétien, F. Castel reproche aux théologiens d'avoir créé cette expression (*ex nihilo*) qui ne se trouve pas dans le texte, ne cadre pas avec le contexte et provient d'une traduction latine erronée de 2 Maccabées 7,28*.

« Un immense réservoir de forces négatives, voilà ce qu'est l'Avant primitif », poursuit A. Neher qui voit bien le Dieu créateur en triompher, le « comprimer » et l'« endiguer » mais rappelle, en s'inspirant du Midrach, qu'il « sommeille » : « Tout le monde sait que le Palais

* D'un verset empreint de mystère (« Regarde le ciel et la terre, vois toutes les choses qui sont en eux, sache que ce n'est pas par des réalités existantes que Dieu les a faites »), la traduction latine fait une affirmation : « Sache que c'est *de rien* que Dieu a fait ces choses » (F. Castel, p. 13).

du Souverain a été édifié sur un bourbier »[42]. Avec tous ces auteurs, je crois nécessaire d'insister là-dessus : c'est faute de *voir* notre chaos, notre mensonge et l'élimination de l'Autre – bref, la gravité de notre situation de non-relation – que nous ne trouvons pas le chemin du retour et que nous nous privons de notre pouvoir divin de commencer, de « créer » avec Dieu une existence viable. Jésus ne disait-il pas que les pires esclaves sont ceux qui se croient libres ?

Comme pour ramener les lecteurs à leur réalité du moment, l'auteur de Gn 1 ne raconte pas quelque chose de chronologique. Martin Buber et Franz Rosenzweig sont du même avis que Rachi, le grand commentateur juif du Xᵉ siècle : il n'y a pas d'avant ni d'après la création. Il faut comprendre le texte ainsi : « Au commencement de la création des cieux et de la terre » ou : « Au commencement de l'acte de la création », d'une part pour une raison grammaticale, d'autre part parce que les eaux ont existé avant la terre (Gn 1,2). Par conséquent, « l'écriture ne veut pas enseigner l'ordre de ce qui a été créé avant et de ce qui a été créé après[43] ». En définitive, tout au long de notre vie, nous sommes contemporains de ce que le Créateur initie en nous, à travers nous, entre nous et dans notre monde, pour que la vie soit viable et le vivre-ensemble « très bon »*.

Pourquoi « au commencement » désigne-t-il un « ordre d'importance », une « primeur » et non une priorité temporelle ? se demande l'écrivain E. de Luca. « Pourquoi ne peut-il pas indiquer un avant et un après ? Parce que,

* Voir le septuple refrain qui ponctue le récit de Gn 1 : « Et Dieu vit que cela était bon », et même « très bon » (v. 31).

jusqu'à ce moment-là, il n'existait ni un avant ni un après, le temps lui aussi est créé, il est même un effet de la création »[44]. Remarque d'une grande justesse existentielle : nos expériences de chaos-confusion-élimination du lien ne nous plongent-elles pas dans une *éternité de mal-être* ? L'enfer n'est-il pas précisément ce tourment sans fin qui nous séquestre hors du temps des autres ? La création du temps, en Gn 1, c'est donc chaque fois pour nous la sortie d'un tohu-bohu intemporel où nous avions perdu tous nos repères.

Nous voilà dissuadés de chercher l'origine du monde au plan chronologique. Une perte de temps et d'énergie qui ne mène à rien et met un frein à notre devenir d'humains et de croyants. C'est de nous et de notre réalité quotidienne que parle la Bible. C'est une invitation à prendre conscience que c'est à nous, à chaque instant, de nous laisser traverser par le pouvoir divin de commencer, de créer, d'amorcer le retour du chaos au monde habitable.

Responsabilité écrasante ? Non si nous considérons que les textes bibliques sont là pour nous aider à (mieux) vivre. Et si, convaincus d'être créés à l'image de Dieu, nous nous sentons traversés par son pouvoir créateur et capables comme lui de « séparations successives » d'avec le monde du confus, de l'indifférencié : si cela se déroule sur plusieurs jours, c'est qu'il s'agit d'un processus qui prend du temps.

De nombreux commentateurs juifs, dont Rachi, ont médité sur la première lettre de la Bible : pourquoi un *beth* (b) et non un *aleph* (a), première lettre de l'alphabet ? Pour bien montrer qu'il ne s'agit pas d'un commencement absolu mais seulement du commencement de l'histoire de Dieu avec les humains, sans qu'il y ait besoin de spéculer sur d'autres mondes et d'autres commencements[45]. Raison pour laquelle j'ai mis des guillemets à mon titre : nous ne « commençons » jamais à partir de rien ; notre retour, le premier pas qui nous fait revenir à l'Autre, s'inscrit dans tout un contexte de conditionnements. Il faut une certaine humilité pour accepter de partir de là où l'on est, aussi bas soit-on tombé. C'est là, et nulle part ailleurs, que peut advenir le plus modeste de nos « commencements ». Modeste, mais bien réel.

Aussi perdus, confus, aveuglés soyons-nous, il nous est offert chaque jour de poser la parole ou l'acte libre qui nous sort momentanément de notre enfermement. C'est en cela que nous « ressemblons » au Créateur, que nous sommes « à son image ». Thème principal des homélies de Grégoire de Nysse *Sur le Cantique des cantiques* : « Celui qui monte ne s'arrête jamais d'aller de commencements en commencements, par des commencements qui n'ont pas de fin[46]. » L'expression « celui qui monte » me fait penser à ce qui nous tire vers le bas, nous replonge dans l'abîme où nous nous fermons à tout vis-à-vis. Remonter de là nécessite une infinité de petits commencements : la (re)construction du lien, le (ré)apprentissage de la relation ne se font pas en un jour.

J'avoue avoir mis longtemps à réaliser que là était l'essentiel. J'avais pour seul objectif d'aller mieux, de trouver enfin la paix du cœur et du corps. Pourtant, plus j'y réfléchis aujourd'hui, plus il m'apparaît que le retour à la relation était le véritable enjeu de mon existence… et ma thérapie spirituelle par excellence. Certes, nos « commencements » sont souvent suivis de retombées dans des ornières trop connues. Mais la simple décision de continuer à initier un pas vers l'Autre – malgré les forces qui nous poussent au repli sur nous-mêmes – nous fait contacter à chaque fois notre pouvoir divin de « commencer ». Marche en avant chaotique mais irréversible : des « commencements qui n'ont pas de fin »…

On a dit que le *ex nihilo* n'était pas biblique. Cependant, les traditions juive et chrétienne ont été sensibles à ce thème. Pour moi, le « à partir de rien » ne concerne pas la fabrication du monde mais l'*initiative divine de la relation*, laquelle ne s'explique pas par ce qui la précède. Elle tombe du ciel, pour ainsi dire. Le Tout-Autre-que-le-chaos crée du lien avec les humains. « Primitive donation », écrit M. Bellet, qui est « au principe, sans appui. Cela ne tient par rien, rien qu'on puisse saisir [...], relation si primitive qu'on ne sait comment la nommer [et qu'elle] ne repose point sur ceci ou cela, c'est tout le reste qui repose sur elle. Pure aurore, en amont des commencements »[47]. Il est bien là, et seulement là, le commencement absolu, celui qui part de rien de connu, d'assimilable à nos catégories de pensée. Du coup, la question philosophique traditionnelle (« pourquoi y a-t-il quelque chose plutôt que rien ? ») devient bien plus brûlante : pourquoi le Tout-Autre initie-t-il la relation plutôt que de laisser le tohu-bohu là où il est ?

Créés à Son image, toujours selon Gn 1, n'avons-nous pas en notre cœur et nos cellules l'empreinte de la joie divine d'être en lien avec un autre ? Et la liberté souveraine, à tout moment, de recréer gratuitement du lien ? Existe-t-il quelque chose de plus grisant qu'une telle liberté ? « Tout commence et ne cesse de commencer dans cette joie, dit encore M. Bellet. [...] Elle est, si elle est, l'inentamable en l'homme par-dessous toute misère, la source qui ne cesse de sourdre sous les pierres et la boue, la cendre et les déjections. [...] Tout devrait, ici, aller vers cette naissance d'humanité, sans cesse commençante par-delà la tristesse et la mort, qui est le déploiement et foisonnement de toutes les puissances de l'être humain et de chaque être humain dans sa différence singulière. » Quels que soient les coups tordus d'autrui et de nous-mêmes, quels que soient nos replis, nos vengeances, nos ruptures de relation, quoi que nous ayons pu faire ou ne pas faire, il ne tient qu'à nous, simplement parce que nous le décidons, de revenir à l'Autre, aux autres... et de dire avec M. Bellet : « Il n'y a pas d'homme condamné »[48] – ni moi ni personne !

Une telle liberté m'apparaît comme notre véritable « marque de fabrique » : n'est-il pas stupéfiant qu'au milieu de nos situations les plus chaotiques, mensongères, destructrices, il nous arrive – en toute liberté, et comme si cela venait d'Ailleurs, d'un Ailleurs qui nous habite au plus insu de nous-mêmes – de poser un acte, de dire une parole qui est un véritable retour à la relation ?

N. Berdiaev voit avant tout en l'être humain un être créateur, mais à une condition : qu'il soit un être libre, jouissant de sa liberté créatrice[49]. Je ne poserais pas cette condition : l'expérience montre que nous avons accès à cette liberté même quand nous sommes encore très loin d'être sortis de nos dépendances et aliénations ! En revanche, j'ai la même vision que lui de l'être humain, créé pour être créateur : « Il y a entre la création de l'homme [faite par l'homme] et la création divine une similitude parfaite. [...] L'homme, en tant que créateur, a été fait génial. La génialité reflète en lui l'image du Dieu créateur. [...] Elle est la qualité intégrale de la personne humaine et non un don particulier[50]. »

Le double penchant

La Bible est étrangère au dualisme, à la pensée manichéenne. Elle ne croit pas à deux puissances divines engagées dans une guerre féroce pour s'approprier le monde et l'humanité : pour elle, tout, absolument tout, est dans les mains de Dieu, le Libérateur, l'éternel Créateur. Il est certes essentiel que nous prenions la mesure de notre réalité chaotique, des forces de mort à l'œuvre dans nos vies et dans nos sociétés. Mais sans nous laisser hypnotiser par elles !

J'ai montré plus haut comment l'idée d'une « pulsion de mort » qui serait constitutive de la « nature » humaine – idée jamais démontrée scientifiquement – avait conforté la doctrine du péché originel. J'ajoute ceci : on ne dira jamais assez combien un regard a priori négatif sur l'être humain tue dans l'œuf son pouvoir de « commencer ». Récemment encore, plusieurs personnes, dans le cadre d'un accompagnement spirituel, me disaient leur souffrance de n'avoir jamais entendu une seule parole valorisante de la part de leur père ou mère – même quand, parvenues à l'âge adulte, elles le leur demandaient instamment : « Je ne vois vraiment pas ce que je pourrais trouver de bon en toi », leur répondait-on.

Parler ainsi, c'est être aveugle à son propre chaos, son propre enfermement destructeur… et le projeter sur l'autre, ce qui est dramatique quand il s'agit de son enfant. C'est le stigmatiser dans une nature mauvaise, étouffer en lui la parole créatrice qui est son label divin. Qui plus est, c'est sous-entendre que certaines personnes sont tellement noires qu'elles échappent au pouvoir divin de « commencer ». Comme si le Créateur les avait définitivement abandonnées au tohu-bohu des origines.

Or rien n'est davantage antibiblique – Bible hébraïque et Nouveau Testament confondus. L'apôtre Paul s'en émerveillait : « Oui, j'en suis convaincu, ni la mort, ni la vie, ni les anges, ni les dominations, ni le présent, ni l'avenir, ni les puissances, ni [les forces] des hauteurs, ni [celles] des profondeurs, *ni aucune autre créature* ne pourront nous séparer de l'amour de Dieu qui [est] en Jésus-Christ notre Seigneur » (Rm 8,38 *sq.*).

J'ai souligné ce qui, mentionné en dernier, me paraît le plus difficile à repérer : qu'un être humain, une créature de Dieu comme nous, et souvent un de nos plus proches, puisse nous noircir au point que nous nous emmurions, coupés de l'Autre, « séparés » de l'Amour. Et qu'à notre tour nous plongions nos proches dans un désespoir ou une révolte dont ils ne cherchent même plus l'issue. Eh bien, telle est l'expérience de Paul : toutes ces « puissances » sont impuissantes devant le Lien indestructible entre Dieu et l'homme Jésus, et donc aussi entre le Tout-Autre et chacun-e de nous.

La sortie d'Égypte, selon le Rabbi de Gur, c'est principalement la libération de l'esclavage envers l'« Autre Côté » sous toutes ses formes – façon traditionnelle de parler de ce qui relève du mal. Pour lui, la Torah (en particulier les Dix Paroles, qui nous font sortir du chaos et permettent le vivre-ensemble) est cachée en chaque chose créée, donc en nous aussi : à nous d'orienter l'ensemble de la création vers sa source créatrice. Or, « la racine de l'"Autre Côté" provient d'un point de cette vitalité intérieure ». Dans cette pensée hassidique, le mal tire sa force et son énergie du même « point de vitalité », dont l'énergie se trouve déviée et pervertie : c'est pour cela, précise C. Chalier dans son commentaire, qu'il ne faut pas chercher à détruire cette énergie mais à la « convertir » car sa source est bonne[51] et elle peut contribuer au retour vers l'Autre.

Il est certain que si l'on commence par dire et répéter à quelqu'un qu'il est définitivement de l'« Autre Côté », il va se déconnecter de sa vitalité intérieure, de cette énergie qu'est la vie divine au plus profond de lui. Si, en revanche, on salue en lui une créature de Dieu en qui sont inscrites, au fond du fond, les lois de la vie qui favorisent à tout moment la sortie du chaos, en d'autres termes, si on commence par discerner la Bienveillance inconditionnelle non seulement posée sur lui mais active dans son intériorité sacrée, il reçoit un message tout autre. Il n'a plus à se méfier de lui-même, de sa nature mauvaise ou diabolique. Il peut accueillir l'énergie de vie qui le travaille jusque dans son corps, commencer à se croire relié aux autres créatures et au Créateur : pour lui, c'est « bon » et même « très bon » de faire partie du monde créé. À partir de là, se sentant entendu et validé dans son désir de vivre et d'être en lien vivant avec l'Autre, il est poussé à quitter peu à peu la rive de l'« Autre Côté ». Il a amorcé son retour vers le pays de la relation. On voit par là combien le regard de l'entourage est déterminant !

Or j'ai retrouvé chez le psychanalyste E. Fromm cette idée d'une seule et même énergie qui peut basculer vers la vie et parfois, ou par moments, vers l'« Autre Côté ». Pour lui, nous avons tous les mêmes besoins existentiels, mais nous les satisfaisons de diverses façons, par des passions – toutes profondément humaines – aussi « différentes que l'amour, la tendresse, la lutte pour la justice, l'indépendance, la vérité, la haine, le sadisme, le masochisme, la destructivité, le narcissisme ». À la base, c'est la même vitalité ; mais quelquefois, trop souvent, l'absence terrible de vis-à-vis humain nous coupe de la Bienveillance originelle… et notre énergie, nos besoins vitaux s'en vont à la dérive, de l'« Autre Côté » : c'est alors l'automutilation – tentative, selon E. Fromm, de ressentir quelque chose ; ou bien c'est le meurtre, moyen d'obtenir que quelqu'un réagisse, d'éprouver qu'on existe et qu'on peut produire un effet sur un autre être humain[52].

Le double penchant biblique devient donc, en termes psychologiques, « biophilie » et « nécrophilie ». Selon E. Fromm, on ne peut en aucun cas parler de deux tendances biologiquement données et qui seraient à égalité. « La nécrophilie apparaît nécessairement comme le résultat d'une croissance étouffée, d'une "infirmité" psychique. Elle est le produit d'une vie non vécue […] [elle] n'est que la solution alternative à la biophilie. […] Si l'homme ne peut rien créer, s'il ne peut émouvoir personne, s'il ne peut briser les murs de la prison de son narcissisme total et de son isolement, il ne peut échapper au sentiment intolérable d'impuissance vitale et de néant qu'en s'affirmant lui-même par l'acte de détruire une vie qu'il est incapable de créer[53]. »

Avant de hurler au « criminel-né » et de pérorer sur la « nature » humaine, ayons donc l'honnêteté de regarder entre autres du côté de la violence éducative qui étrangle la vie en privant l'enfant de tout vis-à-vis authentique. Le double penchant est en tous, mais reconnaissons que l'entourage, bien souvent, s'emploie activement à faire pencher certains de l'« Autre Côté » !

Une interprétation contemporaine du double penchant biblique m'intéresse particulièrement, celle d'A. Abécassis et de J. Eisenberg. On lit en Gn 8,21 la décision divine, prise après le déluge, de ne plus « ajouter » du malheur au malheur, car « la formation du cœur de l'*adam* est un mal/malheur* dès sa jeunesse ». Or on a affaire aux mêmes lettres (consonnes) pour dire à la fois Dieu et l'instinct en général : *yotser*, c'est le « formateur », et *yetser* le « penchant ». Il existe une similitude entre le formateur/Créateur et l'instinct de vie. Tous deux sont « de l'ordre du sacré. Car l'instinct aussi est de Dieu et nous refusons tout manichéisme qui voudrait nous écarteler entre des aspirations spirituelles qui seraient de Dieu et des désirs qui auraient une origine profane »[54].

Il ne s'agit donc pas d'opposer le penchant au bien et le penchant au mal, mais de se demander : « Mon désir s'oriente-t-il vers le Créateur, c'est-à-dire vers le vivre-ensemble, la fécondité des liens… ou m'entraîne-t-il de l'“Autre Côté” ? » P. Ricœur rappelle encore que dans la littérature rabbinique les *deux* « inclinations » ont été créées « très bonnes » : il n'existe pas de mal radical ; nous avons en toutes circonstances notre liberté de choix[55]. L'énergie du Vivant est tellement invincible qu'aucun d'entre nous n'est jamais condamné à rester définitivement coupé de l'Autre.

La Bible ne parle pas de « péché » avant le chapitre 4 de la Genèse, quand Caïn a le choix de renoncer ou non à tuer son frère. Jusque-là, je dirais qu'elle évoque simplement notre double penchant ou notre pente naturelle. Adam et Ève se sont fermés à l'altérité, leur fils aîné Caïn est sur le point de passer à l'acte qui signe la rupture définitive de relation. Mais le Tout-Autre tente de le protéger contre cette force de mort, liée au tohu-bohu premier, qu'est le péché comparé à un animal toujours

---

* Le mot hébreu a à la fois le sens de « malheur » et de « mal commis », cette double réalité que Dieu lui-même ne dissocie pas.

prêt à nous investir et nous ramener dans le chaos des origines : « À ta porte le péché [est] tapi et son impulsion vers toi, et toi, domine-le ! » (Gn 4,7).

Or, avant même de parler du danger de rompre définitivement la relation, le Créateur avait fait appel à la liberté de choix de Caïn : « N'est-il pas [vrai] que *si tu fais bien*, [c'est] pour relever [la tête, le visage], *et si tu ne fais pas bien*, à ta porte le péché [est] tapi... » Les créateurs que nous sommes à l'image de Dieu ne sont pas responsables des ténèbres du mal ni même de l'existence du double penchant – en particulier de notre tendance à nous enfermer dans notre souffrance et à couper le lien. La seule chose qui est de notre ressort, et à notre portée, c'est le *contrôle* de ce double penchant.

Aussi Gn 4,7 est-il transcrit dans les recensions palestiniennes du Targum* en ces termes : « Entre tes mains J'ai remis le contrôle du mauvais penchant et *tu pourras le dominer*, soit pour la justification soit pour le péché[56]. » Et cela parce que tu en as été rendu capable par le Créateur : « Soyez féconds et prolifiques, remplissez la terre et dominez-la ! Soumettez les poissons de la mer, les oiseaux du ciel et toute bête qui remue sur la terre » (Gn 1,28, *TOB*), y compris celle qui est « tapie à [votre] porte ! » Tu as le choix : soit ta manière de « dominer la terre » tourne à l'abus de pouvoir, à ce déni de l'altérité et à cette autosuffisance qu'est le « péché » ; soit tu exerces ton pouvoir créateur de liens « justes » qui réhabilitent les autres et toi-même – tu « domines le mauvais penchant en vue de la justification ».

---

* Le Targum est une traduction-explication de la Bible hébraïque en araméen, rédigée environ un siècle et demi avant notre ère.

Choisir de refuser la fatalité

Restons encore un moment avec Caïn. Les trois chapitres qui précèdent son histoire évoquent donc notre condition humaine, faite à la fois de vitalité créatrice, « très bonne » à expérimenter, et d'événements mortifères difficiles à assumer, poussant régulièrement au repli sur soi. Pente naturelle que nous dévalons dès la naissance, sans le savoir : blessés, injustement traités, détruits, nous nous retirons de la relation à l'Autre comme l'animal va se cacher tout seul dans la forêt. Jusqu'où peut nous conduire une telle fermeture à l'altérité ? Jusqu'au pire raconté en Gn 4. Il ne tient qu'à nous de ne pas en arriver là. Le Vis-à-vis est en attente brûlante de la *réponse* de Caïn, de son consentement à être *responsable* de ses actes : à six reprises en un seul verset, le « Je » divin s'adresse au « tu » humain*.

Mais l'altérité a déjà du plomb dans l'aile. Caïn a été élevé dans la fusion par une mère possessive et dans l'absence criante du père[57] : l'enfance de Caïn, dont on fait très rarement mention, s'accompagne de ce qu'on appellerait aujourd'hui une réelle « maltraitance psychologique ». Il est frappant que le premier meurtre de la Bible ait lieu au sein d'une famille : encouragement à cesser de faire l'impasse sur la violence éducative et à s'intéresser à la préhistoire des actes violents. Caïn n'a pas grandi dans le respect de l'altérité, la sienne et celle des autres, raison

---

* « Tu fais bien », « tu ne fais pas bien », « ta porte », « vers toi », « et toi », « domine ! » (Gn 4,7). Nous reviendrons sur l'articulation entre « répondre » et « être responsable ».

pour laquelle sans doute il semble ne pas même entendre Dieu lui parler longuement. Quand on n'a jamais eu un vis-à-vis humain avec qui tisser du lien dans la découverte féconde de l'altérité, comment ne pas devenir sourd à la voix du Tout-Autre ?

Cela dit, rien de tout cela n'excuse son geste. Prendre en compte toute la réalité humaine, comme nous l'avons fait plus haut, ne signifie en aucun cas s'incliner devant une prétendue fatalité : sous prétexte que quelqu'un a été (gravement) maltraité, ce ne serait pas vraiment « de sa faute » s'il maltraitait autrui ? Au contraire, la Bible affirme d'entrée de jeu que, libres *devant nos choix*, nous sommes responsables de nos actes. J'ai déjà mentionné le mystère qu'est toute prise de conscience ; ajoutons à ce mystère celui de l'action qui en découle.

Dans ma vie quotidienne, devant le comportement de telle ou telle personne, j'ai renoncé, pour finir, à vouloir déterminer jusqu'à quel point elle avait été consciente de son acte. Peine perdue ! Comment le saurais-je avec certitude ? Le plus souvent, elle ne le sait pas elle-même. Je préfère m'inspirer de Jésus qui, dans ce domaine, ne regardait jamais en amont, vers l'irréparable : il y a une seule chose que Dieu ne peut pas faire, disait Vladimir Jankélévitch, c'est faire que les choses faites n'aient pas été faites ! En revanche, une question me vient à chacun de mes faux pas, quand je lis les évangiles : « Que vais-je faire maintenant de ce que j'ai fait ? Comment puis-je au mieux, avec l'aide du Tout-Autre, en tirer un enseignement pour mon avenir, grandir dans ma vie relationnelle, m'ouvrir davantage à la Bienveillance qui m'a, de cette manière douloureuse, révélé une zone d'ombre en moi ? »

Cependant, les sciences humaines et les sciences du vivant ne cessent d'énumérer tous les conditionnements qui président à nos choix soi-disant libres : notre biologie, les pressions sociales, nos données psychologiques, notre héritage familial et transgénérationnel, notre vie intra-utérine, le continent de nos motivations inconscientes, etc. En revanche, Kant et Rousseau avant lui voyaient en notre liberté « une faculté insondable de s'opposer à la logique, implacable pour l'animal, des "penchants naturels" [58] », comme l'écrit L. Ferry. Rousseau s'insurgeait contre l'idée que les inégalités naturelles et sociales soient une fatalité ; ce qui nous distingue de l'animal et qui nous appartient en propre, ce n'est pas la pensée mais la liberté : aucune cause extérieure ne suffisant à nous imposer à elle seule telle décision, exerçons notre puissance de vouloir ou de choisir ! Telle était la grande innovation de Rousseau[59].

Ceux et celles qui s'opposent à la théorie instinctiviste – selon laquelle notre « nature » agressive et destructrice est un véritable destin susceptible en définitive de nous ôter toute responsabilité dans nos comportements – soulignent également le sentiment invincible de liberté inscrit au cœur de chaque être humain. Pour E. Fromm, l'environnement peut produire une tendance, mais sans déterminer l'individu au point qu'un bouleversement ou une « conversion sincère » soient rendus impossibles à une quelconque période de sa vie : « Son potentiel d'affirmation de la vie n'est jamais complètement éteint et on ne peut jamais prédire que ce changement ne surgira pas[60]. »

À chaque instant, nous pouvons librement poser tel ou tel acte, parce que nous sommes des êtres de poussière et de Souffle : nous sommes créés avec du connu *et de l'inconnu*, symboliquement formés d'*adamah* (terre) et d'une haleine de Vie, insufflée par Dieu lui-même (Gn 2,7). Ce qui nous rend in-programmables ! « En créant l'homme *libre*, écrit A. Neher, Dieu a introduit dans l'univers un facteur radical d'incertitude [...] : l'homme libre, c'est l'improvisation faite chair et histoire, c'est l'imprévisible absolu[61]. » On objectera que certains, s'appliquant à « faire comme ils ont toujours fait », sont au contraire très prévisibles. Il n'empêche. On est parfois étonné, et il suffit d'une surprise : le pouvoir de « commencer » est bel et bien inaliénable. À nous de le re-susciter en autrui !

Cela dit, en contexte judiciaire, on est bien obligé de déterminer jusqu'à quel point la personne était consciente de ce qu'elle faisait. On peut ainsi atténuer la gravité de la peine, mais certainement pas la gravité de l'acte : un meurtre reste un meurtre, un viol aussi. Selon L. Ferry, les « circonstances atténuantes » supposent précisément qu'on avait la capacité de choisir, de s'arracher aux penchants spontanés ; et l'on fait bien dépendre le « bien » et le « mal » de ce pouvoir, relatif mais tout à fait réel[62]. Souvenons-nous de Caïn : « Si tu fais bien... et si tu ne fais pas bien... »

Selon H. Arendt, voici ce que les juges auraient dû dire à l'ex-dirigeant nazi Eichmann lors de son procès : « [...] vous affirmez que vous n'auriez pas pu agir autrement et que vous ne vous sentez pas coupable. Vous avez dit [...] que n'importe qui ou presque aurait pu prendre votre place [...]. Vous entendiez par là que si tout le monde, ou presque, est coupable, alors personne ne l'est. » Mais « devant la loi, la culpabilité et l'innocence sont des faits objectifs. Et vous ne seriez pas moins coupable si quatre-vingts millions d'Allemands avaient fait comme vous. [...] il y a un abîme entre les crimes que vous avez commis et ceux que les autres auraient pu commettre. *Nous ne nous intéressons qu'à vos actes*[63]. »

Dans la même ligne et s'agissant du même contexte, M. Terestchenko raconte la confession, en prison, de Franz Stangl, ex-commandant du camp de concentration de Treblinka. Jadis victime d'une éducation paternelle terrorisante, il disait être parvenu, comme nazi, à se dissocier suffisamment (seule sa volonté obéissait aux ordres, pas son être profond) pour se croire innocent : Dieu était « une instance qui, connaissant son cœur, l'[absolvait] de la nature fautive et coupable de ses actions ». Or, affirme M. Terestchenko en rejoignant pleinement H. Arendt, ce sont les *actes* et non les intentions qui comptent : « Aucun tribunal n'a jamais accepté que la "restriction mentale" constitue un argument de défense recevable. La notion même de responsabilité signifie que nous avons à répondre de nos actions, indépendamment du fait que nous ayons ou non agi en plein accord avec nous-mêmes – et il en est ainsi non seulement du point de vue pénal, mais également du point de vue moral[64]. »

Cependant, même si l'on admet que seuls comptent les actes, on peut se sentir pris de vertige, sur une ligne de crête entre deux abîmes. Soit notre comportement, que nous désapprouvons par la suite, nous apparaît comme le fruit d'une fatalité qui nous a aveuglés… et que nous hypertrophions ; et nous en arrivons même à nous considérer rétrospectivement comme des victimes. Soit nous affirmons si fortement notre liberté de choix que nous hypertrophions cette fois notre responsabilité, abîme dans lequel la doctrine du péché originel a entraîné la chrétienté occidentale : comme l'écrit A. Gesché, « Augustin [a préféré] un homme responsable, voire même coupable, à un homme qui serait fatalisé, immobilisé devant le destin », mais le prix est « très, trop lourd »[65].

Face à la question de nos choix – libres ou pas ? –, le vertige cesse, et l'impression de tourner en rond également, dès que nous faisons le deuil de la causalité et que nous renvoyons dos à dos l'explication par la fatalité et l'explication par notre seule mauvaise volonté. C'est toujours *dans le moment présent* que nous contactons notre pleine liberté de choix – et non dans le passé, décortiqué après coup. À l'instant même où nous posons un acte libre que personne ne nous dicte, et chaque fois que cela nous arrive, nous expérimentons un dynamisme dont nous ne nous savions peut-être pas capables. En ce sens, je dirais avec P. Ricœur que « tout commencement est absolu » et que « l'idée même de création sort enrichie de cette sorte de prolifération d'événements originaires » : en eux s'exprime l'« *énergie du commencement* », ou encore la « puissance instauratrice inaugurale, fondatrice *du* commencement »[66].

Personnellement, je vis ces moments-là comme des moments de grâce où, par mon choix libre, notamment dans le domaine interpersonnel, il m'est donné de contacter ce qu'il y a de plus divin en moi. Si tout le monde me dit que telle rupture s'impose, me prédit ceci ou cela ou prétend me connaître assez pour savoir ce qui me convient, eh bien, c'est ma liberté – de droit divin ! – d'en décider autrement. Je connais même des personnes (très) âgées qui (re)découvrent leur pouvoir royal de « commencer », en dépit de l'entourage et de tous les déterminismes.

Le passage à l'acte altruiste m'intéresse particulièrement : il alimente notre réflexion sur la (non-)relation avec l'Autre. Parmi d'autres, M. Terestchenko a tenté de l'expliquer. La seule empathie pour autrui ne suffit pas pour qu'on lui vienne en aide, la seule volonté non plus, ni l'urgence de la situation, ni encore la conscience qu'on est appelé personnellement à agir. En définitive, « aucune vision mécaniste ou déterministe ne peut rendre raison de l'action altruiste ni du sentiment d'obligation dont elle procède ». On s'engage comme « par miracle », parce qu'on est qui l'on est : il y a quelque chose de « proprement singulier et abyssal dans les actions humaines »[67]. Le pouvoir de « commencer » nous met de plain-pied avec celui du Créateur au sortir de nos chaos individuels et collectifs. Intuition qui fut celle de… s. Augustin ! « Le commencement, avant de devenir un événement historique, est la suprême capacité de l'homme, écrit H. Arendt ; politiquement, il est identique à la liberté de l'homme ; […] "pour qu'il y eût un commencement, l'homme fut créé", a dit s. Augustin. Ce commencement est garanti par chaque nouvelle naissance ; il est en vérité chaque homme[68]. »

Si je doutais que dans la Bible seuls comptent les actes, la parabole des brebis et des chèvres en Mt 25 suffirait à me convaincre : chaque fois que vous avez donné à manger à l'affamé, à boire à l'assoiffé, que vous avez vêtu la personne nue, visité celle qui était malade ou en prison, c'est à moi, Jésus, que vous l'avez fait. C'est notre acte, posé en toute liberté, qui nous définit… et non notre « nature », bonne ou mauvaise : sujet qui pour Jésus ne présente aucun intérêt. Nous n'avons donc pas à nous préoccuper de ce qui provoque l'acte (re)créateur de lien, ni pour nous-mêmes ni pour les autres ; ici, il n'est pas question d'intentions, de motivations, d'altruisme inné ou acquis, de péché originel, de nature égoïste, d'actions plus ou moins désintéressées : c'est comme si tout cela relevait d'une « connaissance du Bien et du Mal » qui, définitivement, ne nous appartient pas.

Je trouve cela très libérateur : nous pouvons nous investir dans des comportements aidants quand bien même nous n'éprouvons ni amour ni empathie pour la personne… et c'est cela seul que l'Évangile valorise. Nous avons tous ce pouvoir-là, quels que soient nos antécédents, nos situations inextricables de confusion et de mensonge, nos replis sur nous-mêmes. La conclusion de M. Terestchenko va dans le même sens : au bout du compte, « l'altruisme n'a pas d'*a priori*, il ne se prononce pas sur les motivations, souvent complexes et mêlées, qui animent les hommes » ; autant revoir la question de la nature humaine, et s'intéresser enfin aux *conduites* altruistes, ce qui, selon cet auteur, serait novateur dans le contexte de l'anthropologie contemporaine[69] !

L'être humain, « capable de Dieu »

Selon l'historien G. Minois, les grands débats théologiques des XVIe et XVIIe siècles sur la nature humaine ne poussaient guère à l'optimisme : l'humain, pensait-on, est incapable de progresser[70]. C'était mal entendre Gn 1, d'ailleurs écrit, je le rappelle, *après* Gn 2-3 – ce qui est lourd de sens. On l'a vu, l'histoire d'Adam et Ève étant plutôt déprimante – à plus forte raison si l'on projette sur le texte une situation originelle paradisiaque –, l'auteur de Gn 1 semble « corriger » ainsi : parlons du monde *réel* dans lequel nous vivons, de notre vie quotidienne, et voyons comment le Créateur s'y prend, jour après jour, pour nous sortir, individuellement et collectivement, du chaos et de la confusion. Ce qui est décrit, analyse F. Castel, « n'est pas une réalité perdue [...] mais une parole prophétique. Tout est en mouvement depuis le commencement pour tendre vers la perfection voulue par Dieu. Tout est en germe et le prophète ose écrire dans la foi : tout est[71] ». Le Créateur est perçu en même temps comme l'Éternel : il *voit* donc notre réalité humaine et notre monde comme déjà accomplis, par-faits, par-achevés. C'est une *vue de l'esprit*, au sens fort, qui lui permet de les trouver « bons », et même « très bons ».

Cela me fait penser à l'accompagnement spirituel. La personne que je reçois peut être enlisée dans des dysfonctionnements répétitifs, à travers un désert sans repères, vivre un enfermement dont elle ne parvient pas à sortir… Cependant, je ne peux pas m'empêcher de la *voir* libérée, pleinement vivante, désirée dans toutes les dimensions de son être. Je sais que cela prend du temps et je m'engage à l'accompagner le temps qu'elle voudra. Mais, portée par la « vision » de l'enfant béni de Dieu qu'elle est en vérité, je ne suis pas découragée par les lenteurs, les temps d'arrêt, les replongées dans le chaos.

Au début de l'ère chrétienne, Clément d'Alexandrie aussi percevait notre création « à l'image et selon la ressemblance » de Dieu, non comme une réalité historique, mais comme une *prophétie*, une préfiguration en vue d'autre chose[72]. Autrement dit, la vie nous est donnée ; elle est marquée par le chaos dont elle émerge, chaos dont il s'agit désormais de nous différencier, en accord profond avec le Tout-Autre-que-le-chaos. L'idée révoltante selon laquelle il aurait créé le chaos (parce que rien ne saurait subsister hors de lui) trouve ici un éclairage acceptable : cela signifie simplement qu'il *n'est pas* le tohu-bohu ; alors nous pouvons consentir à son action créatrice en nous et par nous, justement parce qu'il est Tout-Autre que ce qui nous avale ou menace de le faire. Ainsi, pendant la Shoah, le rabbin Kalonymus K. Shapiro enseignait-il, en plein ghetto de Varsovie, « que Dieu est la source unique de la création – et ainsi du *tohubohu* lui-même –, mais qu'il ne pouvait, par son souffle et sa parole, endiguer cette énergie rebelle sans le consentement des hommes à les accueillir au plus intime d'eux-mêmes[73] ».

L'humain, capable de l'autre humain

Je reviens à J.-M. Delassus et à son observation du nouveau-né. Au sortir brutal du paradis utérin, quelle est la priorité de « cet exilé de l'origine » ? C'est de retrouver son premier monde, cette totalité originelle dans laquelle il baignait. Désormais, sa question natale devient : « Où est l'autre ? », c'est-à-dire celui qui me ressemble. Et pourquoi me ressemble-t-il ? Parce que entre lui et moi il y a la même chose : nous avons « en commun de n'être – si l'on peut dire – *que* de l'être ». Alors que « nul être au monde n'est davantage désorganisé par sa naissance physique [...], il y a maintenant une "alliance natale" » avec un humain, un semblable, et c'est comme si l'Originaire revenait par surprise[74] ! J.-M. Delassus, qui d'ailleurs ne se réfère pas du tout à la foi chrétienne, dit et apporte des preuves « expérimentales » que nous sommes faits pour l'autre.

De leur côté, de nombreux commentateurs soulignent, dans la Bible, la proximité entre le thème de la création et celui de l'alliance. Or nous avons vu que c'est même l'alliance qui est première dans l'histoire d'Israël : on a commencé par faire l'expérience de la libération, d'un Dieu occupé à sortir les humains de leur esclavage ; on a entendu son désir de faire alliance avec eux pour que le vivre-ensemble devienne une réalité « bonne » et même « très bonne »... C'est alors qu'on l'a vu maîtriser les forces de division et de confusion depuis la nuit des temps. Et l'on a de mieux en mieux entendu son besoin de notre oui pour que chaque jour s'accomplisse cette victoire, y compris jusqu'au fond de notre intériorité.

Un oui qui se traduit nécessairement en actes créateurs, à notre échelle. Créateurs de liens féconds. Être *capax Dei*, « capable de Dieu », selon l'expression des Pères de l'Église, c'est donc être capable de l'autre humain. Jésus n'a pas cessé de le dire par ses actes : pécher contre Dieu (se couper de lui) ne se fait jamais en direct ; c'est toujours se couper d'un être humain. « La distorsion de l'altérité affecte inséparablement ma relation aux deux »[75], note J. Alison. Désormais, nous ne pouvons plus prétendre qu'étant par nature boue et fange, nous ne sommes pas « capables de Dieu » : la parabole des brebis et des chèvres nous a fourni la preuve éclatante du contraire, *dans l'exacte mesure* où nous sommes capables de l'autre être humain.

Dans un autre registre, en notant le souci de l'altérité dans la philosophie contemporaine, L. Ferry parle positivement d'une « sacralisation » de l'humain : « C'est l'être humain comme tel qui constitue un appel immédiat à ma responsabilité[76]. » Il aura fallu bien du temps : n'était-ce pas là le cœur de l'Évangile ? Comment puis-je prétendre dire oui à Dieu quand je dis non à mon semblable en me fermant définitivement à la relation ? On objecte régulièrement qu'il existe des pervers avec lesquels il convient de rompre à tout jamais sous peine d'être totalement détruit soi-même. Devant une menace aussi extrême, il est certain qu'on ne peut plus continuer à se rencontrer. Mais on peut cependant, même dans ce cas, décider de *ne pas se fermer intérieurement* à la personne. Persister à la *mettre dans la Lumière* (re)créatrice, n'est-ce pas là une autre manière de rester ouvert à l'Autre, de ne pas couper le lien qui, lui, est toujours porteur de vie quand il est placé en Dieu ?

Oui, cette personne est otage d'un tohu-bohu qu'il n'est pas question de minimiser. Mais ma « responsabilité », la seule à ma portée, n'est-elle pas de « répondre » à ce Libérateur-Créateur qui travaille à la sortir de là ? En d'autres termes, de prier pour elle et avec le souffle de Celui qui a vaincu toute force de mort ? La prière n'est-elle pas un combat, ou plutôt un co-combat ? Pourquoi le ferais-je ? Parce que, « au fond de sa Nuit, notre chair est Dieu[77] », écrit justement le philosophe Michel Henry… Parce que, au fond de sa nuit, la chair de mon semblable est Dieu !

Si nous sommes capables de Dieu parce que nous sommes capables de l'autre être humain, le péché n'est plus une fatalité : personne n'est condamné à se couper pour toujours de l'Autre. En toutes circonstances, nous gardons notre pouvoir d'inclure autrui dans le monde des vivants, de réintégrer la personne la plus stigmatisée parmi les humains, de risquer à nouveau une alliance de parole. Telle est l'énergie du Créateur en nous, à chaque instant offerte, disponible pour le plus endurci des criminels, le plus autosuffisant des bien-pensants, le plus perdu des perdus.

J'avais été frappée, il y a quelques années, d'apprendre l'existence d'un groupe ACAT[78] -rue : ainsi, certains parmi les plus démunis de nos sociétés individualistes, ceux qui vivent dans la rue, se montraient parfaitement capables de ne pas s'enfermer dans leur propre misère, d'entrer en relation avec des « sœurs » et des « frères » inconnus, de poser l'acte concret de signer pour demander l'arrêt de la torture ou leur libération. « Je ne savais pas que je pouvais donner mon soutien à des gens encore plus malheureux que moi », disaient-ils.

L'humain, capable de parler

On l'a vu avec J.-M. Delassus : notre réalité de base, c'est la sortie du ventre maternel – l'« accouchement » –, suivie de la « naissance » proprement dite qui, elle, prend plusieurs mois… et, dans le pire des cas, peut ne pas se produire du tout : on est venu au monde mais on n'est pas (encore) *né*, c'est-à-dire né au monde des autres, au monde de la différence. Qu'est-ce qui nous a permis d'accepter d'en faire partie, et d'y trouver notre place ? Ce sont ces moments précieux, déterminants, où nous avons pu refaire l'expérience, ponctuellement, de la totalité originelle vécue dans le ventre maternel. Pour cela, il a fallu que quelqu'un nous *parle* – notre mère ou son substitut –, qu'il s'adresse à nous par le sourire, le visage, la nourriture comblante… avant même la parole en mots.

Il existe donc une « parole » qui précède les mots, et nous avons tous été capables de lui répondre. De « parler » à notre manière de nouveau-nés. De découvrir – après l'atterrissage brutal dans le « rien » et la perte tragique de notre totalité originelle – que ce monde était habitable puisqu'il pouvait, au moins de temps en temps, être le « lieu » de sa réapparition : l'origine alors n'était pas seulement retrouvée, elle s'était « animée, [prenant] forme humaine », elle venait à nous et *s'adressait* à nous. « On ne parlerait pas, écrit J.-M. Delassus, s'il ne fallait franchir la césure de la naissance, enjamber d'un élan de parole l'immense espace de différence qui s'interpose entre le lieu d'origine et le lieu de naissance. »

Chaque fois, nous avons donc, en quelque sorte, bénéficié d'une matrice ou d'un « sein maternel postnatal » :

la nourriture faisait « ressentir de l'intérieur au corps le retour de la totalité manquante à l'extérieur » ; rassasiés, nous étions en même temps « rassurés » ; levant les yeux, nous avions la totalité originelle « devant [nous], restituée, reconstituée » : le nouveau-né « voit ce qu'il ressent »... et il retrouve sa mobilité, perdue au moment de l'accouchement : les observations par vidéo permettent de détecter, pendant cette période décisive, « un vrai alphabet de la communication première »[79].

Pour moi, la mère (ou son substitut) incarne ainsi le Créateur qui s'adresse *le premier* à l'humain, dans les deux récits bibliques de la création. Ce qui parle à l'enfant, c'est la chair de sa mère (son corps animé, habité), avant même que ses mots puissent lui être compréhensibles ; vice versa, l'enfant répond à sa mère par le langage de la chair, quand bien même il n'a pas encore les mots pour le faire. Je me souviens des premières semaines de notre aîné, et des réflexions de certaines femmes de notre entourage : on m'affirmait qu'à cet âge, ils n'étaient que « larve » ou « tube digestif » ; on s'étonnait que je lui parle tellement. À l'époque, je n'avais pas d'arguments, mais un tel étonnement... m'étonnait. J'espère que dans la majorité des cas on n'en est plus là aujourd'hui. Mais, encore une fois, l'Occident revient de loin !

La doctrine du péché originel y est pour beaucoup s'il nous a fallu autant de siècles pour commencer à entrevoir combien le corps humain est *parlant*. Et dire que le cœur du christianisme est... l'incarnation ! Comment n'a-t-on pas été alerté par une telle contradiction ? Il faut croire que face aux conditionnements idéologiques, ce que dit le corps dans sa discrétion et sa vulnérabilité peut passer aussi inaperçu que le Souffle créateur dans son insondable humilité. Pour M. Henry, l'affirmation la plus déroutante est celle de l'incarnation : que Dieu se tienne « dans un corps et dans une chair », c'est ce qui échappe à toute pensée. Que la « chair du Christ » soit « semblable à la nôtre », que notre chair, indissociable de notre moi, soit l'incarnation de la Parole, c'est pourtant ce qu'affirme l'évangéliste Jean : « La Parole s'est faite chair » ; donc « c'est la chair elle-même en tant que telle » – la mienne, celle de l'autre humain « qui *est révélation* »[80].

Je dirais qu'à chaque naissance humaine, Dieu s'incarne dans notre monde – comme Jésus nous l'a montré par sa vie et dit par ses paroles sur les tout-petits. De plus, chaque fois que nous revenons à la relation, que nous renouons avec l'autre, donc avec le Tout-Autre, nous naissons à ce monde de la différence comme au premier matin de la Genèse. Voilà de quoi éclairer le choix du pluriel dans le récit : « Faisons l'homme à notre image, selon notre ressemblance », dit le Créateur (Gn 1,26). Délaissant plusieurs interprétations juives et chrétiennes*, F. Castel opte pour l'idée d'un dialogue *constitutif* de notre structure créée et de notre croissance humaine : avec ce pluriel, Dieu « *parlerait déjà à l'homme.* Car l'être qu'il va créer ne trouvera sa véritable stature que dans le dialogue ; Dieu façonne, mais l'homme l'interpellera, et de ce dialogue surgira l'homme véritable. L'homme n'est pas un donné, il est un devenir[81] ». Et A. Neher rappelle que pour la tradition juive, en définitive, « l'appel divin s'adresse à l'homme, à cet Adam-en-puissance qu'embrasse le projet

* Par exemple, on aurait ici la trace d'un récit mythique où interviendraient « les dieux », ou bien un pluriel de majesté, ou encore une parole adressée par Dieu à ses anges.

divin, mais qui ne pourra surgir que d'une *coopération* entre l'homme et Dieu. *Faisons l'homme*, ensemble – toi, l'homme et Moi, Dieu [...][82] ». Coopération chère à la chrétienté orthodoxe, et qui n'enlève absolument rien à l'initiative première et continuellement renouvelée du Tout-Autre de nous adresser sa Parole créatrice.

Telle est bien la réalité de base de nos existences individuelles : l'initiative du dialogue n'est pas de nous ; si personne, jamais, ne nous avait parlé, nous serions morts. Cela dit, le choix de répondre nous appartient, dès le début semble-t-il, et de plus en plus à mesure que nous devenons conscients de qui nous sommes. Ou bien nous décidons d'écouter l'autre et de lui parler, ou bien nous nous enfermons au motif qu'*autrui* est incapable d'écouter et de parler, incapable d'altérité ; c'est bien possible pour le moment, mais pas nécessairement pour toujours, et cela ne nous condamne nullement à *nous* replier sur nous-mêmes.

Cependant, nous connaissons des personnes qui ont beaucoup de peine à s'exprimer et à communiquer. Un réel handicap dont, parfois, elles reconnaissent souffrir. Mais tout est dans le désir authentique d'évoluer et dans la confiance que c'est possible, avec l'appui de l'Autre : de nombreux outils sont aujourd'hui à disposition pour (ré)apprendre à *être capable de parole*, y compris des manières de « parler » sans passer obligatoirement par de belles phrases. On peut ne plus croire en Dieu ou n'y avoir jamais cru. Il demeure que le refus de parler à autrui nous déconnecte de ce qui fait de nous, par-dessus tout, des êtres humains. Et comment prétendre alors être malgré tout de grands spirituels ? Selon le psychanalyste et jésuite Denis Vasse, un tel refus nous « excommunie », nous « fait sortir de la communion », le péché étant alors notre manière de ne pas écouter « ce qui parle en nous »[83].

Mais que signifie « ce qui parle en nous » ? Pour moi, c'est toute parole, ou intuition, ou impulsion qui fait sens *en direction des autres*, alors que nous avons le sentiment (aigu) qu'elle ne vient pas de nous. Si nous l'écoutons, elle nous pousse à agir – y compris, parfois, exclusivement dans notre intériorité. Elle *est* (re)créatrice de lien. Elle (ré) génère le vivre-ensemble, la parole échangée. Par contraste, Gn 2-3-4 raconte ce qui se passe quand nous occultons notre capacité de parler : Adam et Ève ne dialoguent jamais ; soit ils monologuent, soit ils parlent de l'autre à la troisième personne et le seul « toi » auquel Ève s'adresse est le serpent qui, dans le texte, vient du « champ » – de la terre inculte, déserte et chaotique, selon la tradition juive – et ne peut que la replonger dans le tohu-bohu des origines.

Je n'ai pris conscience que tardivement de ce qui m'avait toujours attirée dans la personne de Jésus : il n'exigeait ni reconnaissance de faute ni liste de péchés ; il se contentait d'offrir, inlassablement, l'accueil inconditionnel du Père. Manière lumineuse de saluer notre entière liberté de choix : liberté d'écouter, de parler, de répondre… ou de nous taire, de nous fermer à la voix de l'Autre. Et, en même temps, manière d'évacuer toute sanction, punition, compte à régler du champ des relations fécondes. Pourquoi ? Parce que nous sommes bien assez punis *par nous-mêmes* quand nous coupons la relation, en nous cadenassant dans l'enfer du Même. Si seulement nous pensions à Dieu à partir de ce que nous vivons entre nous de plus libérateur ! Quand nous sommes tout entiers dans la joie de la relation retrouvée, éprouvons-nous le moindre besoin de sanctionner, de faire payer, d'exiger réparation ?

Pourquoi en serait-il autrement de ce « Dieu amour » qui est, à l'infini, pure joie d'exister en relation avec nous ?

L'humain, ni bon ni mauvais

Nos conceptions morales sont relatives : ce que l'un estime être un bien, l'autre y voit un mal ; et rien de plus volatil que nos catégories de « bons » et de « méchants ». Personnellement, j'ai depuis longtemps pris pour boussole la parole de la personne elle-même : est mal ce qui *lui* fait mal au point d'empêcher, voire de détruire sa vie. Je crois indispensable de rester également dans le relatif pour ce qui concerne la nature humaine. En réaction à des siècles de dénigrement, et parce qu'en Occident les humains sont encore largement mal vus, plusieurs auteurs soulignent nos trésors de bonté naturelle, d'altruisme et de générosité. Rousseau, on l'a dit, avait donné le coup d'envoi. On le caricature trop souvent. En fait, sa vision de l'humanité me paraît plutôt réaliste : à l'état de nature – je dirais pour ma part : à l'état d'enfance –, dépourvus de vices et de passions négatives, nous ne sommes ni bons ni méchants. C'est la société *mal gouvernée* – j'ajouterais : à commencer par l'éducation – qui, aggravant les inégalités et exacerbant notre désir de considération, nous pousse dans la voie de l'égoïsme et de la méchanceté.

Je vois un avantage à renvoyer dos à dos la théorie du cœur humain corrompu par nature et l'idée opposée d'une société chargée de tous les maux : ainsi nous cessons de minimiser la puissance chaotique en sommeil dans l'intimité de chaque personne comme au sein de toute vie sociale. De plus, nous en finissons avec l'illusion d'être du côté des « bons » grâce à nos thérapies individuelles ou nos pratiques de méditation : comment saurions-nous si nous sommes complètement libérés, par exemple, de nos héritages transgénérationnels ?

Quelle que soit notre connaissance de nous-mêmes, la confusion nous guette tous tant que nous sommes, personnellement et collectivement. C'est elle, et elle seule, qui est mauvaise et malfaisante. D'où la nécessité symbolique de l'arbre au milieu du jardin sécurisé. Pour les rabbins, écrit F. Castel, « il ne s'agit pas de l'arbre permettant de "distinguer" le bien du mal, mais de l'arbre de la "confusion" entre bien et mal [...]. Au sein du jardin ordonné pour l'homme, Dieu aurait laissé l'arbre de la confusion comme témoin du chaos primitif, comme témoin de son œuvre pour l'homme. Si c'est un arbre défendu, ce n'est donc pas contre l'homme, mais pour l'homme, pour qu'il ne retombe pas dans le chaos[84] ».

L'humain est-il bon ou mauvais ? Question insoluble, non seulement stérile mais nocive. C'est pourquoi on le désigne par son nom : « Le nom protège du concept, dit M. Bellet. [...] L'homme n'est pas *le concept qu'on en a* », et il vaut mieux élaborer, plus modestement, une « anthropologie négative »[85], à l'instar de la théologie négative qui se contente de dire ce que Dieu n'est pas. Le Créateur lui-même, selon Gn 5,1, s'abstient de déclarer « bons » l'homme et la femme nouvellement nés : il commence par les « bénir » puis les « appelle du nom d'humains au jour de leur création ». Dès lors, je ne m'étonne pas que Jésus ait refusé avec fermeté l'apostrophe « bon maître » : « Pourquoi m'appelles-tu bon ? Nul n'est bon que Dieu seul » (Mc 10,18 // Lc 18,19).

Avec un peu d'entraînement, nous parvenons à lâcher une telle préoccupation. Peu importe ce que nous valons, ce que vaut autrui, nous voilà libres d'orienter notre énergie autrement : vers notre devenir et celui de l'autre, vers le dynamisme qui nous traverse, le potentiel relationnel dont nous sommes porteurs. Vers notre filialité divine, dirait N. Berdiaev : « Le christianisme, en plaçant l'homme au-dessus de l'idée du bien, accomplit par cela même la plus grande révolution de l'histoire, révolution que la chrétienté n'est pas toujours en mesure d'accueillir. L'idée du bien, comme toute idée, doit s'incliner et céder lorsque l'homme apparaît, car *ce n'est pas elle, mais lui qui est la création et l'enfant de Dieu.* [...] l'Évangile nivelle devant Dieu les uns et les autres [les bons, les mauvais, les justes, les injustes]. [...] C'est ainsi que le concept humain du bien, qui semblait inébranlable et absolu, fléchit et chancelle. [...] La foi chrétienne, avant toutes choses, suréleva la notion de la valeur infinie de toute âme, de toute vie, de toute personne humaine et, conséquemment, de celles du pécheur et du méchant ». Dieu tient aux « méchants » au moins autant qu'aux « bons », « dénominations elles-mêmes futiles et mensongères [...]. Or, on s'ingénia à déduire du christianisme la plus monstrueuse morale que connut jamais le monde » : le souci de son propre salut, quitte à marcher sur les cadavres de ses prochains jugés moins bons, et « c'est là probablement la plus grande défaite, la plus hideuse déformation qu'ait subie le christianisme dans le cœur humain »[86].

Là encore, c'est notre expérience personnelle qui peut nous donner une (petite) idée du désintérêt divin quant à notre valeur : quoi que notre enfant ait pu faire ou ne pas faire, il sera toujours notre enfant ; ce n'est pas ce qu'il « vaut » moralement qui nous fera rompre ou renouer la relation. Vous me direz que c'est pourtant un cas de figure très fréquent. Gâchis contre lequel luttent les auteurs bibliques, qui voient dans le péché le repli sur soi justifié par le démérite d'autrui. Notre enfant a beau avoir « démérité », et nous avons beau le renier, le lien perdure pour l'éternité puisque nous ne pourrons jamais annuler le fait qu'il est notre fils, qu'elle est notre fille. N'est-ce pas un peu ce que le prophète percevait de ce Dieu qui, si je puis dire, a l'humain dans la peau – « vois, sur mes paumes Je t'ai gravé » (Es 49,16) ?

Ni bons ni mauvais, nous sommes essentiellement « capables de Dieu », puisque créés à son image. Et si c'est la liberté qui Le caractérise par-dessus tout, ce sera entièrement la nôtre que de décider de retisser ou non du lien. Une liberté en relation et non le fantasme d'une liberté absolue. Être capable de Dieu, c'est donc être ou (re)devenir peu à peu capable d'alliance, de partenariat : « Dans le langage de la Bible, dit D. Bonhoeffer, la liberté n'est pas quelque chose dont l'être humain disposerait pour soi-même, mais quelque chose qu'il a pour l'autre. [...] une relation entre deux partenaires [...]. Ce n'est que dans la relation à l'autre que je suis libre [...] Dieu ne veut pas être libre pour lui-même, mais pour l'être humain. [...] il ne garde pas sa liberté pour lui-même[87]. » Je dirais que nous sommes des vivants libres en toutes circonstances de rester connectés aux vivants, donc au Vivant.

Personnellement, dès que je me laisse happer dans le casse-tête inextricable (*suis*-je assez bonne ? Jusqu'à quel point l'autre *est*-il méchant, pervers, etc. ?), je suis piégée par mes représentations, mes projections, mes fantasmes. En revanche, il suffit que je rencontre en chair et en os la personne avec laquelle j'ai une difficulté relationnelle (et que j'ai tendance à considérer comme « mauvaise »),

… et il se passe quelque chose : je sens la Vie circuler entre nous, comme si, au moins pour un temps, il m'était donné de mettre de côté mon appréciation de sa valeur. Cela suppose que j'aie décidé ou accepté de la rencontrer… mais le reste m'est offert « par surcroît ». Dans le vif du face-à-face, quelque chose d'*autre* advient qui met fin, sur le moment, à mes ruminations : les jugements (bon, mauvais, etc.) sont toujours des plats refroidis.

Je crois, ou plutôt je fais l'expérience, qu'on peut apprendre à vivre sans « connaître le bien et le mal, les bons et les méchants » : en étant lucide sur le chaos, le mensonge et la destruction (l'arbre est bien là !), mais en se centrant exclusivement sur la vie qui nous tient tous en vie. « Adam ne connaît ni le bien ni le mal, écrit encore D. Bonhoeffer. Au sens le plus strict, il vit *au-delà du bien et du mal*, c'est-à-dire qu'il vit de la vie qui vient de Dieu » – comme les enfants, pourrait-on ajouter. Et au centre de notre jardin, désormais, se tient Jésus, incarnation parmi nous de cette vie en abondance qui ne se soucie ni de faute ni de mérite : « Nous sommes de ceux qui, dans la foi, sont libérés désormais de la connaissance du bien et du mal et de la mort[88]. » Il est certain que nos existences individuelles et nos rapports sociaux changeraient du tout au tout si dans chacune de nos rencontres nous étions déparasités de notre compulsion à évaluer le bon et le mauvais en autrui et en nous-mêmes. « L'homme est un vivant avant tout. Là réside son innocence » – superbe intuition du philosophe orthodoxe Bertrand Vergely[89].

Il est frappant que pour les Hébreux le bien en soi n'existe pas : c'est seulement dans la relation avec Dieu que nous découvrons comment vivre, en favorisant le vivre-ensemble. Ainsi, être bon (*tov*), ce n'est pas être vertueux mais être un *vivant* ! Et on ne fait pas retour à l'Autre pour devenir bon mais pour retrouver le chemin de la vie. Tel est le seul désir divin : « Est-ce que vraiment je prendrais plaisir à la mort du méchant – oracle du Seigneur Dieu ? N'est-ce pas en retournant de ses routes qu'*il vivra* ? [...] Quand le méchant se détourne de la méchanceté qu'il avait commise et qu'il accomplit droit et justice, il *fait vivre son être* [...]. Je ne prends pas plaisir à la mort de celui qui meurt – oracle du Seigneur Dieu ; revenez donc et *vivez* ! » (Ez 18,23.27.32) L'enjeu n'est jamais de faire le bien pour le bien et de devenir bon, mais de revenir à la relation, sortir de son enfermement, tisser à nouveau les liens de partenariat entre humains, donc aussi avec le Tout-Autre, liens faits de respect, de vérité et de justice... afin de goûter la vie donnée en intensité ; les instructions et recommandations divines que rapporte le Deutéronome ont toujours pour visée la joie de vivre en relation : « afin que nous soyons heureux tous les jours et qu'Il nous garde vivants » ; en quête de la seule justice « afin de vivre et prendre possession du pays qu'Il te donne » (Dt 6,24 ; 16,20).

L'humain, image de Dieu

L'évangéliste Luc fait remonter la généalogie de Jésus jusqu'à « Adam fils de Dieu » (3,38) ! Autant dire que Jésus est né comme chacun-e de nous au sein d'une humanité depuis toujours aux prises avec les forces chaotiques qui nous divisent les uns des autres et donc aussi du Créateur. Nulle part la Bible hébraïque ne laisse entendre que nous aurions perdu l'image divine posée sur nous tel un sceau – comme le coin marque la monnaie, selon Rachi[90]. Même certitude chez les premiers chrétiens : avec l'Église grecque, s. Irénée, le premier à développer une véritable théologie de l'image et de la ressemblance, affirme fortement que nous ne perdons jamais l'« image », qui n'est pas notre œuvre mais celle de Dieu : cela nous met à l'abri de tout péché définitivement destructeur, puisque notre vocation à incarner Son image nous est sans cesse offerte, quels que soient nos aveuglements et nos errances[91]. Intuition géniale, aux accents étonnamment modernes (on est au IIe siècle !) : c'est tout entiers que nous sommes image de Dieu – corps, psychisme, esprit, bref, toute notre chair précaire, vulnérable, mortelle, animée du souffle divin.

Tertullien ne dira pas autre chose ; aucune de nos composantes ne peut à elle seule définir notre ressemblance avec le Créateur : « Cette chair, Dieu l'a fabriquée de ses mains à l'*image* de Dieu et l'a animée de son souffle, à la *ressemblance* de sa propre vitalité[92]. » On voit par là comment, en méprisant et rejetant le corps et les affects pendant tant de siècles, les chrétiens se sont coupés du Vivant en étant persuadés de lui faire plaisir : le pire des péchés n'est-il pas de se croire en relation féconde avec l'Autre sans s'apercevoir qu'en retranchant toute une partie de soi on se ferme aux autres et à lui ?

Pour Grégoire de Nysse également, ni la non-relation à l'Autre, ni l'aveuglement, ni l'enfermement, ni l'errance ne peuvent dissimuler l'« empreinte de Dieu », nous faire perdre son image en nous. Elle n'est pas quelque chose de statique ; c'est plutôt une présence, une façon d'être vivant, dont tous les humains sans exception sont marqués. « Elle est la collectivité humaine, dans son achèvement, telle que l'artiste divin la voit, au premier instant »[93], écrit A.-G. Hamman.

Le plus étonnant, c'est que s. Augustin lui-même ait reconnu, avec force et en maints endroits de son œuvre[94], notre capacité à recevoir Dieu quels que soient nos manquements. Son image en nous n'est jamais perdue ; elle fait même partie de notre structure ; nous sommes et demeurons capables de Dieu même dans nos pires errances. « Dans *Les Confessions*, comme dans le *Traité de la Trinité*, note encore A.-G. Hamman, Augustin en vient toujours à la même conclusion. [...] La marque du Créateur est son image, lovée dans le creux de l'être humain[95]. »

Disons que la doctrine du péché originel a été si assourdissante qu'elle nous a empêchés d'entendre cela. Et c'est à se demander si Augustin lui-même faisait réellement l'expérience de cette non-perte de l'image divine en lui : « Nous disions, en effet, que même abîmée et défigurée une fois perdue sa participation à Dieu, [l'âme] reste pourtant image de Dieu. Elle en est assurément l'image en ce qu'elle est capable de Dieu et qu'elle peut participer à Dieu[...][96]. » Alors, perd-elle la participation divine ou ne la perd-elle pas ? Est-ce pour lui un vœu pieux ou une réalité ?

En fait, c'est quand il parle directement à Dieu qu'il semble retrouver l'empreinte divine en lui. Cela nous arrive aussi : la plus modeste prière ou parole que nous lui adressons nous (re)met aussitôt en lien et nous délivre de l'idée que nous sommes irrémédiablement perdus loin de lui. Nous avons cette liberté-là, de continuer à lui parler, de nous maintenir en relation, donc en vie ; et cette liberté, rien ni personne ne peut nous l'enlever.

Voici quelques superbes lignes de la confession et de la prière que s. Augustin adresse à son « médecin intérieur » en évoquant son enfance : « Qu'y avait-il dans un tel être vivant qui ne fût digne d'admiration et de louanges ? Mais tout cela, c'était un don de mon Dieu ; ce n'est pas moi qui me le suis donné. Ces qualités sont bonnes, et ces qualités, c'est moi ! [...] j'exulte de joie pour tous les biens qui, dès mon enfance, constituaient mon être. [...] Ce que je sais de moi, je l'ignore jusqu'à tant que mes *ténèbres* deviennent *comme un plein midi* devant ta face. [...] Voilà ce qu'est le cœur humain, aveugle et languissant. [...] Et pourtant, tel qu'il est, dans sa misère, il préfère trouver sa joie dans la vérité que dans la fausseté. » Et il vient au secours de son prochain victime d'injustice : « Si de tels fruits naissent de notre terre, alors, vois *que cela est bon* [...]. Et qu'ainsi nous apparaissions tels *des luminaires dans le monde*, fermement attachés au *firmament de ton Écriture* »[97].

L'humain, créé « à l'*image* de Dieu, selon sa *ressemblance* » : n'y a-t-il pas là quelque chose de redondant ? Il vaut la peine de s'intéresser aux racines verbales de ces deux mots hébreux : le premier vient d'un verbe inusité qui signifie « couper, retrancher », le deuxième d'un verbe qu'on traduit par « ressembler ». C'est riche de sens : ne faut-il pas être coupé, retranché, différencié de l'Autre pour découvrir ensuite combien on lui ressemble ? Et pour apprécier à la fois l'altérité et la similitude ? Et n'est-ce pas le même processus de génération en génération ? Il est dit d'Adam, en Gn 5,3, qu'« à sa ressemblance et selon son image il engendra un fils qu'il appela du nom de Seth » : c'est que nous commençons par imiter nos parents, par être des « petits d'hommes » appelés à se différencier pour accéder un jour, avec eux, à une relation de partenaires conscients de leurs similitudes.

Comment reconnaître notre ressemblance avec Dieu ? Selon Grégoire de Nysse, au fait que notre esprit est tout aussi insaisissable et inconnaissable que celui du Tout-

Autre : pour lui comme pour Irénée, notre liberté est le don royal qui nous apparente à Lui[98]. Plus précisément, je dirais que nous sommes libres, nous comme lui, d'entrer en relation ou non, de retisser le lien ou non… et que lui ne peut le faire à notre place. Pour la tradition juive, c'est ainsi que nous complétons notre monde, en partenariat avec le Créateur qui l'a laissé en quelque sorte en friche : « Si Dieu a limité la création, […] c'est aussi pour laisser à l'homme une marge créatrice par laquelle il parachève le monde […]. Le créateur continuera cependant à organiser le monde mais pas directement, […] par l'intermédiaire de la volonté de l'homme juste », écrit J. Eisenberg[99].

Image et ressemblance, dans la bouche de Dieu, se concrétisent aussitôt dans une « domination » que nous avons à exercer sur le monde créé. Dans le même but que la Sienne : pour favoriser le vivre-ensemble en rendant justice et en libérant les humains – en partenariat avec eux. Être capable de Dieu, c'est donc « régner sur les œuvres de Ses mains » : l'être humain, « Tu en as fait presque un dieu, dit le psalmiste ; […] Tu as tout mis sous ses pieds » (Ps 8,6). Ou encore : « Vous êtes des dieux, vous êtes tous des fils du Très-Haut » (Ps 82,6).

Jésus lui-même reprendra cette affirmation à son compte : « N'a-t-il pas été écrit dans votre loi : J'ai dit "vous êtes des dieux" ? […] et vous dites "tu blasphèmes", parce que j'ai affirmé [littéralement] que *je suis fils de Dieu* » (Jn 10,34.36). Je trouve la traduction de la *TOB* révélatrice – « je suis *le Fils* de Dieu » : l'article et la majuscule induisent que c'est réservé à Jésus. Or il vient précisément de souscrire à l'intuition essentielle de la Bible hébraïque, selon laquelle chaque être humain est un fils ou une fille de Dieu !

Où pouvons-nous retrouver le lien avec le Tout-Autre ? Selon N. Berdiaev, dans cette « profondeur de la nature humaine où [notre conscience] ne s'est pas encore définitivement scindée de [lui] » : la grâce serait le « réveil de sa profondeur », la « réminiscence de la source divine de la vie »[100]. Nous ne sommes ni bons ni mauvais mais capables de Dieu ; en d'autres termes, constamment perfectibles. Thème rousseauiste par excellence, la perfectibilité est l'indice que notre nature n'est pas une nature morte. Ce que nous sommes aujourd'hui ne permet jamais de prédire ce que nous deviendrons.

Mais qu'est-ce qui introduit du devenir dans ce que nous croyons trop bien savoir de nous-mêmes ? Pour moi, c'est notre relation vivante, donc imprévisible, avec les autres et le Tout-Autre. Quand Jésus nous parle de perfectibilité, il le fait en lien étroit avec le non-repli sur soi. Que nous soyons bons, mauvais, justes ou injustes, nous sommes tous capables de Dieu, capables d'être « parfaits, par-achevés comme le Père céleste » (Mt 5,48) en ce que nous cultivons la relation-malgré-tout, même avec nos « ennemis » et même sous le mode de la prière – qui est aussi relation – pour nos « persécuteurs » (v. 44). En grec, c'est à la fois une promesse (« vous serez par-faits, accomplis ») et une décision à prendre (« soyez par-faits, accomplis ») : nous le pouvons si nous le décidons et en cela nous sommes des « dieux », comme le disait Jésus, en accord avec les psalmistes.

IV

Une bienveillance qui incite à devenir responsable

Venir au monde fut une épreuve redoutable. Y prendre racine eût été impossible sans la bienveillance d'au moins une personne. Sans cela, nous n'aurions tout simplement pas survécu. De quoi s'agit-il exactement ? De cette bonté parfaitement gratuite jaillissant d'un cœur qui se réjouit de l'existence d'un autre être humain : « Il est bon que tu fasses partie des vivants ! » Pour beaucoup d'entre nous, cependant, les expériences de bienveillance furent l'exception. Il n'empêche ! Un seul moment peut marquer une existence, même vécu à un âge précoce : nous avons engrangé cette bonté première jusque dans notre mémoire corporelle ; nous avons su, plus ou moins confusément, que nous étions reliés à une bienveillance originelle.

Si un tel souvenir nous échappe, l'âge adulte peut nous en faire retrouver le chemin : dans des circonstances de vie particulièrement difficiles, nous constatons parfois que tel regard, telle parole, tel geste nous a « sauvés ». Quelques instants ont suffi pour nous remettre en lien avec la Bonté qui pénètre tout l'univers : nous ne pouvons plus dire qu'elle n'existe pas, quand bien même nous ne l'avons goûtée que (très) rarement. La bonté, écrit J.-M. Delassus à propos de nos expériences de nouveau-nés, « n'est pas ici une catégorie morale, mais un *climat.* La bonté est tout de suite totale. C'est un équivalent utérin, mais au niveau de l'esprit[1] ».

Dans l'histoire personnelle d'Augustin, la rencontre avec Ambroise, l'évêque de Milan, a été déterminante dans sa découverte du Christ : « Ce que j'ai commencé à aimer d'abord en lui, ce ne fut pas le docteur d'une vérité que je désespérais désormais de trouver dans Ton Église, mais un homme bienveillant à mon égard[2]. » Alors que la voie de la vie lui paraissait introuvable, il raconte que les textes bibliques avaient l'air moins absurdes depuis qu'il écoutait Ambroise. N'en est-il pas de même pour nous ? Dès qu'un « messager » de Dieu nous reçoit dans une atmosphère de bienveillance, le Dieu qui le fait vivre s'incarne devant nos yeux ; toute sa personne nous *parle* de la Bienveillance*. Pensons au dalaï-lama : n'est-ce pas là ce qui explique son immense popularité en Occident, cette partie du monde qui a si cruellement manqué de bienveillance ?

À l'inverse, personne ne bouge, ne grandit, ne se responsabilise tant qu'on le soupçonne systématiquement du pire et qu'on ne s'attend à rien de bon de sa part. Je suis frappée par l'atmosphère de méfiance dans laquelle nous vivons en Occident, y compris dans les milieux où les relations humaines sont au premier plan. En cela je rejoins Gérard Dorsaz : « Dans l'éducation, le gouvernement, les affaires, une bonne partie de la vie de famille,

---

* J'écris « Bienveillance » avec une majuscule quand je veux indiquer que, sans quitter le terreau le plus concret des relations humaines, elle vient d'Ailleurs.

de la psychothérapie, tout est pratiquement basé sur une méfiance vis-à-vis de la personne[3]. » Nous sommes ainsi faits : ce que les autres nous renvoient de nous-mêmes, nous finissons par le croire. Longtemps nous ne savons pas qui nous sommes : dès la naissance, le regard d'autrui nous a aidés à nous voir et c'est par lui que nous avons appris à percevoir celui du Tout-Autre sur nous. Voilà pourquoi tant d'Occidentaux rejettent un Dieu que les adeptes du péché originel peignaient avec un regard hostile et malveillant posé en permanence sur les humains, sans s'apercevoir qu'ils prêtaient à Dieu *leur propre regard* ! En d'autres termes, dis-moi comment les autres te regardent et je te dirai comment tu crois que Dieu te regarde.

Nous avons vu qu'en Occident chrétien le « lavage de cerveau » commençait à la naissance. Mais la technique est universelle et transhistorique. Quels que soient les goulags, les camps dits de « rééducation », les lieux où l'on torture, les familles et les milieux professionnels où se pratique le harcèlement, le but est toujours le même : refléter à la personne qu'elle ne vaut rien, ce qui parfois la pousse à s'éliminer elle-même.

Pourquoi est-il si facile d'y parvenir ? Parce que, selon un proverbe sud-africain, « un être humain est un être humain au travers des autres êtres humains[4] ». C'est par le regard que nous portons les uns sur les autres que se développe notre appartenance à l'humanité – thème éminemment rousseauiste que reprendra Adam Smith. C'est à travers nos semblables que se forge notre identité. Ne nous étonnons donc pas que « du jugement [d'autrui] dépende notre conduite[5] ». Pour le meilleur et pour le pire.

Espérons que le pire est derrière nous – la compulsion multiséculaire qui pousse à convaincre *les autres* de leur péché. Les dérapages ont été tels que, pour ma part, devenue allergique à toute parole « donneuse de leçon », je suis à l'affût de personnes bienveillantes qui, dans le dénuement de leur demande de relation, sollicitent, souvent sans le savoir, le meilleur de moi. Dans mes propres difficultés relationnelles, quand je n'ai pas (vraiment) conscience d'avoir coupé le lien, je constate que c'est le *besoin* de l'autre, sa *propre soif de relation*, qui me sort de mon enfermement et me fait revenir. Le climat bienveillant peut s'instaurer quand l'un des deux fait connaître à l'autre son besoin vital de sollicitude et de justice : le dénuement de l'un en appelle au dénuement de l'autre, au nom d'une bienveillance gratuite qu'il sait mobilisable en lui.

Ainsi Jésus, « fatigué du chemin », demandait-il à la Samaritaine de bien vouloir lui donner à boire (Jn, 4,6 *sq.*). Ainsi suppliait-il ses disciples de le soutenir par la prière : « Mon âme est triste à en mourir : demeurez ici et veillez avec moi ! » (Mt 26,38). Ainsi exprimait-il son besoin brûlant d'être entendu : « Pourquoi ne comprenez-vous pas mon langage ? » (Jn 8,43). À force de nous croire obligés de nous agenouiller devant Dieu, ne sommes-nous pas devenus sourds et aveugles à ce Tout-Autre qui, incognito, au plus caché d'autrui, s'agenouille *devant nous* ? N'est-il pas urgent, aujourd'hui, de cesser définitivement de faire pression sur les autres en les culpabilisant, pour aller à eux, confiant comme un enfant, en demande de relation authentique ? L'expérience ne nous montre-t-elle pas qu'ainsi nous (re)suscitons le meilleur de leur être, qu'ils contactent alors eux-mêmes librement ?

Point de convergence avec les résultats de plusieurs recherches et études en sciences humaines : refléter à quelqu'un sa serviabilité stimule, voire décuple… sa serviabilité ! Et plus on « mise sur l'aptitude à la bonté », conclut J. Lecomte, plus elle a de chances de se manifester[6]. Mais comment ne pas en profiter pour manipuler autrui ? Personnellement, je me centre sur le mystère de son être, sur sa liberté d'enfant de Dieu… et je m'attends à ce qu'il puisse répondre tout autrement à mon attente. Je m'entraîne à accepter d'avance qu'il reste fermé, malfaisant, sans que cela change mon regard bienveillant sur sa personne : il demeurera de toute façon l'enfant béni du Dieu qui me bénit moi-même, donc toujours capable de lui.

Après vingt-huit ans d'emprisonnement injuste, persuadé qu'en voyant le bien chez les autres on leur permet de s'améliorer, Nelson Mandela écrivait : « La bonté de l'homme est une flamme qu'on peut cacher mais qu'on ne peut jamais éteindre[7]. » Et il déclarait à l'occasion du dixième anniversaire de la démocratie dans son pays : « Je souhaite que les Sud-Africains n'abandonnent jamais leur croyance en la bonté, qu'ils chérissent cette foi dans les êtres humains comme étant le fondement de notre démocratie[8]. »

J'en arrive à penser qu'être capable de Dieu équivaut à être capable de bienveillance. Les effets autoréalisateurs des discours sur notre égoïsme et notre méchanceté ne sont plus à démontrer. À l'inverse, entendre que nous sommes capables de bienveillance simplement parce que c'est la marque de Dieu en nous, c'est commencer à nous réconcilier avec notre *humanité*. Nous réalisons combien notre conception négative de l'espèce humaine a conditionné notre regard sur les humains concrets qui nous entourent… et sur nous-mêmes. Nous apprenons à nous regarder avec bienveillance et cela nous fait amorcer notre « retour » vers l'Autre. Parce que nous n'initions pas la

Bienveillance : nous la découvrons, agenouillée en nous, en demande silencieuse de relation avec cet humain irremplaçable qu'est chacun de nous.

Dans plusieurs pays d'Afrique, l'*ubuntu* est ce qui nous constitue essentiellement : c'est « la bonté naturelle, le sentiment d'une commune humanité, la générosité, la gentillesse, la grandeur d'âme », explique J. Lecomte[9]. Par là, nous voyons à nouveau combien l'Occident chrétien est encore en proie à une vision décourageante de l'être humain. Raison de plus pour commencer à prendre conscience du pouvoir transformateur d'un regard bienveillant. Il suffit d'une personne qui croit en nous, en notre potentiel créateur de liens, et nous mettons fin à ce repli sur soi qui devenait notre prison. Je le répète, quand bien même nous aurions bénéficié du regard bienveillant d'une seule et unique personne, c'est cela qui est à cultiver : le regard du Tout-Autre sur nous est exactement de cette nature-là. Et cette personne ne nous a pas été « envoyée » par hasard.

Il me semble qu'Adam et Ève n'ont perçu aucun regard humain de cette sorte. Et pour cause, me direz-vous : il n'y avait pas grand monde au jardin d'Éden ! Mais en racontant, sans le dire, cette absence d'humanité avant eux, le mythe n'évoque-t-il pas notre manque dramatique de bienveillance humaine ? Ajoutons que dans Gn 2-3, contrairement à Gn 1 – récit écrit, redisons-le, *après* Gn 2-3 –, les premiers humains n'ont pas entendu de Dieu : « Soyez bénis et fructifiez* ! » Voici le commentaire d'A. Neher : « La bénédiction divine ne les a pas touchés dans les fibres

* « Dieu les bénit et Dieu leur dit : "Fructifiez, multipliez, emplissez la terre, conquérez-la !" » (Gn 1,28, Chouraqui).

réelles de leur être ; ils ne se sentent pas concernés par elle ; elle leur reste extérieure, même s'ils en recueillent le bénéfice. La bénédiction, c'est l'affaire de Dieu et non celle des hommes. » Selon l'auteur, Dieu les avait pourtant bénis[10]. Eh bien non, pas dans ce texte de Gn 2 !

J'entrevois là une vérité existentielle : selon la dose de malheurs, de violence éducative et de traumatismes qu'on a eus, on ne peut tout simplement pas entendre qu'on est béni : il faut qu'un jour ou l'autre cela passe par la bienveillance d'un *être humain*. Sinon, à qui répondre ? Comment se sentir mobilisé dans son être si personne ne se réjouit qu'on soit venu au monde ? On s'enlise dans le chaos, l'errance, l'enfermement… et l'incapacité à répondre entraîne vers la non-responsabilité : du coup, on demeure aveugle au mal qu'on fait aux autres.

Je connais un homme, très malmené par la vie, qui s'est longtemps déclaré athée. Au bout d'un long chemin d'acceptation et de pacification par rapport à son passé, chemin jalonné de nombreuses expériences de bienveillance qu'il a su accueillir et intégrer, il m'a confié qu'il se sentait désormais « entendu et aimé ». J'ai adoré la voix passive : comme dans la Bible, Dieu n'a pas besoin d'être nommé ni « trompetté ». Il n'a même pas besoin d'être reconnu par l'intéressé, pourvu que l'Amour le touche et qu'il retourne à la relation. « Maintenant, poursuivait cet homme, je peux laisser mes proches libres de vivre leur vie sans poser de conditions et sans me replier sur moi-même, en gardant vivant le lien. »

Que dit le regard bienveillant ? Tu n'es *jamais* coupable dans ton être, quelle que soit la nature (même monstrueuse) de tes actes. « *L'athéisme*, note finement le philosophe J. Lacroix, est une *revendication d'innocence*. L'humanité est innocente [...] de la condition humaine elle-même. L'athéisme est protestation contre ce qu'il appelle le mythe du péché originel : c'est précisément parce que l'homme n'est pas originellement coupable qu'il est présentement responsable, c'est parce qu'il n'est pas coupable dans son être qu'il peut le devenir dans son existence[11]. » Il est temps de découvrir que le Dieu biblique, dès les récits de la Genèse, est bien ce Tout-Autre qui nous incite à *répondre*, répondre de nos actes et de nos paroles – pensons à Caïn ! – précisément parce qu'à ses yeux nous ne sommes jamais coupables dans notre être. C'est nous, et non lui, qui avons inventé l'expression « ne pas mériter de vivre ».

Avec A. Gesché, je constate que l'Évangile s'intéresse beaucoup moins aux coupables qu'aux victimes, à la dénonciation des coupables qu'à l'aide aux victimes. Telle est même la « priorité évangélique » si l'on en croit la parabole du Samaritain venu au secours du blessé laissé « à demi mort » par des bandits (Lc 10,25-37). « Le vrai responsable est celui qui s'approche [...]. À la limite, et un peu paradoxalement, *plus on est non coupable, plus on est armé pour être responsable*[12]. »

Très juste ! Mais pourquoi en est-il ainsi ? Parce qu'on glisse très facilement du comportement coupable à l'être coupable : « Tu as fait ceci ou cela, donc tu *es* un ou une... » La condamnation de notre *personne* nous paralyse rapidement jusqu'à nous rendre mutiques parfois. Repli sur soi assuré. Enfermement dans le vase clos des questions-réponses que nous faisons tourner en boucle. Évacuation de toute autre voie. Et déresponsabilisation : à qui répondre puisque nous n'entendons plus que la voix qui nous accuse ?

D'où l'urgence d'un vis-à-vis bienveillant qui saura nous redonner la *sécurité* sans laquelle aucun humain ne peut s'ouvrir à la relation. Personnellement, je n'aurais jamais pu revenir de l'enfer de la culpabilité, *revenir aux autres*, au Tout-Autre, si je n'avais pas commencé par être accueillie dans cet espace parfaitement sécurisé que m'offraient mes accompagnants (« psy » et « spi »). Avant de traiter autrui d'irresponsable (ce que montrent ses actes, sans doute), demandons-nous s'il n'est pas englué dans une culpabilité d'exister – culpabilité d'être lui-même – dont il ne pourra sortir que si, à notre contact, il commence à éprouver un profond sentiment de sécurité en se disant : « Avec *cette* personne je peux me lâcher, être moi-même quelles que soient les choses dont on m'accuse, dont je m'accuse ; elle, elle ne me veut que du bien, elle me *voit* comme quelqu'un de précieux et se réjouit que j'existe. »

Tel était le regard de Jésus sur chaque personne qu'il rencontrait, adulte ou enfant. Un regard tout à fait insolite en ce qui concerne les enfants. C'est à cela, entre autres, que je le vois incarner la Bienveillance : à rebours de la mentalité de son époque, il les bénissait et les présentait comme les êtres les plus proches de Dieu, ceux dont l'image divine est la plus perceptible à qui sait les regarder. O. Maurel a relevé une dizaine de ses paroles et actes strictement incompatibles avec la violence éducative : « antidote à la violence », auquel l'Église s'est montrée dramatiquement sourde. « Qui peut croire que la volonté de ce Père aimant dont parle Jésus soit de faire violence aux enfants[13] ? »

Pourquoi Jésus nous suggère-t-il de leur « ressembler » ? Parce que, témoin de la Bienveillance qui repose sur eux, il croit qu'ils peuvent nous mettre sur ce chemin. Ne dirait-on pas que le petit enfant est la Bienveillance faite chair ? Que son corps tout entier nous parle d'elle ? Et nous invite à le contempler comme on contemple une icône ? N'est-il pas la preuve vivante que personne ne subsiste sans elle, sans cette bonté toute première qui se réjouit de l'existence de chaque humain ? Rousseau n'en était pas loin : « Un enfant est donc naturellement enclin à la bienveillance parce qu'il voit que tout ce qui l'approche est porté à l'assister, et qu'il prend de cette observation l'habitude d'un sentiment favorable à son espèce[14]. »

Même regard de Jésus, inconditionnellement bienveillant, sur l'adulte dysfonctionnant, en rupture de relation, « pécheur ». Trois mentions parmi d'autres : approché par un homme otage de sa richesse et de son perfectionnisme, « il le regarda jusque tout au fond et il l'aima » (Mc 10,21) ; au chant du coq ponctuant la troisième trahison de son disciple et ami Pierre, « se retournant, il le regarda jusque tout au fond » (Lc 22,61) ; guetté du haut d'un arbre par un « collabo » connu pour sa malhonnêteté, « il leva les yeux » et lui demanda l'hospitalité (Lc 19,5).

Et si disparaissait le regard de bienveillance entre nous ? Ce serait l'abîme, dit M. Bellet, c'est-à-dire « le refus que tout être humain soit humain de grande humanité, digne infiniment d'être reconnu, respecté, aimé, avant tout mérite et toute dignité[15] ». Pour moi, la manière dont Jésus a vécu toute sa vie incarne ce que dit M. Bellet dans un autre ouvrage : « Il n'y a pas d'homme condamné ! [...] Combien de fois ai-je besoin de l'entendre – pour moi et pour d'autres que moi ? [...] Que se lève cette aurore ! Car s'il n'y a pas d'homme condamné, alors tout vaut, tout peut être sauf, il suffit que naisse au monde la parole qui transperce la mort – un mot, un regard, et c'est fait. La ténèbre part, comme la fumée que le vent porte, le grand vent. Ô divine douceur[16] ! »

Zachée ou la bienveillance originelle

Être bien-veillant : veiller sur quelqu'un dans une bonne intention, lui vouloir du bien sans lui imposer quoi que ce soit ; l'enfer étant pavé de bonnes intentions, bannir le fameux « c'est pour ton bien » car, sans qu'on y prenne garde, la bien-veillance peut déraper en sur-veillance, plus ou moins policière. Jamais une abstraction – le concept inerte et immuable d'un Dieu bon –, la Bienveillance s'expérimente entre nous bien avant que nous en ayons conscience. Et sans avoir besoin que nous nous déclarions croyants. Elle se contente de nous pousser chaque jour à être attentifs à cette bienveillance que nous vivons de la part d'autrui et/ou à l'égard d'autrui. Un jour, peut-être, nous distinguerons le grand B au travers du petit b !

Je mets la majuscule quand je désire me laisser habiter et traverser par le regard du Tout-Autre. Sans m'imaginer que j'en suis l'initiatrice. Ce n'est pas par bonté naturelle que j'accueille les autres avec bienveillance. L'être humain n'est ni bon ni mauvais, comme nous l'avons vu : « personne n'est bon que Dieu seul », selon Jésus lui-même. Il me saute aux yeux qu'elle vient d'Ailleurs en ces occasions où je ne l'attendais pas du tout : quand je m'entends et me perçois bienveillante envers une personne qui m'avait contrariée, mise hors de moi, traitée en ennemie. La Bienveillance me prend alors par surprise : je vois bien qu'elle ne dépend pas de mes décisions.

Allons plus loin ! La Bienveillance ne passe pas entre nous parce que j'ai la bonté de me pencher sur autrui. Il m'est plutôt suggéré d'être vigilante, attentive à *me* laisser regarder par elle : à travers les autres, un Autre se réjouit que j'existe, telle que je suis ; je me détends, me reçois en toute sécurité… et sans même m'en apercevoir, j'offre à autrui cette Bienveillance dont je suis l'objet. Ou plutôt elle passe à travers moi pour s'offrir à lui.

Certaines personnes donnent l'impression d'avoir toujours été bienveillantes : on dirait que ça leur vient tout seul. Je me dis alors : je ne sais d'où cela leur vient, mais tant mieux pour elles. Pour beaucoup, dont je fais partie, la bienveillance est à retrouver et cela peut être long. Mais souvenons-nous que Jésus a passé trente années on ne sait où – la plus grande partie de sa vie, vu la longévité de l'époque – en prélude à sa vie publique. Sans doute lui a-t-il fallu du temps pour se laisser traverser, habiter, puis transfigurer par la Bienveillance, pour qu'un jour elle soit perceptible dans tous ses actes, ses paroles et son corps. Cependant, elle n'attend pas que nous nous laissions complètement faire pour passer à travers nous et entre nous.

Nous en avons un indice, à nouveau, dans la complexité des relations interpersonnelles. Je me suis souvent demandé jusqu'à quel point je suis – comme d'autres – hypocrite quand, pleine de pensées négatives sur quelqu'un, et me retrouvant face à lui, je me montre bienveillante sans aucun effort, comme si c'était plus fort que moi. En toute honnêteté, je perçois là autre chose : c'est comme si la Bienveillance s'était invitée dans l'entre-deux de la relation, parfaitement indifférente à ma non-envie d'être bienveillante. Par ailleurs, dans les temps où elle nous manque cruellement, un bon entraînement est à notre portée, qui nous oriente déjà vers elle : être attentifs à la bienveillance qui circule entre les autres, y compris les inconnus, et dont nous sommes témoins tous les jours, dans la rue, le train ; se réjouir de cette Bienveillance qui s'immisce dans nos relations incognito, suppléant inlassablement à nos carences individuelles.

À propos de ce qui se passe parfois dans la rue, l'évangéliste Luc est le seul à rapporter la rencontre « fortuite » de Jésus avec Zachée : à elle seule, la Bienveillance dont il est porteur va inciter son vis-à-vis à reprendre le chemin de la relation et devenir responsable de ses actes ! Le récit fait partie d'une section qu'on a appelée l'« Évangile des exclus », de toutes ces personnes considérées comme irresponsables – par opposition, dirait-on aujourd'hui, aux VIP qui ont de si lourdes responsabilités ! Cela se passe à Jéricho. Juste avant d'entrer dans la ville, un homme aveugle, cherchant à cor et à cri à se faire voir de Jésus, a été rabroué par la foule. « Que veux-tu que je fasse pour toi ? », a demandé Jésus. L'homme voulait « voir ». Ayant retrouvé la vue, il a alors entendu : « Ta confiance t'a sauvé. »

À Jéricho même, voilà qu'un autre homme, Zachée, cherche aussi à voir Jésus. La similitude me frappe. Tous les deux sont des exclus, parce que « pécheurs » : la maladie – le handicap – est comprise à l'époque comme une punition divine ; et la profession de collecteur d'impôts exercée par Zachée au profit de l'occupant romain le met d'autant plus au rang des « pécheurs » qu'elle s'accompagne souvent de malhonnêtetés et d'abus de pouvoir. Or tous les deux sont en demande, plus ou moins consciente, plus ou moins explicite, de relation. Nous avons évoqué la variété des symboles bibliques désignant le péché, c'est-à-dire la non-relation à l'Autre, en particulier le symbolisme de l'aveuglement et celui de l'exclusion qui refuse l'existence des autres en ne les respectant pas : ainsi pouvons-nous aisément nous identifier à l'aveugle de Jéricho et à Zachée. Eh bien, la Bienveillance qui traverse la ville ce jour-là va faire fond sur le désir d'un homme qui « cherchait [simplement] à voir qui était Jésus ».

Zachée (Luc 19,1-10)

1 Étant entré, [Jésus] passait par Jéricho.
2 Et voici un homme appelé du nom de Zachée.
Et lui il était chef des collecteurs d'impôts. Et lui il était riche.
3 Et il cherchait à voir qui était Jésus. Et il ne pouvait pas
à cause de la foule parce qu'il était petit de taille.
4 Et ayant couru devant [pour être] en avance, il monta sur
un sycomore afin de le voir, parce qu'il allait passer par là.
5 Quand il arriva à [cet] endroit, Jésus, ayant levé les yeux,
lui dit : « Zachée, dépêche-toi, descends ! Car aujourd'hui
il me faut demeurer dans ta maison ! »
6 Et il se dépêcha de descendre et il le reçut tout joyeux.
7 Et voyant [cela], tous murmuraient en disant : « C'est
chez un homme pécheur qu'il est entré se loger ! »
8 Debout [littéralement : s'étant mis debout/ayant été mis
debout], Zachée dit au Seigneur : « Voici, la moitié de
mes biens, Seigneur, je la donne aux pauvres et si j'ai
imaginé quelque machination contre quelqu'un, je lui
rends le quadruple. »
9 Alors Jésus lui dit : « Aujourd'hui est arrivé un salut à
cette maison en ce que lui aussi est fils d'Abraham.

10 En effet, le fils de l'humain est venu chercher et sauver ce qui était perdu*. »

Une bienveillance à l'affût du désir d'autrui

C'est la condition sine qua non : la plus petite ouverture semble faire l'affaire. Certains diront que Zachée était seulement curieux de voir la tête d'un rabbin dont tout le monde parlait et n'était pas du tout en demande de relation. Quand bien même ! Il aurait pu rester enfermé chez lui. Nos motivations sont souvent extrêmement complexes, mais dans la Bible seuls importent les actes. Zachée est bel et bien sorti, a couru, a grimpé sur un arbre, témoignant d'un désir minimum d'ouverture à un autre que sa propre personne et ses intérêts. « Il cherchait » et, comme en écho à la fin de l'histoire, Jésus lui aussi, ce fils d'humanité semblable à nous, est « venu chercher et sauver ce qui était perdu » – cette part de nous qui s'était soustraite à la relation vivante et qui manquait cruellement à notre joie. Luc est très sensible à cette quête humaine d'autre chose que soi-même : on retrouve près de trente fois le verbe « chercher » dans son évangile.

De plus, ici, il insiste sur l'échange de regards : « Zachée cherchait à voir », « afin de le voir », « Jésus, ayant levé les yeux » – et de très nombreux manuscrits ajoutent « il le vit ». Dans notre expérience aussi, la rencontre authentique commence souvent par le regard : ainsi parlons-nous à autrui par notre corps de notre envie de relation ; ainsi percevons-nous la sienne. Le regard nous met mutuellement en contact avec l'être profond. Le regard fuyant, lui, ne cherche pas

* C'est moi qui traduis.

la relation. Quand nous attendons une vraie réponse de quelqu'un, il nous arrive de dire : « Regarde-moi ! » La sortie de l'enfermement et le processus de responsabilisation dépendent donc du moindre désir de relation qui s'éveille à l'approche d'une personne bienveillante.

De son côté, Jésus a bien dû « lever les yeux » pour rejoindre Zachée *là où il était*. Personnellement, le symbolisme du sycomore me parle beaucoup. Au premier degré, l'homme est trop petit pour apercevoir Jésus. Mais il n'est pas interdit d'entendre ce détail dans un registre plus profond. Quand nous avons besoin de nous mettre plus haut que tout le monde, c'est que, souvent sans le savoir, nous luttons contre un sentiment d'infériorité et de mésestime de nous-mêmes. Zachée vivait quotidiennement dans le mépris de ses coreligionnaires, pour ne pas dire dans le sentiment d'être rejeté de Dieu. Dans ce cas-là, nous nous enfermons d'autant plus dans le dysfonctionnement du perfectionnisme, qui nous entretient dans l'illusion d'être en règle avec les autres et le Tout-Autre. Mais notre intériorité relationnelle est morte : nous sommes plus haut que tous, fantasmatiquement irréprochables, mais plus coupés de l'Autre que jamais. Cependant, Zachée, dans son arbre, ne fait-il pas ce jour-là son *coming out* ? Le voilà devenu le point de mire dans une foule malveillante, exposé au regard d'un homme vénéré comme un grand prophète. Que va-t-il se passer ?

Une bienveillance qui traite d'égal à égal

Je disais plus haut que la Bienveillance se plaît à circuler incognito dans nos relations interpersonnelles. C'est pourquoi je mets le mot en minuscule pour parler de la rencontre de Jésus et Zachée : c'est seulement à la fin du récit, *comme après coup*, ou bien à la manière d'une signature, qu'elle se fait connaître avec la majuscule. À quoi le voyons-nous ? Jésus salue en Zachée un « fils d'Abraham lui aussi » et se désigne lui-même comme « fils de l'humain ». Abraham incarne celui qui, le premier en Israël, a entendu du Tout-Autre l'appel à la liberté : est enfant d'Abraham celui ou celle qui est sorti du pays de l'esclavage. En écho à « lui aussi », j'entends « comme moi-même, Jésus », comme chaque fils et fille d'humanité. D'où nous viendrait cette interdépendance de personnes libres sinon de notre commun héritage divin, du Père de toute vie ? Jésus semble dire à Zachée, comme le père de la parabole à son fils aîné : « Tout ce qui est à moi est à toi », en d'autres termes tous deux nous sommes fils, héritiers de la même Bienveillance originelle.

Parfaite humilité de cet homme qui ne prétend à aucun titre divin, comme pour mieux nous encourager à nous identifier à lui : n'importe quel être humain, marqué dans sa plus grande humanité du sceau de la Bienveillance, peut offrir à un semblable – aussi emmuré soit-il – son propre désir de lien, peut se mettre à la « recherche », en lui, de « ce qui était perdu » pour la relation, le sauver de son repli mortel sur lui-même. Quand nous faisons cela, nous ne faisons que laisser la Bienveillance agir à travers nous : plus nous sommes *humains* (fils et filles de l'humain) et tendons la perche aux autres, plus nous incarnons ce Dieu qui est en demande constante de relation. Il aura fallu tout le temps de la rencontre et du repas, dans une atmosphère d'accueil sans conditions, pour que Zachée puisse entendre – « Jésus *lui* dit » – le désir de Dieu au cœur du désir d'un autre être humain : une égalité bouleversante offerte à un homme qui se sentait trop bas pour ne pas se mettre au-dessus des autres.

N'est-ce pas le besoin vital de lien qui nous met d'emblée sur un pied d'égalité avec quiconque ? Et l'expérience spirituelle la plus précieuse n'est-elle pas de sentir dans la moindre demande de relation venant d'autrui, la demande infiniment discrète du Tout-Autre ? Avec le temps, j'y suis devenue de plus en plus sensible… et j'ai entendu avec d'autres oreilles les récits des rencontres de Jésus. L'évangéliste Jean a perçu en lui, du début à la fin de sa vie publique, la même soif de relation : « Donne-moi à boire ! », demandait-il à une femme samaritaine considérée comme impure et pécheresse par les Juifs de l'époque. « J'ai soif », criait-il encore sur la croix à ses tortionnaires plus coupés de Dieu que jamais – soif d'être en lien avec toi, avec vous, quels que soient vos aveuglements et vos fermetures. Insondable humilité de Celui qui, en demande des humains, de tous les humains, ne leur veut que du bien !

Une bienveillance désireuse de relations qui durent

Vous me direz : mais justement, Jésus ne fait que « passer par là » et Zachée ne sera plus jamais mentionné. Cependant, Jésus exprime son désir de « demeurer dans [sa] maison ». Là aussi, nous pouvons dépasser la lecture au premier degré : il y aura un avant et un après dans la vie de Zachée ; Jésus, me semble-t-il, va « demeurer » chez lui longtemps après son séjour ponctuel. La durée temporelle des événements sera relayée par ce que j'appellerais un *présent éternel* : c'est ce qui reste pour toujours en nous quand une fois, une seule fois peut-être, nous avons été visités par la Bienveillance. Désormais, la solidité du lien est acquise : Zachée pourra compter sur Jésus toute sa vie, même s'il ne le revoit pas ; son regard inconditionnellement bienveillant aura restauré durablement sa capacité relationnelle : dès ce jour-là, il a su de manière irréversible qu'il était, lui aussi, capable de l'Autre.

À quoi voyons-nous l'éternité faire irruption dans le présent ? À la force irrépressible qui fait dire à Jésus : « *Aujourd'hui, il me faut* demeurer dans ta maison. » Luc est friand de ces « aujourd'hui » chargés de l'énergie explosive du Vivant : « Aujourd'hui il vous est né un sauveur… » (2,11) ; « Aujourd'hui cette parole est accomplie » (4,21) ; « Aujourd'hui tu seras avec moi dans le paradis » (23,43). Aujourd'hui, Zachée, c'est le temps de ta visitation, « aujourd'hui est arrivé un salut à cette maison », ta maison… un aujourd'hui qui peut durer, va durer toute ta vie. Chaque fois que Jésus s'exprime ainsi – « il faut », « il me faut », « il fallait »* –, il semble poussé par quelque chose de plus fort que lui, par Celui qui s'invite discrètement dans l'histoire des humains pour leur communiquer sa propre joie.

C'est comme un concentré de vie relationnelle, qui se traduit par le vocabulaire de l'urgence : « Vite », faisons la fête, réjouissons-nous, disait le père de la parabole de Lc 15 ; et ici : « Zachée, dépêche-toi, descends ! » Urgence communicative – « il se dépêcha de descendre et il le reçut chez lui, tout joyeux » – qui n'a rien à voir avec celle de nos horloges ; quand il s'agit d'inciter quelqu'un à revenir à la relation, à faire retour à l'Autre, la voie royale est de lui dire le besoin pressant que l'on a soi-même

* Voir « Il fallait se réjouir… » (Lc 15,32), et les diverses annonces de la Passion et de la résurrection : « Il faut que le fils de l'humain »… soit mis à mort et qu'il se lève le troisième jour.

d'être en lien avec lui : « C'est très important pour moi de demeurer chez toi, d'avoir une place dans ta vie, dans ton intérieur (au double sens du terme). » Combien de fois n'ai-je pas été sortie de mon repli sur moi et « sauvée » par la demande d'une personne (même inconnue) qui frappait avec insistance à ma porte ?

Une bienveillance indifférente aux apparences

Zachée est pointé du doigt dès le début : « *Lui* il était chef » de ces péagers réputés voleurs, méprisés et haïs – pour ce qui est de l'arnaque, c'était un « chef » – « et *lui* il était riche », ceci expliquant cela. Mais à la fin de l'histoire, c'est le doigt de la Bienveillance qui le désignera comme « *lui aussi*, un fils » de la liberté. Que s'est-il passé entre-temps ? L'humaniste Érasme pensait que si Zachée était condamné par la foule, Jésus, lui, avait su le repérer, grâce à sa perception de l'intériorité humaine, comme quelqu'un qui avait un sens aigu de la justice. Je le disais plus haut : comment amorcerions-nous un retour à l'autre si personne, jamais, ne faisait une brèche par son regard d'inconditionnelle bienveillance… jusqu'à notre être profond, notre identité lumineuse d'enfant de Dieu ?

Et puis est-ce un hasard si Zachée vient du nom hébreu *zakkaï* qui signifie « celui qui est pur, innocent » ? Il ne s'agit pas de minimiser la gravité de ses agissements, mais de prendre conscience du pouvoir largement méconnu de la bienveillance. D'un côté, on a la foule unanime – « tous » – qui « murmure », trouve à redire et désapprouve : un « pécheur » est juste bon à rester enfermé dans son péché ; lui rendre visite, c'est se salir les mains. De l'autre côté, on a Zachée tout à la joie de recevoir Jésus, apparemment inconscient de l'attitude de tous, ou indifférent à leur hostilité, qui tout à coup « se met debout »/et « est mis debout » pour annoncer à Jésus qu'il est en train de changer de vie. Comme il vient d'être stigmatisé « pécheur irrécupérable » par la foule, ce détail ne manque pas de piquant : c'est un des deux verbes qui diront la résurrection de Jésus (« il s'est levé/a été levé d'entre les morts »). Et je me demande pourquoi Zachée a besoin de se lever pour dire à Jésus qu'il décide d'agir honnêtement désormais. Parce que l'instant est solennel ? Que c'est un grand tournant dans son existence ? Sans doute, mais il y a davantage : je crois que la Bienveillance, puissance de vie relationnelle, l'a effectivement *mis debout* et qu'il le vit comme une véritable résurrection !

Une bienveillance qui pousse à des actes responsables

C'est un fait d'expérience : il suffit qu'on nous regarde avec bienveillance, qu'on dise du bien de nous, qu'on valorise notre personne, et nous avons envie de donner le meilleur de nous-mêmes. On dirait que Zachée se sent poussé à répondre à la simple *attitude* de Jésus. Des réponses concrètes, immédiates, et non des déclarations d'intention : les verbes sont au présent. « Je donne, je rends… » Je redresse ce qui était tordu. Je respecte ces autres que j'avais éliminés. Un présent qui va durer : une manière pour lui de devenir responsable de ses actes au quotidien, et non une fois en passant, sur un coup de tête, dans l'émotion du moment.

Et en écho Jésus répondra : « Aujourd'hui, *un* salut est arrivé… » Ce n'est pas là *le* salut, on est loin du souci obsessionnel et terriblement déconnecté de la réalité de « sauver son âme ». Une libération s'est produite et va pouvoir se vivre chaque jour parce que Zachée a pris sa place, « debout » parmi les humains libres et responsables de leurs actes – de leur retour à l'Autre. Une fois aura suffi : Zachée prend le chemin du retour. Il décide, sans la contrainte de quiconque, d'observer la huitième et la dixième des Dix Paroles : « Tu ne t'approprieras pas ce qui appartient à ton prochain. »

Or, selon le judaïsme, observer une seule *mitsva** isolée est « un acte d'une grande portée car cela revient à reconnaître le lien fondamental entre l'homme et Dieu », explique A. Steinsaltz : en effet, chacune « offre un instrument de relation entre l'homme et le Divin » ; chacune est par essence « une ligne reliant le Ciel et la terre, une lettre envoyée d'en haut, un doigt tendu auquel l'homme peut s'accrocher » et l'importance de sa réalisation « réside avant tout dans ce point de contact avec le Divin ». Et voici encore de quoi ne pas minimiser la portée des décisions de Zachée : dans le judaïsme, « les prohibitions se rapportant aux moindres possibilités de vol, de fraude ou de fourberie en tout genre sont bien plus sévères que celles gérant les relations entre les êtres humains et D-ieu »[17].

Une bienveillance qui accueille autrui dans ses limites du moment

Zachée décide de donner aux pauvres la moitié de ses biens, non la totalité ! Ailleurs, Jésus recommande à un

* Une *mitsva* est un devoir religieux prescrit par la Torah et défini par le Talmud.

jeune homme désireux de le suivre de tout donner aux pauvres. J'ai souvent été frappée par sa tendresse quand il est confronté aux limites de son vis-à-vis. Là, l'homme aspirait profondément à changer de vie sans être vraiment prêt à lâcher cette richesse qui l'encombrait ; cependant, Jésus l'en sentait capable : « Il le regarda jusque tout au fond et il l'aima » (Mc 10,21). Regard d'inconditionnelle bienveillance sur lui tel qu'il était ce jour-là… De même, à Simon-Pierre qui se croyait prêt à l'accompagner jusqu'en prison et jusqu'à la mort, Jésus répondait avec douceur et fermeté : « Tu ne peux pas maintenant, mais tu me suivras plus tard » (Jn 13,36).

Perception des limites… du potentiel de l'autre : la bienveillance se met à son pas, veille sur la semence enfouie, sur les moindres pousses. Elle ne fait jamais pression parce qu'elle *voit* déjà l'arbre en floraison : elle s'émerveille de la petitesse des avancées de la vie au plus intime de l'humain. Elle est réaliste : l'évolution d'une personne qui sort de son enfermement prend beaucoup de temps. Mais elle s'en réjouit : ce ne sera pas un feu de paille. Elle accompagne un processus irréversible, au rythme des saisons de chacun.

Une bienveillance qui rend clairvoyant

L'évangéliste nous présente Zachée comme un homme « riche », apparemment aveugle sur lui-même et sa manière de s'enrichir, qui ne cherchait pas à y voir clair dans sa vie, à faire des prises de conscience sur ses zones d'ombre. « Il cherchait [simplement] à voir qui était Jésus. » Or, à aucun moment Jésus ne tente de lui montrer à quel point il est coupé des autres et du Tout-Autre. Pourtant, à son simple contact, Zachée *voit* immédiatement et en pleine lumière ce qui détruit sa relation à l'Autre : c'est comme s'il s'était aperçu dans un miroir. Et cette découverte le pousse presque en même temps à prendre la décision d'en finir avec cette situation : il *voit* clairement quelles personnes il a dépouillées, quels torts il a à réparer, et il agit de manière responsable. D'où vient un discernement aussi soudain chez un homme qui apparemment vivait jusqu'ici sans états d'âme particuliers ?

Eh bien, il voulait voir « qui était Jésus »... et il l'a vu ! « Zachée dit au *Seigneur* : Voici [...] *Seigneur*... » Ce titre est l'un des favoris de l'Église primitive, qui saluait ainsi en Jésus la présence parmi les humains du Vivant, du « premier-né d'entre les morts ». Si Zachée l'appelle « Seigneur », n'est-ce pas parce qu'il a reconnu en lui la Bienveillance faite chair, sans laquelle il n'aurait pas eu le courage de se regarder en face ? Il a vu « qui était Jésus » : l'homme qui lui révélait (par sa seule manière d'être) où était son propre *chemin*, par quel travail de *vérité* il passait, et à quelle *vie* libre il le conduirait*. Il nous arrive parfois de rencontrer des personnes qui nous font cet effet-là : à leur contact, dans l'atmosphère bienveillante qu'elles instaurent à leur insu, nous sommes poussés à mieux nous regarder, à nous déplacer vers davantage de vérité, à entrevoir que la vie nous attend de ce côté-là.

En somme, en voyant qui était Jésus, Zachée a commencé à voir qui il était lui-même. Et le premier fruit de ce regard bienveillant sur sa personne, c'est la décision de réparer les injustices à sa manière. Un acte responsable qui émane de

* Voir la parole de Jésus en Jn 14,6 : « Moi je suis le chemin, la vérité et la vie. »

l'entière liberté de cet homme unique et non interchangeable, une manière personnelle et originale de répondre à cet Autre qui, sans un mot dans ce sens, lui a donné envie de retrouver le chemin de la relation : « Je rends le *quadruple* [à toute personne que j'ai gravement lésée]. » *Tetraploûn* n'apparaissant qu'une seule fois, non seulement chez Luc mais dans tout le Nouveau Testament, on peut laisser résonner ce mot comme si c'était là l'invention de Zachée : personne ne lui dicte ce qu'il a à faire ; il ne copie personne, ne se moule dans aucune réglementation ; il a fait le premier pas en direction de qui il est en vérité – un enfant de la liberté, comme Abraham, comme Jésus lui-même !

Une bienveillance qui réveille en l'humain sa capacité relationnelle

Jésus voulait « demeurer dans [sa] maison ». La foule critiquait : « Chez un homme pécheur il est entré *se loger*. » Or, ce verbe (*kataluô*) signifie « dissoudre, détruire, renverser (la force, le pouvoir de quelqu'un), supprimer, laisser aller, faire cesser, délier, détacher », et c'est ce tout dernier sens qui donne la traduction « se loger » : en effet, on déliait/détachait son cheval pour loger dans une auberge. Luc aurait pu faire dire à « tous » : « Chez un pécheur il est entré pour demeurer ou séjourner », mais nous aurions été privés de la richesse sémantique de ce verbe. Eh bien, ils ne croyaient pas si bien dire : quand nous laissons Jésus – et tout être humain, à sa suite, animé du désir de relation qui le relie au Tout-Autre – entrer dans notre maison, quelque chose survient qui est de l'ordre du « renversement » ; il y a « destruction » de ce qui détruisait notre vie relationnelle, « déliement » par rapport à ce qui nous maintenait liés, « suppression » de notre habitude de supprimer l'altérité…

La bienveillance de Jésus a donné d'emblée à Zachée – sa joie est immédiate – l'accès à la « part perdue » de son *être*, la plus vivante et la plus féconde, sa part relationnelle. Du coup, quasiment en même temps, il peut renverser/supprimer/laisser aller/faire cesser/délier la richesse volée qui lui tenait lieu d'identité, avec le dysfonctionnement qui l'avait entraîné jusque-là. J'ai l'impression qu'il lâche progressivement son *avoir* – d'abord la moitié, puis le quadruple… et peut-être, un jour, la totalité. Apprentissage de la dépossession extérieure, devenu possible dans la seule mesure où il se réapproprie la part perdue de sa personne, réveillée/re-suscitée par celui qui « est venu » pour cela.

Zachée découvre qu'en donnant et rendant aux autres, il ne se perd pas lui-même : il se laisse aller à la joie de se donner lui-même, de donner ce qu'il avait soustrait à la relation avec l'Autre. Il se retrouve capable de l'Autre grâce à la bienveillance de Jésus qui, en demeurant dans sa maison, l'a introduit dans un espace sécurisé à l'abri des regards condamnateurs. Du coup, sa maison est en train de devenir « cette maison où est arrivé un salut », où a soufflé un vent de libération qui fait circuler à nouveau la vie entre tous les membres de la famille. Aujourd'hui, on le sait par les thérapies systémiques, quand une personne revient à la vie relationnelle, parle en « je » et assume ses choix, c'est contagieux ; toute la maisonnée est questionnée, suscitée, déplacée sur un chemin de responsabilisation.

Une bienveillance qui fait lâcher culpabilité et perfectionnisme

Quand j'évoque les comportements de Jésus dans l'idée qu'ils pourraient dynamiser les nôtres, il n'est pas rare qu'on m'objecte : oui, mais c'est Jésus ; nous, nous n'en sommes pas capables. Est-ce si compliqué de dire à quelqu'un : « Cela me ferait vraiment plaisir de te rendre visite » ? Je parlais plus haut du pouvoir largement méconnu de la bienveillance : un pouvoir de destruction des murs derrière lesquels autrui s'est retranché. Or, quand on dit son besoin de relation, en toute humilité – en toute impuissance ! –, à temps et à contretemps, on est souvent étonné : ainsi, pas plus tôt descendu de son arbre, « Zachée le reçut tout joyeux ». Il n'a pas fallu longtemps pour qu'il amorce son retour à l'Autre. La joie signifie la (re)découverte de sa capacité à faire du lien. Capacité restée intacte depuis son enfance, de même que l'expression du plaisir, immédiate et spontanée. Il m'arrive de vivre ce « miracle » avec des personnes à l'abord hermétique : je les ai approchées en me doutant qu'elles avaient cruellement manqué de bienveillance.

L'histoire ne dit pas si Zachée souffrait d'un quelconque sentiment de culpabilité lié à ses agissements (si ce n'est en creux, en évoquant son perfectionnisme*). Mais il est certain que son entourage socio-religieux se chargeait de lui rappeler ses fautes. Ambiance d'hostilité, de médisance et d'accusation. Bien mérité, dira-t-on. Certes mais, comme souvent dans cet évangile, Jésus sait que ce n'est pas en culpabilisant la personne qu'on la fera évoluer. Il a choisi une autre voie,

* Voir p. 322.

qui est celle du Tout-Autre, en vérité : alors, sans prononcer une seule parole de condamnation, de jugement ni même de désapprobation, il voit Zachée descendre du sommet de sa perfection fantasmatique et compensatoire, ignorer les propos accusateurs de la foule, et s'engager résolument dans une nouvelle manière de vivre, libre et responsable.

On est bien au-delà des catégories usuelles qui régissent nos rapports sociaux : les bons, les mauvais ; les coupables, les victimes ; les justes, les injustes. Ailleurs dans le même évangile, Jésus dit que ce ne sont pas les bien portants (sous-entendu, personne ne l'est vraiment) qui ont besoin de médecin, mais « ceux qui ont mal » : « Je suis venu appeler non pas les justes mais les pécheurs [ceux qui sont coupés de l'Autre, les dysfonctionnants, les enfermés] pour un changement de mentalité » (Lc 5,31 *sq.*). Or, le plus ardu et le plus radical des changements de mentalité n'est-il pas de lâcher définitivement notre amalgame obsessionnel faute-punition-mérite pour *nous tourner vers l'Autre* et nous investir librement dans nos relations ?

Une bienveillance restauratrice du tissu social

La formulation de Zachée au verset 8 m'a intriguée : « *Si* j'ai imaginé quelque machination contre quelqu'un » ou « fait une fausse déclaration » (le collecteur d'impôts pouvant produire de faux témoignages pour traîner les mauvais payeurs en justice). *Si* je l'ai fait ? On dirait que, n'étant pas au clair sur ce qu'il a réellement fait, il a besoin de vérifier : il devra donc rétablir le dialogue avec ses compatriotes, ses coreligionnaires ! Cela me paraît riche de sens : nous savons si peu jusqu'à quel point nous avons fait du tort à autrui, l'avons blessé ou spolié. Mais comment le savoir si, coupant la relation, nous nous enfermons dans notre culpabilité ou notre bonne conscience ? En revanche, rassurés sur la valeur de notre *être* par les regards bienveillants que nous avons intériorisés, nous mesurons l'importance de la parole des autres dans notre processus de responsabilisation : eux seuls – et le Tout-Autre à travers eux – peuvent nous faire découvrir jusqu'à quel point nous nous étions soustraits à la relation en ne les respectant pas.

Zachée le laisse entendre : il ne fait que commencer à prendre conscience de ses actes, à se responsabiliser. La foule, elle, est par définition irresponsable : en « murmurant » ou criant d'une même voix, elle court-circuite la « réponse » à laquelle chaque individu ne prend pas le temps de réfléchir en son âme et conscience. « Tous » désignent le seul coupable. Les mêmes « tous » hurleront bientôt : « Crucifie-le ! » Jésus, lui, s'est désintéressé une fois pour toutes de notre amalgame préféré faute-punition-mérite… pour s'adresser à une personne à la fois : « Et toi, que veux-tu ? Qui es-tu ? Qui dis-tu que je suis ?… »

Selon certains commentateurs, cette narration propre à Luc est la quintessence de tout l'Évangile. Or, on peut le vérifier dans bien d'autres passages, c'est l'évangéliste qui a le plus abandonné le vocabulaire de la culpabilité, de l'accusation et du châtiment pour s'intéresser prioritairement à la qualité des relations entre les humains et au potentiel transformateur de la bienveillance. On ne s'étonnera donc pas de ce qu'un tel vocabulaire soit introuvable dans notre récit. Je dirais que c'est la seule *manière de Jésus d'être en relation* qui a posé à Zachée la question : « Et toi ? Qui es-tu, que désires-tu ?…»

Répondre à une culpabilité paralysante

En abandonnant la doctrine du péché originel, nous saisissons mieux l'immense enjeu de notre époque. Il devient urgent de quitter l'emprisonnement stérile dans une culpabilité sans vis-à-vis pour nous ouvrir au dynamisme de la responsabilisation, c'est-à-dire à cet Autre qui au travers des autres s'intéresse à ma réponse, à moi, être humain digne d'exister. « Dynamisme » : Luc affectionne ce mot qui lui paraît approprié au souffle saint – souffle de vérité et d'amour –, cette force qui de l'intérieur nous donne envie de sortir de nos enfermements. L'Autre devant lequel nous nous découvrons capables de réponse peut être identifié comme « Dieu », ou comme les autres, la société contemporaine ou les générations futures (ainsi, Hans Jonas avec son « principe responsabilité »).

Dans l'Occident sécularisé, peut-être nous sentons-nous d'autant plus responsables que « privés de transcendance », nous nous trouvons livrés à l'« obligation de répondre », de choisir nos valeurs et de prendre nos décisions alors que « Dieu ne nous dit plus le Bien, ni l'Avenir, la certitude du Meilleur », selon Monette Vacquin[18]. Personnellement, ce silence de « Dieu » me parle : on lui a tellement fait dire n'importe quoi. En termes anthropomorphiques, je dirais qu'il se tait désormais pour mieux entendre notre réponse : jamais peut-être depuis les premiers siècles du christianisme nous n'avions su combien il nous prenait au sérieux.

Quand la majuscule n'est plus perceptible, la bienveillance humaine saute aux yeux : nous avons été objets de sollicitude, nous avons bénéficié de la responsabilité bienveillante d'autrui à notre égard bien avant d'en avoir conscience. Antécédence qui peut nous mettre sur la voie de la transcendance : même si nos parents ne nous ont pas voulus, d'autres humains ont pris soin de nous, au moins un minimum, sans quoi nous n'aurions pas survécu. Bienveillance à l'œuvre dans notre monde, avec toujours un temps d'avance : « On a répondu de moi sans moi, sans mon consentement, avant que je ne puisse répondre », note Jean-Louis Chrétien[19]. Nous n'avons choisi ni la vie ni la bienveillance indispensable à la vie. Mais la vie relationnelle, nous seuls pouvons la choisir.

Dans la tradition chrétienne, c'est Jésus qui incarne la Bienveillance dans tout son être. Or il nous encourage précisément à faire un tel choix, qui implique un déplacement, un *mouvement vers l'Autre* : « *Venez* à moi, vous tous, les fatigués, les surmenés, et moi je vous donnerai le repos » (Mt 11,28). On est bien loin du traditionnel « repentez-vous, vous tous, les coupables, corrompus, lamentables et moi je vous donnerai l'absolution ! » qu'a inculqué l'Église pendant des siècles. Jésus, lui, a vécu notre condition humaine, notre épuisement, le poids de ce que nous portons jusqu'à la limite de nos forces au jour le jour. Là, et en bien d'autres occasions, il a salué notre courage et notre persévérance. Et je me trouve confortée dans l'admiration que j'éprouve envers tant de personnes qui malgré tout ce qui les broie choisissent de rester en vie, en lien avec les autres.

Sa manière de répondre à notre réalité de base montre qu'il a toujours pris notre parti. Même au moment de l'épouvantable torture : « Père [notre Père à tous], pardonne-leur car ils ne savent pas ce qu'ils font » (Lc 23,34). Et c'est encore Luc qui, en étant le seul à rapporter cette parole, témoigne de son regard de bienveillance sur tous les humains jusqu'à son dernier souffle. On dirait que Jésus répond ainsi de nous devant Dieu : « Je le sais de l'intérieur, les humains font ce qu'ils peuvent, et il leur arrive d'être dramatiquement aveugles à ce qu'ils font. » Et J.-L Chrétien de préciser : « Le Juste qui nous justifie ne se justifie pas. Notre Défenseur ne se défend pas contre nous. Le Répondant ne répond pas » – silence de Jésus au long de son procès[20]. Ou plutôt, réponse muette et criante de vérité : par la densité de son corps souffrant, ne dit-il pas la Bienveillance crucifiée ?

Est-ce qu'une telle attitude nous inciterait à rester dépendants et irresponsables ? C'est précisément le contraire : comme Zachée, sous le regard bienveillant d'autrui, nous ne sommes plus occupés à nous défendre et à nous justifier. Autrui est si *différent* – si dépourvu d'accusation, de jugement, de désapprobation – que toute sa personne devient question : « Que vais-je répondre ? Quelle forme libre et personnelle prendra ma responsabilité ? »

Dans la ligne de Luther et, plus tard, de Bonhoeffer, je dirais que l'air devient léger : notre réalité ultime, le dernier mot sur notre nature humaine, n'est plus la fatalité de la Faute mais la liberté de nous lier, relier, réconcilier avec les autres et le Tout-Autre. Puisque la Bienveillance n'a jamais attendu nos *mea culpa* et ne les attendra jamais pour s'offrir à nous dans le dénuement de son désir, nous pouvons pousser la porte et découvrir le vaste champ de nos responsabilités. Des responsabilités qui sont autant de réponses concrètes aux questions que nous pose la vie à travers les autres, mais des responsabilités *limitées*, à notre portée et à notre mesure, pas des responsabilités écrasantes !

Quelques réponses aliénantes

Nous avons bien des façons de nous couper de l'Autre et d'entretenir notre isolement, des manières de vivre que la bienveillance d'autrui vient mettre en lumière, nous faisant découvrir combien nous en souffrons. Si j'en mentionne quelques-unes, c'est pour faire apparaître la marge de liberté que nous avons en toutes circonstances : le moindre petit pas en direction de la relation sera à prendre comme une réponse aidante. Il s'agit de refuser à la fois la toute-puissance du discours culpabilisateur que nous avons intériorisé… et la fuite dans l'irresponsabilité qui, elle aussi, nous privant de vis-à-vis, nous maintient en prison. Tous les auteurs convergent aujourd'hui : quels que soient nos conditionnements, nous avons toujours la possibilité de poser un acte libre. Et j'ajoute : y compris un « acte » intérieur.

Comment repérer que nous répondons à certains événements ou situations en éliminant les autres, le Tout-Autre ? Nous les rendons coupables. Fabrication de boucs émissaires, mise en accusation d'autrui et autojustification : le problème vient toujours et exclusivement de l'extérieur. Même réponse, mais inversée, quand nous prenons sur nous toute faute et toute accusation et passons notre temps à nous excuser pour éviter le moindre conflit – manière subtile d'éliminer les autres et leur altérité menaçante. Que fait alors la bienveillance ? Elle nous entraîne ailleurs – en ce lieu de parfaite tranquillité où nous pouvons nous « reposer » à l'abri de tout jugement destructeur émanant des autres, ou de nous par réaction. Là, nous avons le droit d'être nous-mêmes, libérés du besoin de prouver quoi que ce soit. Nous retrouvons le chemin de l'échange d'être à être.

Une autre forme de repli dévastateur consiste à se prémunir constamment contre autrui, et même contre soi-même – souscrire à d'innombrables assurances, se méfier de tout et de tous, ne rien entreprendre à cause des risques encourus. Paralysie de l'action qui asphyxie la vie relationnelle, donc la vie tout court. Autre manière de fuir la relation : se perdre dans l'activisme, y compris et paradoxalement dans l'activisme altruiste et dévoué. Dans ce cas, on ne s'intéresse pas réellement aux personnes dont on « s'occupe », on tente sans vraiment le savoir de se donner une valeur dont on doute profondément ; en fait, on a terriblement besoin d'un regard bienveillant.

À l'inverse, on peut développer une responsabilité illimitée, fruit de la disparition de tout vis-à-vis. Ainsi Sartre écrit-il : « [...] l'homme, étant condamné à être libre, porte le poids du monde entier sur ses épaules : il est responsable du monde et de lui-même en tant que manière d'être [...]. Si je suis mobilisé dans une guerre, cette guerre est *ma* guerre [...]. Faute de m'y être soustrait, je l'ai *choisie* [alors que je pouvais me suicider ou déserter]. Il a dépendu *de moi* que pour moi et par moi cette guerre n'existe pas et j'ai décidé qu'elle existe [...]. Tout se passe comme si j'étais contraint d'être responsable[21]. »

Ici, on est aux antipodes de la pensée biblique qui, en posant un vis-à-vis initiateur de la vie et du dialogue, ne me laisse jamais faire toutes les questions et toutes les réponses. Mais sans pour autant me contraindre à répondre. En sollicitant seulement *ma* réponse personnelle, limitée, relative : ne pouvant pas répondre à la place des autres, j'accepte librement *ma part* de responsabilité et je leur laisse la leur. Au lieu de me replier sur moi – J.-L. Chrétien reproche à Sartre d'ignorer complètement la responsabilité collective et considère sa responsabilité illimitée comme « égologique » –, je laisse la Bienveillance originelle m'ouvrir aux réponses des autres, dans le désir toujours renouvelé de favoriser le vivre-ensemble.

Plusieurs fois j'ai entendu, lu et constaté jusqu'où peut conduire la notion dévastatrice de responsabilité illimitée : jusqu'à concerner les enfants dans ce que les autres leur font vivre de plus destructeur, et les adultes aussi, lorsqu'ils portent encore en eux l'enfant persuadé qu'il est responsable de ce qui lui est arrivé. Il faut le dire fermement, avec P. Lassus : « L'enfant, en toutes circonstances, en tous temps et lieux, ne porte aucune responsabilité, pas une once, dans la commission du crime que constitue l'agression dont il a été victime [...]. Il n'y a aucune justification à s'interroger sur un consentement qui n'est en réalité que soumission au pouvoir d'un adulte pervers, sinon à vouloir protéger les agresseurs, l'excuse d'ignorance ne pouvant plus être retenue[22]. »

Quelques réponses aidantes

Personnellement, je ne me sens jamais aussi *libre* qu'au moment où je reconnais mon tort devant quelqu'un, un tort précis et concret que lui-même considère comme tel. À l'instant même, je sens que ma personne ne se réduit pas à ce comportement regrettable. En somme, je reprends ma vie en main : je suis davantage et autre que cette parole ou ce geste qui a blessé autrui. En disant « je » et en assumant ce que j'ai fait, je me reconnais simple être humain capable d'endommager, voire de couper la relation… et, en même temps, capable de rétablir le lien en donnant ma propre réponse. J'avoue qu'il m'a fallu longtemps : dans ce type de situations, j'avais plutôt tendance à me vautrer dans une culpabilité qui me soustrayait plus que jamais au face-à-face. J'ai appelé cela la « grandiosité négative » : puisque, à l'évidence, je n'étais pas géniale, alors j'étais nulle, indigne d'exister.

Pour répondre à une culpabilité paralysante, nous avons la recommandation de Jésus quand on l'interrogeait sur l'origine du « péché » de tel ou tel : tournez-vous plutôt vers le futur, vers ce que vous pouvez en faire avec l'aide du Souffle ! Nous ne cessons de nous couper de l'Autre, un peu ou beaucoup, et le plus souvent sans le savoir. Mais dès que nous choisissons d'en assumer les conséquences, nous revenons dans le champ des échanges interpersonnels : à tout moment nous pouvons vérifier auprès d'autrui si nous avons dit ou fait quelque chose qui a porté atteinte à notre lien. Ce faisant, nous avons pour seul souci notre avenir commun, le devenir de notre être-ensemble. Et cela nous évite de nous enliser dans une responsabilité illimitée :

l'autre aussi a sa part dans la difficulté relationnelle ou/et sa liberté dans l'évolution de la relation.

Il est difficile aujourd'hui de ne pas se sentir responsable de tout et de n'importe quoi : à l'échelle collective, nos pouvoirs étant devenus immenses, nos nuisances le sont aussi, et les possibilités de réparation de plus en plus difficiles à définir. Plutôt que de nous tourner vers ce que nous avons fait, P. Ricœur propose « une orientation plus délibérément prospective » où la vigilance est de mise ; dans la ligne de H. Jonas, il exprime notre « besoin d'un impératif nouveau » : « agir de telle sorte qu'il y ait encore des humains après nous » – en nous souvenant que les générations à venir prendront le relais[23].

Je dirais que notre responsabilité ne nous écrase plus dès que nous sortons du fantasme d'être seuls au monde : dans nos relations interpersonnelles comme dans notre existence de citoyens, c'est en faisant concrètement de la place aux autres que nous en finissons avec la culpabilité ou la mauvaise conscience stérile et découvrons le dynamisme d'une responsabilité collective ; c'est bien là le retour à l'Autre qu'encourageaient les prophètes de la Bible hébraïque : une poursuite commune du droit et de la justice, donc du respect de chacun-e dans son altérité.

Ainsi apprenons-nous à transformer la peur d'être coupable en *peur pour autrui*. En souci de le respecter suffisamment pour qu'il puisse s'accomplir au plus près de ce qu'il est et qui l'habite. Le centre de gravité se déplace : je ne suis plus dans l'obsession du tort que j'ai commis, dans la prison du moi – « c'est de ma faute » ; désormais, c'est l'autre qui m'importe par-dessus tout ; je me sens responsable de lui, de ce qui lui arrive, de son devenir. P. Ricœur parle d'un « élargissement tout à fait remarquable aujourd'hui » : c'est le vulnérable, le fragile qui devient l'objet véritable de la responsabilité. Dans la ligne de Levinas, c'est *autrui* qui, en suscitant ma réponse, me rend responsable : « Le déplacement devient alors renversement : on devient responsable du dommage parce que, d'abord, on est responsable d'autrui »[24].

J'ai envie de dire : il en aura fallu, du temps ! C'était pourtant la voie royale, indiquée dès les premiers chapitres de la Genèse : « Où est ton frère Abel ? Qu'as-tu fait ? » En sollicitant la réponse de Caïn, Dieu en appelait à sa responsabilité, non pas face à la loi, mais bien *face à Abel.* Certains commentateurs juifs ont fait remarquer que les Dix Paroles – donc aussi le « tu ne tueras pas » – n'étaient pas connues de Caïn. Cela me paraît significatif : ce qui importe à Dieu, ce n'est pas tant la transgression de la loi que le tort causé à l'autre être humain.

Il aura fallu une culpabilisation multiséculaire, nous contraignant à une obéissance déresponsabilisante... pour en arriver enfin à l'entendre (du Tout-Autre) : la loi et le règlement importent moins que le sort de notre semblable. Et plus nous nous sentons responsables de lui, plus nous réalisons notre propre potentiel humain et spirituel. Une responsabilité à notre mesure, dans les limites de ce que nous sommes : « L'homme responsable se dirigera vers son prochain, en chair et en os, selon ses possibilités concrètes, écrit D. Bonhoeffer ; son comportement n'est pas fixé une fois pour toutes selon certains principes mais dicté par la situation donnée [...]. Il ne s'agit pas de réaliser un “bien absolu” ; celui qui agit en responsable se contentera humblement de préférer un mieux relatif à un pire relatif, et de reconnaître que le “bien absolu” peut être justement le pire[25]. »

Cependant, du côté de la bienveillance, on dirait bien qu'il n'y a pas de limites : elle est en nous sans que nous l'ayons décidé et elle nous pousse à ce que Levinas appelle une « responsabilité de substitution » envers le vulnérable et le coupable, ou encore une « culpabilité du juste », qui souffre pour les fautes commises par autrui. Pour Nathalie Sarthou-Lajus, « la conviction de l'unité de l'espèce interdit la division manichéenne » ; on accède – ou on revient – à ce sentiment d'unité par « un renoncement à toute forme de supériorité morale : celui qui se sait vulnérable est capable d'accueillir la bassesse d'autrui sans condescendance ou répulsion »[26].

Il m'a été donné de faire l'expérience bouleversante d'une telle « responsabilité sans faute », sans l'ombre d'une culpabilité. Je venais d'apprendre l'arrestation d'un collègue de travail avec lequel je n'avais pas de lien particulier. À ma grande surprise, j'ai été brusquement étreinte de tristesse et d'une sorte de compassion infiniment solidaire, comme si je portais *avec lui* le fardeau de notre commune humanité faite de malheur et de reproduction du malheur aux dépens d'autrui. Une « responsabilité de substitution » qui m'a d'autant plus marquée que, je l'ai appris bien plus tard, lui-même n'avait jamais assumé la responsabilité de ses actes.

Je ne connais rien de plus aidant, pour m'ouvrir à une responsabilité féconde, que de *me* recueillir dans la Bienveillance – dans le regard bienveillant de mes semblables (il suffit d'un seul). Leur simple manière d'être reliés à moi, qui ne me dicte rien, n'exige rien, est pour moi un appel à répondre : c'est de la vérité enfouie en moi que je tirerai la parole ou l'action (re)créatrice de lien ; ayant retrouvé le goût de la vie relationnelle, profondément sécurisée, j'éviterai de m'enfoncer à nouveau dans le vase clos mental d'une culpabilité sans vis-à-vis. La Bienveillance m'a redonné un espace intérieur que les autres ne peuvent pas me prendre : je peux retourner à eux telle que je suis.

La responsabilité des personnages de Luc 5,17-26

La Bienveillance est toujours en excès par rapport à nos comportements. Est-elle pure autosuggestion ? Non, parce qu'elle est par définition bienfaisante : on la voit, on l'entend, elle est incarnée ou elle n'est pas. Elle est le personnage principal du récit de la guérison d'un homme paralysé – encore dans l'évangile de Luc ! Elle circule entre lui et ses amis, entre Jésus et lui, ses amis, et la foule. La maladie a fait de cet homme un « pécheur », selon la mentalité religieuse de l'époque, quelqu'un qui pourrait donc se replier définitivement sur lui-même, d'autant plus que sa tentative de s'en sortir se heurte physiquement à un mur humain infranchissable : celui des religieux bien-pensants*.

Or l'histoire montre que malgré les pires obstacles une réponse reste toujours à notre portée. J'en tire un enseignement pour l'accompagnement spirituel : quel que soit le sentiment aigu d'enfermement qui naît de certaines situations, je peux refléter à la personne que sa manière la plus modeste d'y faire face est *déjà une réponse* émanant de sa liberté et que, personnellement, j'y attache une grande valeur.

---

* Dans *Culpabilité, paralysie du cœur* (Genève, Labor et Fides, 2012 [2003]), j'ai commenté ce texte en y voyant une libération de l'enfermement dans la culpabilité. Ici, je vais plus loin : j'écoute l'histoire en étant attentive à cette bienveillance qui, dans le silence, en appelle à la *responsabilité* de chaque personnage.

Luc 5,17-26

17 Et il advint, un jour, que [Jésus] était en train d'enseigner, et qu'ils étaient assis, des pharisiens et des enseignants de la Loi, qui étaient venus de tout village de Galilée et de Judée, et de Jérusalem et il y avait une dynamique du Seigneur, pour-qu'il-guérisse.

18 Et voici des hommes (*andres*) portant sur un lit un homme (*anthrôpos*) qui était paralysé (ou : aux membres relâchés) et ils cherchaient à l'introduire et à le placer en face de lui.

19 Et ne trouvant pas de quelle manière ils l'introduiraient à travers la foule, étant montés sur le toit, au travers des tuiles ils le firent descendre avec le petit lit, au milieu, devant Jésus.

20 Et voyant leur foi, il dit : « Homme (*anthrôpè*), ils te sont relâchés, tes péchés. »

21 Et ils se mirent à délibérer, les scribes et les pharisiens, disant : « Qui est celui-ci qui dit les blasphèmes ? Qui peut relâcher les péchés sinon Dieu seul ? »

22 Or Jésus, ayant compris leurs délibérations, en réponse leur dit : « Pourquoi délibérez-vous dans vos cœurs ?

23 Quel est le plus facile-à-réaliser ? Dire “ils te sont relâchés, tes péchés” ou dire “éveille-toi et marche” ?

24 Eh bien, pour que vous voyiez que le fils de l'humain a pouvoir sur la terre de relâcher les péchés… », il dit au paralysé : « À toi je dis : éveille-toi et, ayant pris ton petit lit, va dans ta maison ! »

25 Et sur-le-champ, s'étant levé en face d'eux, ayant pris ce sur quoi il était étendu, il s'en alla dans sa maison en rendant gloire à Dieu.

26 Et un délogement d'eux-mêmes (*ekstasis*) les prit tous et ils rendirent gloire (*doxazô*) à Dieu et furent remplis de

crainte, disant : « Nous avons vu des paradoxes (*paradoxa*) aujourd'hui* ! »

Luc annonce tout de suite la couleur : il ne va pas parler d'une victime ni d'un pécheur, mais d'un homme à part entière (*anthrôpos*), qui a toujours sa place parmi les humains… et qui se trouve paralysé. Petit détail hautement significatif : là où Matthieu et Marc parlent d'un « paralytique », comme on dit « un-e alcoolique » ou « un cas social », Luc, lui, avec sa bienveillance caractéristique, nous fait d'emblée entrevoir le potentiel de cet homme qui, loin de se réduire à son statut socio-religieux de « coupé de Dieu », est *déjà en mouvement*, accompagné par ses amis, désireux d'assumer librement son existence.

Autant la culpabilité (indissociable de la culpabilisation) l'a mis en morceaux – il avait les « membres relâchés » –, autant son désir était grand, en termes familiers, de « se ramasser ». Nous en faisons aussi l'expérience : la culpabilité, parfois, nous coupe bras et jambes, obstrue la source de notre créativité ; exclus et nous excluant du monde des autres, nous nous replions alors sur nous-mêmes, « (re)lâchant nos membres » et toute velléité d'en sortir. Or, au travers de son initiative appuyée par ses amis, cet homme a commencé à (re)lâcher non plus sa mobilité, son dynamisme créateur, mais… la culpabilité qui le clouait au lit ! Jésus ne fera que constater et valider : « Tes péchés te sont relâchés – ils l'ont été et ils le sont. » Les deux verbes sont différents** mais leur sens converge et ce n'est certainement pas un hasard.

---

* C'est moi qui traduis.

** Le premier, *paraluô*, contient la racine *luô*, « détacher, délier » et le second, *aphièmi*, est beaucoup plus concret que « pardon-

À quel appel intérieur l'homme a-t-il répondu en s'ouvrant à la relation avec Jésus, nous ne le saurons pas : par sa parole – qui nous parvient avec un verbe au parfait passif indiquant quelque chose ayant déjà eu lieu et perdurant* –, Jésus s'incline devant le mystère divin sans le nommer. « Homme [littéralement : être humain], tu as toujours été et demeureras à jamais sous le regard bienveillant de ton Vis-à-vis divin », dit-il en somme. C'est à croire que le temps s'est arrêté : si le corps de Jésus, sa voix, son visage, toute sa personne incarne alors la Bienveillance, c'est qu'il a « vu leur confiance/foi » ; il les a vus *reliés au Tout-Autre*, en étant reliés les uns aux autres dans leur désir d'une vie bénie.

Il a « vu » que ce lien à l'Autre est incompatible avec l'idée de faute : « Ta culpabilité a été relâchée, c'est fait depuis longtemps... » Plus tard, grâce au climat de bienveillance instauré par Jésus, l'homme entendra de sa bouche : « À toi je dis : éveille-toi... », c'est-à-dire « à toi de lâcher l'idée que tout est de ta faute ! ».

Lors d'un cours que je donnais à l'étranger sur ce sujet, une femme a vécu un événement intérieur déterminant, qu'elle m'a raconté par la suite. Elle avait pourtant entendu ce récit des dizaines de fois ; mais tout à coup, la parole de Jésus « elles te sont relâchées, tes fautes » l'a atteinte jusque dans son corps, la bouleversant profondément là où

---

ner » : il signifie « lâcher, détacher, laisser aller », comme on l'a déjà vu.

* À noter que cette formulation est quasiment unique dans le Nouveau Testament : on ne la retrouve qu'en Lc 7,48 (encore chez Luc, décidément !). Autant dire que la Bienveillance ne reviendra jamais en arrière : elle voit la personne blanche comme neige...

elle était emmurée dans une culpabilité paralysante depuis des années : ces mots *lui* étaient destinés ce jour-là et elle y a répondu en la lâchant définitivement. Je l'ai revue plusieurs fois par la suite ; elle m'a chaque fois confirmé qu'il y avait eu un avant et un après.

Zachée a pris la responsabilité de descendre de son arbre, l'homme de notre récit celle de descendre du toit d'une maison. Je crois qu'on a affaire au même symbolisme : plus la culpabilité nous isole, plus haut nous mettons la barre… et plus nous sommes appelés à lâcher le perfectionnisme ou l'héroïsme qui nous contraignait à nous tenir au-dessus des autres. Or notre homme va se retrouver plus bas que tous, couché aux pieds de Jésus, dans une impuissance maximale, privé de la présence de ses amis restés sur le toit. En fait, il était déjà bien avancé dans l'acceptation de son impuissance puisqu'il avait consenti publiquement à demander de l'aide.

Mais il allait lâcher le « trop bas » comme le « trop haut » en restant connecté à son désir d'être un homme libre et responsable, en lien d'égal à égal avec les autres : il allait « se lever en face d'eux », sans plus redouter leur désapprobation, leur jugement ou leur condamnation. La similitude n'est-elle pas frappante ? Zachée aussi s'était levé au moment où il se découvrait responsable. Il s'agit du même verbe (*histèmi*) avec, ici, le préfixe *ana* qui ajoute une triple nuance : il se lève « parmi [les autres] », « à son tour », et « à nouveau ». Difficile de mieux suggérer qu'il (re)prend ainsi sa place parmi ses semblables, sa place d'homme à part entière, juste la sienne, ni au-dessus ni au-dessous. En cela on peut parler d'un renoncement à son dysfonctionnement.

Il se trouve que « renoncer » vient du latin *renuntiare*, qui signifie « annoncer en réponse ». Renoncer, n'est-ce pas commencer à nous responsabiliser – cesser de nous autosuffire dans une vie de devoir, d'expiation ou de quête de perfection d'où l'altérité a été éliminée ? Comme beaucoup d'autres, j'ai moi aussi renoncé peu à peu à faire mes preuves dans l'exacte mesure où je me sentais reconnue, bénie, « bien vue » *indépendamment de mes performances.* Sans la bienveillance de certains, je pense aujourd'hui que j'aurais pu ne jamais « revenir » aux autres, tout en m'imaginant cependant être en lien avec Dieu ! Mais même là, au cœur de nos enfermements les plus inconscients, que savons-nous de ce qui se passe réellement entre nous et le Tout-Autre ? Insondable Bienveillance…

Renoncer à la culpabilité infantilisante, et se mettre debout tel un vrai vis-à-vis pour l'Autre, voilà qui nécessite d'abord un saut dans le vide – le fameux « saut de la foi [en l'Autre] » kierkegaardien. Ici, le saut est très concret, évoquant à merveille ce qu'une telle démarche a de vertigineux : l'homme répond à la bienveillance des paroles de Jésus, dont il perçoit vaguement l'écho à travers le toit, en choisissant à ses risques et périls de s'ouvrir à l'inconnu. En descendant vers Jésus, ne descend-il pas au fond de lui-même à la rencontre de ces autres, de ce Tout-Autre, avec lesquels il n'était plus en lien ? Ne renonce-t-il pas ainsi au souci de valoir… pour ne se préoccuper désormais que de ses relations avec ses semblables, à commencer par Jésus ?

On parle beaucoup, aujourd'hui, de coresponsabilité, d'être responsables ensemble, comme si nous tous, les humains, formions une « personne commune », selon l'expression de Max Scheler. Dans cette optique, il me paraît clair que la responsabilité de chacun-e est irremplaçable.

Ainsi, dans notre texte, les amis ont leur responsabilité propre ; huit verbes ou formes verbales décrivant leurs actions* disent une bienfaisance qui est la face visible de la bienveillance.

Une manière de porter leur proche concrètement, mais aussi dans la dimension invisible de l'empathie et de la prière : « Ils le firent/laissèrent descendre » ; c'est que lui seul pouvait assumer le vécu déstabilisant d'un tel renoncement à la culpabilité mensongèrement explicatrice de tous les malheurs. Mais lui-même n'aurait pas pu s'y risquer sans leur encouragement et leur soutien, du haut de la maison. Une vraie « dynamique du (Tout-Autre) », où tous les humains impliqués prennent leur part de responsabilité ! Une co-responsabilité dont Jésus est le premier à s'émerveiller : « voyant *leur* foi » à tous…

Cependant, qui dit dynamisme divin dit retour de manivelle ! Aussitôt, pharisiens et enseignants de la Loi se mettent à « délibérer » – dé-libérer celui qui commençait à se sentir libéré. Le verbe (*dialogizomai*) signifie aussi « faire des comptes ». Scribes et pharisiens ne sont-ils pas également, en chacun-e de nous, cette voix qui objecte : « On ne peut pas s'en tirer à si bon compte, il faut toujours payer, rendre des comptes » ? Vieille rengaine, à ne pas sous-estimer. Jésus la prend très au sérieux : rien ne met plus en péril le retour libre à l'Autre que les crises récurrentes de culpabilité. Mais rien n'oblige à nous laisser hypnotiser par ce discours d'autant plus mortifère qu'il se fait entendre « dans [nos] cœurs ».

* « Et voici des hommes portant [...], ils cherchaient à l'introduire », etc.

La parole initiale de Jésus disait son émerveillement devant la Bienveillance qui va toujours devant, dans la discrétion : « Toi, un être humain parmi les autres, tu peux aller ton chemin libre, comme chacun-e de nous… » Puis, le besoin d'être ou de rendre coupable ayant refait surface, Jésus entre dans une relation interpersonnelle : « À toi je dis », précision grammaticalement superflue qui alourdit la phrase, mais précision indispensable pour que l'homme ait un vrai vis-à-vis susceptible de provoquer sa réponse, unique et personnelle, comme c'était le cas avec Zachée.

Jésus dit donc à l'homme paralysé de « se réveiller » et sur-le-champ il « se lève » – les deux verbes qui signeront la défaite de la mort au matin de Pâques (« il s'est réveillé/levé d'entre les morts »). On ne décide pas de se réveiller – cela appartient au dynamisme jusqu'au-boutiste de la Bienveillance. Mais on décide, librement, de « se lever et aller dans sa maison », donc d'occuper son espace propre, intime, sécurisé, en lien vivant avec les membres de sa maisonnée ! Tel est bien le champ de la responsabilité humaine : nul ne peut le faire à notre place.

Le climat bienveillant qu'instaure la personne de Jésus permet à l'homme de se mobiliser progressivement, jusqu'à retrouver son autonomie… et même son lien intense avec Dieu : alors que Jésus n'avait rien dit à ce sujet, « il s'en alla dans sa maison en rendant gloire à Dieu » de sa propre initiative (on est loin des « devoirs religieux » de jadis !). Mobilisation autant corporelle que psychologique, intellectuelle et spirituelle. Mais comment une culpabilité aussi paralysante a-t-elle pu se transformer en une attitude pleinement responsable ?

Il me semble que la clé est au verset 24. Tout commence par la relation avec un humain bienveillant, un de nos semblables, qui par sa manière d'être nous réveille et nous croit destinés à prendre notre place non seulement extérieurement parmi les autres, mais aussi dans la maison de notre intériorité : « Fais-le parce que tu en es capable ! Je te le dis *pour que tu saches* que comme moi-même tous les fils et filles d'humanité ont pouvoir sur la terre de lâcher la culpabilité. »

Autrement dit, le meilleur moyen d'en finir avec la culpabilité stérile, celle qui coupe de l'Autre, c'est d'abord et avant tout de nous responsabiliser – de répondre aux personnes qui nous tendent la perche de la relation. En bref, la responsabilité nous libère de la culpabilité toxique parce qu'elle nous remet d'emblée dans le champ des relations interpersonnelles : en te répondant, en acceptant d'être un vrai vis-à-vis pour toi, je cesse de me noyer dans ma culpabilité solitaire.

Je mentionnais la mobilisation intellectuelle de notre homme. En effet, on s'attendrait plutôt à ce qu'il se lève *en face de Jésus*. Eh bien non, il se lève « en face d'eux » – ces hommes auxquels Jésus venait de s'adresser : des pharisiens et enseignants de la Loi, c'est-à-dire les autorités religieuses de l'époque, *ceux qui savent*. « Assis », ils faisaient bloc, au début, interdisant à l'homme l'accès à Jésus. Mais n'étaient-ils pas également « assis » en lui-même, tel un savoir inamovible paralysant qui lui disait : « Tu es coupable, tu ne mérites rien, tu as bien raison de penser que tu ne te pardonneras jamais » ? Désormais, l'homme ne se laisse plus « squatter » par ce mental obsessionnel ; il *fait face* à de simples êtres humains incapables dorénavant de le faire douter de cette liberté d'enfant de Dieu qui l'a brusquement mis debout.

Répondre paisiblement de ses comportements

« En faisant parler Dieu le premier, la Genèse situe tout langage humain comme une réponse », remarque P. Beauchamp[27]. Mais dans notre existence concrète, comment l'a-t-Il fait ? Nécessairement par la bouche des êtres qui, les premiers, nous ont adressé une parole bienveillante : sinon, ce n'était pas lui qui nous parlait. Et plus nous prenons conscience de notre identité – tâche quotidienne ! –, plus nos réponses deviennent individuelles, non interchangeables. Nous assumons de mieux en mieux les comportements très personnels que chaque situation nous a inspirés : « parce que c'était lui/elle, parce que c'était moi ». Nous prenons conscience que d'autres comportements seraient possibles, que certains les adopteraient, mais que notre face-à-face avec l'Autre nous emmène ailleurs. Le sujet libre, en nous, refuse d'être mis aux normes, aspire à sortir du moule des réponses toutes faites, quand bien même elles seraient dictées par la société, l'État ou le catéchisme.

Pour N. Berdiaev, « le christianisme [je dirais plutôt : l'Évangile] ignore les lois abstraites et obligatoires, c'est pourquoi tout problème moral [...] devient pour lui un problème individuel et inrenouvelable. [...] on ne peut agir qu'individuellement, et tout autre que nous devra agir d'une façon différente », soucieux de la personne concrète et non du bien abstrait. Nous sommes invités à aimer notre *prochain* et non le lointain, ou l'humanité abstraite, au détriment de nos proches[28].

Pourquoi, si l'on en croit Jésus, le blasphème contre le souffle saint nous entraîne-t-il dans une situation sans issue ? Parce qu'en mé-disant de lui – qui est le souffle bienfaisant du Tout-Autre –, en décidant qu'il n'existe pas, nous restons « asservis, assujettis à la faute » et notre enfermement dans la culpabilité risque de s'éterniser : « Si quelqu'un blasphème contre le souffle saint, il n'a pas de libération, pour l'éternité ; mais il est assujetti, asservi, esclave (*enochos*) d'une faute éternelle » – d'une culpabilité infernale (Mc 3,29). Si, en revanche, il s'expose au souffle de la bienveillance, il commence à avoir envie de lui répondre librement.

J'avoue ne pas comprendre pourquoi la *TOB* traduit *enochos* par « coupable [de péché] » et Chouraqui « passible [de faute] ». C'est nous maintenir précisément dans l'univers de la menace et de la punition en suggérant : « Si tu rejettes le souffle saint, tu seras puni ! » Et le souffle divin serait pure Bienveillance, s'offrant en toute gratuité ? Pourquoi ne voit-on pas la contradiction ? Comme en de nombreux passages de la Bible, j'entends ici un *constat* : on ne sort jamais de la prison de la culpabilité si, ayant cette réalité pour seul vis-à-vis, on refuse d'entendre, de remarquer, d'engranger l'existence dynamique d'un Autre que soi, d'un Autre que son propre savoir.

La portée universelle du récit de Luc 5

D'emblée l'évangéliste nous fait savoir que chacun-e d'entre nous pourra s'identifier à l'homme paralysé : alors que des hommes (*andres*, personnes de sexe masculin) le portent jusqu'à Jésus, lui-même est désigné comme un être humain (*anthrôpos*). Et c'est ainsi que Jésus va s'adresser à lui : « Humain, ils te sont relâchés, tes péchés » – en d'autres termes : « Ta culpabilité n'est plus de saison ; en venant à l'autre que je suis, tu as répondu à l'appel de la Bienveillance offerte à tous les vivants. »

Par là, Luc nous le suggère, il n'y a rien de magique dans l'histoire. C'est vers l'avenir que tous sont orientés : dès le premier verset, chacun est pris dans « une dynamique du Seigneur, *pour-qu'*il-guérisse ». Un souffle de bienveillance qui vient de loin, traverse Jésus et chaque être humain, le dynamise en lui donnant « pouvoir sur la terre de relâcher les fautes » – de libérer quiconque se trouve emprisonné dans une culpabilité devenue paralysante.

Dieu seul peut le faire, objectent les religieux. Certes, mais il ne le peut sans le relais des humains : sinon, pourquoi la Parole se serait-elle faite chair, parole audible, audible parce que bienveillante ? Il a bien fallu qu'on nous parle de lui, qu'autrui (ne serait-ce qu'une personne une fois) incarne Celui qui ne nous veut que du bien… Dieu seul peut le faire mais pas sans nous ni contre nous. Sinon, où serait notre liberté de répondre ? Où serait notre ressemblance avec lui ? Et Jésus serait-il encore crédible, lui qui ne cessait de dire à ses amis et disciples qu'il leur avait *tout transmis* de ce qu'il avait reçu de son Père ? Quand je dis « c'est à la portée de chacun-e », loin de moi l'idée qu'il n'y a qu'à décider, seul dans son coin, de lâcher la culpabilité mortifère. Le récit de Luc rend aveuglante la nécessité d'une rencontre en vérité, d'être à être, avec un autre être humain ouvert au Tout-Autre, pour nous tenir avec lui dans ce que j'appelle le « biotope » de la bienveillance… et accéder à notre parole libre, à notre agir responsable.

J'entrevois aussi quelque chose d'universel dans le désir de faire face aux autres, au Tout-Autre. Ou plutôt, d'abord, le désir de sortir de sa paralysie face à eux. Là, je pense à ces nombreuses occasions où je me suis dit, toujours après coup, toujours trop tard : « C'est *cela* que j'aurais dû répondre, ou faire ! » J'avoue que, longtemps, je n'ai guère été mue par le *désir* d'un face-à-face que je redoutais par-dessus tout, tant les expériences de bienveillance inconditionnelle avaient été rares. Non, ce qui me dynamisait, c'était le désir de ne plus me retrouver paralysée, mutique, interdite de parole et même de pensée devant les autres. J'ai appris peu à peu à faire face aux protagonistes de mon passé encore assis en une masse compacte dans mon intériorité.

Plus j'ai été capable de porter toute seule mon histoire – comme « ce sur quoi j'avais été étendue » pour reprendre les termes du verset 25 –, plus j'ai pris conscience de ces êtres humains qui, tels les amis de l'homme paralysé, m'avaient portée pour m'accompagner, à ma demande, vers le face-à-face bénéfique avec les autres. C'était aussi *leur* désir : les hommes « cherchaient à l'introduire » – comme Zachée qui cherchait à voir qui était Jésus. Or, porter leur ami, n'était-ce pas partager leur commune condition humaine faite à la fois de culpabilité et de quête d'une existence libre et responsable ? On n'est pas loin, me semble-t-il, de la riche notion de coresponsabilité évoquée plus haut. Sans une telle coresponsabilité, comment notre homme aurait-il pu accéder à la sienne propre ?

Il aurait pu douter que la dynamique divine de guérison lui soit aussi destinée : il y avait foule autour de Jésus, on était venu « de *tout* village de Galilée et de Judée et de Jérusalem », tout le monde s'était déplacé… et lui en était incapable ! Je suis frappée par le nombre de personnes, sentant leur situation sans issue, qui se laissent paralyser dans leur être. Le récit de Luc suggère pourtant que, même dans l'expérience de l'impuissance, la vie et les autres attendent, sollicitent et espèrent une réponse de notre part. Si nous la donnons, nous constatons qu'elle nous *autonomise* immédiatement et que, de surcroît, elle devient aidante pour d'autres. Crucifié, en agonie, Jésus n'a-t-il pas *répondu*, dans deux des évangiles : « Mon Dieu, mon Dieu, pourquoi m'as-tu abandonné ? », ce qui pour moi a été la parole la plus fructueuse dans les pires périodes d'impuissance de ma vie.

« Pour que *vous* voyiez que le fils de l'humain [l'héritier de l'humanité dans ce qu'elle a de plus accompli] a pouvoir sur la terre de relâcher les fautes… » Qui est ce « vous » ? À qui s'adresse Jésus ? À tous les personnages (les amis, les pharisiens et enseignants de la Loi, l'homme paralysé)… et, en rapportant cette histoire, Luc ne la croit-il pas destinée à tous les humains qui entendront cette « bonne nouvelle » ?

Il s'agit pour nous tous de *voir* quelque chose de nos yeux – comme, dans le texte, « tous » diront à la fin qu'ils ont « vu ». Voir ce qu'il nous est si difficile de voir, ou même d'entrevoir : que le Tout-Autre est pure Bienveillance, indifférent aux listes de péchés, aux classifications en coupables et innocents, bons et méchants, justes et injustes, qu'il a pour unique rêve notre retour à la relation. En grec, une même racine verbale pour « voir » et « savoir/connaître » : c'est qu'on ne voit bien qu'en connaissant de l'intérieur, en expérimentant par soi-même, « par le cœur », comme dit le Petit Prince. Le plus spectaculaire est sans doute le moins visible : le recouvrement de la vue ou la guérison de nos paralysies psychologiques, intellectuelles et spirituelles.

Coresponsabilité, encore et toujours, du moment que la culpabilité ou la bonne conscience nous a tous plus ou moins emprisonnés : « Un délogement d'eux-mêmes les prit *tous.* » Et c'est comme si chacun s'était personnellement approprié la parole de Jésus : « Humain, tes fautes te sont relâchées. » Si je parle ici aussi de coresponsabilité, c'est que la masse assise, inamovible, du début se laisse maintenant *déplacer* et que tous se mettent à « rendre gloire à Dieu » exactement comme l'homme autrefois paralysé a (re)commencé à le faire : la relation est rétablie entre eux… et avec le Tout-Autre. La responsabilité de cette parole éminemment libératrice est désormais dans leurs mains à tous : ils la reçoivent du « fils de l'humain », c'est lui qui leur a révélé qu'ils l'avaient. Et l'évangéliste Matthieu va encore plus loin : « Ils rendirent gloire à Dieu qui a donné un tel pouvoir *aux humains* » (Mt 9,8) – et pas seulement aux croyants déclarés !

Peut-on imaginer message plus universellement fécond ? Et faut-il s'étonner que Jésus soit ici, pour la première fois dans cet évangile, accusé de « blasphémer » (prendre la place de Dieu) – ce qui plus tard constituera le motif unique de sa condamnation à mort ? C'est qu'il a osé mettre en question ce à quoi nous tenons terriblement. Il a prétendu que la Bienveillance accueillait sans faire de comptes chaque être humain avec son malheur et sa malfaisance… et ne désirait qu'une chose : qu'il lui réponde. Comble de tout, il a reconnu et salué en lui-même – puis en tout fils ou fille d'humanité – le pouvoir divin de lâcher cette culpabilité que le Tout-Autre avait lâchée depuis toujours, et de se lever, debout face aux autres, face à lui, en devenant responsable de sa vie, de ses actes.

Le récit de Luc me rend très concrète la notion de responsabilité de tous vis-à-vis de tous, sans que je m'en sente écrasée pour autant : « Je suis responsable du premier venu sur mon chemin », comme le dit J.-L. Chrétien, mais engagée dans un acte commun avec le secouru[29] ; lui, il a aussi sa part de responsabilité, sa réponse personnelle à donner. Je deviens davantage consciente de ce que je fais de ma vie, en lien avec ce que les autres font de la leur.

En d'autres termes, aucun de nous ne s'en sortira tout seul. Exit le fantasme, entretenu par l'obsession du « péché » et de la damnation, de pouvoir en quelque sorte tirer son épingle du jeu : « L'éthique religieuse fondée sur l'idée du salut personnel de l'âme est l'éthique de l'égoïsme transcendant. Elle convie la personne humaine à s'assurer un avenir heureux en face du malheur des autres hommes et du monde, elle nie la responsabilité de tous vis-à-vis de tous, rejette l'unité du monde créé, du cosmos […] », affirme l'orthodoxe N. Berdiaev[30].

Même son de cloche chez le protestant Jürgen Moltmann qui, en s'inspirant de Dostoïevski, voit notre solidarité sans frontières dans nos diverses manières de nous couper des autres et du Tout-Autre : les criminels sont les « malheureux » parmi nous, « parce que chacun et chacune d'entre nous est capable, à tout moment, du même crime. On cesse alors d'accuser les "autres" et on assume la responsabilité pour les autres »[31].

Et, belle convergence entre les grandes familles chrétiennes, le catholique Oliviero Bernasconi note lui aussi, dans le *Dictionnaire de la vie spirituelle,* la sensibilité nouvelle qui nous fait reconnaître « notre responsabilité collective à l'égard du destin de l'humanité entière »... tout en accordant « une plus grande attention aux exigences de l'amour, plus importantes et plus déterminantes que celles de la loi »[32].

Ainsi, chaque jour nous pouvons, même dans le silence, entendre la personne que nous croisons solliciter notre réponse ; chacune de nos réponses compte et nous lie à elle, et, de proche en proche, à l'humanité entière. Et si l'une de nos réponses s'avère insatisfaisante, nous avons la liberté d'en inventer une autre la fois suivante. À l'heure des réseaux sociaux et de la conscientisation de la société civile, je vois la chance et le défi que représente cette intuition d'une responsabilité de tous vis-à-vis de tous.

Caïn ou que faire du mal que j'ai fait ?

L'entreprise de déculpabilisation que mène l'Occident autrefois massivement chrétien s'accompagne trop souvent d'un refus de prêter attention à la détresse de la personne écrasée par une faute dont elle s'accuse. Mais ce n'est pas en minimisant qu'on va l'aider. Personnellement, je m'inspire de la manière dont Dieu aborde Caïn après le meurtre d'Abel en Gn 4,9 : « Où Abel ton frère ? » Caïn répond qu'il ne sait pas. Alors seulement vient la question : « Qu'as-tu fait ? » Je ne peux pas m'empêcher de penser que le premier souci du Tout-Autre est notre *être*, et de me souvenir de la première question qu'il a adressée à Adam enfermé dans l'arbre de la non-relation : « Où es-tu ? » (Gn 3,9). Il me semble que les deux questions reviennent au même : où *suis*-je moi-même quand je ne sais pas où est mon « frère », ma « sœur » ? Nulle part, puisqu'aucun être humain ne peut subsister, rester pleinement vivant, sans se situer par rapport à l'autre, aux autres.

Nulle part, c'est ce que Caïn ne tarde pas à reconnaître : « Je suis/serai caché, instable et *sans foyer* sur la terre » (Gn 4,14), *nad* en hébreu signifiant « fugitif, errant », « paumé » pourrait-on dire*. Nul besoin d'avoir tué quelqu'un pour faire cette expérience, après un acte à nos yeux irréparable, d'avoir perdu nos repères, de ne plus savoir à quoi nous raccrocher. Voilà pourquoi Dieu se préoccupe avant tout de la personne de Caïn, de son devenir. « Où *Abel* ton frère ? » Ce nom désignant la « buée », la « vapeur », j'y vois la part de l'autre qui nous constitue… et qui est si fragile, si insaisissable, si légère que nous pouvons l'éliminer à tout moment. Ainsi, en tuant autrui (au sens propre et figuré), nous nous tuons nous-mêmes. Voilà pourquoi, avant d'interroger Caïn sur ce qu'il a fait, Dieu lui adresse une parole qui montre combien il le sent en danger de mort.

On dirait qu'il lui tend un miroir : « Regarde, sans Abel, sans le prochain, tu es instable et sans foyer sur la terre. » Caïn ne fera que reprendre cette expression, comme s'il avait eu besoin qu'un Autre l'aide à mettre des mots sur ce qu'il ressentait. La Bienveillance, qui est bienfaisance,

* À la fin du récit (Gn 4,16), il est dit que Caïn demeure en terre de Nod, endroit qu'on n'a jamais été capable d'identifier. *Nad* et *nod*, les mêmes consonnes : Caïn se retrouve bel et bien nulle part.

passe presque inaperçue… La preuve ? Beaucoup croient que Dieu maudit Caïn comme il aurait maudit ses parents Adam et Ève alors qu'ici aussi il ne fait que constater : « Maintenant *tu* es maudit [tu es dans la malé-diction, tu dis-mal de toi et de la vie, tes efforts deviennent vains], tu sers/cultives la terre, elle ne te donne plus sa force » [littéralement : n'ajoute pas sa force pour toi] (Gn 4,11.12). Nulle part il n'est dit que *Dieu* maudit Caïn et toute la suite du récit va en sens contraire. Caïn est invité à accepter la condition humaine, faite d'errance et de précarité, celle des bergers, celle de tous les humains qui choisissent de ne pas éliminer les autres et le Tout-Autre au nom de leur propre conception de la justice.

Faire l'expérience de la Bienveillance, ici, n'est-ce pas accueillir notre nouvelle chance, tenter d'entendre ce que nous n'avions pas entendu, de répondre aux autres (au lieu de les supprimer), de valoriser cette fragile part d'altérité, en nous-mêmes, qui nous maintient constamment dans une situation de *vis-à-vis* ?

Faire connaissance avec la Bienveillance, n'est-ce pas d'abord et avant tout accepter le refus divin, catégorique et définitif, de la peine de mort ? On nous raconte le premier meurtre de la Bible… et le sujet est clos d'emblée : comment le Dieu d'Israël énoncerait-il le « tu ne tueras pas » des Dix Paroles de vie destinées à son peuple, si le moindre doute subsistait sur sa volonté de mettre à mort les « méchants » ? Faites ce que je dis et pas ce que je fais ?

Réflexe humain, trop humain : il a tué, qu'on le tue ! « Quiconque me trouvera me tuera », prédit Caïn (Gn 4,14). Non, s'insurge Dieu, je « répondrai » de ta vie comme je « réponds » de celle d'Abel dont la « voix » reste vivante (« crie vers moi », v. 10). Dès le premier meurtre, il pose sa Toute-Altérité en s'opposant à notre prédilection pour la violence symétrique, la logique du même : « Quiconque tuera Caïn sept fois tombera sous la vengeance » (4,15). La vengeance de qui ? Certainement pas la mienne ! Celle du diviseur qui vous replonge tous dans le chaos infernal – sans fin et sans issue. Sept étant pour les Hébreux le chiffre de la complétude, de l'absolu, la vengeance appelle la vengeance à l'infini.

Il faut stopper cela au plus vite : « Et le Seigneur met un signe à Caïn pour que quiconque le trouverait ne le frappe pas », dit la suite du verset 15. Caïn redoutait d'être tué. La Bienveillance va plus loin : il ne sera ni tué ni même frappé ! Comment mieux évoquer une bienveillance primordiale, une volonté de faire vivre chaque être humain quoi qu'il ait pu faire, un parti pris qui relativise tous nos systèmes de rétribution ? Bienfaisance qui, à nouveau, peut passer inaperçue… et aux yeux de Caïn lui-même.

En effet, commentateurs juifs et chrétiens se sont acharnés à découvrir quel était concrètement ce « signe », mais il faut se rendre à l'évidence : s'il n'est pas précisé, c'est qu'il est invisible. Et s'il est invisible, c'est qu'il est *à croire*. Caïn est invité à se croire au bénéfice d'une Bienveillance qui n'a rien d'une assurance tous risques, pourrait-on dire. Tel était précisément son problème… et l'origine du meurtre : il était persuadé que seul son frère en bénéficiait[33]. Il ne s'en sortira que s'il décide de s'en croire bénéficiaire lui aussi.

Que faire du mal que nous avons fait et de ce que nous sommes devenus à travers cela ? Contrairement à Caïn, ne pas nous croire définitivement maudits, punis, condamnés, marqués d'un signe négatif. Réflexe classique, là aussi ! « Ma *faute* est trop lourde à porter » (Gn 4,13). *'Awôn* signifie aussi bien la « punition » que la « faute », comme dans notre expérience : nous portons nos fautes comme des punitions et même des châtiments divins. Ne dit-on pas : « Je suis puni-e par où j'ai péché » ? Pourquoi Dieu aurait-il besoin d'en rajouter ? N'a-t-on pas là, simplement, une loi de la vie ? Nos comportements ont des conséquences et le fait d'assumer ces conséquences nous remet en contact avec notre liberté pour nos choix à venir. Eh bien non, Caïn continue à se méfier d'un Dieu plutôt créé à sa propre image que reconnu dans sa Toute-Altérité bienveillante : « *Tu* m'as chassé de la [sur]face de la terre » (Gn 4,14). Ne s'est-il pas chassé lui-même ? On peut dire qu'il a encore du chemin à faire pour consentir à se responsabiliser.

Dieu lui avait fait prendre conscience qu'il était « instable et sans foyer sur la terre ». Mais voilà qu'il lui répond : c'est de ta faute, tu m'as chassé… et qu'il ajoute « *de ta face je suis/serai caché*, instable et sans foyer sur la terre ». Qui décide qu'il restera caché du Tout-Autre, soustrait à la relation, en rupture de lien ? Il est évident que c'est Caïn lui-même. C'est lui qui le dit, c'est son idée et je crains que ce soit sa décision : quand je lis à la fin du récit qu'il « sort de la face du Seigneur et demeure en terre de Nod », en terre de nulle part, je me dis qu'il est mal parti !

À nous de savoir si nous voulons amorcer un retour à la relation ou si nous n'y sommes pas encore prêts et restons cachés de Sa face, ce qui signifie toujours en même temps cachés du visage d'autrui, dans une incapacité et/ou un refus de répondre à sa sollicitation : « Suis-je le gardien de mon frère, moi ? » Tu es d'abord le gardien de cette capacité, en toi, de faire face à ton semblable. Capacité que Dieu ne cesse de réveiller au long du récit, déjà avant le meurtre. Je suis frappée par l'accumulation, aux versets 6 et suivant, des « toi », « tu », « ton », « ta » : autant d'appels bienveillants à la responsabilité de Caïn, à son pouvoir de *réponse*, à sa liberté de sujet, de partenaire, de vis-à-vis à part entière.

Puis, après le meurtre, Dieu ne cesse de susciter sa réponse et de lui répondre, quand bien même Caïn est encore largement dans la mauvaise foi et l'irresponsabilité. Pour Dieu aussi, chaque humain est un tout-autre : Il n'attend pas de Caïn une réponse passe-partout, interchangeable avec celle d'un autre meurtrier ; chacune des paroles qu'Il adresse à Caïn s'adapte à ce que *lui* exprime, là où il en est.

Nous répondons paisiblement de nos comportements quand nous en finissons avec les alibis. Le malheur, les blessures, les sentiments douloureux d'exclusion, de jalousie, de colère, d'abattement, rien de tout cela ne prédestine un homme comme Caïn à devenir irresponsable. La fatalité, comme le dit P. Ricœur, est « l'exact opposé de la responsabilité. La fatalité, c'est personne ; la responsabilité, c'est quelqu'un » : il s'agit d'être remis et de se remettre « à la juste place »[34].

Je dirais que la « juste place », c'est celle où je peux être moi-même, valorisé-e comme un vis-à-vis unique en son genre. Prendre le chemin de la responsabilité suppose donc d'abandonner l'alibi du Dieu vengeur : je n'en vois aucune trace dans le récit mythique et paradigmatique de Gn 4. Ni Dieu vengeur ni vengeurs humains – d'où viendraient-ils puisque pour l'instant seuls existent Adam et Ève ? Sinon du fantasme humain, trop humain, du châtiment automatique et déresponsabilisant ?

De l'irresponsabilité collective à l'autorité du « je »

Sortir du « on »

L'appel à la liberté, inscrit dans le corps

Philosophes et théologiens ont débattu pendant des siècles pour savoir si nous étions libres de nos choix ou complètement conditionnés, à commencer par notre appartenance à une humanité en proie au péché originel : ainsi Luther opposait-il le « serf arbitre » au libre arbitre de la philosophie scolastique. On pourrait continuer encore longtemps. Mais, fort heureusement, notre époque a (re) découvert… le corps ! Un corps qui en dit long sur le sujet. En effet, on dirait bien que la capacité à parler en « je » s'enracine dans notre *besoin de dire non*, que le psychanalyste J. D. Lichtenberg considère comme l'un de nos cinq besoins fondamentaux* : nourrissons, nous

* À côté des besoins physiologiques, des besoins affectifs et d'appartenance, des besoins d'autonomie et d'affirmation, des besoins sexuels et sensuels (J. D. Lichtenberg, *Psychoanalysis and Infant Research,* Hillsdale, N. J. Analytic Press, 1933, cité par G. Corneau, *N'y a-t-il pas d'amour heureux ?,* Paris, Robert Laffont, 1997, p. 141).

savions déjà refuser quand, rassasiés, nous détournions la tête du sein. Liberté instinctive qui n'en est pas vraiment une, objectera-t-on. Mais le corps humain, « temple de Dieu », mentirait-il ? Adultes, nous pouvons nous réapproprier ce corps qui d'une certaine manière « savait ce qu'il se voulait », même si l'entourage puis nous-mêmes par la suite le faisions taire.

Dans la même ligne, E. Fromm voit le *désir de liberté* travailler les enfants et même les bébés : « Tout semble prouver qu'il est une réaction biologique de l'organisme humain. [...] tous les êtres humains [...] ont en commun l'expérience d'avoir été autrefois impuissants et d'avoir lutté pour leur liberté. C'est pourquoi on peut présumer que tous les êtres humains – en dehors de leur équipement biologique – ont acquis dans l'enfance un potentiel révolutionnaire qui tout en restant en sommeil pendant une longue période peut être mobilisé dans des circonstances particulières[35]. »

Pour ma part, je me souviens d'avoir fait un grand pas vers une meilleure image de moi-même quand j'ai découvert des commentaires, au dos de photos prises à l'âge de deux ans, sur mon indépendance et ma liberté de comportement, commentaires confirmés par des rêves où je retrouvais ma capacité à m'affirmer. À l'époque, ce fut une vraie révélation : ainsi je n'avais pas toujours été la « carpette » que je croyais avoir été ! J'ai commencé à réaliser que mon « potentiel révolutionnaire » était resté intact.

Ce qui, à mon avis, renvoie dos à dos les « pour » et les « contre » la liberté humaine, c'est qu'ils ont à l'esprit une liberté absolue – tout ou rien. La Bible, elle, n'a aucun mot pour « liberté ». Elle ne connaît que « libération ». Aucun concept abstrait, donc, mais un processus, qui va de saut de puce en saut de puce. Dans les évangiles, en particulier, je suis impressionnée par la petitesse des choix libres : poser un acte de confiance de la taille d'un grain de sénevé[36] ; rester en demande, quitte à se contenter des miettes qui tombent sous la table[37] ; « prendre et semer dans son champ » un simple grain de moutarde ou prendre et cacher du levain dans la farine[38] ; « avoir du sel en soi-même », « être le sel de la terre »[39], mettre en quelque sorte son grain de sel dans le plat de tous. Une petitesse qui finit par aboutir au « royaume » des humains libres.

Sortir du « on » ambiant, défaitiste et déresponsabilisant, n'est-ce pas renoncer au spectaculaire et valoriser les décisions les plus modestes ? Les évangiles vont encore plus loin ; c'est en définitive Dieu lui-même, à travers le Christ, qui se trouve bénéficiaire du moindre de nos gestes restaurateurs de lien avec les autres : « *Chaque fois* que vous l'avez fait à l'un de ces plus petits qui sont mes frères [le vêtir, le nourrir, lui donner à boire, le visiter quand il était malade ou en prison], c'est à moi que vous l'avez fait » (Mt 25,40). Sortie de nous-mêmes, retour aux autres quel que soit l'état de nos relations avec eux : chacun de ces actes, qu'il nous coûte beaucoup, un peu, ou pas du tout, émane d'un choix personnel. Leur modestie n'y change rien. Car notre liberté est pleine et entière « chaque fois » : ce n'est pas une affaire de quantité.

Je vois là quelque chose de libérateur. Quand nous sommes rongés par l'idée que nous n'en faisons pas assez pour les autres, pas assez pour Dieu, la parabole de Jésus nous replace dans nos limites, donc nous redonne des repères bienfaisants : il suffit d'une fois (aucun nombre précis d'occasions n'est évoqué), et désormais *chaque fois* que cela se reproduira, nous goûterons à nouveau notre liberté d'enfants de Dieu créés à son image. Au IIIe siècle encore, Tertullien était convaincu que notre parenté essentielle avec Dieu était la liberté : « Avec l'Église grecque, écrit A.-G. Hamman, il affirme énergiquement la liberté de l'homme, qui le rend responsable de ses actes. Même la faute originelle ne peut priver l'homme de son libre arbitre, qui est essentiel à l'image de Dieu, indéracinable[40]. » Après des siècles de « rouleau compresseur » de péché originel, Érasme redira exactement la même chose.

Je constate que dans la chrétienté, fort heureusement, on n'a jamais perdu l'intuition d'un Dieu *tout-autre* qui respecte trop notre liberté pour nous faire violence, même dans le but de nous secourir : avec nous mais pas sans nous ou contre nous ! Le romancier Paul Nothomb fait remarquer que le verbe hébreu qu'on traduit par « chasser » ou « renvoyer », à la fin de l'histoire d'Adam et Ève (Gn 3,23), signifie en réalité « laisser partir »* et que le même verbe est employé en Ex 9,1 quand Dieu donne à Moïse un message à transmettre à Pharaon : « Laisse partir mon peuple[41]. »

Ainsi, à l'aube de l'histoire du peuple d'Israël comme dans le récit mythique des origines, s'il y a quelqu'un qui veille jalousement sur notre liberté, c'est bien Dieu. Dans le premier cas, seul le peuple décide : laisse-le partir si tel est son désir, sa détermination ! Et dans le deuxième, c'est nous qui décidons : Il nous laisse partir quand nous nous soustrayons à la relation, quittant le jardin sécurisé de la confiance en l'Autre dans l'acceptation de l'altérité,

* Au v. 24, Chouraqui traduit par « il expulse le glébeux » et la *TOB* par « il le chasse ».

préférant provisoirement un monde d'épines et de ronces où nous ne compterons que sur nous-mêmes. Nous nous croyons chassés, comme Caïn, alors qu'Il nous regarde partir dans l'espoir ardent de nous voir revenir aux autres, à lui, et en définitive à nous-mêmes !

Solliciter autrui

De quoi avons-nous besoin quand nous ne savons pas que faire du mal que nous avons fait ? D'une personne assez bienveillante pour nous encourager, même implicitement, à nous reconnaître responsables de notre comportement. Ce qui nous aide à le faire, c'est de nous sentir en sécurité à l'intérieur de la relation avec elle : elle reste à nos côtés et continue à nous soutenir ; en étant solidaire de notre *être* qu'elle valorise par-delà nos actes passés, elle nous redonne notre place dans le monde des humains ; nous ne sommes plus seuls, deux fois plus coupés de l'Autre – par ce que nous avons fait… et par les autres qui nous excluent. Celui qui prend en compte sa faute à l'intérieur du biotope de la relation, « en s'associant » à elle, « ouvre, selon Étienne Grieu, un espace pour que son interlocuteur l'en dissocie »[42].

Mieux vaut régler cela entre vous plutôt que d'aller au tribunal, disait Jésus. C'est que, par définition, le tribunal s'intéresse exclusivement à *ce qui s'est passé.* Totalement isolé, on risque fort d'être réduit à ce qu'on a fait. De nombreuses personnes, malgré l'évidence des faits, disent : « Je ne suis pas *un* assassin, *une* délinquante. » Elles ont raison : elles ont commis tel ou tel acte destructeur, mais leur être, lui, est en perpétuel devenir, et quelque chose au fond d'elles leur souffle qu'elles sont autres que leur comportement passé ou récurrent. Cela nous oriente vers la responsabilité de l'entourage. En Occident, on ne cesse de se méfier des gens qui ont fait de la prison. Rares sont ceux qui se tiennent à leurs côtés, sont de leur côté, choisissent dans la lucidité de regarder *avec eux* comment *ils* peuvent grandir, évoluer, accomplir ce qu'*ils* portent en eux de plus vivant. Mais qui croit vraiment à la liberté de changer ? Sous le parti pris soupçonneux ou accusateur, je perçois un défaitisme frisant le désespoir : on nous a trop répété qu'il n'y a rien à attendre de l'être humain. Le droit à une deuxième chance se heurte à une image catastrophique de la « nature » humaine.

Solliciter quelqu'un, c'est donc aussi, d'une certaine manière, casser la langue de bois, la conformité à ce que tout le monde pense de lui. Jésus l'a fait au milieu de la foule qui montrait Zachée du doigt. Dans la Bible hébraïque, l'épisode de l'effondrement de la tour de Babel équivaut déjà à cette pulvérisation du « on » qui est à la portée du premier humain venu : là, le Tout-Autre donne l'exemple en « brouillant la langue de toute la terre » (Gn 11,9). Babel renvoie à Babylone, image historique de l'impérialisme politico-religieux qui enferme un peuple d'humains libres dans la pensée unique : « Ils ne sont tous qu'un peuple et qu'une langue », constate Celui qui en appelle à la réponse de chaque individu et voit dans la tour le symbole d'une fusion destructrice ; une fois la tour effondrée, écrit A. Neher, « [...] en face de l'*on* humain se dressait de nouveau l'homme, dans son altérité irréductible. Le brouillement des langues rouvrait les mots à des significations diversifiées[43] ».

Après les récits mythiques qui racontent une condition humaine toujours menacée de réagir au malheur par l'élimination de l'altérité et la péjoration du vivre-ensemble, la Genèse met en scène le personnage historique d'Abraham qui, lui, va répondre positivement à Celui qui cherche en lui un vis-à-vis authentique. Pour A. Neher, Abraham est l'être humain qui « transcende sa nature [de poussière et de cendre] par la responsabilité ». En plaidant pour le salut de Sodome, Abraham exerce de sa propre initiative, et il est le premier humain à le faire, son pouvoir de *répondre à Dieu.* Voilà pourquoi Gn 18 est « la scène type de la responsabilité humaine »[44]. « Quand bien même il ne resterait que dix justes dans la ville, vas-Tu vraiment supprimer le juste avec le coupable ? » demande Abraham. Non, répond Dieu.

Ni Adam, ni Ève, ni Caïn n'étaient sortis de leur enfermement dans le registre sans issue de la faute-punition. Abraham, lui, s'oppose librement à ce Dieu de la rétribution automatique… et fait la connaissance du Tout-Autre, de ce Dieu largement méconnu qui est en quête d'humains libres de lui parler et d'assumer leurs choix face à lui. Or, dès que le premier humain de l'histoire d'Israël – celui que la tradition reconnaîtra comme le père des croyants – fait face à Dieu de toute la force créatrice de sa liberté, c'est pour plaider la cause des *autres humains* !

Telle est bien notre expérience : dès que nous reconnaissons nos torts et gagnons en liberté, nous commençons à nous sentir responsables des humains qui nous entourent, à comprendre de l'intérieur ce que pourrait être cette responsabilité de tous vis-à-vis de tous dont nous parlions plus haut… Et nous entrevoyons pourquoi Jésus est allé jusqu'au bout d'une telle solidarité.

Les exemples ne manquent pas de femmes et d'hommes qui, en assumant leur propre responsabilité limitée, toujours relative, se sentent poussés à faire également appel à celle des autres. Je dirais que solliciter autrui fait partie intégrante de notre propre réponse. C'est ce qui a cruellement manqué lors de la persécution nazie : il y a eu bien trop peu de personnes soucieuses d'en inciter d'autres à agir. Les enquêtes le montrent : la très grande majorité de ceux et celles à qui on a demandé de cacher des Juifs ont accepté tout en se considérant comme des gens ordinaires. « On peut donc supposer, écrit J. Lecomte, que beaucoup plus de Juifs auraient été sauvés si davantage de personnes avaient été sollicitées[45]. »

Nous méconnaissons encore largement la fécondité du lien communautaire – cette dynamique d'origine divine qui travaille nos sociétés en vue d'une ouverture aux autres toujours renouvelée, quels que soient les échecs et les déceptions. Je dirais que l'évacuation – légitime – de la doctrine du péché originel nous fait déraper dans deux directions : soit nous nous diluons dans le « on » qui déresponsabilise chacun ; soit nous tombons dans un individualisme assez puissant pour nous faire croire que nous devons tirer de nous seuls les réponses utiles au vivre-ensemble. Ainsi, note L. Ferry, le sacrifice de soi, l'action caritative, la responsabilité librement assumée à l'égard des autres « ne dépend d'aucun soutien communautaire irrépressible, mais, pour la première fois peut-être dans l'histoire de l'humanité, il doit trouver sa source exclusive dans l'homme lui-même[46] ».

Je ne le crois pas. Nous ne devons ni ne pouvons trouver en nous-mêmes, seuls dans notre coin, une telle énergie. Pour moi, c'est dans l'*entre-deux* que cela se passe, entre autrui qui m'interpelle et moi, entre moi qui réponds pour moi-même et autrui que j'incite à prendre sa propre part.

Il importe autant que je me laisse solliciter que de solliciter moi-même autrui. On m'a fait l'honneur – j'ai eu ce privilège – d'en appeler à ma libre décision. Du coup, je valorise assez l'autre, plusieurs autres, mes semblables, pour être en demande, me mettre en quête de leur propre réponse.

La fuite dans le « on » n'est pas un phénomène propre à une époque ou une culture particulière. Ce qui s'est passé en Allemagne post-nazie n'est qu'une illustration du « mauvais penchant » de la déresponsabilisation. En ce temps-là, des philosophes comme Karl Jaspers, les dirigeants de l'Église évangélique et les leaders politiques allemands ont largement prôné la culpabilité collective. Cinquante ans plus tard, D. Goldhagen s'insurge là contre en renvoyant chaque citoyen allemand à sa propre responsabilité : l'idée de culpabilité collective, pointe-t-il, englue tout le monde dans un « on » où personne en définitive n'est véritablement responsable.

J'ajouterais que le fait d'être un-e coupable d'actes injustes et destructeurs parmi des millions (pensons à la manière dont nous traitons les pays pauvres) n'atténue en rien notre propre responsabilité. Or, dès que j'avoue ma propre implication par rapport au passé, immédiatement je suis sollicitée par mon futur. C'est un fait d'expérience : sortir du « on » en reconnaissant mon tort me donne instantanément prise sur mon comportement à venir.

La fuite dans le « on » s'est trouvée grandement favorisée par l'évolution des sciences humaines : en énumérant toutes les influences sociales, psychologiques, génétiques, etc., qui conditionnent nos actions, elles finissent par nous déresponsabiliser. N'est-ce pas là l'aboutissement logique de cette doctrine qui a imprégné notre culture en enfonçant les individus dans une culpabilité sans liberté de choix ? La seule différence, c'est que nous ne nous réfugions plus dans le « c'est la faute d'Adam et Ève » : aujourd'hui, c'est la faute de nos aïeux, de nos conditions de travail, de nos gènes, de notre éducation, etc. « Victoire absolue du contexte, en somme, sur la responsabilité des hommes, conclut L. Ferry, puisque le seul véritable coupable, en dernière instance, n'[est] autre que le "Système", c'est-à-dire personne[47] ! »

Qu'est-ce qui, ou plutôt qui, nous fera sortir du « on » dans lequel notre liberté se trouve si souvent empêtrée ? Je dirais que c'est de retrouver la force du lien communautaire, de se rappeler que notre « je » n'est jamais, en définitive, tout seul : il suffit de deux ou trois personnes qui, entrant en résistance, s'extraient du magma de la culpabilité irresponsable ambiante. N'est-ce pas ainsi qu'a débuté le christianisme ? Quelques individus sollicités les uns par les autres au nom du Vivant qui les mettait debout n'hésitaient pas à risquer leur vie pour s'opposer à la dictature politico-religieuse impériale.

De même, à la recherche de ces Justes qui avaient sauvé des Juifs, M. Halter a constaté que « chaque fois qu'*une collectivité* avait eu le courage de s'opposer à une décision inique du pouvoir hitlérien, elle avait obtenu gain de cause. En Allemagne même, quand elles se sont engagées, une seule fois, à défendre *ensemble* une cause, les Églises ont réussi à faire reculer Hitler sur l'un de ses objectifs : l'extermination des malades mentaux » – la chose est confirmée par D. Goldhagen. Et les archives de la Gestapo montrent que « le régime nazi craignait davantage les activités des Églises que celles du Parti communiste »[48].

De son côté, Hannah Arendt insiste sur l'attitude du Danemark face au régime nazi et sur « la force de l'action non violente et de la résistance passive quand l'adversaire dispose de moyens violents et beaucoup plus puissants » : ainsi, le roi de ce pays déclara qu'il serait le premier à porter l'étoile jaune. Et les nazis changèrent d'avis, comme s'ils avaient réalisé que « l'extermination d'un peuple entier n'allait pas de soi ». C'est un fait que devant la terreur, certains ne s'inclinent pas : voilà pourquoi, conclut-elle, « cette planète reste habitable »[49]. J'ajoute qu'on ne peut jamais prévoir, tant nous sommes liés les uns aux autres sans le savoir vraiment, jusqu'où peut aller l'impact de nos actes libres. L'histoire et l'actualité abondent d'exemples de peuples ou de communautés qui puisent la force de résister dans l'engagement d'une personne seule au départ : Martin Luther King, Gandhi, Nelson Mandela, Rigoberta Menchu, Aung San Suu Kyi…

Pourquoi ne sollicitons-nous pas davantage nos semblables ? Parce que nous partons battus d'avance : les gens sont égoïstes, ne veulent pas prendre de risques, dénoncent mais sans agir, on ne peut rien faire contre la nature humaine. Nous y revoilà ! Si, en revanche, nous voulons porter un autre regard sur l'être humain, nous valoriserons une foule d'études et d'observations faites par les sociologues sur les réactions face aux catastrophes : il apparaît systématiquement que les gens réagissent de manière civile et responsable, qu'une « identité collective se crée spontanément entre les victimes », leur donnant le « sentiment d'une communauté de destin ». Force est alors de constater, conclut J. Lecomte, que « le décalage entre les présentations médiatiques et la réalité décrite par les chercheurs en sciences humaines est parfois impressionnant »[50].

Si une telle réaction est spontanée, n'est-ce pas qu'elle était inscrite en nous à titre de possible ? Il a suffi de telle expérience pour que nous reprenions confiance en la nature humaine : le lien communautaire était déjà là ; nous n'avons pas à l'inventer, il se réveille en nous dès que le malheur, nous mettant tous au même niveau d'humanité, nous fait revenir de notre errance dans la foule du « on » indifférente à ce que vivent les autres.

Mais si aucune catastrophe ne se produit dans notre existence ? Si nous restons aveugles à nos comportements destructeurs, insensibles à notre souffrance quand nous agissons contre notre conscience parce que nous n'avons pas accès à notre conscience, à notre capacité de dire « je », donc encore moins à notre désir d'être fidèles à ce « je » ?

Je dirais par expérience que c'est un long chemin. Faisant partie des personnes qui ont dû apprendre, pendant des années interminables, à oser prendre ma place sans redouter le pire, je suis bien placée pour savoir qu'on ne contacte pas aisément, en soi-même, la force du « je » heureux d'assumer ses choix librement. Il m'a fallu, moi aussi, émerger jour après jour du tohu-bohu où la souffrance, l'absence de vis-à-vis, le mensonge et la perversion m'avaient plongée. Là où l'absence et la nocivité des autres m'avaient fait croire que je devrais toujours m'en sortir toute seule – meilleur moyen d'errer comme Caïn, sans vis-à-vis, « instable et sans foyer sur la terre » –, j'ai progressivement découvert que mon salut passait pourtant par les autres. Fort heureusement, il existe beaucoup d'autres sur la terre ! Ce sont eux (il suffit de quelques-uns) qui ont sollicité mon « je » libre et responsable. Et, pour finir, même leur démission et leur dysfonctionnement m'ont été utiles : ils provoquaient d'autant plus mon envie de réagir et de me positionner.

De quel droit ?

Suite à des siècles de culpabilisation, nous avions, dans un premier temps, applaudi au discours libérateur des sciences humaines : tout n'était pas de notre faute, nous étions conditionnés par tant de choses… Mais nous avons fini par nous enliser dans ce qu'on a appelé la « dissolution du sujet[51] » : plus rien n'était de notre fait ! Effet de balancier, bien compréhensible quand on pense au poids du passé. Pourtant, les choses changent : « Le retour du sujet responsable, annoncé par Levinas, explique […] le succès de son entreprise : nous reprenons à notre compte ce dont on voulait nous dépouiller, c'est-à-dire le respect d'autrui comme une affaire personnelle »[52], écrit Bernard Edelman.

Maintenant, jusqu'où va notre capacité à dire « je » – « j'assume » ? Nous avons vu le bénéfice immédiat que nous retirons de la reconnaissance d'un tort, d'une déchirure dans le tissu relationnel : nous nous (re)découvrons aussitôt libres, pleinement sujets de nos comportements et de notre devenir – « l'aveu de la faute est en même temps découverte de la liberté », note P. Ricœur[53]. Creusons un peu ce sentiment d'être bénéficiaire, né du retour à la relation, de la prise en compte d'autrui. J'y vois un fruit discret de la Bienveillance, une manière de nous dire : tout le monde y trouve son compte, le *lien* est bon et béni pour tout un chacun.

Ayant goûté à cela, nous pouvons aller jusqu'à donner la priorité à autrui pourvu qu'ainsi le lien soit restauré ou gardé vivant. Quand nous sommes dans le doute – « ai-je bien ou mal agi envers autrui ? » –, nous parvenons parfois à prendre pour unique critère : est mal ce qui *lui* fait mal ; et à rester dans le seul espace de notre expérience intersubjective. Il m'est personnellement arrivé de me reconnaître auteure d'un acte qui avait blessé une femme et de m'en excuser, alors qu'il n'y avait objectivement aucune faute de ma part… et que si c'était à refaire, je le referais. Ayant compris que ma prise de position (non dirigée personnellement contre elle) l'avait blessée, je me suis sentie poussée à lui dire que j'en étais désolée. Elle a pu accueillir mon empathie et ma solidarité : il nous a été donné de restaurer la relation.

Il me semble aujourd'hui qu'on a là une illustration de cette « culpabilité sans faute », ou plutôt « responsabilité sans faute », dont parlent de nombreux auteurs. Je pense aussi au domaine de l'éducation. L'adulte, le parent, l'éducateur qui assume pleinement sa décision – poser un interdit, différer une demande, sanctionner, infliger une frustration – peut parfaitement, dans le même temps, veiller à ce que l'enfant continue à se sentir en sécurité dans l'espace relationnel : « Je ne peux pas faire autrement, je suis triste de te voir triste, je comprends ta colère, ta déception ; tu peux me parler quand tu veux », etc. Il sait que son choix éducatif fait mal à l'enfant, il s'en sent pleinement responsable… et il met d'autant plus d'énergie à prendre soin de lui et du devenir de leur relation.

On continue aujourd'hui à dénoncer l'individualisme, l'égoïsme et l'irresponsabilité qui caractériseraient l'Occident. Cependant, ce que j'ai pu lire sur le thème de l'autorité et de la responsabilité me fait dire que l'arbre cache une véritable forêt. En 1990 déjà, Frédéric Lenoir interviewait une série de chefs d'entreprise qui témoignaient d'une immense demande, planétaire, de plus d'autonomie : nous sommes en train de passer de l'éthique de l'obéissance à celle de la responsabilité, disaient-ils. Et « dans la logique de la responsabilité, les dirigeants se doivent d'être les jardiniers qui aident les autres à pousser, à grandir, à s'épanouir[54] ». Rien de plus fécond, constate-t-on, que de placer les gens en situation de responsabilité : ils s'améliorent. Parce qu'on leur fait confiance, ce qui est une modalité essentielle de la bienveillance !

Cela dit, on ne peut pas minimiser ce qui vient entraver le désir d'autonomie, notamment l'angoisse générée par la prise de responsabilité. Relatant un tragique fait divers où aucun des nombreux témoins n'était intervenu, M. Terestchenko analyse les facteurs qui peuvent conduire à « la dilution paralysante de la conscience individuelle de la responsabilité » et à « la distorsion inconsciente de la représentation de la réalité pour refouler l'angoisse liée à la responsabilité » : on a pu constater qu'en présence des autres, la capacité à se poser en « je » se délite ; un mécanisme de défense se met en place : si les autres n'agissent pas, c'est que tout est normal ; cette aliénation de nous-mêmes par nous-mêmes « nous délivre du fardeau de la responsabilité de nos actes ». Mais il n'y a là aucune fatalité, conclut M. Terestchenko : rien ne peut, *de l'extérieur*, aliéner notre aptitude à répondre personnellement ni la conscience de notre autonomie d'action[55].

Pour ma part, ce qui me responsabilise, au milieu d'une foule petite ou grande, c'est l'empathie qui d'emblée me permet de m'identifier à la personne en souffrance ou en difficulté. C'est cela qui me donne tous les courages. Le centre de gravité se déplace : je ne me focalise plus sur ma peur d'intervenir ; je ne laisse pas mon mental peser interminablement le pour et le contre ; je suis centrée sur le dénuement, le mal-être de l'autre – ce qui me met en relation et me pousse à agir.

L'autorisation de parler

D'une certaine manière, Mai 68 a sonné le glas de l'éthique de l'obéissance. En mettant en question toutes les autorités plus ou moins de droit divin, chacun s'est trouvé renvoyé à sa seule responsabilité. Mais sommes-nous « équipés » pour exercer notre autorité personnelle ? Notre parole de sujet a-t-elle une quelconque autorité et, pour commencer, à nos propres yeux ? Sommes-nous reconnus, nous reconnaissons-nous comme auteurs de ce que nous disons et faisons ? La comparution devant un tribunal a ceci de libérateur que l'on est autorisé à énoncer sa propre version des faits, rendu responsable de sa parole. À l'inverse, ne jamais avoir droit à la parole finit par rendre irresponsable : « Si mon avis ne compte pas, pourquoi m'impliquer ? »

On sait que le latin *auctoritas* vient d'une racine indo-européenne *-aug* qui signifie « augmenter, faire croître ». C'est l'idée d'une force protectrice, d'un dynamisme de vie, d'une créativité, d'une croissance, d'un processus d'accomplissement, comme si la personne en position d'autorité avait « quelque chose en plus », ou comme si, investie par les autres d'une autorité, elle se trouvait « grandie, augmentée ». À l'origine, et pendant longtemps, ce « plus » était d'origine divine, en tout cas transcendante. Mais au cours du XXe siècle, la notion d'autorité a de plus en plus évolué vers quelque chose qui se vit dans l'*interrelation*, en parallèle avec la notion de responsabilité. D'où la prédilection de tant d'auteurs pour la coresponsabilité.

La question ne date pas d'hier : de quel droit ? demandait-on à Jésus. « Dans quelle autorité » fais-tu cela ? Qui t'a donné une telle responsabilité ? Dieu ? Les humains ? Toi-même[56] ? Dans la Bible, l'authentique autorité ne s'acquiert pas à la force du poignet, elle se reçoit, et toujours de Dieu. C'est essentiellement une responsabilité. On ne « prend » pas ses responsabilités, on répond à un appel. Jésus lui-même ne cesse de dire que l'autorité lui a été donnée[57] et qu'à son tour il nous la donne. J'ai même l'impression qu'il ne la reçoit que pour la transmettre plus loin. Comme pour nous montrer que nous recevons aussi la nôtre afin, en définitive, d'autoriser les autres autour de nous.

Alors, pourquoi avons-nous tant de peine à parler en « je », à nous situer en vrai vis-à-vis d'autrui, en assumant nos choix, nos actes, y compris nos torts et les coupures de relation dont nous sommes responsables ? En grande partie à cause de la peur des représailles. Si Jésus savait se positionner avec tant de liberté et de fermeté, n'est-ce pas parce qu'il se plaçait constamment sous le regard de la Bienveillance et y trouvait sa parfaite sécurité ? Rien ne me réjouit autant que de voir une personne, au cours d'un accompagnement, se lever face à un proche maltraitant et *revenir ainsi à la relation* en reconnaissant que jusque-là, ne prenant pas sa place, elle contribuait aussi à péjorer le lien.

Dans ma propre histoire, l'interdit de parler (et même de penser par moi-même) a été si puissant qu'il a longtemps occulté mon irresponsabilité : en me taisant, en ne m'opposant pas, j'ai souvent laissé perdurer des attitudes de non-respect, dont moi-même aussi bien que d'autres faisaient les frais. C'est en me (ré)appropriant peu à peu mon autorité de sujet parlant que j'en ai pris conscience. Je suis convaincue aujourd'hui que les traumatismes vécus dans la petite enfance peuvent inculquer, jusque dans la mémoire du corps, une peur telle qu'il faut beaucoup de temps pour accéder à une vraie responsabilité. Voilà pourquoi je réfléchis avant de traiter telle personne d'irresponsable : qu'est-ce que je sais de son passé, de ce qui l'empêche de « répondre » ?

Un chemin pour devenir responsable

Je reviens sur un récit bien connu sous l'angle, cette fois-ci, de la responsabilité*. Quelle réponse Jésus donne-t-il aux autorités religieuses qui s'apprêtent à lapider une femme adultère ?

Jean 8,1-11

1 Jésus s'en alla au mont des Oliviers.
2 Dès le point du jour, il revint au Temple et tout le peuple venait à lui, et, s'étant assis, il les enseignait.
3 Les scribes et les pharisiens amènent une femme prise en adultère et l'ayant mise debout, au milieu,
4 ils disent à Jésus : « Maître, cette femme a été prise en flagrant délit d'adultère.
5 Dans la Loi, Moïse nous a prescrit de lapider celles-là. Toi, donc, que dis-tu ? »
6 Or, ils disaient cela en le tentant, pour qu'ils aient de quoi l'accuser [litt. de quoi le « catégoriser »]. Mais Jésus, ayant incliné-la-tête vers le bas, écrivait du doigt sur la terre.
7 Mais comme ils continuaient à l'interroger, Jésus leva-la-tête et leur dit : « Celui d'entre vous qui est sans déviation/

* Dans « *Moi je ne juge personne* ». *L'Évangile au-delà de la morale* (Paris, Albin Michel, 2003), j'ai tenté de mettre en évidence le lien entre la peur et le besoin de condamner.

égarement/erreur/faute, qu'il jette le premier une pierre sur elle ! »
8 Et, ayant à nouveau incliné-la-tête, il écrivait sur la terre.
9 Alors, ayant entendu, ils sortaient un à un, à commencer par les plus âgés, et [Jésus] fut laissé seul, la femme étant au milieu.
10 Ayant levé-la-tête, Jésus lui dit : « Femme, où sont-ils ? Personne ne t'a condamnée/exécutée ? »
11 Elle dit : « Personne, Seigneur. » Et Jésus dit : « Moi non plus je ne te condamne pas. Va, et à partir de maintenant, ne dévie plus/ne t'égare plus/ne faute plus ! »*

On sait que l'histoire se déroule lors de la semaine précédant son arrestation, alors que pour sa sécurité il passe ses nuits hors de Jérusalem. La menace pesant sur la femme pèse aussi sur lui : il sera bientôt mis à mort à l'instigation des mêmes autorités religieuses et, lui aussi, au nom de la loi divine. La peur, qui reste non dite, pourrait le pousser soit à fuir, soit à réagir avec violence – deux réponses inadéquates en ce qu'elles n'instaureraient pas un dialogue dans le respect de l'altérité de chacun. Selon le vocabulaire biblique, ce serait « pécher » – rompre ou endommager la relation.

Si, comme la tradition chrétienne l'a compris, Jésus était « vrai homme » et pas seulement « vrai Dieu », il s'est trouvé, comme nous, confronté au mauvais penchant. On dira, à juste titre, que ce n'est pas dans le texte. Mais ce qui y est, c'est ce temps de silence pendant lequel il « écrit » sur le sol, littéralement « de haut en bas », comme inspiré d'en haut. Juste le temps nécessaire pour que, à l'écoute de la Bienveillance, il retrouve son unité intérieure

* C'est moi qui traduis.

et ne se laisse pas diviser par les forces tueuses d'altérité. Sans ce suspens en quelque sorte hors du temps, Jésus ne donnerait pas sa réponse, comme à son habitude, « dans l'autorité ». N'est-ce pas là notre expérience ? Quand nous sommes intérieurement divisés par la peur, nos paroles sont en contradiction avec notre langage corporel et/ou nos actes ; nous ne sommes pas vraiment « auteurs » de notre vie, donc pas en relation vivante.

À quoi reconnaît-on une parole dite « dans l'autorité » ? Ne condamnant pas autrui, elle lui ouvre *l'espace de la bienveillance* : c'est l'occasion pour lui de grandir dans sa capacité à assumer son « je » unique et non interchangeable, de devenir pleinement auteur de ses choix, de ses actes. En répondant à ses adversaires, en substance : « Faites ce que vous dites mais en étant conscients de qui vous êtes », il reconnaît leur pouvoir (ils peuvent utiliser la loi religieuse pour tuer) ; mais en même temps il fait appel à leur autorité : « Êtes-vous tout entiers dans votre réponse ? »

Ils ne sont pas en relation avec la femme : elle n'est qu'un objet, simple prétexte pour le piéger, lui. Ils ne sont pas davantage en relation authentique, respectueuse de l'altérité, avec lui. Situation que nous connaissons bien : sous couvert d'une discussion « élevée » (éthique, philosophique, politique, théologique) où l'avis d'autrui est sollicité, on cherche en fait à étouffer sa parole. Le refus d'entrer en relation camouflé en dialogue ! Mais jamais Jésus ne dénonce leur « péché ». Les considérant comme des égaux, ses semblables en humanité, il instaure entre eux et lui un face-à-face interpersonnel qui peut les sortir de l'irresponsabilité du « on » : « Que *celui d'entre vous* qui est sans déviation/égarement/erreur/faute, jette la première pierre sur elle ! » (Jn 8,7) ; et plus tard, il se considérera comme l'un d'entre eux : « *Moi non plus* je ne te condamne pas » (8,11).

Tous les personnages sont pris dans ce que la Bible appellerait une situation de péché : coupés les uns des autres, les adversaires otages de leur aveuglement (un des symboles du péché) ; la femme emprisonnée dans un mutisme déresponsabilisant (elle ne retrouvera sa liberté de parole qu'à la fin du récit, quand la bienveillance de Jésus lui aura assuré un lieu sécurisé) ; la foule (le « on ») soudainement disparue ou complice silencieuse et irresponsable de la violence des « justes » ; Jésus lui-même en proie à la tentation* de faire justice à la place de Dieu – meilleure manière de se couper de lui.

L'ambiance est de plomb. Qu'est-ce qui va introduire dans ce monde clos l'air frais de la coresponsabilité ? La décision libre et responsable de Jésus de ne pas prendre le pouvoir, même pour une noble cause, mais de solliciter leur réponse individuelle – à chacun d'entre eux. Il ne sait pas d'avance ce qu'elle sera. On dirait même qu'il s'en désintéresse : c'est une affaire entre chaque « je » et son Dieu.

La réponse de Jésus les rejoint là où ils sont, dans leur dignité d'hommes libres de faire des choix et d'agir en conséquence. Liberté d'autant plus grande qu'ils seront au clair sur leur passé personnel. Ainsi le retour à l'Autre – les autres, le Tout-Autre – passe-t-il par un retour sur

* Les tentations ont jalonné la vie de Jésus : à la fin du récit de la première, au désert, Luc écrit ceci : « Ayant épuisé toute tentation, le diable s'écarta de lui jusqu'à une [autre] occasion » (Lc 4,13). Et ici, « ils disaient cela en le tentant, pour qu'ils aient de quoi l'accuser » (Jn 8,6).

soi-même ou plutôt à soi-même. Les fautes d'autrui cessent de nous hypnotiser quand nous nous recentrons sur nous-mêmes. C'est l'histoire bien connue de la paille et de la poutre (Mt 7,1-15 // Lc 6,41 *sq.*). Notre péché n'est pas nécessairement plus grave que celui d'autrui. La question n'est pas là : Jésus nous rend simplement attentifs aux illusions d'optique. C'est la poutre dans notre œil qui nous empêche de voir autrui avant tout comme un humain digne d'exister en relation d'égalité avec nous : nous projetons sur lui notre propre poutre. Du reste, Jésus ne dit pas : « Que celui qui n'a jamais commis d'adultère lui jette la première pierre ! » On n'est pas dans le registre des fautes plus ou moins graves, plus ou moins nombreuses. Seul importe le lien : qui d'entre nous peut honnêtement croire qu'il n'a jamais (inter)rompu la relation avec l'Autre ?

Quand je revisite certains épisodes de ma vie, en particulier de ma jeunesse, je suis effarée par mon degré d'inconscience ou, en termes bibliques, par mon aveuglement sur moi-même. Pas une minute je n'avais eu, à l'époque, le sentiment de me couper de l'autre. Qui plus est, je me croyais sincèrement en communion avec le Tout-Autre ! Voilà pourquoi je dirais, pour ma part, que le mystère du péché est aussi insondable que celui du mal-malheur.

Il faut avoir bénéficié d'un regard inconditionnellement bienveillant sur son être pour prendre en toute sécurité la mesure du hiatus entre ses paroles et ses actes, ses pensées ou convictions et ses comportements. Ce jour-là, quand ceux qui étaient prêts à lapider une femme y ont renoncé, je n'y étais pas. Mais dans les gestes et attitudes corporelles de Jésus, je ne vois rien de menaçant ; j'entends sa parole, à la fois ferme et bienveillante, s'adresser à eux d'égal à égal, dans l'ouverture à leur altérité, dans ce respect de la liberté d'autrui qui caractérise les amoureux de la coresponsabilité.

La responsabilité dans les évangiles : un message universel

Dans la Bible, le jugement, comme chaque activité du cœur et de l'esprit, implique un acte concret : le cœur est le siège de l'affectivité certes, mais il est avant tout celui de l'intelligence, donc du discernement et, en même temps, de la décision. Si bien que condamner verbalement quelqu'un revient à l'exécuter. Du reste, quand Jésus, relevant la tête, et s'apercevant que tous sont partis, demande à la femme : « Personne ne t'a condamnée ? » (Jn 8,10), on peut aussi traduire ce verbe grec par « exécutée ». On voit bien le lien avec les tueries antisémites et, aujourd'hui encore, avec les exécutions que nous déclarons légitimes : ce n'est pas parce que nous n'y prenons pas part concrètement que nous n'en sommes pas responsables.

Comme beaucoup d'autres, je suis interpellée par le « ils sortirent un à un, à commencer par les plus âgés » (Jn 8,9) : ne faut-il pas beaucoup de temps, et de retournements intérieurs, pour mesurer l'impact de nos condamnations verbales, le poids de nos paroles ? Et à l'approche de la mort ne sommes-nous pas davantage confrontés que les jeunes – « un à un », comme dit l'évangéliste – à ce « je » qui sera seul à passer de l'autre côté du voile, responsable de ce qu'il aura fait de sa vie ? Rien d'écrasant pourtant là-dedans : il n'y a pas d'âge pour vivre ce retour à soi-même qui est en même temps retour à l'Autre. Pour certains, cela a lieu dans les dernières semaines, voire derniers jours de la vie. Dans ce domaine, redisons-le, on est et on demeure jusqu'au bout dans le qualitatif : le terme de l'errance, la sortie de l'enfermement, la brusque fin de l'aveuglement n'ont rien à voir avec une liste de fautes accumulées au long d'une vie. C'est sur un autre plan, inquantifiable.

Plus on grandit dans sa propre responsabilisation et dans l'apprentissage de la coresponsabilité, plus on devient sensible à l'universalité de l'Évangile. Qu'a fait Jésus sinon passer sa vie à solliciter en chacun-e son « je » libre et autonome – pour que le vivre-ensemble, cessant d'être un lieu de règlements de comptes, permette une croissance en humanité et, parfois même, des moments « célestes » ? Sollicitation ou appel que le philosophe Henri Bergson, bien avant Levinas, valorisait particulièrement : « *Mon* propre effort ne suffit pas pour me sortir de *moi*. Il faut qu'un autre prenne l'initiative de *m'*appeler et que *je* sois délogé de ma souveraineté. C'est alors que *je* prends une responsabilité vis-à-vis de lui, celle de m'ouvrir au monde[58]. »

On peut dire aujourd'hui que l'autorité ne tombe plus du ciel. Elle est incarnée et essentiellement relationnelle : c'est ton « je » assumé qui m'*autorise* en suscitant le mien. Et mon comportement libre et responsable réveille en toi (souvent même à mon insu) ton autorité de sujet parlant : « Il n'y a d'autorisation que de s'autoriser, notent Jacques Pain et Alain Vulbeau, enseignants en sciences de l'éducation. [...] L'autorisation n'est pas hiérarchique, elle est mutuelle. » C'est un « espace à développer ». Elle « prend immédiatement un sens de construction et de co-production ; il ne s'agit pas seulement d'une "autorisation préalable" mais d'une démarche d'accompagnement et d'échange [...]. En fait, l'autorisation a pour objectif le vivre-ensemble »[59].

Si nous considérons Dieu comme ce Tout-Autre, présent en chaque être humain, qui sollicite notre réponse dans les multiples circonstances de nos vies, et si nous percevons en Jésus l'*autorisateur* par excellence, nous ne voyons plus pourquoi il faudrait réserver l'Évangile aux chrétiens déclarés : « À ceux qui l'ont reçu, à ceux qui croient en son nom [en cet autorisateur qui aujourd'hui s'incarne en tel ou tel "je" venu susciter notre réponse], Il a donné l'autorité de devenir *enfants de Dieu* » (Jn 1,12)… et non de devenir chrétiens ! Universalité d'autant plus remarquable que Jean écrivait au moment où émergeait cette nouvelle religion qu'on appelle le christianisme. Ainsi, n'importe qui, entendant l'appel à devenir auteur de sa vie, de ses choix, de ses actes, devient-il de ce fait enfant de l'Autre, né de la relation à un Autre… et se transforme à son tour en autorisateur pour autrui.

Je souscris pleinement à l'affirmation de Philippe Breton : « […] admettre l'autorité de la parole de l'autre [est] au fondement de la démocratie[60]. » L'Évangile était-il, est-il autre chose que le plus puissant des appels à la liberté personnelle de dire « je » et d'agir en conséquence ? Il fait bon s'en souvenir : quels que soient ta faute réelle ou ton sentiment de culpabilité, tu seras jusqu'à ton dernier souffle responsable de ta parole – de ce « je » en toi capable d'entendre le Tout-Autre et de lui répondre…

Épilogue

Et si un autre regard sur l'être humain nous permettait de lire différemment les textes bibliques ? Nous cesserions de nous anéantir devant Jésus sous prétexte que lui seul a su aimer, être bienveillant, pardonner et que – comme il l'a fait à la perfection – cela nous dispense même d'essayer. Oui, je sais, c'est le « Sauveur du monde » et s'il n'y en a qu'un, c'est pour nous délivrer du devoir illusoire de l'être nous-mêmes.

Mais cela fait-il pour autant de l'Évangile une entreprise de déresponsabilisation ? Jésus n'a-t-il pas dit à maintes reprises que si nous nous tenions dans ce souffle saint qui le traversait lui-même, nous ferions les mêmes choses que lui et de plus grandes encore* ? Nous aurait-il recommandé de nous comporter comme lui dans nos relations avec les autres s'il ne nous en croyait pas capables ? Pourquoi aurait-il constamment cherché à nous entraîner sur son chemin s'il nous estimait par nature inamovibles ?

---

* « En vérité, en vérité, je vous le dis, celui qui croit en moi fera lui aussi les œuvres que je fais : il en fera même de plus grandes, parce que je vais au Père » (Jn 14,12).

La tradition chrétienne a vu en lui le « premier-né d'entre les morts » ; pour moi, cela signifie que d'innombrables autres après lui peuvent naître d'entre les morts, sortir de cet état de morts vivants auquel se réduit si souvent leur vie sur terre. Voilà pourquoi j'en arrive à revisiter le récit de son histoire en étant consciente de ce que j'appellerais mon « potentiel christique ». Il y a en moi une semence de Bienveillance pure, inaltérable, qui – en faisant de moi une fille d'humanité à part entière – me rend capable de « sauver » les autres (au moins quelques autres autour de moi, dans la société où je vis) de leurs divisions, ruptures de relation, replis mortifères sur eux-mêmes.

C'est ainsi que je me sens concernée par l'« annonce faite à Joseph » : lors d'un songe, il entend l'Ange du Seigneur lui demander de prendre chez lui « Marie son épouse » : « *Ce qui a été engendré en elle* vient d'un souffle saint et elle enfantera un fils [...] c'est lui qui sauvera son peuple de ses divisions/non-relations/fautes » (Mt 2,20 *sq.*). Chouraqui traduit ainsi : « Ce qui s'enfante en elle est du souffle sacré... » C'est qu'au plus insu de notre corps germe la Bienveillance, qu'il s'agit de mettre au monde : elle fera de chacun-e de nous, tôt ou tard (car neuf mois ne suffiront pas), un fils ou une fille du Souffle...

Et dans le sillage de Jésus – ce « fils de l'humain » pleinement accompli – nous deviendrons capables, dans nos relations interpersonnelles et notre vie sociale, de « sauver » quelques personnes de notre entourage des divisions qui, au fond, leur empoisonnent la vie, péjorent le vivre-ensemble et rendent leur malheur d'autant plus insupportable. Cependant, rien n'adviendrait sans la Bienveillance des origines : l'évangile de Matthieu commence avec elle

– notre potentiel christique a pour nom Emmanuel, qui en hébreu signifie « Dieu avec nous »*. Et rien ne fructifierait sans la Bienveillance inépuisable qui ponctue le même évangile : « Et moi je suis avec vous tous les jours jusqu'à la fin des temps » (Mt 28,20).

C'est bel et bon mais, en attendant, qui dira le désespoir de ne plus être en lien avec l'Autre, quand le regard sur soi rend aveugle à toute lueur de bienveillance ? Personnellement, il m'a fallu d'autres mots jaillis d'on ne sait où, pour que lentement, à tout petits pas, s'amorce mon retour à la relation. J'ai gardé quelques traces écrites de ce temps d'errance et d'exil que je ne souhaite pas à mon pire ennemi. Mon vif désir est qu'elles deviennent pour certains, mystérieusement, cailloux blancs sur le chemin.

Du fond de mon exil,
Dieu, ma nostalgie,
mon havre perdu,
je crie ton nom

Ils ne sont plus, mes jours innocents,
Vois, j'ai perdu mon rire d'enfant

Du fond de ma défaite,
Dieu, mon rêve,
mon foyer déserté,
je crie ton nom

Tu me faisais de l'ombre jour et nuit,
alors au ciel j'ai lancé mon défi
Vois, au pays des mirages j'ai fui

---

* L'Ange le dit à Joseph en Mt 1,23 : c'est le nom qu'on donnera au fils que Marie mettra au monde (citation d'Es 7,14).

Du fond de mon désert,
du fond de ma vaine survie,
du fond de ma honte,
Père de toute tendresse,
je crie ton nom

Vois, j'ai tué l'amour : aveugle et sourd,
je ne sais plus le chemin du retour

Du fond de mon exil,
Père de toute tendresse,
Mon havre perdu,
Je crie ton nom

*

Sais-tu, ô Dieu, la nausée de nos jours loin de toi ?
Sais-tu le ciel vide au-dessus de nos têtes ?
Sais-tu les cailloux d'une route qui n'en finit pas ?
Sais-tu le cri muet qui s'étrangle dans nos gorges ?
Sais-tu le désespoir de vivre, quand l'amour n'est plus aimé ?

Et toi,
sais-tu les trésors de consolation dont vous ne voulez pas ?
Sais-tu mes vains appels dans la brise du soir ?
Sais-tu ma main tendue que vous ne saisissez pas ?
Sais-tu la déchirure du ciel ce Vendredi-là ?
Sais-tu la brûlure de mon cœur quand Je frappe à votre porte ?
Dis, le sais-tu ?[1]

*

Mots sans lendemain
Mots bulles au gré des vents

ÉPILOGUE

Mots ronds de cigare :
  elle ne sait même pas qu'elle vit…

Mots vermoulus
Mots sables mouvants
Mots saignés à blanc :
  Elle ne se savait pas si fragile…

Mots abîme
Mots impossibles
Mots hurlements à la mort :
  elle sombre dans ce qu'elle ne savait pas…

…

Mots de silence
Mots caresses à tout hasard
Mots à ne pas y croire :
  elle écoute quelqu'un répondre, patiemment…

Mots lave incandescente
Mots arc-en-ciel
Mots feu de joie et de douleur :
  elle veut la vie, toute la vie !

Il était temps :
c'est déjà l'été, sur la colline…

Notes

Introduction

1. A. Gesché, p. 212, 123 et 126. (On trouvera dans la bibliographie ci-après toutes les références des ouvrages en lien direct avec le sujet de ce livre.)
2. Jean Delumeau, *Ce que je crois*, Paris, Grasset, 1985, p. 96.
3. *Ibid.*, p. 211 et 214.
4. M. Fox, p. 19.
5. *Ibid.*, p. 29.
6. J. Delumeau, *Ce que je crois, op. cit.*, p. 95.
7. G. Demulier, p. 175.
8. M. Fox, p. 85.
9. *Ibid.*, p. 92 et 338.
10. A. Gaudel, col. 596.
11. O. Maurel, *La violence éducative...*, p. 70.

I. Les ravages de la doctrine du péché originel

1. Voir P. Grelot, *Péché originel...*, p. 14 *sq.*
2. G. Minois, p. 79.
3. Saint Augustin, *Les Confessions*, livre VII, I, 1, III, 4, III, 5, V, 7, p. 903-908.
4. Raimon Panikkar, *L'expérience de Dieu*, Paris, Albin Michel, 2002 (1998), p. 50.

5. H. Häring, « Malheur du monde-malheur des hommes ? Une expérience commune aux religions », in *Le péché originel…*, p. 91.
6. Saint Augustin, *La Cité de Dieu*, livre XIII, xiv, p. 523. C'est moi qui souligne.
7. *Ibid.*, livre XXI, xii, p. 987 *sq.* C'est moi qui souligne.
8. E. Gilson, p. 203.
9. Saint Augustin, *La Cité de Dieu*, livre XV, xv, I, p. 596.
10. Voir F. Brune, p. 104 *sq.*
11. E. Gilson, p. 197 *sqq.*
12. H. Rondet, p. 142.
13. A.-G. Hamman, p. 321.
14. Saint Augustin, *Les Confessions*, livre IV, xv, 27 et xvi, 31, p. 853 et 855.
15. E. Gilson, p. 197. Voir aussi S. Lyonnet : certes les humains n'ont pas, avec Adam, transgressé quelque précepte « puisqu'ils n'existaient pas encore […] mais en tant qu'ils appartiennent à la *nature d'Adam*, elle-même tombée sous la loi du péché » (« Péché originel », col. 560). C'est moi qui souligne.
16. H. Rondet, p. 142 ; voir aussi la note 71.
17. Saint Augustin, *La Cité de Dieu*, livre XXII, xxii, p. 1065.
18. *Id., Les Confessions*, livre II, vi, 14 et viii, 16, p. 813 et 815.
19. *Ibid.*, livre VIII, vii, 16, p. 941.
20. Voir H. Rondet, p. 144.
21. Voir N. Laneyrie-Dagen, p. 53.
22. Pour ces indications historiques, voir G. Minois, p. 82 *sq.*, 94, et N. Laneyrie-Dagen, p. 53.
23. G. Minois, p. 94 et 152.
24. *Ibid.*, p. 150 *sq.*
25. J. Delumeau, p. 171.
26. M. Luther, *Les sept psaumes de la pénitence*, in *Œuvres*, t. I, p. 52, cité par J. Delumeau, p. 290.
27. M. Luther, p. 340 *sq.* C'est moi qui souligne.
28. J. Calvin, livre II, ch. I, 5 : II, p. 15.
29. *Ibid.*, II, ch. I, 7 : II, p. 17.
30. *Ibid.*, II, ch. I, 1 : II, p. 18.
31. Voir J. Delumeau, p. 603-623.

32. H. Blocher, art. « Mal », in *Encyclopédie du protestantisme*, P. Gisel (dir.), Paris/Genève, PUF, coll. « Quadrige »/Labor et Fides, 2006, p. 862.

33. Voir J. Delumeau, p. 552 *sqq*.

34. Voir F. Brune, p. 98 *sq*., 101 et 114.

35. S. Lyonnet, « Péché originel », col. 527 *sq*.

36. J. Delumeau, p. 277 *sq*. et 294.

37. F. Brune, p. 105 *sq*.

38. K. Ware, *Tout ce qui vit est saint*, Paris, Cerf, 2003, p. 64. C'est moi qui souligne.

39. Saint Augustin, *La Cité de Dieu*, livre XXII, I, p. 1022. C'est moi qui souligne.

40. G. Martelet, *Libre réponse…*, p. I.

41. *Id.*, *Et si Teilhard…*, p. 23 *sq*. et 30. Dans la même ligne, André Neher rapporte la traduction-interprétation de Gn 6,1 par Rabbi Meir : au lieu de « voici c'était très bon », il lit « voici, bonne était la mort » ; car, selon lui, la mort scande en sourdine l'élan de la vie, comme l'évoque symboliquement l'alternance du jour et de la nuit (*L'exil…*, p. 70).

42. Saint Augustin, *La Cité de Dieu*, livre XIV, XVII, p. 581 *sq*. et XIV, XXIII *sq*., p. 586 et 588.

43. J. Eisenberg et A. Abécassis, p. 132 *sq*., 146 *sq*. et 152.

44. Voir G. Martelet, *Et si Teilhard…*, p. 25.

45. A. Neher, « L'échec… », p. 142 *sq*.

46. G. Martelet, *Libre réponse…*, p. 53.

47. A.-M. Dubarle, p. 22.

48. P. Grelot, *Homme, qui es-tu ?…*, p. 34.

49. Voir 2 S 11 et 12.

50. Eugen Drewermann, *L'amour et la réconciliation. Psychologie et morale,* t. II, Paris, Cerf, 1992, p. 129.

51. Voir Jn 3,3.

52. Voir II Esdras 7,118 ; 3,20 ; 4,31 *sq*., et II Esdras 34,15-19, mentionné par Abraham Heschel, *Le tourment de la vérité*, Paris, Cerf, 1976, p. 167.

53. *Ibid.*

54. Voir Lc 13,1-5 et Jn 9,2 *sq*.

55. Voir F. Brune, p. 94 *sq*. Pour cet auteur, la meilleure preuve que Paul n'est pas vraiment responsable de cette « épouvantable

théologie » du péché originel, c'est que les orthodoxes n'ont pas suivi cette interprétation de sa pensée (p. 108).

56. G. Martelet, *Libre réponse…*, p. 66.
57. Voir A.-M. Dubarle, p. 171 *sq.*
58. *Ibid.*, p. 158 *sqq.*
59. Voir H. Rondet, p. 35 *sqq.*
60. *Ibid.*, p. 45 *sqq.*
61. *Ibid.*, p. 48 *sq.*
62. J. Eisenberg et A. Abécassis, p. 198.
63. Saint Irénée, *Adversus haereses*, III, 17, 3, in saint Irénée de Lyon, p. 96 *sq.*
64. *Id.*, III, 23, 8, cité par H. Rondet, p. 51.
65. *Id.*, IV, 38, 1, cité par J. Delumeau, p. 283.
66. M. Fox, p. 105.
67. G. Martelet, *Libre réponse…*, p. 79.
68. A.-G. Hamman, p. 308.
69. Voir H. Rondet, p. 86 et 99.
70. *Ibid.*, p. 118.
71. Voir A.-G. Hamman, p. 316.
72. *Ibid.*, p. 322.
73. Saint Augustin, *La Cité de Dieu*, livre XXI, xiv et xv, p. 990.
74. *Ibid.*, livre XXII, xxii, p. 1064 *sq.*
75. *Ibid.*, p. 1065-1068.
76. Saint Augustin, *Les Confessions*, livre V, viii, 15, p. 869.
77. *Id.*, *La Cité de Dieu*, livre XXII, xxiv, p. 1072 *sq.*
78. J. Delumeau, p. 337.
79. *Ibid.*, p. 282.
80. Pour plus de détails, voir Lytta Basset, *Le pardon originel. De l'abîme du mal au pouvoir de pardonner*, Genève, Labor et Fides, 2003 (1995).
81. Voir G. Minois, p. 110 *sq.*
82. *Ibid.*, p. 114 et 167.
83. *Ibid.*, p. 193.
84. *Ibid.*, p. 245-250 et p. 249 *sq.* pour la citation.
85. J. Delumeau, p. 321.
86. Voir l'article de S. Lyonnet, P. Gervais, A. Solignac, col. 823 et 856.

87. J. Delumeau, p. 222. Aux yeux de Luther, le sacrement de pénitence était devenu le plus puissant instrument de domination de la hiérarchie romaine (p. 223 *sq.*).

88. G. Minois, p. 136 et 141.

89. J. Delumeau, p. 317.

90. G. Martelet, *Libre réponse...*, p. 147. C'est moi qui souligne.

91. Voir A. Gaudel, col. 601.

92. H. Rondet, p. 142.

93. Alexandre Men, *Le christianisme ne fait que commencer*, Paris, Cerf, 2010.

94. Voir H. Häring, in *Le péché originel...*, p. 37 *sq.* et p. 48 pour la citation.

95. N. Laneyrie-Dagen, p. 130. Les châtiments et la maltraitance sont tels que de nombreux enfants tentent de se suicider, tentatives elles-mêmes férocement réprimées (p. 131).

96. *Ibid.*, p. 178.

97. A. Miller, p. 16 et 182.

98. Voir J. Lecomte, p. 325.

99. Saint Augustin, *Les Confessions*, livre VI, XV, 25, p. 899.

100. *Ibid.*, livre IX, XII, 30 et XIII, 34, p. 976 et p. 979.

101. Enquête effectuée par Ipsos-Santé, *Panorama*, juin 2012.

102. A. Gesché, p. 40 et 164 *sq.*

103. G. Minois, p. 161 *sq.*

104. Voir J. Lecomte, p. 325. Sur ces deux questions, la France arrive ainsi respectivement 24e sur vingt-six pays étudiés et 21e sur vingt et un pays étudiés.

105. *Ibid.*, p. 166 *sq.*

106. M. Luther, p. 210, 212 et 215. C'est moi qui souligne.

107. *Ibid.*, p. 379 *sq.*

108. M. Halter, p. 96, 118 et 157.

109. M. Fox, p. 27.

110. J.-C. Guillebaud, p. 54 et 68.

111. A. Gesché, p. 140.

112. J.-C. Guillebaud, p. 202.

113. O. Maurel, *Oui, la nature...*, p. 193.

114. Plaute, *La Comédie des ânes*, in *Théâtre complet*, Paris, Gallimard, coll. « Folio », 1971, p. 85.

115. P. Ricœur, *Le conflit…*, p. 364. L'auteur (p. 382-385) note l'impossibilité d'évaluer le mal qui a ainsi été fait à la chrétienté : « Je dirai qu'avec le péché originel est constitué, par le moyen d'un concept absurde, l'antitype de la régénération, l'antitype de la nouvelle naissance » (p. 385).

116. J. Delumeau, p. 159 *sq.*

117. Voir G. Minois, p. 168.

118. Voir M. Terestchenko, p. 26-41. L'auteur précise que pour La Rochefoucauld, nous sommes plutôt « gris » que franchement « noirs » ; ce qui nous caractérise, c'est une absence à nous-mêmes, une déficience d'être qui nous rend facilement manipulables et potentiellement malfaisants.

119. *Ibid.*, p. 9 et 13.

120. J.-J. Rousseau, *Émile…*, p. 527.

121. *Id.*, « Lettre à Christophe de Beaumont », in *Œuvres complètes*, Paris, Seuil, 1971, vol. 3, p. 340, cité par J. Lecomte, p. 332.

122. G. Minois, p. 214. L'idée de faute originelle garde encore un tel poids que même l'*Encyclopédie* la conserve (p. 219).

123. T. Todorov, p. 59, 60 et 62.

124. C. Boureux, « Conséquences anthropologiques et incidences politiques du péché originel », in *Le péché originel…*, p. 111 et 115.

125. Voir J. Lecomte, p. 332.

126. N. Berdiaev, p. 99 *sq.*

127. O. Maurel, *Oui, la nature…*, p. 169. Voir aussi, du même auteur, *La violence éducative : un trou noir dans les sciences humaines*, qui passe en revue un vaste ensemble d'ouvrages actuels.

128. Sigmund Freud, *Trois essais sur la sexualité*, Paris, Gallimard, 1962, p. 87, *Lettre au pasteur Pfister* (9 oct. 1918), *Lettre à Lou Andreas Salomé*, cité par O. Maurel, *Oui, la nature…*, p. 183.

129. Sigmund Freud, *Malaise dans la civilisation*, Paris, PUF, 1971, p. 65.

130. Carl G. Jung, *Présent et avenir. De quoi l'avenir sera-t-il fait ?*, Paris, Denoël/Gonthier, 1962, p. 138 et 140.

131. E. Fromm, p. 37.

132. Y. Prigent, p. 113, 134 *sq.* et 138 *sqq.* C'est moi qui souligne.

133. P. Ricœur, *Le conflit…*, p. 363 *sq.* C'est moi qui souligne.

134. Voir A. Miller, p. 79.

135. Voir O. Maurel, *La violence…*, p. 66 *sq.*, note 81.

136. O. Maurel, *Oui, la nature...*, p. 184, 187, 204 et 207.
137. Saint Augustin, *Les Confessions,* livre I, VII, 11, p. 788.
138. Voir Élisabeth Roudinesco, *La Part obscure de nous-mêmes. Une histoire des pervers*, Paris, Albin Michel, 2007.
139. O. Maurel, *La violence...*, p. 91.
140. C. Halmos, p. 34 *sq.*
141. Voir T. Todorov, p. 55-58.
142. Michael et Alice Balint, *Amour primaire et technique psychanalytique*, Paris, Payot, 1972, p. 62 *sq.*
143. Voir Frans de Waal, *L'âge de l'empathie. Leçons de la nature pour une société solidaire*, Paris, Les Liens qui libèrent, p. 298 et 305. Pour tout ce passage, voir J. Lecomte, p. 188-196.
144. E. Fromm, p. 153.
145. Cité par J. Lecomte, p. 213.
146. *Ibid.*, p. 218 et p. 323. L'auteur recommande de consulter le site http://www.peacefulsocieties.org
147. E. Fromm, p. 234 et 153.
148. M. Terestchenko, p. 10. Dans la même ligne, voir J. Lecomte, p. 341.
149. Voir T. Todorov, p. 30, et M. Terestchenko, p. 13.
150. Voir J. Lecomte, p. 277-293.

II. Prendre en compte toute la réalité humaine

1. Emmanuel Kant, « Conjectures sur le commencement de l'histoire humaine », in *Œuvres philosophiques*, t. II, Paris, Gallimard, NRF, 1985, p. 495. C'est moi qui souligne.
2. J.-M. Delassus, p. 15 et 17.
3. *Ibid.*, p. 37 et 41 *sqq.*
4. *Ibid.*, p. 61.
5. *Ibid.*, p. 73-84 et p. 75 pour la phrase citée.
6. *Ibid.*, p. 112 *sq.* et 108.
7. *Ibid.*, p. 113 *sq.* et, pour les citations, p. 120 et 124.
8. *Ibid.*, p. 131 et 133.
9. *Ibid.*, p. 128 *sq.*
10. *Ibid.,* p. 204.
11. E. Fromm, p. 115 et 31.

12. *Ibid.*, p. 93. C'est moi qui souligne.
13. Voir P. Ariès, p. 53-70 *sq.*
14. N. Laneyrie-Dagen, p. 134.
15. *Ibid.*
16. Voir L. Ferry, p. 143, note 2.
17. *Ibid*, p. 135-143. Voir aussi N. Laneyrie-Dagen, p. 78 et 134-140.
18. *Ibid.*, p. 125.
19. M. Halter, p. 35.
20. Cité par J. Lecomte, p. 55.
21. M. Halter, p. 86.
22. Cité par J. Lecomte, p. 57.
23. J. Lecomte, p. 233, ainsi que p. 225, 230-263. Voir aussi Daniel Goleman, *L'intelligence émotionnelle*, Paris, Robert Laffont, 1997, p. 128-140.
24. E. Fromm, p. 237 *sq.* et 241.
25. J.-J. Rousseau, *Discours...*, p. 154 *sqq.* Le texte est en vieux français.
26. L. Ferry, p. 225.
27. Voir G. Martelet, *Libre réponse...*, p. 42 *sq.*
28. Pour plus de détails sur le sujet, voir Lytta Basset (dir.), *S'ouvrir à la compassion*, Paris, Albin Michel, 2009.
29. O. Maurel, *Oui, la nature...*, p. 22 et 59.
30. Voir G. Minois, p. 163. Le cardinal de Bérulle évoqué ici se faisait ainsi le porte-parole de tous.
31. Voir J. Delumeau, p. 302 *sq.*
32. J.-J. Rousseau, *Émile...*, livre I, p. 255, 259 et 286.
33. *Ibid.*, p. 261 et 288 *sq.*
34. *Ibid.*, livre II, p. 302 *sq.*, 322 et 324.
35. *Ibid.*, p. 326.
36. J.-J. Rousseau, *Les Confessions*, livre I, p. 27 *sq.* : « Ah, disait-il en gémissant, rends-la-moi, console-moi d'elle, remplis le vide qu'elle a laissé dans mon âme [...] »
37. Il raconte cette expérience dans sa lettre à Malesherbes du 12 janvier 1762, in *Œuvres complètes*, t. I, p. 1135 *sq.*
38. E. Fromm, p. 297 *sq.*
39. Voir O. Maurel, *Oui, la nature...*, p. 213 *sqq*
40. *Id.*, *La violence éducative...*, p. 42.

41. C. Halmos, p. 20, 22 et 35.

42. Voir O. Maurel, *Oui, la nature...*, p. 273 et 45 ; *La violence éducative*, p. 26.

43. *Le Cercle psy*, n° 10, sept-oct-nov. 2013, p. 1.

44. Gérard Lopez, *Enfants violés et violentés ; le scandale ignoré*, Paris, Dunod, 2013.

45. O. Maurel, *Oui, la nature...*, p. 34-42.

46. Saint Augustin, *Les Confessions*, livre I, IX, 14 et 15, XIII, 22 et XII, 19 et 20, p. 791 *sq.*, 794 *sq.*

47. P. Ariès, p. 200 *sqq.*, p. 314 et 201 pour la citation.

48. O. Maurel, *Oui, la nature...*, p. 98 *sqq.* et 116 *sq.* ; voir aussi *La violence éducative...*, p. 31 : « Lorsqu'on frappe un enfant, la première chose qu'on lui apprend, ce n'est pas à être sage ou à obéir à ses parents, c'est à imiter le geste de frapper. »

49. Voir J.-J. Rousseau, *Les Confessions*, livre I, p. 36 *sqq.* P. Lassus parle au sujet de ces humiliations, surtout quand elles sont publiques, du risque d'« évolution pathologique de la sexualité par érotisation de la souffrance » (p. 151).

50. O. Maurel, *La violence éducative...*, p. 30.

51. A. Miller, p. 74.

52. Voir Caroline Eliacheff, *La famille dans tous ses états*, Paris, Albin Michel, 2004, p. 170 *sq.*

53. O. Maurel, *Oui, la nature...*, p. 15.

54. *Id.*, *La violence éducative...*, p. 50-53.

55. Voir Mt 15,14 // Lc 6,39.

56. Y. Prigent, p. 125 *sq.*, 136 et 192. C'est moi qui souligne.

57. Tel est le constat d'O. Maurel, au terme de son enquête autour des ouvrages récemment parus sur la violence : « C'est avouer qu'il n'existe pas d'antidote » (*La violence éducative...*, p. 108).

58. P. Ariès, p. 141-145.

59. *Ibid.*, p. 145 *sqq.* L'auteur affirme que l'idée de respecter les enfants date de la fin du XVIe siècle ; quatre cents ans plus tard, on peut dire qu'il y a encore du travail !

60. J.-J. Rousseau, *Les Confessions*, livre II, p. 96 *sqq.*

61. Voir O. Maurel, *Oui, la nature...*, p. 161 *sq.*

62. *Ibid.*, p. 163-166 ; voir notamment le rapport de l'ONU sur les Comores (site du comité des droits de l'enfant de l'ONU).

63. E. Fromm, p. 185 *sq.*

64. Voir O. Maurel, *La violence éducative...*, p. 164 ; voir aussi *Oui, la nature...*, chap. 16, « Prémices d'un changement », p. 315-319. Selon la loi suisse, frapper son enfant est passible de poursuites pénales. Les atteintes les moins graves (gifle, fessée) peuvent être constitutives de voies de fait. S'il s'agit d'un acte isolé, la poursuite n'a lieu que sur plainte. Par contre, si l'auteur agit « à réitérées reprises, la poursuite pénale a lieu d'office » (voir *L'Express/L'Impartial*, 23 janvier 2012, p. 3).

65. A. Miller, p. 7 *sq.*

66. Voir Edward Glover, *The Roots of Crime* (Les racines du crime), New York, Intern. Univ. Press, 1970.

67. D. Dalloz, p. 106.

68. Voir O. Maurel, *Oui, la nature...*, p. 260 et *La violence éducative...*, p. 62.

69. J.-J. Rousseau, *Émile...*, p. 363.

70. *Ibid.*, p. 340 et 341.

71. G. Demulier, p. 151.

72. J.-J. Rousseau, *Discours...*, p. 162 et 170.

73. Voir T. Todorov, p. 59.

74. J.-J. Rousseau, *Discours...*, p. 176 et 193.

75. P. Lassus, p. 76 et 74.

76. *Ibid.*, p. 78.

77. Voir O. Maurel, *La violence éducative...*, p. 122 et 143 *sq.*

78. Voir E. Fromm, p. 249 *sqq.* Sinon, la dépression guette et les « issues » sont la drogue, le travail forcené, le meurtre... D. Goldhagen parle du besoin compulsif de faire souffrir les Juifs, dans les camps de concentration, comme d'une « véritable drogue » (p. 303).

79. Voir E. Fromm, p. 310 *sq.* Voir aussi P. Lassus (p. 105-116) sur l'enfance effroyable de Staline : alors que dans son enfance on le surnommait Sosso, qui signifie « fade », il se fera appeler Staline, c'est-à-dire l'« homme d'acier » !

80. D. Goldhagen, p. 165, 302, 305, 312 et 319. De l'avis de nombreux Allemands, la politique d'extermination, du point de vue économique, était une « catastrophe pour l'effort de guerre » (p. 324).

81. *Ibid.*, p. 305 et 322.

82. *Ibid.* p. 355-367.

83. Voir A. Miller, p. 83-111 et p. 107 pour la citation.

84. D. Goldhagen, p. 367.

85. A. Miller, p. 195.
86. D. Goldhagen, p. 232.
87. *Ibid.*, p. 257-260.
88. P. Lassus, p. 96.
89. D. Goldhagen, p. 382, 144 et 181 *sq.*
90. *Ibid.*, p. 218, 298 et 300.
91. *Ibid.*, p. 334, 308 et 310.
92. *Ibid.*, p. 146 *sq.* et 298.
93. A. Miller, p. 110 *sq.*
94. D. Goldhagen, p. 148-152 et 406 *sq.*
95. P. Lassus, p. 147.
96. A. Miller, p. 203. Voir notamment Hermann Rauschning, *Hitler m'a dit*, Paris, Coopération, 1973 (1939).
97. A. Miller, p. 177-195 *sq.* À propos du soupçon de sang juif : « C'est précisément ce que les parents veulent taire qui préoccupe le plus les enfants, surtout lorsqu'il s'agit d'un traumatisme fondamental de la vie de leur père » (p. 220).
98. *Ibid.*, p. 187, 190, 207 *sq.* et 210.
99. Voir D. Goldhagen, p. 127.
100. A. Miller, p. 194 et 219.
101. D. Goldhagen, p. 338 *sq.*
102. *Ibid.*, p. 382 et 393 *sq.*
103. *Ibid.*, p. 385 *sqq.* et 408. C'est moi qui souligne.
104. Voir M. Terestchenko, p. 120-136 et 128 pour la citation.
105. *Ibid.*, p. 157.
106. H. Arendt, p. 204 *sq.*
107. P. Lassus, p. 232, 226 et 81.
108. Cité par A. Miller, p. 91.
109. Pour plus de détails, voir J. Lecomte, p. 83-111.
110. Voir aussi, par exemple, Mt 5,39 ; 7,11 ; 18,32 et Lc 11,29.
111. Boris Bobrinskoy, *La compassion du Père*, Paris, Cerf, 2000, p. 57.
112. J. Lecomte, p. 131.
113. *Ibid.*, p. 101.
114. Mc 1,4 *sq.* // Mt 3,6.13 et Lc 3,21 : « Tout le peuple était baptisé, Jésus baptisé lui aussi… »
115. Erri de Luca, *Noyau d'olive*, Paris, Gallimard, 2004, p. 20.
116. A.-M. Dubarle, p. 44.

117. H. Rondet, p. 207.
118. R. Panikkar, p. 50.
119. Voir aussi Jr 3,25 ; 14,20 et Dn 9,16.
120. Voir aussi Dt 5,9.
121. Voir aussi Nb 14,18 mais sans le contrepoids des mille générations bénies.
122. P. Lassus, p. 73.
123. A. Gesché, p. 128.
124. François Ansermet et Pierre Magistretti, *À chacun son cerveau. Plasticité neuronale et inconscient*, Paris, Odile Jacob, 2011, p. 22.
125. Voir A. Gesché, p. 107 *sq.*
126. C. Chalier, *La nuit…*, p. 32.
127. *Ibid.*, p. 112.
128. J.-Y. Leloup, *op. cit.*, p. 166.
129. Chouraqui traduit ainsi Es 45,6b.7 : « Non, rien sauf moi, moi le Seigneur et nul autre, le formateur de la lumière, le créateur de la ténèbre, le faiseur de la paix, le créateur du mal. Moi le Seigneur, l'auteur de tout cela ! » Voir, dans le même sens, Dt 32,39.
130. Y. Prigent, p. 109.
131. R. Panikkar, p. 166.
132. Voir aussi Ps 104,9 ; 89,11 et Es 51,9b.10.
133. F. Castel, p. 36.
134. A. Gesché, p. 48.

III. Le « péché » biblique sur fond de malheur

1. Voir, pour plus de détails, Tania Zittoun, « Cultiver la spiritualité : le modèle éducatif de la *Haggadah de Pessah* », *La Chair et le Souffle*, vol. 4, n° 1, 2009, p. 63-79.
2. Pour plus de détails, dans le récit de Gn 2-3, sur la souffrance imposée aux humains à l'origine de leur existence, voir Lytta Basset, *Guérir du malheur*, Paris, Albin Michel, 1999, chap. 5.
3. F. Castel, p. 19 et 21.
4. C. Chalier, *La nuit…*, p. 30.
5. P. Beauchamp, p. 162. « Il n'a pas créé la terre *tohû* : Il l'a faite pour être habitée » (Es 45,18).
6. C. Chalier, *La nuit…*, p. 30 *sq.*

7. Voir Ps 77,17 ; 29,1 *sqq.* ; 33,6 *sq.* ; 104,9 et Jb 38,8.
8. P. Beauchamp, p. 154.
9. *Ibid.*, p. 157 et 159.
10. C. Chalier, *La nuit…*, p. 36 et 39.
11. P. Beauchamp, p. 157 *sq.*
12. C. Chalier, « Penser avec les versets », in Le Rabbi de Gur, p. 162.
13. *Ibid.*, p. 163 et 164, note 1.
14. *Ibid.*, p. 164.
15. Voir A.-G. Hamman, *La prière,* t. I, *Le Nouveau Testament,* Tournai, Desclée, 1959, p. 53.
16. Voir A. Gonzales, « Prière », in *Supplément au Dictionnaire de la Bible,* Paris, Letouzey et Ané, 1972, vol. VIII, col. 597.
17. A.-G. Hamman, *La prière*, *op. cit.*, p. 304.
18. Voir André Birmelé et Gabriel-Ph. Widmer, « Salut », in *Encyclopédie du protestantisme,* P. Gisel (dir.), Paris/Genève, PUF, coll. « Quadrige »/Labor et Fides, 2006, p. 1270.
19. Voir *Panorama*, mars 2001, p. 24.
20. P. Ricœur, *Le conflit…*, p. 379 *sq.*
21. E. Fromm, p. 441 *sq.*
22. C. Chalier, in Le Rabbi de Gur, p. 112 *sq.*
23. Voir A.-G. Hamman, p. 215 *sq.*
24. Adin Steinsaltz, *Téchouva*, Jérusalem, Biblieurope, Institut israélien des publications talmudiques, 2008, p. 33.
25. Voir A.-G. Hamman, p. 216.
26. Jean Lacroix, *Le sens de l'athéisme moderne*, Paris, Casterman, 1969, p. 135.
27. J. Alison, p. 156.
28. M. Bellet, *Critique de la raison sourde*, Paris, Desclée de Brouwer, 1992, p. 166 et 178.
29. J. Alison., p. 155.
30. *Ibid.*, p. 154.
31. Voir S. Lyonnet, « Péché, pécheur », in *DSAM*, col. 803 *sqq.*
32. N. Berdiaev, p. 346, 354 et 350.
33. *Ibid.*, p. 356.
34. Voir C. Chalier, in Le Rabbi de Gur, p. 106 ; voir aussi C. Chalier, *La nuit…*, p. 46.
35. P. Grelot, *Homme…*, p. 35.

36. Pierre Teilhard de Chardin, « La lutte contre la Multitude », XII, in *Écrits du temps de la guerre*, Paris, Grasset, 1965, p. 120.

37. A. Steinsaltz, *op. cit.*, p. 18 et 14 *sq.*

38. *Ibid.*, p. 13.

39. Paul Ricœur, *Philosophie de la volonté*, t. 2, *Finitude et culpabilité*, livre II, *La symbolique du mal*, Paris, Aubier/Montaigne, 1960, p. 127.

40. André Myre, *Pour l'avenir du monde. La résurrection revisitée*, Montréal, Fides, 2007, p. 25, note 3. L'auteur note que Gn 1,2 parle soit d'un tohu-bohu originel, sorte de boue informe, indifférenciée, insensée, soit de la mer primordiale et hostile (p. 25). Voir aussi P. Ricœur (et A. LaCocque), *Penser…,* p. 61.

41. A. Neher, *L'exil…*, p. 67.

42. *Ibid.*, p. 68 *sq.*

43. *Le Pentateuque…*, p. 3. Grammaticalement, la Bible n'emploie jamais le mot *reshit* autrement que sous la forme construite avec le mot suivant : « le commencement de… ».

44. E. de Luca, *op. cit*, p. 38.

45. F. Castel, p. 13.

46. *Cant. Hom.* 8, PG 44, 941 C, cité par A.-G. Hamman, p. 213.

47. M. Bellet, p. 11 *sq.*

48. *Ibid.*, p. 32, 61 et 77.

49. N. Berdiaev, p. 77.

50. *Ibid.*, p. 168 et 172.

51. Le Rabbi de Gur, p. 61 et 109 *sq.*, commentaire p. 159.

52. E. Fromm, p. 241, 278 et 265.

53. *Ibid.*, p. 377.

54. J. Eisenberg et A. Abécassis, p. 231.

55. P. Ricœur, *Philosophie…*, *op. cit.*, p. 126.

56. *Targum du Pentateuque*, t.1, *Genèse*, Paris, Cerf, coll. « Sources chrétiennes », n° 245, 1978, p. 102 *sq.*

57. Pour une analyse approfondie du texte, voir Lytta Basset, *Sainte colère. Jacob, Job, Jésus*, Paris/Genève, Bayard/Labor et Fides, 2006.

58. L. Ferry, p. 234.

59. Voir G. Demulier, p. 197.

60. E. Fromm, p. 279, note 1.

61. A. Neher, « L'échec… », p. 152.

62. Voir L. Ferry, p. 121.
63. H. Arendt, p. 446 *sq.* C'est moi qui souligne.
64. M. Terestchenko, p. 87 et 89.
65. A. Gesché, p. 123.
66. P. Ricœur (et A. LaCocque), *Penser...*, p. 79.
67. M. Terestchenko, p. 218 et 257 *sqq.*
68. Hannah Arendt, *Le système totalitaire*, Paris, Seuil, 1972, p. 312.
69. M. Terestchenko, p. 197 et 190.
70. G. Minois, p. 157 *sq.*
71. F. Castel, p. 43.
72. Voir A.-G. Hamman, p. 222 *sq.*
73. Cité par Catherine Chalier, *Traité des larmes. Fragilité de Dieu, fragilité de l'âme*, Paris, Albin Michel, 2008, p. 37.
74. J.-M. Delassus, p. 227 *sq.*, 232 *sq.*, 250 et 267 *sq.*
75. J. Alison, p. 301, et note 1.
76. L. Ferry, p. 124 et 126.
77. Michel Henry, *Incarnation. Une philosophie de la chair*, Paris, Seuil, 2000, p. 373.
78. Association nationale Action des chrétiens pour l'abolition de la torture, et internationale (FIACAT).
79. Pour tout ce passage, voir J.-M. Delassus, p. 151-190.
80. M. Henry, *Incarnation, op. cit.*, p. 16, 18, 24 et 27. C'est moi qui souligne.
81. F. Castel, p. 40.
82. A. Neher, « L'échec... », p. 152. C'est moi qui souligne.
83. D. Vasse, « Le malentendu », *Christus*, n° 176, oct. 1997, p. 459.
84. F. Castel, p. 58.
85. M. Bellet, *Critique de la raison sourde, op. cit.*, p. 90.
86. N. Berdiaev, p. 142, 151 et 153. C'est moi qui souligne.
87. D. Bonhoeffer, p. 52.
88. *Ibid.*, p. 70 et 74.
89. Bertrand Vergely, *Le silence de Dieu face aux malheurs du monde*, Paris, Presses de la Renaissance, 2006, p. 270.
90. Voir *Le Pentateuque...*, p. 11.
91. A.-G. Hamman, p. 75, 309 *sq.*
92. *Ibid.*, p. 75 *sq.*, 100, et 88 pour la citation de Tertullien (*De res. mort.*, 9, 1).

93. *Ibid.*, p. 204 *sq.* et 214.

94. Voir de saint Augustin le *De genesi ad litteram*, le *De Trinitate* et *Les Confessions.*

95. A.-G. Hamman, p. 263.

96. Saint Augustin, *La Trinité*, in *Œuvres*, t. III, Paris, Gallimard, coll. « Bibliothèque de la Pléiade », 2002, livre XIV, 11, p. 636.

97. *Id.*, *Les Confessions*, livre I, xx, 31, p. 803 ; livre X, v, 7, p. 985 ; livre X, xxv, 34, p. 1005 ; livre XIII, xviii, 22, p. 1101.

98. Voir A.-G. Hamman, p. 217 et 316.

99. J. Eisenberg et A. Abécassis, p. 187.

100. N. Berdiaev, p. 219 *sq.*

IV. Une bienveillance qui incite à devenir responsable

1. J.-M. Delassus, p. 237.

2. Saint Augustin, *Les Confessions*, livre V, xiii, 23, p. 875.

3. Gérard Dorsaz, *Psychospiritualité. L'alliance qui guérit*, Paris, Presses de la Renaissance, 2008, p. 153.

4. Cité par J. Lecomte, p. 323.

5. T. Todorov, p. 34.

6. Voir J. Lecomte, p. 154 *sq.* et 171.

7. Nelson Mandela, *Un long chemin vers la liberté*, Paris, Le Livre de poche, 2002, p. 753.

8. Cité par J. Lecomte, p. 302.

9. *Ibid.* p. 323.

10. A. Neher, *L'exil...*, p. 105.

11. J. Lacroix, *Le sens de l'athéisme...*, *op. cit.*, p. 45.

12. A. Gesché, p. 54 et 65. C'est moi qui souligne. L'auteur note que les nombreux récits de guérison, chez Luc, « s'accompagnent, très souvent et explicitement, d'une indifférence à la question de la culpabilité et du châtiment (ou même de leur rejet) » (p. 127).

13. O. Maurel, *Oui, la nature...*, p. 149 *sqq.*

14. J.-J. Rousseau, *Émile...*, p. 492.

15. Maurice Bellet, *Le Dieu sauvage*, Paris, Bayard, 2007, p. 76.

16. *Id.*, *La traversée de l'en-bas*, Paris, Bayard, 2005, p. 65 *sq.*

17. A. Steinsaltz, *op. cit.*, p. 38, 54 *sq.* et 302.

18. M. Vacquin, in *La responsabilité...*, p. 16.
19. J.-L. Chrétien, p. 200.
20. *Ibid.*, p. 214. « Il assume notre faillite morale, répond de nous et pour nous là où nous sommes principalement devenus irresponsables » (p. 224).
21. Jean-Paul Sartre, *L'Être et le Néant. Essai d'ontologie phénoménologique*, Paris, Gallimard, coll. « Tel », 1943, p. 62 *sqq.*
22. P. Lassus, p. 236 *sq.*
23. P. Ricœur, *Le Juste*, p. 65.
24. *Ibid.*, p. 62 *sq.*
25. D. Bonhoeffer, *Éthique*, textes édités par E. Bethge, Genève, Labor et Fides, 1965.
26. N. Sarthou-Lajus, p. 130 *sq.*
27. P. Beauchamp, p. 121.
28. N. Berdiaev, p. 143.
29. J.-L. Chrétien, p. 200 *sq.*
30. N. Berdiaev, p. 376.
31. Jürgen Moltmann, *L'Esprit qui donne la vie. Une pneumatologie intégrale*, Paris, Cerf, 1999 (1991), p. 178.
32. O. Bernasconi, p. 842 *sq.*
33. Pour plus de détails sur ce qui précède le meurtre d'Abel, voir L. Basset, *Sainte colère, op. cit.*
34. P. Ricœur, *Le Juste*, p. 60.
35. E. Fromm, p. 214 *sq.*
36. Mt 17,20 // Lc 17,6.
37. Mt 15,27 // Mc 7,28.
38. Mc 4,31 *sqq.* // Lc 13,18-21 // Mt 13,31 *sqq.*
39. Mc 9,50 // Lc 14,34 ; Mc 5,13.
40. A.-G. Hamman, p. 92, et p. 100 pour la citation.
41. Paul Nothomb, *Ça ou l'histoire de la pomme*, Paris, Phébus, 2003, p. 80.
42. E. Grieu, « Des lieux de pardon et de réconciliation aujourd'hui », in *Conscience du péché...*, p. 74.
43. A. Neher, *L'exil...*, p. 120.
44. *Ibid.*, p. 126.
45. J. Lecomte, p. 53, et p. 55 pour la citation.
46. L. Ferry, p. 122 *sq.*
47. *Ibid.*, p. 100.

48. M. Halter, p. 152 *sq.* C'est moi qui souligne.

49. H. Arendt, p. 279-286, citations p. 279, 285 et 377.

50. J. Lecomte, p. 28 *sq.* et 36 *sq.* L'auteur note que le Centre de recherche sur les catastrophes de l'université du Delaware possède la collection d'archives la plus importante au monde sur les réactions humaines face aux catastrophes.

51. Voir J. Lacroix, *Le sens de l'athéisme…*, *op. cit.*, p. 80-87. « Dépossédé de tout, l'homme moderne l'est même de son langage : celui-ci devient une structure, un système qui se détache du locuteur. Non plus : je parle, mais ça parle » (p. 86). C'est en 1969 que l'auteur parlait de ces divers courants visant à récuser l'être humain comme sujet.

52. B. Edelman, in *La responsabilité…*, p. 138.

53. P. Ricœur, *Philosophie…*, *op. cit.*, p. 15.

54. François Guiraud (alors président de l'Institut de l'Entreprise), in F. Lenoir, p. 130.

55. M. Terestchenko, p. 174 et 289.

56. Voir Mt 21,23-27 et parallèles.

57. Voir Jn 5,27 ; 10,18 ; 17,2 ; Mt 28,18.

58. Cité par D. Desbons et C. Ruby, p. 34.

59. Jacques Pain et Alain Vulbeau, in *Quelle autorité ? Une figure à géométrie variable,* S. Perdrielle et A. Garapon (dir.), Paris, Autrement, coll. « Mutations », 2000, p. 121 *sq.* et 132.

60. Philippe Breton, *ibid.*, p. 108.

Épilogue

1. Lytta Basset, in L. Basset, F. Carrillo et S. Schell, *Traces vives*, Genève, Labor et Fides, 1997, p. 54 et 58.

Bibliographie

Alison James, *Le péché originel à la lumière de la Résurrection*, Paris, Cerf, 2009.

Arendt Hannah, *Eichmann à Jérusalem. Rapport sur la banalité du mal*, Paris, Gallimard, coll. « Folio Histoire », 1991 (1966).

Ariès Philippe, *L'enfant et la vie familiale sous l'Ancien Régime*, Paris, Seuil, coll. « Points », 1975.

Augustin saint, *La Cité de Dieu*, in *Œuvres*, t. II, Paris, Gallimard, coll. « Bibliothèque de la Pléiade », 2000.

Augustin saint, *Les Confessions*, in *Œuvres*, t. I, Paris, Gallimard, coll. « Bibliothèque de la Pléiade », 1998.

Beauchamp Paul, *Création et séparation. Étude exégétique du chapitre premier de la Genèse*, Paris, Desclée de Brouwer, coll. « Bibliothèque de sciences religieuses », 1969.

Bellet Maurice, *Incipit ou le commencement*, Paris, Desclée de Brouwer, 1992.

Berdiaev Nicolas, *La destination de l'homme*, Lausanne, L'Âge d'homme, 2010 (1935).

Bernasconi Oliviero, « Pécheur/péché », in *Dictionnaire de la vie spirituelle*, Paris, Cerf, 1983, p. 846-855.

Bonhoeffer Dietrich, *Création et chute. Exégèse théologique de Genèse 1 à 3*, Paris, Bayard, 2006 (1937).

Brune François, *Saint Paul, le témoignage mystique*, Paris, Oxus, 2003.

Calvin Jean, *Institution de la religion chrétienne*, Genève, Labor et Fides, 1955.

Castel François, *Commencements. Les onze premiers chapitres de la Genèse*, Paris, Centurion, 1985.

Chalier Catherine, *La nuit, le jour. Au diapason de la création*, Paris, Seuil, 2009.

Chrétien Jean-Louis, *Répondre. Figures de la réponse et de la responsabilité*, Paris, PUF, 2007.

Conscience du péché, accès au pardon. Un défi pour aujourd'hui, Geneviève Comeau et François Euvé (dir.), Paris, Médiasèvres, coll. « Théologie », 2007.

Dalloz Danielle, *Où commence la violence ? Pour une prévention chez le tout-petit*, Paris, Albin Michel, 2003.

Delassus Jean-Marie, *Psychanalyse de la naissance*, Paris, Dunod, 2005.

Delumeau Jean, *Le péché et la peur. La culpabilisation en Occident XIIIe-XVIIIe siècles*, Paris, Fayard, 1983.

Demulier Gaëtan, *Apprendre à philosopher avec Rousseau*, Paris, Ellipses, 2009.

Desbons David et Ruby Christian, *La responsabilité*, Paris, Quintette, 2004.

Dubarle Albert-Marie, *Le péché originel dans l'Écriture*, Paris, Cerf, 1967 (1958).

Eisenberg Josy et Abécassis Armand, *À Bible ouverte*, t. 1, Paris, Albin Michel, 1978.

Eliacheff Caroline, *À corps et à cris. Être psychanalyste avec les tout-petits*, Paris, Odile Jacob, 2000.

Ferry Luc, *L'homme-Dieu ou le Sens de la vie*, Paris, Grasset, 1996.

Fox Matthew, *La grâce originelle. Introduction à la spiritualité de la création*, Montréal/Paris, Bellarmin/Desclée de Brouwer, 1995 (1983).

Fromm Erich, *La passion de détruire. Anatomie de la destructivité humaine*, Paris, Robert Laffont, 1975.

Gaudel Auguste, « Péché originel », in *Dictionnaire de théologie catholique*, t. XII, Paris, Letouzey et Ané, 1993 (1935), col. 582-606.

Gesché Adolphe, *Dieu pour penser*, t. I, *Le mal*, Paris, Cerf, 2002.

Gilson Étienne, *Introduction à l'étude de saint Augustin*, Paris, Vrin, 1969.

Goldhagen Daniel Jonah, *Les bourreaux volontaires de Hitler. Les Allemands ordinaires et l'Holocauste*, Paris, Seuil, 1997.

Grelot Pierre, *Homme, qui es-tu ? Les onze premiers chapitres de la Genèse*, Paris, Cerf, 1973.

—, *Péché originel et rédemption examinés à partir de l'Épître aux Romains*, Paris, Desclée, 1973.

Guillebaud Jean-Claude, *Le goût de l'avenir*, Paris, Seuil, 2003.

Halmos Claude, *Dis-moi pourquoi. Parler à hauteur d'enfant*, Paris, Bayard, 2012.

Halter Marek, *La force du Bien*, Paris, Robert Laffont, 1995.

Hamman Adalbert-Gautier, *L'homme, image de Dieu. Essai d'une anthropologie chrétienne dans l'Église des cinq premiers siècles*, Paris, Desclée, 1987.

Irénée de Lyon saint, *La gloire de Dieu, c'est l'homme vivant*, textes choisis et présentés par Jean Comby et Donna Singles, Paris, Cerf, 1994.

La responsabilité. La condition de notre humanité, Monette Vacquin (dir.), Paris, Autrement, coll. « Mutations », 1995.

Lassus Pierre, *L'enfance du crime. Tous les grands criminels ont été des enfants maltraités*, Paris, Bourin Éditeur, 2008.

Lecomte Jacques, *La bonté humaine. Altruisme, empathie, générosité*, Paris, Odile Jacob, 2012.

Lenoir Frédéric, *Le temps de la responsabilité. Entretiens sur l'éthique avec Jean Bernard*, Paris, Fayard, 1990.

Le péché originel. Heurs et malheurs d'un dogme, Christophe Boureux et Christoph Theobald (dir.), Paris, Bayard, 2005.

Le Pentateuque, avec commentaires de Rachi, t. 1, *La Genèse*, Paris, Fondation Samuel et Odette Lévy, 1979.

Les grands événements de l'histoire des enfants, Nadeije Laneyrie-Dagen (dir.), Paris, Larousse, 1995.

Luther Martin, *Du serf arbitre*, traduit et annoté par G. Lagarrigue, Paris, Gallimard, coll. « Folio Essais », 2001.

Lyonnet Stanislas, « Péché originel », in *Supplément au Dictionnaire de la Bible*, Paris, Letouzey et Ané, 1966, vol. VII, col. 509-565.

Lyonnet Stanislas, Gervais Pierre et Solignac Aimé, « Péché, pécheur », « Péchés capitaux », in *Dictionnaire de spiritualité ascétique et mystique*, t. XII, Paris, Beauchesne, 1984, col. 790-862.

Martelet Gustave, *Et si Teilhard disait vrai*, Paris, Parole et Silence, 2006.

Martelet Gustave, *Libre réponse à un scandale*, Paris, Cerf, 1986.

Maurel Olivier, *Oui, la nature humaine est bonne. Comment la violence éducative ordinaire la pervertit depuis des millénaires*, Paris, Robert Laffont, 2009.

Maurel Olivier, *La violence éducative. Un trou noir dans les sciences humaines*, Paris, L'Instant présent, 2012.

Miller Alice, *C'est pour ton bien. Racines de la violence dans l'éducation de l'enfant*, Paris, Aubier, 1984.

Minois Georges, *Les origines du mal. Une histoire du péché originel*, Paris, Fayard, 2002.

Neher André, « L'échec dans la perspective juive », in *Les hommes devant l'échec*, Jean Lacroix (dir.), Paris, PUF, 1968, p. 141-161.

Neher André, *L'exil de la parole. Du silence biblique au silence d'Auschwitz*, Paris, Seuil, 1970.

Prigent Yves, *La cruauté ordinaire*, Paris, Desclée de Brouwer, 2010 (2003).

Rabbi de Gur (Le), *La Langue de la vérité*, suivi de *Penser avec les versets*, par Catherine Chalier, Paris, Albin Michel, coll. « Spiritualités vivantes », 2004.

Ricœur Paul et LaCocque André, *Penser la Bible*, Paris, Seuil, 1998, p. 19-102.

Ricœur Paul, *Le conflit des interprétations. Essai d'herméneutique*, Paris, Seuil, 2013 (1969).

Ricœur Paul, *Le Juste*, Paris, Esprit, 1995.

Rondet Henri, *Le péché originel dans la tradition patristique et théologique*, Paris, Fayard, coll. « Le Signe », 1967.

Rousseau Jean-Jacques, *Œuvres complètes*, 5 t., Paris, Gallimard, coll. « Bibliothèque de la Pléiade », 1959-1995, notamment *Discours sur l'origine et les fondements de l'inégalité parmi les hommes*, in t. III ; *Émile ou de l'éducation*, in t. IV.

Rousseau Jean-Jacques, *Les Confessions*, livres I-IV, Paris, Pocket, 2006.

Sarthou-Lajus Nathalie, *La culpabilité*, Paris, Armand Colin, 2002.

Terestchenko Michel, *Un si fragile vernis d'humanité. Banalité du mal, banalité du bien*, Paris, La Découverte, 2007.

Todorov Tzvetan, *La vie commune. Essai d'anthropologie générale*, Paris, Seuil, 1995.

Table

Introduction. 7

D'où je parle 7

Une société souffrante 9

Une doctrine toxique 11

Un autre regard sur les humains 14

La dynamique du livre 20

Quelques balises personnelles 21

I. Les ravages de la doctrine du péché originel 25

Le poids d'une histoire personnelle : s. Augustin....... 27

L'humanité vouée à l'enfer, 29. Une dérive pathologique propre à l'Occident, 37.

Mécompréhension des textes bibliques....................... 44

Projections sur Gn 1-3, 45. Absolutisation de certains versets, 50. Une doctrine incompatible avec le judaïsme et l'enseignement de Jésus, 55. Méconnaissance de Paul, 56. Une tout autre vision de l'humain à redécouvrir, 60.

De la propagande culpabilisatrice
à nos fléaux sociaux 65

Le péché originel explique tout, 66. Une traque obsessionnelle, 70. La « surdité » au message de libération, 74. Un héritage toxique, 77. La déresponsabilisation, 83. Les dualismes destructeurs, 88.

La condamnation « scientifique » de l'espèce humaine ... 91

Théologie, philosophie morale et politique, 92. Psychologie et psychanalyse, 97. Primatologie et anthropologie, 105. Économie et sociologie, 107.

II. Prendre en compte toute la réalité humaine 111

Naissance et survie 117

L'expulsion du paradis intra-utérin, 117. La capacité innée à se défendre, 125. L'enfant : une prise en compte récente, 127.

L'empathie inscrite en l'humain 132

Les Justes, 132. Les découvertes récentes, 134. L'empathie divine, 136.

La violence éducative... 141

Une lente prise de conscience, 142. Les faits et les effets, 147. La banalisation, 153. Violence éducative et type de société, 158.

Maltraitance et délinquance 161

Ce que génère le regard malveillant, 161. Neurones miroirs et mimétisme, 163. Reproduire la violence subie, 167. Obéir aux ordres violents, 183.

Malheur et malfaisance, la part du mystère 190

Le mystère de la cécité, 192. Redoubler de vigilance, 194. Les héritages transgénérationnels : une fatalité ?, 198. L'énigme du serpent, 203.

III. Le « péché » biblique sur fond de malheur 209

Souffrance, repli sur soi, rupture de relation 211

Avant le commencement, 211. La non-relation à l'Autre : une variété de symboles, 228. Sortir de soi, un combat spirituel au quotidien, 256.

Le pouvoir de « commencer » 263

Ex nihilo ?, 263. Le double penchant, 270. Choisir de refuser la fatalité, 276.

L'être humain, « capable de Dieu » 284

L'humain, capable de l'autre humain, 286. L'humain, capable de parler, 289. L'humain, ni bon ni mauvais, 294. L'humain, image de Dieu, 299.

IV. Une bienveillance qui incite à devenir responsable 305

Zachée ou la bienveillance originelle (Luc 19,1-10) .. 317

Une bienveillance à l'affût du désir d'autrui, 321. Une bienveillance qui traite d'égal à égal, 322. Une bienveillance désireuse de relations qui durent, 324. Une bienveillance indifférente aux apparences, 326. Une bienveillance qui pousse à des actes responsables, 327. Une bienveillance qui accueille autrui dans ses limites du moment, 328. Une bienveillance qui rend clairvoyant, 329. Une bienveillance qui réveille en l'humain sa capacité relationnelle, 331. Une bienveillance qui fait lâcher culpabilité et perfectionnisme, 333. Une bienveillance restauratrice du tissu social, 334.

Répondre à une culpabilité paralysante...................... 336

Quelques réponses aliénantes, 339. Quelques réponses aidantes, 342. La responsabilité des personnages de Luc 5,17-26, 346.

Répondre paisiblement de ses comportements............ 355

La portée universelle du récit de Luc 5, 357. Caïn ou que faire du mal que j'ai fait ?, 362.

De l'irresponsabilité collective à l'autorité du « je ».... 368

Sortir du « on », 368. De quel droit ?, 380.

Épilogue.. 393

Notes 399

Bibliographie.. 417

DU MÊME AUTEUR

Le souffle va où il veut
Entretiens avec Rosette Poletti,
Labor et Fides, 2013.

Le désir de tourner la page,
Au-delà du pardon,
Albin Michel, 2011.

Aimer sans dévorer
Albin Michel, 2010.

Ce lien qui ne meurt jamais,
Albin Michel, 2007, rééd. Le Livre de Poche, 2010.

La joie imprenable,
Albin Michel, 2004.

Aube, méditations bibliques I,
Bayard/Labor et Fides, 2004.

Paroles matinales,
Derrière les mots convenus,
Labor et Fides, 2003.

Culpabilité, paralysie du cœur,
Labor et Fides, 2012.

Sainte colère,
Jacob, Job, Jésus,
Bayard/Labor et Fides, 2002, rééd. poche 2006.

La fermeture à l'amour,
Un défi pratique posé à la théologie,
Labor et Fides, 2000.

Guérir du malheur,
Albin Michel/Labor et Fides, 1999.

Le pouvoir de pardonner,
Albin Michel/Labor et Fides, 1999.

Moi je ne juge personne :
L'Évangile au-delà de la morale,
Albin Michel/Labor et Fides, 1998,
rééd. « Spiritualités vivantes Poche », 2003.

Traces vives,
Paroles liturgiques pour aujourd'hui,
(en collaboration avec Francine Carrillo
et Suzanne Schell),
Labor et Fides, 1997, rééd. 2006.

Le pardon originel,
De l'abîme du mal au pouvoir de pardonner,
Labor et Fides, 1995, rééd. 2003.

Composition Nord Compo
Impression CPI Bussière en janvier 2014
à Saint-Amand-Montrond (Cher)
Éditions Albin Michel
22, rue Huyghens, 75014 Paris
www.albin-michel.fr
ISBN : 978-2-226-25388-0
N° d'édition : 21166/01. – N° d'impression : 2007153.
Dépôt légal : février 2014.
Imprimé en France.